추악한 동맹

추악한 동맹

–종교적 신념이 빚어 낸 현대 정치의 비극

지은이 _ 존 그레이
옮긴이 _ 추선영
펴낸이 _ 이명회
펴낸곳 _ 도서출판 이후
편집 _ 김은주, 신원제
마케팅 _ 김우정
표지 디자인 _ ArTe203

첫 번째 찍은 날 2011년 5월 19일
세 번째 찍은 날 2011년 7월 15일

등록 1998. 2. 18(제13-828호)
주소 _ 121-754 서울시 마포구 동교동 165-8 엘지팰리스 1229호
전화 _ 대표 02-3141-9640 편집 02-3141-9643 팩스 02-3141-9641
www.ewho.co.kr

ISBN 978-89-6157-050-3 93300

이 도서의 국립중앙도서관 출판시도서목록(CIP)은 e-CIP 홈페이지
(http://www.nl.go.kr/cip.php)에서 이용하실 수 있습니다.
(CIP 제어번호: CIP 2011001853)

추악한 동맹

존 그레이 지음·추선영 옮김

이후

■ 일러두기

1. 한글과 외래어 표기는 〈국립국어원〉 표준국어대사전 표기 및 '외래어 표기법'을 따랐다. 단, 원칙대로 표기할 경우 현실과 지나치게 동떨어진 음이 나오면 실용적 표기를 취했다.
2. 단행본, 정기간행물에는 겹낫쇠(『 』)를, 논문에는 홑낫쇠(「 」)를, 단체명과 영화명의 경우 꺽쇠(〈 〉)를 사용했다. 그 외, 영문 단행본이나 정기간행물은 이탤릭체로, 영문 논문이나 기고문은 큰따옴표(" ")로 표시했음을 밝힌다.
3. 본문 아래 주석은 모두 옮긴이가 추가한 것이며, 저자가 원서에서 밝힌 참고 문헌의 출처는 책 끝에 미주를 달아 표시했다.
4. 본문에 나오는 도서의 번역본은 번역서가 여럿일 경우 최근 출간순, 완역본 순을 기준으로 했다.

상원 의원: 그것은 들여다봐서는 안 되는 심연이네.
백　　작: 그러나 친구여, 우리에게는 들여다보지 않을 자유가 없지 않은가.

– 조제프 드 메스트르Joseph de Maistre, 『상트 페테르부르크 대화*St. Petersburg Dialogues*』[1)]

차례

감사의 글

이 책을 쓰는 동안 많은 이들의 도움을 받았다. 노먼 콘Norman Cohn과의 대화는 아주 유익했다. 그와 대화를 나누지 않았더라면 근대 정치와 종교에 대한 내용을 쓰지 못했을지도 모른다. 브라이언 애플야드Bryan Appleyard, 로버트 콜스Robert Colls, 마이클 린드Michael Lind, 애덤 필립스Adam Phillips, 파울 쉬체Paul Schütze와 나눴던 대화도 이 책에 여러 가지 방식으로 녹아들어 있다. 내 책의 편집을 담당한 펭귄 북스 직원 사이먼 와인더Simon Winder는 책을 쓰는 동안 이루 말할 수 없이 가치 있는 조언과 격려를 아끼지 않았고 〈런던 와일리 에이전시Wylie Agency UK〉의 트레이시 보한Tracy Bohan, 뉴욕 〈파라 스트라우스 지루Farrar Straus Giroux〉의 에릭 친스키Eric Chinski, 전에는 캐나다 〈더블데이Doubleday〉에 있었지만 지금은 〈제로 풋프린트Zero Footprint〉라는 환경 관련 회사의 커뮤니케이션 부서장으로 일하는 닉 개리슨Nick Garrison도 아낌없는 논평으로 도움을 주었다. 최종 원고를 검토하고 통찰력 있는 의견을 내어 준 데이비드 리프David Rieff에게 무한한 감사를 표한다. 그럼에도 이 책에 대한 모든 책임은 나에게 있다.

가장 큰 공은 아내 미에코Mieko에게 돌리고 싶다. 미에코가 아니었다면 이 책은 세상의 빛을 보지 못했을 것이다.

존 그레이John Gray

Black Mass
How religion led the
World into crisis

1장 유토피아의 최후

근대 정치는 종교사史의 한 장章일 뿐이다. 지난 두 세기의 역사 대부분을 형성했던 거대한 혁명적 격변은 신념의 역사 속 사건이었다. 그 시기에 기독교가 장기간에 걸쳐 해체되면서 근대 정치 종교가 등장했다. 새 천년을 시작하는 바로 지금, 우리가 살고 있는 세계에도 유토피아 기획의 잔해가 어지럽게 널려 있다. 종교의 진리를 부정하는 세속의 용어가 유토피아 기획의 뼈대를 이루고 있지만 사실 유토피아 기획은 종교적 신화를 실어 나르는 도구였다.

공산주의와 나치즘은 자신들이 과학에 기초하고 있다고 주장했다. 공산주의는 역사적 유물론이라는 가짜 과학을, 나치즘은 "과학적 인종주의"라는 잡종 이론을 내세웠다. 그러나 그들의 주장은 모두 사기였다. 1991년 12월 소비에트 사회주의 연방 공화국의 해체를 마지막으로 전체주의가 붕괴했지만 허위 과학은 사라지지 않았고, 세계가 보편적 민주주의라는 단일한 정치체제와 전 지구적 자유 시장이라는 단일한 경제체제로 수렴하는 중이라고 주장하는 신자유주의로 이어졌다. 인류가 새로운 시대로 진입하고 있다는 신념은 사회과학임을 자처하지만 사실은 고대에 기원을 둔 종말론 신념의 최신판에 불과하다.

예수와 예수의 추종자들은 자신들이 종말End-Time에 산다고 믿었다. 세계의 악이 곧 소멸될 참이었다. 최초의 기독교도들은 세계를 뒤흔들 전쟁이 끝나 악의 세력이 완전히 파괴되면 질병과 사망, 기아와 굶주림, 전쟁과 억압이 모두 영원히 사라지리라는 신념에 사로잡혔다. 후대의 기독교 사상가들이 종말을 영적 변화를 의미하는 은유로 재해석했지만 이른 시기에 자리잡은 세상의 종말에 대한 기대는 그 뒤 서양인의 뇌리에서 떠나지 않았다.

중세 유럽은 역사가 끝나고 곧 새로운 세계가 탄생할 것이라는 신념에 영감을 받은 대중 운동으로 몸살을 앓았다. 그러나 중세 기독교도들은 오직 신神만이 새로운 세계를 도래하게 할 수 있다고 믿었다. 기독교는 쇠락해 갔지만 종말에 대한 신념은 사그라들기는커녕 오히려 더 강하고 호전적으로 변했다. 프랑스의 자코뱅당, 러시아의 볼셰비키 같은 근대 혁명가들은 전통 종교를 혐오했다. 그러나 그들은 인간 삶의 모든 측면을 변혁해 과거에 저지른 범죄와 어리석은 행동들을 말끔히 지워 버릴 수 있다고 믿음으로써 초기 기독교도의 신념을 세속적으로 부활시켰다. 근대 혁명가들은 종교를 과학적 세계관으로 대체할 요량으로 급진 계몽사상을 주창했지만 역사를 단숨에 단절시켜 인간 사회에 존재하는 결점을 영원히 제거할 수 있다는 급진 계몽주의의 신념은 기독교의 부산물이다.

지난 몇 세기를 풍미했던 계몽주의 이데올로기는 여러 갈래로 분열된 신학이었다. 우파나 좌파의 정통 사상가들은 지난 세기의 역사를 세속적 진보에 대한 이야기로 생각하고 싶겠지만 사실은 그렇지 않다. 볼셰비키와 나치가 권력을 장악한 사건은 신념을 바탕으로 한 격변이었다. 그 격변은 이란의 지도자 아야톨라 호메이니Ayatollah Khomeini가 신권정치를 내세우며 일으킨 반란과 다를 바 없다. 혁명은 역사를 변혁하는 사건이라는 생각 자체가 종교에서 기인한다. 근대 혁명 운동들은 방식만 달리할 뿐, 종교의 계보를 잇는다.

혁명가들만 종교적 신념을 세속적으로 변조한 것은 아니었다. 진보를 느리지만 점진적인 투쟁으로 파악하는 자유주의적 인본주의자들도 그랬다. 세계가 곧 끝날 것이라는 신념은 세계의 파괴를, 점진적으로 진보한다는 신념은 세계의 개선을 고대한다는 점에서 정반대인 것 같지만 근본은 크게 다르지 않다. 점진적 변화를 강조하든 혁명적 변혁을 강조하든, 진보 이론들은 모두 과학적 가설이 아니라 의미를 염원하는 인간에게 해답을 주려는 신화다.

프랑스혁명 이후 잇달은 유토피아 운동은 정치적 삶을 바꿔 놓았다. 사회 전체가 파괴되면서 세계는 영구히 변했다. 그러나 유토피아 사상가들이 마음 속에 그렸던 변화가 일어나기는커녕, 그들의 기획은 대부분 의도한 것과 정반대의 결과를 초래했다. 그럼에도 비슷한 기획은 계속해서 다시 만들어져, 21세기가 시작되는 지금 이 순간에도 세계 최강의 국가가 중동 및 전 세계에 민주주의를 수출하기 위해 전쟁을 일으키고 있다.

중세 기독교인들은 종교적 신화에서 영감을 받아 대중운동을 일으켰고 유토피아 기획은 그 신화를 재생산해 유사한 폭력에 불을 붙였다. 즉, 근대의 세속적 폭력은 기독교 역사를 따라다녔던 폭력의 돌연변이다. 신이 종말을 성취할 것이라는 초기 기독교의 신념은 2백 년 이상 꾸준히 이어지다가 인간의 활동으로 유토피아를 성취할 수 있다는 신념으로 변했고 종말이라는 초기 기독교의 신화는 과학이라는 옷을 입고 신념을 바탕으로 한 신종 폭력을 등장시켰다.

보편적 민주주의라는 기획이 피를 머금은 이라크 거리에서 종료되면서 이 흐름이 역전되기 시작했다. 유토피아주의는 큰 타격을 받았지만 정치와 전쟁은 여전히 신화를 실어 나르고 있다. 이제는 거꾸로 원시 종교가 사라진 세속 신념을 대체하는 중이다. 종말론 종교는 조지 W. 부시 미국 대통령과 그에 맞서는 마흐무드 아흐마디네자드Mahmoud Ahmadinejad 이란 대통령의 정책을 형성한다. 고갈되어 가는 부존자원을 둘러싼 투쟁이 심화되는 가운데 세계 곳곳에서 종교가 부활해 정치적 갈등과 뒤섞이고 있다. 종교는 분명 스스로의 힘으로 권력을 되찾아 가고 있다. 꾸밈없고 적나라한 모습으로 다시 등장한 종말론 종교는 유토피아 기획이 사라진 자리를 메우면서 세계 정치를 구성하는 어엿한 세력이 되어 가고 있다.

1.
종말론의 정치

"새 하늘과 새 땅: 이전의 하늘과 이전의 땅은 사라지고."■ 요한의 묵시록의 말씀이다. "하늘"이라는 단어를 지우고 "새 땅"만 남긴다면 모든 유토피아 기획의 비밀과 비결을 알게 될 것이다.

– 에밀 M. 시오랑E. M. Cioran[1)]

노먼 콘은 영향력 있는 저서 『천년왕국의 추구*The Pursuit of the Millennium*』[2)]에서 근대 혁명운동이 종교에 뿌리를 두고 있다는 사실을 처음으로 체계적으로 밝혔다. 공산주의가 그 추종자들에게 여러모로 종교와 같은 기능을 했다는 사실은 잘 알려져 있다. 이러한 사실은 『실패한 신*The God that Failed*』이라는 유명한 책의 제목에도 반영되어 있는데, 냉전이 시작되고 얼마 지나지 않은 시점에 출판된 이 책에는 한 때 공산주의자였지만 어느날 그 신념을 버린 사람들의 글이 실려 있다.[3)] 콘에 따르면 공산주의와 종교는 일반적으로 사람들이 생각하는 것보다 비슷한 점이 훨씬 많다. 최고조에 달한 20세기 공산주의는 중세 후기에

■ 요한의 묵시록 21장 1절.(공동 번역 성서를 따랐다.)

유럽을 강타했던 천년왕국 운동을 여러모로 복제했다. 소비에트 공산주의는 근대 천년왕국 혁명이었고, 나치 추종자들에게 영감을 주었던 미래의 이상理想은 여러모로 비관적이었지만 나치즘 역시 근대 천년왕국 혁명이었다.

주요 용어를 명확히 해 두는 편이 좋겠다. "천년왕국주의자millenarians"는 종말론적 역사관을 품고 있었다. 이들은 천 년이라는 의미를 지닌 킬리애드chiliad에서 파생된 용어인 천년주의자chiliasts■라고도 불리며 예수가 재림해 새 왕국을 세우고 천 년 동안 다스린다고 믿었다. "종말론적apocalyptic"이라는 단어는 보통 파멸적 사건을 의미하지만 성서에서 사용하는 용어는 "드러냄unveiling"을 의미하는 그리스어에서 파생된다. 즉 "종말apocalypse"은 시간의 종말에 하늘에 쓰여진 신비를 드러내는 계시고, "선택받은 자들the Elect"에게 종말은 파국이 아니라 구원을 의미한다. "종말 신학eschatology"은 최후의 일과 세계의 종말에 대한 교의다. (그리스어 에스카토스eschatos는 "마지막" 또는 "가장 먼"이라는 의미다.) 앞서 언급한 대로 초기 기독교는 종말론을 숭배하는 종교 분파였다. 예수와 예수의 첫 제자들은 세계가 곧 파괴되고 새롭고 완전한 세계가 도래하리라고 믿었다. 종말 신학의 성격이 항상 긍정적이었던 것은 아니다. 일부 이교 전통에서는 세계의 종말을 신들이 죽음을 맞이하는 최종적인 재앙으로 여긴다. 나치는 기독교 악마론을 받아들였지만 나치 이데올로기에는 비관적 성격의 종말 신학도 있었다. 반면, 중세 천년왕국 운동과 세속적 천년왕국 운동은 세계의 악이 영원히 사라질 종말을 고대하는 긍정적인 종말론 신념의 영향을 받았다. (천년왕국주의millenarianism는 그리스도의 재림을 문자 그대로 신봉하지만 천년왕국론

■ 저자가 chiliast(s)와 millenarian(s)의 의미를 구분해서 사용하지 않으므로 번역본에서도 두 용어를 모두 천년왕국주의(자(들))로 통일한다.

millennialism은 성스러운 왕국의 도래를 고대한다는 점에서 두 용어를 구분하기도 한다. 그러나 일관성 없이 사용되므로 이 책에서는 특별한 지적이 없는 한, 두 용어를 구분해 사용하지 않을 것임을 일러 둔다.)

서양 사회에 영향을 미친 천년왕국주의는 기독교의 유산이다. 대부분의 종교는 역사를 시작과 끝이 있는 이야기로 보지 않는다. 힌두교와 불교는 인간의 삶을 우주적 순환 속의 찰나로 여기며 구원을 끝나지 않는 순환에서 벗어나는 것으로 이해한다. 기독교가 전파되기 전 유럽에서는 플라톤과 그의 제자들이 유사한 방식으로 인간의 삶을 파악했고 고대 유대교에도 세계가 곧 끝난다는 사고는 없었다. 유독 기독교만이 인간의 역사가 특정한 목적을 향해 가는 과정이라는 신념을 고취했다. 그리스어 텔로스telos는 과정의 종착점과 과정이 존재하는 이유인 목적을 모두 의미하는 영어의 "엔드end"다. 목적론적 관점에서 역사를 파악하는 기독교도들은 역사에 예정된 목적이 있고 그 목적이 달성되면 역사가 끝난다는 두 가지 차원에서 역사의 종말을 믿었다. 마르크스와 후쿠야마 같은 세속 사상가들은 기독교의 목적론을 이어받아 "역사의 종말"이라는 주장의 바탕으로 삼았고 역사를 반드시 그렇지는 않더라도 대체로 보편적 목적을 향해 가는 운동이라고 파악했다. 진보 이론 역시 목적론적 관점에 의존했다. 이 모든 개념 뒤에는 역사를 사건의 원인이 아니라 인류 구원이라는 목적에 입각해 이해해야 한다는 신념이 자리 잡고 있다. 역사적 목적론을 서양 사상에 도입한 것은 다름 아닌 기독교였다. 그리고 그 생각이 이후의 서양 사상을 형성했다.

천년왕국 운동이 서양 기독교 세계에만 국한된 것은 아닐 것이다. 자신을 예수의 동생이라 믿었던 홍수전洪秀全은 1853년 난징南京에 유토피아 공동체를 창설했다. 태평천국군太平天國軍이라 불렸던 이 공동체는 11년 뒤 청나라 정부와 충돌해 2천만 명 이상의 사망자를 내고 사라졌다.[4] 태평천국의 난은 천년왕국주의의 영향을 받아 일어난 사건이다. 천년왕국이라는 사고를 중국에 전한 것은 기독교 선교사들이었겠지만 중국에 이미 유사한 사고가 존재했을 가능성도 배제할 수 없다. 파괴의 시대가 지나간 뒤 천상에서 내려온 구원자가 지도하는 평화의 시대가 도래할 것이라는 믿음은 이미 3세기부터 중국 대륙에 존재했던 것으로 보인다.[5]

천년왕국에 대한 신념의 기원이 서양 고유의 것이든 아니든, 그 신념은 서양의 삶을 형성하는 데 지대한 영향을 미쳤다. 중세 천년왕국주의는 기독교가 출발할 당시 품고 있던 신념을 반영했고 자코뱅주의, 볼셰비즘, 나치즘 같은 근대 정치 종교는 과학에 입각해 천년왕국에 대한 신념을 재생산했다. 그러므로 서양 문명은 그 중심에 천년왕국을 바라는 사고가 자리 잡고 있다는 차원에서 간단하게 정의될 수 있을 것이다.

천년왕국 운동, 천년왕국에 대한 신념, 천년왕국 체제, 이 셋은 각기 다른 개념이다. 천년왕국 운동은 특정한 역사적 상황에서만 발전한다. 러시아 제국이나 제1차 세계대전 직후의 바이마르 공화국같이 대규모의 사회적 혼란이 발생한 경우나 미국에서 일어난 9.11 사건처럼 한 번이지만 대단히 충격적인 사건이 발생한 경우 등, 천년왕국 운동은 주로 재난에 관련된다. 천년왕국에 대한 신념은 인식과 현실을 이어 주는 정상적인 연결고리가 붕괴된 인지 부조화를 드러내는 징후다.[6] 러시아와 독일에서는 전쟁과 경제적 붕괴로 전면적인 천년왕국 체제가 나타났고 테러리스트의 유례없는 공격을 받은 미국에서는 불필요한 전쟁이 일어나고 헌정 질서가 흔들리는 등, 천년왕국 사건이 발생했다. 천년왕국에 대한 신념이 정치에서 결정적인 영향력을 발휘하는 시기와 방식은 역사의 우연에 의존한다.

종말론 신념의 기원은 기독교의 기원 이전으로 거슬러 올라간다. 기독교 역사 내내 종말론 신념이 되풀이되었다는 사실은 그 신념이 외부에서 유입된 것이 아니라 애초부터 기독교 내부에 존재했음을 시사한다. 예수의 가르침은 인류가 최후의 나날을 살고 있다는 신념에 근거했다. 예수가 영감을 불어넣은 운동의 핵심에 종말 신학이 자리 잡고 있다는 점에서 예수가 유대교 종말론 전통에 속했다고 생각하기 쉽다. 그러나 성서적 유대교에서는 종말론 신념에 동반되는 철저한 이원론적 세계관을 찾아볼 수 없으므로 예수의 가르침 중심에 있던 종말 신학은 다른 전통의 영향을 받았음을 알 수 있다.

현대 역사가들은 예수가 유대교 구세주 신앙이라는 이설異說에 빠졌을 가능성을 제시했는데, 그것도 터무니없는 생각이다.[7] 예수의 추종자들을 지칭하게 된 "기독교도Christian"라는 용어는 그리스어의 크리스토스christos 또는 "기름 부음■을 받은 자"에서 유래했고 히브리어나 아람어■■의 "구세주messiah"에 상응한다. 그러나 히브리 성서에는 "구세주"라는 용어가 거의 나오지 않고 나오더라도 왕이나 최고위직 사제를 칭하는 말로 쓰인다. "구세주"라는 용어가 모든 인류를 구원하기 위해 신이 보낸 신성한 인물을 의미하게 된 것은 기독교가 보편 종교로 발돋움한 바울의 시대부터다.

예수의 가르침은 원래 유대인만을 대상으로 했다. 예수는 낡은 세계가 끝나고 새 왕국이 도래할 것이라고 가르쳤다. 새 왕국에는 끝도 없이 풍요롭게 열매가 맺힐 것이고 의롭게 죽는 자는 그곳에서 다시 생명을 얻을 것이다. 그들을

■ 제사장, 선지자, 왕을 세울 때 치른 종교적 의례. 그들의 권위가 신에게서 나왔음을 보여 주기 위해 머리에 기름을 부었다. 예수 그리스도가 인류의 구원자라는 개념은 여기에서 파생되었다.

■■ 셈어 족에 속하는 언어다. 예수가 살았던 시대의 팔레스타인에서 일상어로 사용되었으며 구약성서는 대부분 히브리어로 쓰여졌지만 아람어로 기록된 내용도 있다.

비롯해 그곳에 거하는 자는 육체적, 정신적 질병에서 자유로울 것이다. 새 세계는 부패하지 않으므로 그곳에 거하는 자는 영원히 살 것이다. 예수는 새 왕국을 선포하고 그곳을 다스리라고 신이 보낸 사람이었다. 예수의 윤리적 가르침은 독창적이고 신선했다. 다른 유대교 예언자들과 마찬가지로 예수도 약하고 힘없는 사람들을 대변했고 나아가 세계에서 버림받은 사람들에게도 손을 내밀었다. 무엇보다 새 왕국이 가까웠다는 신념이 예수의 핵심 가르침이었다. 예수의 제자들은 예수의 가르침을 고스란히 받아들였지만 새 왕국은 도래하지 않았고 로마인들은 예수를 체포해 처형했다. 기독교 역사는 초창기에 겪은 종말 신학적 실망을 극복하기 위한 노력으로 점철되었다.

알베르트 슈바이처는 기독교도들이 직면한 곤경을 다음과 같이 표현했다.

> 예수는 자신이 사람의 아들■이라고 믿고 역사를 종결지을 최후의 혁명이 일어나도록 세상이라는 수레바퀴를 잡아 움직이려 했다. 수레바퀴가 돌아가지 않자 예수는 자기 몸을 수레바퀴에 던졌고 이윽고 돌아가기 시작한 수레바퀴는 예수의 몸을 찢어 놓았다. 예수는 죄가 소멸되고 완전한 의로움이 성취된 상태를 의미하는 종말 신학적 조건을 조성하는 대신 그 조건들을 파괴했다.[8)]

사실 종말 신학적 희망은 파괴되지 않았다. 초대 교회에서 활동했던 예수의 추종자들 사이에는 예수가 죽은 자 가운데서 살아나 하늘로 들려 올라갔다는 믿음이 싹텄다. 얼마 지나지 않아 세계의 종말에 대한 예수의 가르침을 내면의 변화를 의미하는 은유로 해석하려는 시도가 나타났다.

■ son of man, 인자人子라고 번역되기도 하며, 공관복음서에서 예수가 자신을 일컫는 표현이다.

성 바울의 시대에 이미 하늘의 왕국이란 영적 변화를 빗댄 표현이라는 암시가 나타난다. 타르수스의 사울Saul of Tarsus이라고 불리기도 한 헬레니즘화된 유대인 바울은 예수 운동을 반체제적 성격의 유대교 분파에서 보편 종교로 탈바꿈시켰다. 예수의 직계 제자들과 마찬가지로 세계가 곧 끝날 것이라는 전망을 품었던 바울은 종말이라는 전망을 모든 인류에게 적용할 길을 열었다. 성 아우구스티누스(St. Augustine, 354년~430년)는 예수와 예수의 제자들을 행동하게 만든 종말 신학적 희망을 제거하려고 체계적인 노력을 기울였다. 아우구스티누스는 원래 악을 세계의 영구적인 특징으로 파악하는 마니교도였기 때문에 아우구스티누스의 신학에는 마니교의 흔적이 남아 있다. 마니는 빛과 어둠의 전쟁이 영원할 것이라고 믿었던 반면, 예수의 추종자들은 악이 영원히 파괴될 종말을 고대했다. 아우구스티누스는 인간에게 근절할 수 없는 결함이 있다고 믿었기 때문에 원죄 교리는 정통 기독교의 가장 중요한 교리가 되었다. 그러나 원죄 교리에는 예수보다 마니의 영향이 더 크게 작용했을 것이다.

기독교 신념을 재구성한 아우구스티누스에게 많은 영향을 미친 또 하나의 사상은 플라톤주의였다. 영적 존재는 영원의 영역에 속한다는 플라톤의 사상에 깊은 영향을 받은 아우구스티누스는 종말을 영적 차원에서 이해해야 한다고 주장했다. 즉, 종말은 장차 일어날 사건이 아니라 언제든 이루어질 수 있는 내면의 변화다. 나아가 아우구스티누스는 기독교에 인간의 도시City of Man와 신의 도시City of God라는 명확히 구분되는 개념을 도입했다. 인간의 삶은 원죄로 얼룩졌기 때문에 두 도시는 절대로 하나가 될 수 없다. 이 세상에서는 타락 이후 모든 인간의 마음 속에 자리 잡은 악을 물리칠 수 없다는 교리는 유토피아주의가 완전히 사라진 적이 없었던 기독교에 반反유토피아적 성향을 부여했다. 덕분에 기독교도들은 인간사事에 근본적인 변화를 기대하는 사람이라면 누구나 겪을 수밖에 없는 환멸을 피하게 되었다. 악이 파괴될 수 있다는 신념은 아우구스티누스주의자들의 입장에서는 정통에서 완전히 벗어난 것이지만 예수의 추종자들이 속한 종말론 분파에서는 핵심적인 신념이었다. 악이 파괴될 수 있다는 신념은 중세 천년왕국주의자들을 행동하게 만들었고 부시 정부에서 다시 수면으로 떠올랐다. 서양 역사에 되풀이해 출현했던 천년왕국주의는 기독교의 기원으로 돌아가려는 이단적 현상이다.

아우구스티누스는 종말에 대한 희망을 문자 그대로 해석하지 않음으로써 종말 신학의 위험성을 줄이는 한편 종말 신학을 보존했다. 신의 왕국은 시간을 초월한 영역에 존재했고 그것이 상징하는 내면의 변화는 역사의 어느 시점에서든 실현될 수 있었다. 431년 열린 에페소스 공의회■에서 교회는 천년왕국주의를 맹렬히 비난하면서 아우구스티누스의 견해를 채택했지만 예수에게 영감을 준 신념으로 돌아가자는 천년왕국 운동은 계속 출현했고 교회 안에서 천년왕국주의가 담당했던 역할도 사라지지 않았다. 12세기 시토 수도회 소속 수도원장이었던 피오레의 요아킴(Joachim of Flora, 1132년~1202년)은 아우구스티누스의 신학을 뒤집었다. 성지를 순례하면서 영적 깨달음을 얻은 요아킴은 자신이 경전에 숨겨진 의미를 깨달았다고 확신하면서 기독교의 삼위일체론을 역사철학으로 변모시켰다. 인류는 아버지의 시대, 아들의 시대, 성령의 시대라는 세 단계를 차례로 거치며 보편적 인류애의 시대인 성령의 시대는 최후 심판의 날까지 지속된다. 각 시대마다 그 시대를 이끄는 지도자가 있는데 첫 번째 시대에는 아

■ Council of Ephesus, 안티오키아 학파의 네스토리우스Nestorius가 예수의 인성人性을 강조하면서 "신神의 어머니"라는 마리아의 칭호를 부정하자 예수의 신성神性을 강조하는 알렉산드리아 학파가 이견을 제기해 개최되었다. 네스토리우스는 파문당했고 325년 니케아 공의회에서 확립된 "니케아 신경(삼위일체론)"이 재확인되었다.

브라함이, 두 번째 시대에는 예수가 그 역할을 맡았다. 1260년에는 신성한 삼위일체의 삼위를 구현한 마지막 지도자가 나타나 세 번째 시대의 개막을 선포할 것이다. 요아킴의 삼위일체 역사철학은 중세 기독교에 종말론적 열정을 재주입했고 후대의 많은 기독교 사상가들은 요아킴의 3단계론을 변형해 저마다의 신학을 펼쳤다. 프란체스코 수도회의 어느 급진 분파는 요아킴의 예언을 받아들여 남유럽에서 천년왕국 운동을 일으켰고 독일에서는 요아킴의 예언이 프리드리히 2세를 숭배하는 구세주 신앙을 형성하는 데 기여했다. 프리드리히 2세는 십자군 전쟁에서 승전한 뒤 자칭 예루살렘 왕이 되었다가 교황 그레고리오 9세에게 적그리스도라고 탄핵당했다.

인류 역사를 3단계로 구분하는 사상은 세속 사상에도 심대한 영향을 미쳤다. 인간의 자유가 변증법의 3단계를 거쳐 진화한다는 헤겔의 견해, 사회가 원시 공산주의에서 계급사회를 거쳐 전 지구적 공산주의로 나아간다는 마르크스의 운동 법칙, 인류가 종교 · 형이상학 · 과학이라는 발전 단계를 거쳐 진화한다는 오귀스트 콩트Auguste Comte의 실증주의적 견해는 모두 3단계론을 재생산한다. 역사를 고대, 중세, 근대로 구분하는 입장도 요아킴의 3단계론을 반복한다. (고대나 근대 같은 개념은 인문학에서 없어서는 안 될 개념이 되었기에 이 개념들이 표현하는 사상 체계에 비판적 입장을 지닌 나 역시 이 개념들을 사용할 것이다.) 다음 장에서 보게 되겠지만, 세 번째 시대에 대한 요아킴의 예언은 놀랍게도 제3제국이라는 나치의 국가명을 탄생시켰다.

세속 종말론은 인간의 활동으로 새 시대를 열 수 있다고 주장한다. 그러나 예수와 예수의 제자들은 새 왕국이 오직 신의 의지를 통해서만 도래한다고 믿었다. 단 신의 의지는 벨리알Belial이나 사탄Satan으로 의인화되는 악한 세력의 저항을 받으므로 세계는 선한 세력과 악한 세력으로 나뉘게 된다. 사악한 세력이 인류를 지배할 수 있다는 주장도 있지만 히브리 성서에서는 이와 비슷한 견해를 찾을 수 없다. 욥기에 등장하는 사탄도 악의 화신이 아닌 야훼Yahweh의 특사다. 그러므로 세계를 선한 세력과 악한 세력의 전쟁터로 파악하는 관점은 오직 후대의 유대교 종말론 전통에서 발전된 것이다.

조로아스터교의 분파인 주르바니즘■과 사해문서■■에 기록된 유대교 종말론 신념은 매우 유사한데 유대교 종말론 사상이 조로아스터교의 영향을 받았을 가능성이 높다. 자라투스트라Zarathustra로도 알려져 있는 이란의 예언자 조로아스터는 기원전 1천5백 년에서 1천2백 년 사이 어느 시기에 생존한 인물로 추정된다. 조로아스터는 인간의 삶을 빛의 승리로 끝날 수도 있는 빛과 어둠의 전쟁으로 파악한 최초의 인물이었던 것 같다. 조로아스터교는 역사상 가장 평화적인 종교 중 하나지만 서양 역사에서 되풀이된 "신념을 바탕으로 한 폭력"의 궁극적인 원천은 유대교, 기독교, 이슬람교의 형성에 중대한 영향을 미쳤던 조로아스터일 것이다.

인간의 삶을 선과 악의 전쟁으로 파악했던 많은 전통은 모두 이 갈등이 영원히 지속되리라고 생각했다. 이집트 신화는 빛과 어둠이 끝없이 교대로 나타난다고 보았고 투쟁이 어둠의 승리로 끝난다고 본 전통도 있었다. 기원전 8세기의 그리스 시인 헤시오도스Hesiod는 인간의 역사란 태곳적 '황금시대'에서 인류가 파멸할 '철의 시대'로 추락하는 과정이라고 생각했다. 완벽한 사회와 비슷한 것이 있다면 그것은 과거에 존재한다. 헤시오도스는 우주적 투쟁이 빛의 승리로 끝날 수 있다고 생각하지 않았다. 심지어 조로아스터조차 빛의 승리가 예정

■ Zurvanism. 전통적인 조로아스터교의 이원론과 달리 유일신론을 내세웠다.

■■ Dead Sea Scrolls. 사해 서안西岸의 쿰란 동굴에서 발견한 구약성서 사본 및 유대교 관련 문서.

되었다고 생각하지 않았던 것 같다. 조로아스터교 문헌은 세계의 종말을 선포하지 않고 그저 결말을 알 수 없는 투쟁에 예언자를 따라 나서라고 말할 뿐이다. 그렇더라도 선善이 승리**할 수 있다**는 믿음이 인간의 사상에 새롭게 등장했다면 그 기원은 조로아스터라고 할 수 있다.[9)]

조로아스터의 이원론적 세계관은 마니교로 이어졌다. 216년경 바빌로니아에서 태어난 이란의 예언자 마니는 조로아스터교를 숭배하는 정권에 이단으로 낙인 찍혀 277년 순교했다. 마니의 가르침은 아우구스티누스에게 매우 깊은 영향을 주었다. 조로아스터와 다르게 마니는 빛과 어둠의 이원론이 세계의 영구적인 양상이라고 믿었다. 마니교는 불교에서 사용하는 형상과 상징을 받아들이면서 멀리 중국까지 전파되었고 많은 변화를 겪었지만 악이 절대로 사라지지 않는다는 마니교의 신념만은 변하지 않았다. 이 점에서 마니교의 신념은 조로아스터교나 예수의 가르침 모두와 극명하게 대비된다.

마니교의 이원론은 영지주의(靈知主意, Gnosticism)로 흘러들었다. 영지주의는 기독교의 박해를 받았지만 살아남아 근대까지 여러 모습으로 재등장했다. 영지주의는 매우 복잡해서 쉽게 접근하기 어려운 종교 전통이지만 악한 세력이 통치하는 어둠의 세계라는 영지주의의 핵심 사고는 종교사에 심대한 충격을 주었다. 영지주의 전통은 기독교의 다른 분파와는 다르게 예수가 전수한 은밀한 가르침을 공유한 사람만이 구원받을 수 있다고 주장하면서 예수가 죽은 뒤에도 2세기에서 3세기 정도 기독교 내부에 자리 잡고 있었다. 영지주의라는 용어는 "지식"을 의미하는 그리스어 그노시스gnosis에서 유래했다. 기독교 신념의 거의 모든 측면들이 극심하게 경합하던 격동하는 초기 기독교 세계에서 영지주의는 숨겨진 영적 통찰을 소유한, 어쩌면 극소수에 불과한 사람들만 구원받을 수 있다고 믿었다. 영지주의자들에게 구원은 세계에서의 육체적 불멸이 아니라 인간의 육

신과 물질세계로부터의 해방이다. 영지주의의 신념이 예수의 신념에 부합하지 않았기 때문에 초대 교회는 영지주의를 이단으로 규정했지만 영지주의는 끝내 기독교의 한 흐름으로 살아남았다. 남아 있는 영지주의 문서가 거의 없어서 확신하기는 어렵지만 영지주의는 12세기 프랑스에서 번성했던 카타리파■ 사이에서 재등장했던 것으로 보인다. 교황 인노첸시오 3세가 카타리파를 상대로 십자군을 일으켰고 40년의 전쟁 끝에 50여만 명이 목숨을 잃은 뒤에야 카타리파는 역사에서 자취를 감췄다. 그러나 영지주의는 파괴되지 않고 부활해 자신을 재창조했고 뜻밖의 모습으로 여러 차례 다시 등장했다. 영지주의 전통 연구의 대가 한스 요나스Hans Jonas에 따르면 마르틴 하이데거의 철학도 영지주의에 속한다.[10]

그러나 기독교 역사 내내 되풀이해 나타났던 천년왕국주의는 영지주의가 아니라 선과 악이 벌이는 우주적 전쟁에 대한 신념을 부활시켰다. 예수와 예수의 제자들을 행동하게 만든 그 신념은 조로아스터의 이원론적 세계관에서 비롯했다. 이와 같이 조로아스터의 세계관은 이슬람교나 근대 정치 종교 같은 서양의 일신교 형성에 기여함으로써 서양의 사상과 정치 대부분을 형성했다. 그러므로 선과 악이 자라투스트라의 발명품이라는 니체의 선언은 과장이지만 완전히 틀린 말도 아니다.

기독교는 종말 신학을 서양 문명의 심장부에 주입했고, 종말 신학은 그것을 극복하려는 아우구스티누스의 노력이 무색하게 꾸준히 다시 등장했다. 천년왕국에 대한 신념에서 영감을 받은 운동들이 11세기에서 16세기 사이 영국과 보

■ Cathars, 12세기와 13세기에 유럽에서 위세를 떨친 기독교 이단異端. 물질을 악의 근원이라 보고 신과 대립시키는 이원론을 폈으며 육식, 결혼, 사유재산 등 물질과 관련된 모든 것을 부정하는 극단적 금욕주의가 특징이다.

헤미아, 프랑스와 이탈리아, 독일과 스페인 등 유럽 각지를 휩쓸었다. 천년왕국 운동은 전쟁, 전염병, 경제적 어려움을 겪은 사람들처럼 사회가 자신의 존재를 인식하지 못한다고 느끼거나 사회에 소속될 이유를 찾지 못하는 사람들을 중심으로 번성했다. 그중 가장 눈에 띄는 사례는 장인과 도제를 중심으로 구성되어 몇 세기 동안 유럽의 광범위한 지역을 누비고 다닌 〈자유 성령 형제단Brethren of the Free Spirit〉이다.[11] 〈자유 성령 형제단〉을 기독교 이단으로만 생각해서는 안 된다. 〈자유 성령 형제단〉의 추종자로 알려진 〈성聖걸식단Beghard, holy beggars〉는 12세기 스페인 및 주변 지역에 유사한 이단적 신념을 퍼뜨렸던 수피파■와 비슷한 차림이었고, 〈자유 성령 형제단〉 역시 반드시 기독교에 속한다고 할 수만은 없는 당대의 영지주의 전통에서 영감을 받았을 가능성이 크다. 기독교도든 이슬람교도든, 또는 다른 무엇이었든 〈자유 성령 형제단〉은 일반적인 이해 범위를 뛰어넘는 경험을 할 수 있다고 믿은 신비주의자들이었다. 교회는 신이 은총을 내려야만 이러한 깨달음을 얻을 수 있다고 믿었지만 〈자유 성령 형제단〉은 그런 경험이 드물다고 생각하지 않았다. 깨달음을 얻는 사람은 죄를 지을 수 없는 존재가 되어 신과 구별되지 않았고 평범한 인간을 제약하는 도덕적 속박을 벗어 버렸으므로 마음대로 행동할 수 있었다. 신성한 특권을 누리는 존재라는 인식은 교회, 가족, 사유재산제 같은 기존의 모든 제도를 영적 자유를 구속하는 족쇄라고 비난한 데서도 잘 드러난다.

신비주의 신념이 실질적인 영향을 미치지는 않았다고 생각할 수도 있다. 그러나 신비주의 신념은 종말이 온다는 천년왕국에 대한 신념과 상호작용하면서

■ Sufis, 이슬람교의 신비주의 분파. 전통적인 교리나 율법 학습이 아니라 현실적인 방법을 통해 신과 합일하는 것을 최상의 가치로 여긴다.

중세 후기 유럽 곳곳에 발생한 농민반란을 부채질했다. 독일 북서부에 위치한 뮌스터Münster는 한때 이 폭발 가능성이 높은 신념을 토대로 한 공산주의의 실험장이 되었다. 16세기 초 유럽을 휩쓴 종교개혁 운동은 일부 지역에서 가톨릭 교회를 몰아냈다. 그 과정에서 새로 등장하는 근대국가에 복종하라는 신학을 편 루터나 교회의 엄격한 지도가 필요하다고 주장한 칼뱅이 생각한 것보다 훨씬 더 급진적인 분파들이 탄생했다. 그중에서도 초기 기독교의 가르침을 회복하겠다는 목표를 내세운 재세례파Anabaptists 운동이 단연 돋보였다. 재세례파는 교회와 기존 사회질서를 거부한다는 의지의 표현으로 사람들에게 다시 세례받을 것을 권유했고 많은 설교자, 수녀, 평신도가 개종했다. 1534년 초 재세례파는 처음으로 무장봉기를 감행해 뮌스터 시청과 시장을 장악했다. 뮌스터가 재세례파의 근거지가 되자 인근의 재세례파교도들이 뮌스터로 모여들었고 루터교도들은 뮌스터를 빠져나갔다. 재세례파는 부활절이 되기 전에 세계가 파괴될 것이고 뮌스터는 구원받아 새 예루살렘New Jerusalem이 될 것이라고 선언했다.

가톨릭교도와 루터교도는 추방당했고 남은 사람들은 마을 광장에서 다시 세례를 받았다. 재세례파는 성당을 약탈했고 그곳에 있는 책을 불태웠는데 나중에는 성서를 제외한 모든 책을 불태웠다. 저마다 지니고 있던 금, 은, 현금을 내놓아야 했고 대문은 항상 열어 놓아야 했다. 라이덴의 존John of Leyden이라고 불렸던 재단사 도제 얀 보켈슨Jan Bockelson의 지도를 받으며 이러한 제도들이 한층 강화되었다. 사유재산이 금지되었고 노동 감독 제도가 도입되었으며 범법행위는 사형제도로 다스렸다. 남편에게 복종하기를 거부한 아내, 간통한 사람, 재세례파가 아닌 사람과 결혼한 사람 등, 사형이 광범위하게 집행되었다. 이렇게 금욕을 강요하는 체제는 오래가지 못했다. 미혼 여성도 사형 대상이었기 때문에 일부다처제가 도입되었지만, 일부 여성들이 이를 거부하고 사형을 자청하면서 이 제도도 곧 사라졌다. 그 뒤 이혼과 자유 연애가 허용되었다.

1534년 가을, 보켈슨은 뮌스터의 왕이 되었다. 보켈슨은 자신을 세상의 통치자가 아니라 세계의 마지막 나날을 주재하는 구세주라고 생각했다. 보켈슨은 거리와 건물에 새 이름을 붙이고 새 달력을 만들었는데, 훗날 자코뱅당도 같은 개혁 조치를 단행한다. 새 질서가 수립되고 며칠 뒤 사형 집행이 재개되어 저명한 여성들이 처형당했다. 그즈음 교회에 충성하는 세력이 뮌스터를 포위했고 뮌스터 주민들은 굶주렸다. 보켈슨은 굶주리는 사람들의 관심을 다른 곳으로 돌리기 위해 경주, 무도회, 연극 공연 같은 성대한 잔치를 벌이는 한편, 허가받지 않은 집회를 금지했다. 굶주림이 계속되면서 1535년 6월 뮌스터의 방어선이 무너졌다. 사로잡힌 보켈슨은 몇 달 동안 사람들의 조롱을 받다가 마을 광장에서 시뻘건 인두로 고문당해 사망했다.

보켈슨이 뮌스터에서 실험했던 신권적 공산주의는 천년왕국주의의 표식을 모두 갖추고 있다. 노먼 콘은 천년왕국 운동과 천년왕국 분파를 다섯 가지 특징을 지닌 구원론으로 규정한다. 우선 **집단적**이다. 신앙 공동체 안에서 구원이 이루어진다. 둘째, **이 땅에 존재**한다. 구원은 사후死後에 천상에서 이루어지는 것이 아니라 지상에서 실현된다. 셋째, **즉각적**이다. 구원은 순식간에 갑작스럽게 이루어지는 경향이 있다. 넷째, **전면적**이다. 구원은 지상에서의 삶을 개선할 뿐 아니라 삶을 송두리째 바꿔 완전하게 만든다. 마지막으로 **기적적**이다. 구원은 신성한 힘에 의해 또는 그 힘의 도움을 받아 이루어진다.[12)]

자코뱅당에서 출발한 근대 혁명가들도 같은 신념을 공유한다. 단 천년왕국주의자들은 오직 신만이 세계를 재창조할 수 있다고 믿었던 반면 근대 혁명가들은 인류의 힘으로 세계를 재구성할 수 있다고 생각했다. 근대 혁명가들의 관념은 중세 시대에 통용되었던 신념만큼이나 신빙성이 떨어졌기 때문에 항상 과학의 권위를 빌려 제시되었을 것이다. 태곳적부터 이어져 내려온 악에서 구원받을 수 있다는 신념이 지식의 힘을 빌려 근대 정치를 움직였고 그중 가장 급진적인 신념이 지난 2세기를 규정한 혁명적 유토피아주의의 실험을 뒷받침했다.

2.
유토피아의 탄생

> 이들은 사람들을 다시 한데 모이게 만들 방법을 고안하기 시작했다. 자신을 남보다 돋보이게 하면서도 타인에게는 해를 입히지 않는, 그래서 모두가 조화롭게 살 수 있는 방법을 찾아 나선 것처럼 보였다. 이 관념을 앞세운 전쟁이 일어났다. 교전국 모두가 과학, 지혜, 자기 보호 본능을 가진 사람들이 합리적이고 조화로운 사회 속에서 단결할 것이며 곧 그렇게 될 것이라고 믿었다. "현자賢者"는 "어리석은 자"와 현명한 생각을 납득하지 못하는 자들이 단결을 방해하지 못하도록 저지하기 위해 사력을 다해 투쟁했다.
>
> – 표도르 도스토옙스키Fyodor Dostoyevsky[13)]

유토피아가 항상 혁명적인 사고였던 것은 아니다. 공공연히 정치색을 드러내지도 않았다. 많은 문화에서 그리고 대부분의 역사에서 인류는 완벽한 사회라는 생각에 사로잡혀 있었다. 그러나 완벽한 사회는 실현 가능한 미래의 모습이 아니라 잃어버린 낙원으로 여겨졌다. 플라톤은 이상적인 공화국이 역사 이전의 황금시대에 존재했다고 생각했다. 불과 2백 년 전까지만 해도 사람들은 완벽한 사회란 되돌아갈 수 없는 과거 또는 지도상에 표시되지 않는 이역만리에 있다고 여겼다. 『유토피아*Utopia*』(1915)를 쓴 토머스 모어 경은 자신이 상상한 공동체가 먼 나라에 있다고 생각했다. "훌륭한 곳"과 "어디에도 없는 곳"이라는 이중적인 의미를 지니는 유토피아는 모어 경이 만든 용어다. 유토피아라는 사고가 사회 개혁의 도구로 사용된 경우에도 항상 혁명적이지는 않았다. 유토피아주의자 대부분은 사회를 전복하기보다 사회가 귀감으로 삼을 만한 이상적인 공동체를 창조하려고 했기 때문에 유토피아주의는 폭력으로 세계를 재창조하려는 시도이기 전에 세계에서 물러나려는 운동이었다.

19세기에 많은 종교개혁가들과 윤리적 사회주의자들이 유토피아 공동체를 설립했다. 자신이 신과 결합할 수 있을 만큼 완전무결해졌다고 확신한 성직자 존 험프리 노이스(John Humphrey Noyes, 1811년~1886년)는 1848년 뉴욕 주 북부에 "기독교 완전주의", "성서 공산주의", "집단혼婚"을 표방한 〈오네이다Oneida 공동체〉를 설립했고 영국의 기업가이자 사회주의자였던 로버트 오언(Robert Owen, 1771년~1858년)은 1825년 인디애나 주 하모니Harmonie 마을을 매입해 공동체 생활이라는 이상을 구현한 〈뉴하모니New Harmony 공동체〉를 설립했다. 프랑스의 유토피아 사회주의자 샤를 푸리에(Charles Fourier, 1772년~1837년)는 "말처럼 빠른 사자", "배를 끄는 고래" 같은 새로운 생물이 출현해 인간에게 봉사할 것이라고 기대했으며 (너새니얼 호손Nathaniel Hawthorne이 소설 『블리스데일 로맨스*The Blithedale Romance*』에서 묘사한 대로라면) 바다가 레모네이드로 변하는 날 인류가 진보할 것이라고 믿었다. 푸리에는 자유 연애를 실천하는 사람들이 모여 사는 공동체 "팔랑스테르phalansteres"의 설립을 지지했다.

19세기의 유토피아 공동체들은 급진 사상에 영향을 주었지만 주변 사회에는 별 영향을 미치지 못했다. 설립자들의 엉뚱함이 반영된 이 공동체들은 일반인들의 정서를 거슬렀기 때문에 대부분 한 세대 안에 사라졌다. 이 공동체들이 사라졌다는 사실이 이 공동체들의 유토피아적 성격을 보여 준다고 생각할 수도 있다.

그렇다면 무슨 근거로 어떤 공동체나 기획을 유토피아적이라고 하는가? 유토피아주의를 규정하려는 시도는 많았지만 다양한 유토피아주의를 모두 포괄할 수 있는 정의는 없다. 이사야 벌린은 유토피아를 다음과 같이 정의했다.

> 우리가 알고 있는 모든 유토피아는 모든 지식을 확보할 수 있다는 생각과 어느 시대, 어느 장소, 누구에게나 객관적으로 참된 목적들이 서로 조화를 이룬다는 생각에 기초한다. 플라톤의 『국가*Republic*』나 『법률*Law*』,■ 제논Zenon의 무정부주의 세계, 이암블로스의 태양의 도시에서 시작해 토머스 모어와 캄파넬라, 베이컨Bacon과 해링턴, 페늘롱■■의 유토피아에 이르기까지 이상적인 도시는 모두 이러한 특징을 지닌다. 마블리와 모렐리의 공산주의 사회, 생시몽의 국가 자본주의, 푸리에의 팔랑스테르, 오언과 고드윈Godwin, 카베, 윌리엄 모리스와 체르니셉스키, 벨러미, 헤르츠카■■■ 및 19세기의 수많은 사상가들이 주장한 무정부주의와 집산주의集産主義를 뒤섞은 다양한 형태의 사회는 모두 서양의 사회적 낙관주의를 떠받친 세 개의 기둥 (…) 즉, 인간이 겪는 핵심적인 문제는 결국 어느 시대에나 동일하며, 원칙적으로 해결 가능하고, 그 해결책은 조화로운 전체를 형성한다는 신념에 의존한다. (…) 바로 이 신념이 베이컨에서부터 콩도르세Condorcet, 『공산당 선언*Commuist Manifesto*』■■■■에서부터 근대 과학 기술 전문가, 공

■『국가 · 정체』, 박종현 옮김, 서광사, 2005; 『법률』, 박종현 옮김, 서광사, 2009.

■■ Iambulus, 고대 그리스 상인이자 유토피아 소설의 지은이로 추정되는 인물. 전해지는 작품은 없고 디오도로스 시켈로스Diodorus Siculus의 『역사의 도서관*bibliotheca historica*』에 단편적으로 남아 있다.; Tommaso Campanella, 1568~1639. 르네상스 시대의 이탈리아 철학자. 재산, 여성, 아동을 공유하는 유토피아를 무대로 한 『태양의 나라*Civitassolis*』를 썼다.; James Harrington, 1611~1677. 영국의 정치사상가. 권력분립주의의 원형을 제시했으며, 미국 정치제도에 커다란 영향을 미친 『오시아나 공화국*The Commonwealth of Oceana*』에서 공화주의를 주장했다.; François Fénelon, 1651~1715. 가톨릭 신학자, 시인, 저술가. 프랑스 군주제를 비판한 『텔레마쿠스의 모험*The adventures of Telemachus*』을 남겼다.

산주의자, 무정부주의자, 대안 사회를 추구하는 사람들에 이르는 다양한 개혁주의나 혁명적 낙관주의의 공통 기반이다.[14)]

벌린의 말과 다르게 모든 유토피아주의가 인간의 욕구에 대한 객관적인 지식을 보유하고 있다고 주장하지는 않는다. 종교사史에는 완전함이라는 이상을 신성한 계시라고 믿고 실현하려 한 여러 공동체가 등장한다. 이러한 종교 공동체는 지식을 보유하고 있다고 주장하기보다는 신념을 바탕으로 성립하지만, 완전함이라는 이상이 인간의 기본적인 특성이 아닌 이상, 이러한 종교 공동체도 유토피아적이다. 보켈슨이 수립한 신권적 공산주의 도시국가도 이러한 종교적 유토피아 중 하나였다.

모든 유토피아는 궁극적인 조화를 꿈꾼다는 벌린의 주장은 옳다. 플라톤처럼 인간의 목적이 변하지 않는다고 믿든 마르크스처럼 진화한다고 믿든, 인간이 추구하는 목적의 본질이 자연법칙을 탐구하는 과학을 통해 알려지든 신념

■ ■ ■ Gabriel Bonnot de Mably, 1709~1785. 18세기 프랑스 역사학자, 공상적 공산주의자. 『입법에 대하여*De la législation, ou Principes des lois*』에서 공상적 사회주의를 주창했다.; Morelly, 1717~?. 이름은 알려져 있지 않다. 당대의 사회를 통렬히 비판하고 좋은 사회를 만들기 위한 헌법을 제시한 『자연법칙*The Code of Nature*』으로 널리 알려졌다.; Étienne Cabet, 1788~1856. 프랑스 공상적 사회주의자. 기독교와 자연법을 기초로 이상적 공산주의 사회를 제시한 『이카리아 여행기*Voyage en Icarie*』를 썼다.; William Morris, 1834~1896. 영국 시인, 공예가. 처음으로 '장식 예술' 이라는 강연을 하고 〈고대 건축 보존 협회〉를 설립했다. 유미주의唯美主義 문학은 모리스의 중세 예찬과 결합해 점차 19세기 문명 비판으로 발전했다.; Nikolay Chernyshevsky, 1828~1889. 1860년대 러시아를 대표하는 혁명적 민주주의자. 문예 비평, 철학, 경제, 정치 등 폭넓은 지식을 갖추고 있었다. 포이어바흐의 영향을 받아 유물론적 미학을 주장했다.; Edward Bellamy, 1850~1898. 미국 소설가. 자본주의에서 사회주의로 이행하는 비폭력적 과도기로서 집산주의 사회를 그린 『2000년에 1887년의 과거를 돌아보다*Looking Backward: 2000~1887*』를 썼다. 이 소설은 유토피아 소설을 유행시켰고 사회운동에도 영향을 주었다.; Theodor Hertzka, 1945~1924. 경제학자, 저술가. 『이상적인 사회로서의 자유 국가*Freiland, ein soziales Zukunftsbild*』를 써서 오스트리아의 벨러미로 불렸다.

■ ■ ■ ■ 『공산당 선언』, 강유원 옮김, 이론과실천, 2008.

의 문제로 여겨지든, 인간의 삶을 따라다니는 갈등은 뒤에 남겨질 것이다. 개인 사이에, 그리고 사회집단 사이에 벌어지는 이해관계의 충돌, 바람직한 삶이라는 이상 안에서, 그리고 여러 이상들 사이에서 생겨나는 반목, 사악한 것들 중에서의 선택 등 모든 사회가 겪을 수밖에 없는 갈등은 가치가 없는 것이 된다.

유토피아가 조화라는 조건을 추구한다는 사실은 유토피아 사상을 규정하는 동시에 유토피아 사상이 기본적으로 비현실적임을 폭로한다. 갈등은 인간 삶에 보편적 특성이다. 인류는 본성상 고요한 삶과 재미난 삶, 안전과 자유, 인간의 자만심을 만족시키는 화려한 세상과 진실같이 서로 양립할 수 없는 것을 원하는 것 같다. 인간은 갈등에서 자유로울 수 없고 갈등에서 벗어나려 해도 결과는 만족스럽지 않다. 갈등에서 벗어나려는 인간의 꿈이 성취된다고 해도 그 결과는 무산된 유토피아보다 더 엉망일 것이기 때문이다. 다행히 이상적인 세계라는 꿈은 절대로 실현되지 않겠지만 그럼에도 갈등 없는 삶이라는 전망은 아주 매력적이다. 사실 완전함을 신의 속성으로 생각하는 전통도 있다. 종교의 경우 완전함은 개인 구원이라는 염원에 대한 해답이다. 그러나 정치에서 완전함을 추구할 경우 곧 인간의 다양한 욕구와 부딪친다. 정치적 유토피아는 깨어나 보면 악몽임을 깨닫게 되는 집단 구원의 꿈이다.

유토피아 기획은 그 속성상 실현 불가능하다. 흄은 다음과 같이 말했다. "인류의 관습을 큰 폭으로 개혁하려는 정부의 모든 계획은 그저 허구일 뿐이다."[15] 흄의 공식은 명료하지만 지나치게 보수적이라는 반론을 불러올 수 있다. "인류의 관습을 큰 폭으로 개혁한다"는 말은 무엇이며 그런 개혁이 정말 "그저 허구일 뿐"인가? 인간의 역사에서 그런 변화가 일어난 적이 없었나? "정부의 계획"이 실현될 수 없더라도 그것을 달성하려고 노력하다 보면 더 나은 세계를 만들

수 있지 않을까? 이와 같이 유토피아를 꿈꾸는 일이 꼭 필요하다고 주장하는 학자도 있다. 그들은 유토피아를 추구하는 사고가 그것이 없었다면 닫힌 채로 남았을 전망을 열어 주어 인간의 가능성을 확장한다고 생각한다. 실현할 수 있다고 여겨지는 테두리 안에만 머문다면 아무것도 희망할 수 없다. 그것은 억압에 공모하는 것과 다를 바 없는 수동적인 태도다.

이 관점을 받아들이는 많은 사상가들의 주장에 따르면 소비에트 러시아나 공산주의 중국Maoist China이 실험한 유토피아 기획의 처참한 결과는 기획 자체에서 비롯된 것이 아니다. 서양의 유토피아 이론은 죄가 없다. 죄가 있다면 그것은 러시아나 중국의 전통에 물어야 한다. 다음 장에서 현실 공산주의가 마르크스의 이상에서 출발했다는 생각을 매우 상세히 검토할 것이므로 여기에서는 새로운 세계를 창조하기 위해 폭력도 불사할 각오를 했던 레닌의 입장이 결코 새롭지 않았다는 점만 지적해 두자. 실현할 수 없는 목적을 달성하기 위해 비인간적인 방법도 서슴지 않는 것은 혁명적 유토피아주의의 본질이다. 자코뱅당에서 출발해 마르크스도 몸담았던 유럽의 혁명 전통은 조직적인 폭력을 사회를 변혁하는 정당한 수단으로 인정했다. 그리고 그 정점에 볼셰비키 혁명이 있었다.

현실 공산주의는 발전에서 뒤처진 민족들과 결합하는 바람에 더럽혀진 고상한 인본주의적 이상이 아니었다. 억압은 이상 그 자체에서 비롯했다. 마르크스와 엥겔스는 『공산당 선언』에서 공산주의가 "역사의 수수께끼를 풀었다"고 선언했지만 그 해결책에 이르려면 엄청난 피를 흘려야 한다는 사실을 조금도 의심하지 않았다. 폭력은 소비에트 체제나 마오쩌둥 정권뿐 아니라 빛나는 길Shining Path이라고 불렸던 페루 공산당 같은 비교적 최근의 공산주의 운동에서도 나타나는 특징이다.[16] 페루 공산당은 지금까지 존재했던 그 어떤 세계보다 나은 세계를 추구하는 과정에서 수만 명의 목숨을 앗아 갔다. 바로 그 이상이 20세기에 일어난 모든 공산주의 운동을 움직였고 그 이상을 유지하는 일에는 필연적으로 억압이 뒤따랐다.

마르크스의 경제 이론 자체가 억압을 낳은 것은 아니었다. 독보적인 자본주의 분석가였던 마르크스는 19세기 국민경제를 케케묵은 것으로 만들면서 과거 부르주아적 삶이라고 알려졌던 생활 방식을 파괴할 세계화가 등장할 것임을 누구보다 먼저 이해했다. 자본주의의 혁명적 성격을 마르크스만큼 명확하게 이해한 인물이 또 있다면 아마 20세기 중반에 활동한 오스트리아 경제학자 요제프 슘페터Joseph Schumpeter 정도일 것이다. 마르크스는 자본주의를 인간 삶의 모든 측면을 불안하게 만드는 경제체제로 인식했다. 정부와 정치는 물론이고 사회와 문화조차 무정부주의적인 시장의 힘에 영향을 받으면서 끊임없이 변한다. 반면 "전통적 가치"를 복원하는 가운데 시장을 자유롭게 풀어 주려는 움직임이 20세기 후반의 정치 대부분을 지배했다. 영국 총리를 지낸 대처나 블레어 같은 정치인들은 시장의 명령에 따라 사회를 효과적으로 재편하는 한편 부르주아적 삶의 가치도 함께 부활시키려 했다. 그러나 마르크스가 파악한 대로 구속받지 않는 시장은 부르주아 사회를 비롯한 기존의 사회 관계와 윤리적 삶의 형태를 뒤집는다.

자유 시장과 부르주아적 가치를 결합하려는 이상이 매우 비현실적임을 밝힌 마르크스의 자본주의론은 유토피아주의가 아니라 20세기 후반의 정치를 왜곡한 유토피아주의를 바로잡는 데 필수적인 이론이다. 그러나 자본주의의 대안에 대한 마르크스의 이상은 유토피아적이다. 예나 지금이나 마르크스만큼 제대로 자본주의를 이해한 경제학자는 없었지만 공산주의라는 마르크스의 개념은 위험할 정도로 비현실적이었다. 사실 중앙 계획경제는 실패할 수밖에 없었다. 근대 경제를 계획할 만큼 충분한 지식을 지닌 사람은 있을 수 없고, 그것을 운영할 권한을 믿고 맡길 만큼 선한 사람도 없기 때문이다. 게다가 마르크스는 공산주의가 도래하면 역사에 항존하던 가치 사이의 갈등이 사라지고 사회가 바람직한 삶이라는 단 하나의 개념을 중심으로 재편되리라고 믿었다. 2장에서 소비에트의 실험을 검토하면서 보게 되겠지만, 바로 이 믿음이 처참한 결과를 초래했다.

20세기를 살았던 사람들이나 오늘날을 살아가는 우리는 모두 유토피아주의의 위험성을 부인한다. 그때나 지금이나 우리는 우리와 우리가 살아가는 세계를 우리가 원하는 대로 창조하지 못하게 막을 장애물은 없다고 생각한다. 이러한 환상이 현대 문화 곳곳에 도사리고 있는 상황에서는 **디스토피아**적 사고가 더 절실하다. 현 상황을 이해하려면 헉슬리의 『멋진 신세계』나 오웰의 『1984』, 웰스의 『모로 박사의 섬』이나 필립 K. 딕의 『안드로이드는 전기 양을 꿈꾸는가?』, 자먀찐의 『우리들』이나 나보코프의 『벤드 시니스터』, 버로스의 『네이키드 런치』나 밸러드의 『슈퍼-칸』■을 읽어야 한다. 이 책들은 실현 불가능한 꿈을 추구한 결과 나타난 추악한 현실을 잠시나마 경험하게 해 주기 때문이다.

■ *Brave New World*, 1932년 출판된 올더스 헉슬리(Aldous Leonard Huxley, 1894~1963)의 소설. 문명이 극도로 발달해 과학이 모든 것을 지배하게 된 세계를 그렸다. 『멋진 신세계』, 정승섭 옮김, 혜원출판사, 2008.; *1984*, 1949년 출판된 조지 오웰(George Orwell, 1903~1950)의 소설. 1984년을 전체주의가 절정에 달한 시기로 그렸다. 『1984』, 정병조 옮김, 누멘, 2010.; *Island of Dr. Moreau*, 1896년 출판된 허버트 조지 웰스(Herbert George Wells, 1866~1946)의 소설. 『모로 박사의 섬』, 한동훈 옮김, 문예출판사, 2009.; *Do Androids Dream of Electric Sheep?*, 1968년 출판된 필립 K. 딕(Philip K. Dick, 1928~1982)의 소설. 영화 〈블레이드 러너Blade Runner〉의 원작이다. 『안드로이드는 전기 양을 꿈꾸는가?』, 이선주 옮김, 황금가지, 2008.; *We*, 1921년 출판된 예브게니 자먀찐(Yevgeny Zamyatin, 1884~1937)의 소설. 『우리들』, 석영중 옮김, 열린책들, 2009.; *Bend Sinister*, 1947년 출판된 블라디미르 나보코프(Vladimir Nabokov, 1899~1977)의 소설. 파둑그라드Padukgrad라는 가상의 공간을 배경으로 개인의 생각을 획일화하고 국가를 최고선으로 받들려는 정부의 활동을 그렸다.; *Naked Lunch*, 1959년 출판된 윌리엄 버로스(William Seward Burroughs, 1914~1997)의 소설. 노골적인 성 묘사, 실험적 기법으로 찬사와 비난을 동시에 받았고 미국 대중문화 전반에 큰 영향을 미쳤다. 『네이키드 런치』, 전세재 옮김, 책세상, 2005.; *Super-Cannes*, 2000년 출판된 제임스 밸러드(James Ballard, 1930~2009)의 소설. 에덴-올림피아Eden-Olympia라는 폐쇄적인 공동체를 배경으로 이야기가 전개된다.

유토피아를 인식하는 방법의 문제가 아직 남아 있다. 실현 불가능한 기획인지 어떻게 인식할 수 있는가? 인간이 성취한 가장 위대한 진전들도 한때는 불가능하다고 여겨졌다. 19세기 초반 시작된 노예제 폐지 운동은 노예제가 영원히 인간과 함께할 것이라는 이유로 반대에 부딪혔지만 다행히 성공을 거뒀다. 1833년 영국에서 "노예제 폐지법Slavery Abolition Act"이 통과되어 대영제국 안의 노예제가 불법이 되었고, 1861년 러시아 제국은 농노제를 폐지했으며, 1865년 미국에서는 수정 헌법 13조가 통과되어 노예제가 불법이 되었다. 이 법률들은 야만적인 처사를 없애고 인간의 자유를 확대했다. 노예제야말로 유토피아를 꿈꿀 필요가 있다는 것을 보여 주는 사례가 아닐까? 나는 그렇지 않다고 생각한다. 노예제 폐지는 실현 불가능한 목표가 아니었기 때문이다. 노예제가 없는 사회도 많았다는 점에서 노예제 폐지는 다른 사회에서는 당연한 상태에 도달한 것일 뿐이다. 게다가 노예 상태도 사라지지 않았다. 20세기에도 나치 독일, 소비에트 러시아, 공산주의 중국에서 엄청난 규모의 노예 노동이 이루어졌다. 노예를 거래할 수 있는 상품으로 취급하던 동산 노예제와는 달랐지만 여전히 사람들은 마음대로 사용할 수 있는 자원으로 취급되어 죽을 때까지 착취당했다. 노예제는 과거의 노예제 못지않은 끔찍한 형태로 새롭게 재창조되었다. 21세기를 시작하는 오늘날 동산 노예제는 인신매매라는 형태로 다시 등장했다.

실현할 수 없는 상황에서 수립된 기획은 유토피아적이다. 무력이나 강압이 영원히 제거된 사회를 염원하는 마르크스주의자나 무정부주의자, 자유주의자나 과학 기술 전문가들의 꿈은 인간의 욕구라는 불변의 모순에 부딪혀 절대로 실현될 수 없으므로 명백한 유토피아 기획이다. 한편 일반적으로 실현 가능한 기획이라도 그 기획을 실행하거나 실행할 것으로 예상되는 특정한 상황에서 그 기획의 목표를 달성할 수 없다면 그 기획 역시 유토피아 기획일 수 있다. 공산주의를 벗어난 러시아에 서양식 시장경제를 심으려는 기획이나 사담 후세인 대통령이 물러난 이라크에 자유민주주의를 심으려는 기획이 여기에 속한다. 두 경우 모두 성공할 수 없는 조건에서 출발했고 무슨 수를 쓰더라도 그 조건을 조성할 수 없음이 분명했다. 인간 본성과 역사를 조금이라도 이해했다면 그런 실험이 범죄와 익살이 뒤섞인 익숙한 결말로 끝날 것임을 미리 알 수 있었을 것이다.

무지, 실수, 허위 정보라는 요소가 한꺼번에 작용했던 것은 사실이지만 이 엄청난 참사가 그 세 가지 요인에서 비롯된 것은 아니다. 참사의 원인은 현실감을 상실한 사고방식이다. 현실감을 정의하기란 까다롭지만 현실감이 결여되어 있음을 알아내기란 어렵지 않다. 유토피아를 꿈꾸는 사람은 지금까지 알려진 모든 사회의 결함을 인간 본성의 결함을 드러내는 표식이 아니라 곧 종식될 보편적 억압의 표식으로 생각한다. 그들은 역사를 반드시 깨어나야 할 악몽으로 파악하며 악몽에서 깨어나야만 인간이 자신의 무한한 가능성을 깨달을 수 있다고 생각한다. 유토피아 기획은 합리적 정책 결정 과정에서 생긴 빗나간 활동이 아니라 정치 활동을 통해 인간의 조건을 변화시킬 수 있다고 믿는 세계관의 산물이다. 한때 종교 분파나 혁명 분파에서만 발견되었던 이 세계관이 이제 서양 정부 안에 확고하게 자리 잡았다.

오늘날 우리는 유토피아주의가 기독교 신념이 쇠락하면서 발전하기 시작했다고 생각한다. 그러나 장차 조화라는 조건이 달성되리라고 믿는 유토피아주의와 진보라는 근대의 사고는 기독교의 유산이다. 진보라는 사고는 세계가 구제불능으로 악하기 때문에 곧 종말을 고할 것이라는 신념과 불화하는 것 같지만 사실 초기부터 기독교에 잠복해 있었다. 진보라는 사고는 성서의 마지막 책인 요한의 묵시록에 처음 등장한 것으로 보인다. 미국 역사가 어니스트 리 터브슨Ernest Lee Tuveson은 이렇게 설명했다.

우리는 요한의 묵시록에서 천사, 악마, 악마를 따르는 괴물, 신의 추종자들이 한데 얽혀 엄청난 일을 벌이는 위대한 사건을 본다. 그 사건을 통해 인류는 구원받을 사람과 그렇지 못할 사람으로 나뉘지며 이 심판은 피할 수 없다. (…) 이 끔찍한 예언에서 우리를 구원하는 것은 선이 악을 파괴한다는 확신이다. 과거부터 지금까지 인류를 괴롭혀 온 여러 문제들은 하나씩 제거되어 간다. (…) 그러므로 언뜻 이상하게 보일지 몰라도, 요한의 묵시록은 **진보**를 향해 나아간다. 역사의 진보를 언급한 최초 문헌은 요한의 묵시록일 것이다.[17)]

초기 기독교도들은 자신들이 고대의 이교 전통이나 유대교 세계에 존재한 가치보다 더 나은 가치를 구현한다고 믿었다. 그런 태도는 진보라는 사고의 전조가 나타나는 요한의 묵시록에서 엿볼 수 있다. 도덕적 진보에 대한 믿음은 처음부터 기독교의 일부였지만 종교개혁 전까지 수면 밑에 가라앉아 있다가 인간의 노력으로 새롭고 완전한 세계의 도래를 앞당길 수 있다는 사고를 실어 나른 청교도를 통해 다시 등장했다. 전前천년주의pre-millennialism는 예수가 천년왕국을 **개시할** 것이라고 믿었지만 후後천년주의post-millennialism로 불리는 청교도는 천년왕국이 도래한 뒤 예수가 강림해 세계를 통치한다고 믿었다. 천년왕국이 도래하기까지는 신성한 의지만큼이나 인류의 노력도 중요했다. 차이는 있지만 후천년주의와 전천년주의는 모두 천년왕국에 대한 신념에 뿌리를 둔 사상이다.

세계가 곧 끝나야 한다는 생각과 세계가 더 나은 조건으로 이행하고 있다는 생각은 상반되는 생각처럼 보일 것이다. 머지않아 세계가 파괴될 운명이라면 세계를 향상시키려고 애쓸 필요가 없지 않은가? 그러나 두 입장 모두 서양 일신교가 형성한 문화만이 가지고 있는 역사관을 표현한다. 요한의 묵시록은 역사에 악이 극복될 종착점이 있다고 믿었기 **때문에** 역사를 진보적 운동으로 파악할 수 있었고, 마르크스주의 같은 이론들도 마찬가지였다. 한편 완전함이라는 최종 상태에 도달할 수 있다는 신념을 거부하는 진보 이론도 자세히 들여다보면 역사를 선한 세력과 악한 세력 사이의 투쟁으로 파악한다는 것을 알 수 있다. 두 견해는 모두 인간 구원이 역사 속에서 이루어진다고 전제한다. 기독교 신화가 없었다면 근대 정치 종교는 등장할 수 없었을 것이다.

천년왕국에 대한 신념은 종교개혁의 핵심이었고 종교개혁을 통해 근대 혁명운동에 더 가까운 형태로 변하기 시작했다. 가톨릭 교회의 권위에 대항하는 반란을 주도한 장 칼뱅과 마르틴 루터는 반대했지만 종말이 임박했다는 신념은 더 급진적인 신교 분파 사이에 널리 퍼졌다. 농민과 도시 노동자 수십만 명이 수도원을 약탈했고 대규모 사회 변화를 요구했다. 그들의 투쟁을 지지한 개신교 설교가 토머스 뮌처Thomas Müntzer 같은 신성한 예언자적 인물은 농민과 노동자들의 모든 요구가 곧 도래할 새로운 세계에서 실현되리라고 믿었지만 뮌처가 이끌었던 농민반란은 뮌처 자신과 수천 명의 목숨을 앗아간 뒤 막을 내리고 말았다.

중세 후기의 천년왕국 흐름은 17세기 영국에서 근대 혁명운동으로 탈바꿈하기 시작했다. 영국혁명의 주역들은 모두 성서의 예언에 흠뻑 빠져 있었다. 제임스 1세에서 월터 롤리 경*에 이르는 다양한 인물들이 머지않아 세계가 끝난다고 진지하게 생각했다.[18] 랜터파** 같은 급진 분파가 중세 천년왕국 전통을 계승했다면[19] 제5왕국파는 "최초의 조직적인 천년왕국 정치 운동"이었다.[20] 그러

---

* Walter Raleigh, 1552?~1618. 영국 군인, 탐험가, 산문 작가. 아일랜드 반란을 진압한 공으로 기사 작위를 받았고 북아메리카를 탐험해 플로리다 북부를 "버지니아"로 명명했다. 제임스 1세 때 반역 사건에 연루되어 투옥되었고 옥중에서 『세계사*The History of the World*』(1614)를 저술했다.

** Ranters, 고함치는 사람이라는 뜻의 17세기 중반 영국의 급진 종교 분파.

나 이 둘을 가르는 선은 명확하지 않다. 2만 명에서 4만 명의 무장 인원을 주축으로 한 제5왕국파는 반反크롬웰주의를 표방했고 구약의 예언자 다니엘과 신약의 요한의 묵시록에서 영감을 받아 1666년에 기존 질서가 소멸되리라고 믿었다. 바빌로니아의 왕 네부카드네자르Nebuchadnezzar는 고대의 지상 왕국이 네 번 바뀐 뒤 신성한 새 왕국이 도래하는 꿈을 꿨는데 제5왕국파라는 이름은 그 꿈에서 유래했다. 제5왕국파는 영국에서 신권정치를 실현하고자 했다. 천년왕국 집단은 평신도로서 영국혁명에 적극적으로 참여했는데, 이는 러시아혁명 초기에 핵심적인 역할을 수행한 병사 소비에트에 견줄 만하다.[21] 중세 천년왕국 전통을 계승한 이 집단들은 훗날 자코뱅당과 볼셰비키가 구현한 무장한 선교사라는 근대 혁명 전통의 시초가 되었다.

학계는 이러한 천년왕국 집단들이 이후 등장한 혁명운동의 원시적 형태라고 생각한다. 영국 역사가 에릭 홉스봄Eric Hobsbawm이 언급한 대로 천년왕국주의는 "근대 사회운동 및 정치 운동이 자신들의 영향력을 확대하는 데 유리하게 활용할 수 있었던 지극히 유용한 현상"이다.[22] 다시 말해 천년왕국에 대한 신념은 레닌 같은 인물들이 품었던 합리적 희망의 은유라는 것이다. 그러나 나는 그 반대가 진실이라고 생각한다. 가장 극단적인 근대 혁명들에 영감을 불어넣었던 세속적 희망은 기존의 사회질서에 맞선 반작용이었다는 것은 틀림없지만 그들의 목적은 사회의 일부분을 개선하려는 데서 그치지 않았다. 세속적 희망은 종말 신화를 실어 나르는 수단이었다. 종말 신화에 영감을 받은 운동은 근대에 들어 사라지거나 더 합리적인 형태로 진화하지 않고 새로운 모습으로 여러 차례 다시 등장했다.

새로운 정치 운동이 입지를 키우기 시작했다고 해서 과거의 천년왕국 운동이 사라진 것은 아니었다. 영국 노동계급 운동의 역사를 연구한 에드워드 파머

톰슨E. P. Thompson은 이렇게 기록했다.

> 랜터파나 제5왕국파 같은 영국혁명의 과격 분파는 완전히 소멸되지 않았다. 요한의 묵시록에 대한 문자적 해석이나 새 예루살렘에 대한 기대는 후대로 전해졌다. 머글턴파(또는 루도빅 머글턴의 추종자들followers of Ludovic Muggleton)■는 18세기 말엽에도 여전히 교외나 런던의 공원에서 설교하고 다녔다. (···) 1755년 발생한 리스본 지진 같은 극적인 사건이 벌어질 때마다 종말이 온다는 기대가 부상했다. 사실 감리교의 핵심에도 천년왕국적 불안이 자리하고 있었다.[23)]

감리교 같은 18세기 후반의 종교운동은 천년왕국의 여러 특징을 보여 주었다. 요크셔 전체가 "구원받았다"는 선언이 나왔고 19세기 초에는 조애나 사우스코트Joanna Southcott가 대중운동을 일으켰다. 사우스코트는 천년왕국이 도래할 때 선택받은 자임을 보증하는 특별 증서를 발행했고 수만 명이 그 증서를 받았다.[24)]

18세기 말의 종말론 운동은 진보에 대한 세속적 신념이 나아갈 길을 준비하던 신교 분파와 공존했다. 인간의 완전성이라는 신념을 고취한 소설가이자 무정부주의자인 윌리엄 고드윈은 작은 기독교 분파인 샌디먼파■■ 가정에서 태어났고 미국 혁명의 이데올로그로 명성을 떨친 토머스 페인Thomas Paine은 원래 퀘이커교도■■■였다. 조애나 사우스코트의 추종자 중에는 과거 자코뱅당에 가

■ Muggletonian, 천년왕국과 예수의 재림을 강조했던 17세기와 18세기의 청교도 종파.

■■ Sandemanian, 1730년경 존 글래스John Glas가 스코틀랜드에서 창시한 글래사이트파Glasite의 다른 이름.

■■■ Quaker, 1647년 영국의 조지 폭스George Fox가 설립한 종파.

담한 사람들도 있었다. 영국의 자코뱅주의는 프랑스혁명 이후 나타난 억압의 물결 속에서 소멸했지만 신교의 종교적 전통과 상호작용하면서 명맥을 이어 갔다.

19세기 초, 후천년주의 신념이 널리 퍼졌다. 후천년주의 신념을 전파한 기독교 사상가들은 과학 지식의 진전을 신성한 계획을 실현하는 수단으로 환영하면서도 인류가 신의 조력자일 뿐임을 강조했다. 그러나 인간의 활동으로 역사를 급격하게 변화시킬 수 있다는 생각이 서양의 삶에 스며들면서 후천년주의는 이내 인류가 태생적으로 진보하는 동물이라는 계몽주의 신념으로 탈바꿈했다.

계몽주의 철학자들은 기독교를 대체하려고 했지만 그러려면 기독교가 심어 놓은 희망을 만족시킬 수 있어야 했다. 그 결과 기독교 이전의 사상가들은 인간의 역사에 전반적인 의미가 없다는 생각을 당연하게 받아들였지만 계몽주의 철학자들은 그럴 수 없었다. 미국 학자 칼 베커Carl Becker는 『18세기 철학자들의 낙원*The Heavenly City of the Eighteenth-Century Philosophers*』(1932)에서 기독교가 계몽주의의 형성에 미친 지대한 영향을 보여 주었다. 베커는 계몽주의 철학자들이 직면했던 난제를 다음과 같이 묘사했다.

> 철학자들은 일반적인 견해를 바탕으로 기독교 철학을 물리쳐야 했다. 인간의 삶이 의미 있는 사건이라는 인식은 너무나도 널리 퍼져 있어서 철학자들조차 무의식적으로 인정할 정도였기 때문에 그 인식을 부인해서는 기독교 사상을 물리칠 수 없었다. 결국 철학자들은 인간의 삶이 의미 있는 사건임을 인정함으로써 인간의 삶에 대한 기독교의 해석이 그릇되었으며 치명적이라고 주장할 수 있었다. 철학자들은 기독교를 대체하려는 원대한 희망을 품었지만 결국 기독교를 재구성해 시대에 맞게 변경하고 말았다.[25]

많은 근대 사상가들은 역사를 선과 악의 싸움으로 보는 역사관을 피하려 했고 그 대신 역사가 일련의 단계를 거친다는 주장을 내세웠다. 근대 사상가들은 인간의 지식, 윤리, 정치가 누적되면서 발전한다고 생각했다. 과학의 진보는 사회의 진보와 궤를 같이할 것이고 역사는 더 나은 세계를 향해 행진할 참이었다. 근대 사상가들은 최종적인 싸움이라는 말을 입에 올리지 않고도 역사를 단계적으로 보는 관점으로는 종말론적 사고를 피할 수 없다는 사실을 입증했다. 결국 계몽주의 철학자들은 역사상 자행되었던 범죄는 오류에 불과하다는 입장을 고수함으로써 악이라는 문제를 설명할 수 없었던 기독교 철학자들과 같은 처지가 되었다. 인간은 왜 오류를 범하는 성향을 지니는가? 증가하는 지식은 왜 새로운 형태의 독재국가를 수립하는 데 이용되고 그 어느 때보다 더 파괴적인 전쟁을 수행하는 데 이용되는가? 이러한 질문에 답하려고 애쓰다 보니 계몽주의 사상가들은 역사를 빛과 어둠 사이에 벌어지는 전쟁으로 파악하는 역사관으로 되돌아갈 수 밖에 없었다. 빛은 지식으로 어둠은 무지로 대체되었지만 그 바탕을 이루는 세계관은 동일하다.

근대 정치 종교가 기독교를 거부하려면 악마론이 필요했다. 자코뱅당, 볼셰비키, 나치는 모두 엄청난 음모가 자신들을 둘러싸고 있다고 믿었고 오늘날의 급진 이슬람교도들도 그렇게 믿는다. 유토피아를 가로막는 것은 인간 본성의 결함이 아니라 악한 세력이다. 어둠의 세력은 결국 실패하겠지만 그전까지는 비도덕적인 수단도 불사하며 인간의 진전을 막으려고 애쓸 것이다. 이것은 고전적인 천년왕국 증후군이다. 천년왕국과 유토피아를 추구하는 사고방식은 자신들이 형성한 근대 정치의 틀 속에서 한결같은 실체로 등장한다.[26)]

19세기에는 유토피아주의가 자발적 공동체로 구현되었다. 이 공동체는 터무니없었지만 대체로 무해했다. 인간사에 근본적인 변화가 일어나리라고 기대했지만 그것을 이루기 위해 무력을 동원할 생각은 없었기 때문이다. 한편 20세기의 혁명운동은 19세기와는 다른 유토피아 전통에서 유래했다. 폭력을 써서라도 인류를 완전하게 만들겠다는 생각은 자코뱅당에서 시작됐다. 전쟁이 끝없이 이어졌던 중세 유럽도 평화롭지는 않았지만 폭력이 인류를 완전하게 만들어 줄 것이라고 믿은 사람은 없었다. 원죄에 대한 믿음 때문에 이러한 생각이 자리 잡을 수 없었던 것이다. 천년왕국주의자들은 교회 권력을 전복하기 위해 폭력을 사용할 용의가 있었지만 폭력을 통해 천년왕국이 도래하리라고 생각하지는 않았다. 천년왕국은 오직 신만이 이룰 수 있었다. 자코뱅당이 출현한 뒤에야 비로소 폭력으로 새로운 세계를 창조할 수 있다는 믿음이 생겨났다.

자코뱅당은 급진 소모임으로 출발했지만 곧 프랑스혁명에 막대한 영향을 미치게 되었다. 막시밀리앙 로베스피에르는 1792년 무력으로 자유를 전파하려는 시도가 위험할 수 있다고 경고한■ 예언자적 인물이지만 1794년 단두대의 이슬로 사라지면서 공포정치의 제물이 되었다. 자코뱅당은 로베스피에르 같은 지도자를 거치면서 폭력을 혁명 강령에 통합시켰다. 인간은 태생적으로 선하다는 루소의 신념에 영향을 받은 자코뱅당은 사회가 억압의 결과로 타락했다고 생각하면서 조직적인 폭력을 동원해 사회를 바꾸려 했다. 공포정치는 안팎의 적에 맞서 혁명을 지켜내기 위한 수단이자 시민을 교육하는 기법이었고 사회 공학의 도구였다. 도덕을 이유로 폭력을 거부하는 일은 용납되지 않았다. 1794년 2월 26일 파리에서 열린 국민회의 연설에서 로베스피에르는 "연민은 배신"이라고 말했다. 더 고차원적 형태의 삶, 나아가 더 고차원적 유형의 인류가 가까이에 있었다. 그러나 그에 앞서 인류는 폭력에 의해 정화淨化되어야 했다.

■ 1792년 프랑스가 오스트리아를 상대로 전쟁을 일으키려 했을 때 로베스피에르는 적극 반대했다.

폭력에 대한 신념은 이후 여러 혁명 조류를 형성했다. 19세기의 무정부주의자 네차예프와 바쿠닌, 볼셰비키의 레닌과 트로츠키, 반식민주의 사상가 프란츠 파농, 마오쩌둥과 폴 포트 체제, 〈바더-마인호프단〉, 1980년대의 이탈리아 〈붉은 여단〉,■ 급진 이슬람교 운동, 신보수주의 집단은 모두 창조적 파괴라는 환상에 넋을 잃었다. 이 흐름들은 매우 이질적이지만 모두 폭력이 지닌 해방의 힘을 믿었다는 점에서 한결같이 자코뱅당의 제자들이다.[27]

1792년에서 1794년까지 시행된 프랑스 공포정치는 뒤이은 모든 천년왕국 혁명의 원형이다. 혁명 재판 과정에서 수만 명이 처형당하거나 감옥에서 목숨을 잃었다. 프랑스 서부의 방데Vendée에서 일어난 반혁명 시도를 진압하는 과정에서는 단체 익사 등의 방법이 동원되어 그 지역 인구 3분의 1이 희생되었다. 이는 캄보디아의 폴 포트 정권이 벌인 살육에 버금가는 대량 학살로[28] 이러한 희생자까지 모두 포함시킨다면 공포정치에 희생된 인명은 훨씬 늘어날 것이다. 자코뱅당은 새 달력을 도입해 자신들이 출범시킨 새 시대를 기념했고, 자코뱅당의 뒤를 이은 많은 혁명가들은 이를 모방했다. 자코뱅당은 이것이 역사의 전환점임을 믿어 의심치 않았다. 바야흐로 정치적 대량 학살의 시대가 도래했다.

로베스피에르의 공안위원회에 체포된 지 하루만에 감옥에서 사망한 콩도르

■ Sergei Gennadievich Nechaev, 1847~1882. 러시아 혁명가. 스위스에서 가공의 단체 〈전 세계 혁명 동맹〉을 내세워 활동했고 러시아로 돌아와 혁명 결사 〈인민의 재판〉을 조직했다.; Frantz Fanon, 1925~1961. 평론가, 정신분석학자, 사회 철학자. 알제리 독립운동에 헌신했고 콩고의 파트리스 루뭄바Patrice H. Lumumba에 협력했다. 아프리카 대륙과 아메리카 대륙 흑인의 연대를 강조했다.; Pol Pot, 1925~1998. 캄보디아 정치가. "붉은 크메르"라는 뜻의 급진 좌익 무장 단체 〈크메르 루주Khmer Rouge〉를 이끌었다. 정권을 장악한 뒤 강제적인 농업화 정책을 시행했고 150만 명 이상의 캄보디아인을 학살했다.; Baader-Meinhof Gang, 제2차 세계대전 이후 서독에서 가장 활동적이고 유명했던 좌익 테러리스트 단체. 〈독일 적군파Rote Armee Fraktion〉라고 불리기도 한다.; Italian Red Guard, 이탈리아 최대의 과격 극좌 조직. 이탈리아를 붕괴시키고 혁명적 프롤레타리아가 주도하는 대혁명을 목표로 한다.

세 후작 같은 계몽주의 사상가가 인간의 진보에 대한 자신의 신념이 정치 폭력을 부채질했다는 사실을 알았다면 경악했을지도 모른다. 그러나 계몽주의 이상을 고취하기 위해 폭력을 사용했다는 사실은 그리 놀랍지 않았다. 인간의 삶을 바꿀 수만 있다면 폭력을 피할 이유가 없지 않은가? 역사상 폭력이 독재국가를 유지하는 수단으로 활용되어 온 것은 사실이지만 혁명가들의 손에서라면 인류를 해방시키는 수단으로 활용될 수 있었다.

자코뱅당은 기독교와 과감히 단절한 것처럼 보이지만 사실 보편적 구원이라는 기독교의 약속을 완전히 다른 모습으로 구현했다. 기독교는 고대 세계에 대단히 낯선 도덕적 희망을 심었다. 기독교도에 비하면 도덕적으로 지극히 겸손한 이교도는 극소수만이 선한 삶을 살 수 있다고 생각했다. 소크라테스는 현명한 자는 해를 입을 수 없다고 논했지만 그리스 비극은 이 위대한 철학자의 추론을 조롱했다. 소크라테스 역시 어떤 경우에도 인간 대부분이 현명해질 수 있다고 가정하지 않았다. 유대교도 오랜 역사를 가진 종교지만 인류의 역사를 종말을 향해 가는 하나의 이야기라고 설파하지 않는다. 오직 기독교만이 변모된 세계에서 구원받는다는 전망을, 그것도 모두에게 제공했다.

고대 세계는 세계를 쇄신한다는 희망을 품지 않았지만 기독교는 그 희망에 불을 붙였고 새로운 유형의 폭력을 키우는 요람이 되었다. 세속 사상은 보편적 구원이라는 기독교의 약속을 계승했다. 기독교는 내세 구원을 약속했지만 근대 정치 종교는 미래, 참으로 안타깝게도 머잖은 미래에 구원받는다는 전망을 제시했다. 모순처럼 보이지만 근대 혁명운동은 초기 기독교의 종말 신화를 잇는다.

자코뱅당과 더불어 유토피아주의는 혁명운동이 되었고 근대 세속 종교는 정치 세력이 되었다. 기독교 후천년주의가 설파한 신념은 진보라는 세속적 신념으로 탈바꿈했다. 섭리가 역사를 지배한다고 믿는 동안에는 폭력을 사용해 역사를 조종하려 하지 않았다. 기독교가 굳건했던 시절, 유토피아는 주변부 분파가 추구했던 한낱 꿈이었다. 기독교의 쇠퇴와 혁명적 유토피아주의의 등장은 동시에 일어난 사건이다. 기독교는 거부당했지만 기독교의 종말 신학적 희망은 사라지지 않았다. 그 희망은 잠시 억압당했을 뿐, 결국 보편적 해방이라는 기획으로 돌아왔다.

3.
유토피아 우파: 근대 천년왕국 운동

적의 얼굴을 보라. 그는 사탄이다. 우리가 그 적을 무찌르자.

– 이라크 팔루자Falluja 시 공격을 앞두고 부대원들을 독려하며
개러스 브랜들Gareth Brandl 미 해병대 중령[29)]

20세기에 유토피아주의는 주로 극좌파에서 나타났다. 나치즘의 유토피아는 인류 대부분을 노예로 만들거나 절멸하려고 애썼지만 대부분의 경우 정치에 등장한 유토피아는 인간 해방이라는 이상이었다. 20세기 말에 유토피아를 추구하는 흐름이 정치의 주류로 부상했다. 앞으로는 미국식 민주 자본주의라는 단 하나의 체제만이 정당한 체제로 인정받을 것이다. 미국식 민주주의는 소비에트가 붕괴한 뒤 잠깐 나타났다가 사라진 자만의 분위기를 타고 정부의 최종 형태라는 이름을 얻었다. 미국을 필두로 서양 정부는 전 세계에 민주주의를 심겠다고 결의했지만 그것은 많은 나라에 혼란만 초래하고 말 실현 불가능한 꿈이었다. 동시에 서양 정부는 "테러와의 전쟁"을 선포했다. 역사에 항존하는 정상적인 갈등과 새로 등장한 위협을 구분하지 못한 결과였다. 환상에 사로잡힌 우파는

거창한 계획을 세웠다. 그러나 그 계획은 20세기의 유토피아 이상보다 훨씬 빠르게 붕괴해 먼지가 되어 사라졌다.

20세기에는 유토피아 운동이 독재 체제에서만 권력을 장악할 수 있을 것 같았다. 그러나 9.11 테러가 벌어진 뒤 유토피아를 추구하는 사고는 세계에서 가장 출중한 민주주의 국가인 미국의 대외 정책을 형성하게 되었다. 여러 모로 부시 정부는 혁명 체제인 양 행세했다. 목적을 달성하기 위해서라면 주권국가에 대한 선제공격도 불사할 태세였고 오랜 세월을 거치며 확립되어 온 미국인의 자유를 침식할 마음의 준비도 마쳤다. 부시 정부가 관타나모에 세운 수용소의 수감자들은 정상적인 법적 보호를 받을 수 없었다. 부시 정부는 테러 용의자에게 "인신보호법habeas corpus" 적용을 거부했고, 수감자를 관리하는 감시체계를 구축했으며, 다른 나라에서는 고문이라고 규정할 만한 일을 자행할 권한을 미국 관리들에게 부여했다. 토니 블레어 총리가 집권하던 시절의 영국도 제한적이나마 비슷한 변화를 겪었다.

보편적 민주주의 및 "테러와의 전쟁"은 위험한 망상임이 입증되었다. 과거의 유토피아 체제와 마찬가지로 서양 정부는 자신들이 불가능에 도전하고 있다는 사실을 인정하지 않을 것이다. 권력의 남용을 제한하기 위해 수세기 동안 형성되어 온 제약에서 벗어나려고 애쓴 결과 20세기에는 정부가 사회의 거의 모든 측면을 통제하는 전체주의가 나타났고 오늘날에는 자유가 줄어든 상태에서 선거를 치르는 비非자유민주주의illiberal democracy가 나타났다. 앞선 유토피아주의와 마찬가지로 가상 미래를 추구하는 과정에서 과거에 성취해 온 것들이 훼손되었다.

우익 유토피아주의는 공산주의가 붕괴하기 전부터 발전해 온 사상과 정책에 기원을 두고 있지만 공산주의 붕괴를 계기로 세력을 크게 키우게 되었다. 공산주의 체제는 이전의 모든 사회형태를 대체할 새로운 사회형태의 전위를 의미했는데, 냉전에서 승리한 서양 국가도 비슷한 기획을 추진했다. 개선하는 미국을 필두로 서양 국가는 전 세계적 경제체제를 구축하겠노라고 결의했다. 전 지구적 자본주의는 그 밖의 모든 경제체제를 케케묵은 것으로 만들면서 역사의 종말을 성취할 태세였다.

사실 예상한 대로 역사는 전통적인 노선을 따라갔다. 학술적으로 표현하면 냉전은 마르크스주의와 자유주의라는, 공통점이 아주 많은 이데올로기 사이에 벌어진 경쟁이었다. 이 두 이데올로기는 서로가 서로를 치명적인 적으로 여겼지만 그들이 공유한 목표를 달성하는 데 가장 적합한 경제체제가 무엇인가에 대해서만 큰 차이를 보였을 뿐, 기본적으로는 모두 보편 문명의 도래를 고대하는 계몽주의 이데올로기였다. 두 이데올로기는 모두 역사를 환원주의 관점에서 해석했으며 기술과 경제의 발전을 일차적인 요소로, 중요성이 줄어드는 종교를 이차적인 요소로 파악했다. 두 이데올로기의 유사성을 감안할 때 공산주의의 붕괴가 서양 자유주의의 승리를 의미한다는 주장은 희망사항일 뿐이었다. 사실 공산주의의 붕괴로 20세기 후반부 대부분에 걸쳐 세계 정치를 지배한 이데올로기 사이의 갈등은 무의미해지고 말았다.

둘로 나뉘어 한물 간 논쟁이나 벌이던 세계가 사라지자 공산주의의 통치를 받았던 민족들은 저마다 다양한 역사를 되찾았다. 대부분의 동유럽 나라들은 평범한 민주주의 국가가 되었다. 러시아에서는 과거 소비에트 정보기관 출신 지배 엘리트들의 주도 아래 새로운 유형의 권위주의가 등장했다. 이 체제는 소비에트 붕괴 직후 서양의 지원을 받으며 등장한 반半자유주의 정권보다 더 오래 지속될 조짐을 보였다. 발칸반도에서는 민족주의가 다시 등장해 전쟁이 일어났고 인종 청소가 자행되었다. 독재 체제나 호전적인 이슬람교가 등장한 중앙아시아는 에너지에 목마른 강대국들이 석유와 천연가스 통제권을 둘러싸고 치열하게 경합하는 신新거대 경쟁new Great Game의 장場이 되었다.

분명히 해 두자. 이것을 안정이라 할 수 있는가? 냉전이 끝나면서 제2차 세계대전 이후 성립된 지정학적 양식들이 파괴되었고, 미국이 이라크에서 패하면서 전 지구적 정치는 더 큰 변화를 겪게 되었다. 미국식 민주주의를 전 세계에 전파하려고 시도한 결과 미국의 영향력은 가파르게 하락했다. 1930년대 이후 처음으로 비민주적 체제가 국제 체계의 별로 떠오르는 한편, 미국은 전 세계에서 벌어지는 가장 중요한 갈등에서 핵심적인 역할을 수행할 수 없게 되었다. 북한 위기의 중심에는 미국이 아니라 중국이 있고 이란과 시리아가 간여하지 않으면 이라크의 평화도 없다. 미국은 강대국이 되었지만 역사상 존재했던 다른 열강들과 마찬가지로 완전히 해결할 수 없는 난제에 부딪혔다.

부시 정부는 전 지구에 민주주의를 전파하기 위해 전쟁을 벌인다고 말했다. 그러나 세계 대부분은 그 명분을 미국이 자기 이익을 위해 벌인 전쟁을 합리화하려는 시도로 이해했다. 전쟁과 미국의 이익은 명백하게 얽혀 있다. 미국이 군사개입을 하는 경우는 대개 현재 진행 중인 자원 전쟁과 관련이 있었다. 이라크를 침략한 목적은 이라크에 매장된 석유의 통제였고 이란을 공격한 목적 중 하나는 걸프만에 매장된 천연자원 통제권 획득이었다. 미국은 이상주의적 수사를 내세워 에너지 공급을 통제하기 위한 지정학적 전략을 추구했다. 그러나 보편 민주주의에 대한 부시 대통령의 발언을 단순한 위선으로 치부하는 것은 오산이다. 한동안 미국은 세계를 재구성하기 위해 권력을 휘둘렀다. 이라크에서 펼쳐지고 있는 재앙은 기업의 이익을 도모하기 위해 형성된 정책의 결과도 아니고 음모의 결과도 아니다. 그것은 신념의 힘을 보여 주는 증거다.

공산주의가 붕괴했지만 유토피아주의는 사라지지 않았다. 새 생명을 얻은 유토피아주의는 세계에서 가장 강한 국가에서 권력을 잡았다. 이러한 일이 벌어진 원인은 무엇인가? 한때 주로 좌파에서 나타났던 유토피아주의가 어떻게 우파를 통해 권력을 잡게 되었는가? 이것은 정치에 근본적인 변화가 일어나고 있음을 알리는 신호다. 이 문제를 이해하기 위해서는 지난 몇 년이 아닌 그 이전의 역사를 검토해야 한다. 9.11 공격이 일어나지 않았다면 부시 정부에 포진한 신보수주의자들이 지배력을 얻지 못했을 것이고 이라크 전쟁도 일어나지 않았을 것이다. 이 사건들 이면에는 지난 30년 간 일어난 정치적 변화가 자리 잡고 있다. 그 30년 사이 전통적인 보수주의는 자취를 감췄고 1980년대부터 세력을 키운 신보수주의는 과거의 극좌파와 마찬가지로 인류가 전쟁과 혁명에 불을 지핌으로써 어둠에서 빠져나와 빛을 향해 나아간다고 생각하게 되었다.

우파는 심대한 변화를 겪었다. 프랑스혁명 이후 우파는 스스로를 유토피아주의의 반대자로 규정해 왔다. 20세기 영국의 위대한 화가이자 날카로운 정치 비평가 겸 문화 비평가인 프랜시스 베이컨■은 불리한 상황에서도 최선을 다하기 때문에 우파에 투표했다고 말함으로써 우파의 철학을 잘 요약했다. 과거 우파는 인간의 나약함을 현실로 받아들였고 진보라는 전망에 회의적이었다. 변화를 무조건 거부하지는 않았지만 역사가 햇빛 찬란한 언덕을 향해 나아가는 행진이라는 생각은 확고하게 거부했다. 우파는 정치를 인간의 불완전함에 대처하는 수단으로 이해했다. 이러한 관점은 보통 원죄라는 기독교 교리에 바탕을 두고 있지만 기독교 신앙을 가지지 않은 보수주의 사상가들도 같은 입장을 피력한다. 종교를 믿든 믿지 않든, 우파는 인간 본성에 내재한 결함을 극복할 수 없다고 생각했다.

■ Francis Bacon, 1909~1992. 영국 화가. 상징적인 형태로 변형시킨 인물이나 동물을 기하학적으로 구성한 폐쇄 공간 안에 배치해 강렬하게 표현했다. 기괴한 묘사는 실재에 대한 인간의 불안과 공포의 표현으로 해석된다.

지난 몇 세대를 거치면서 우파는 인간의 불완전함을 인정하는 철학을 버리고 유토피아를 추구하는 철학을 받아들였다. 진보를 맹신하게 된 우파는 기독교의 핵심 신화 중 일부를 새롭게 변형한 급진 계몽주의 사상을 받아들였다. 근대의 다른 혁명운동들과 마찬가지로 유토피아 우파는 중세와 그 이전 시대에서 출발한 신념을 실어 나르는 도구가 되었다.

우익 유토피아주의는 세속 운동으로 출발했다. 1990년대에 서양 정치를 형성한 신자유주의자들은 대부분 이성을 지나치게 신뢰하는 순진한 정통 경제학자였다. 자유 시장 제도는 〈국제통화기금(IMF)〉이 여러 개발도상국에 부과했던 구조 조정 계획의 도움을 받아야 겨우 전진할 수 있는 불완전한 제도였지만 부를 증대시킬 것이라는 이유로 용인되었고 퍼져 나갔다. 이 순진한 신조는 탈냉전 세계의 엄혹한 현실에 들어맞지 않았기 때문에 곧 더 공격적인 신념인 신보수주의로 대체되었다. 신보수주의자들은 평화로운 방식으로는 자유 시장을 전 세계에 퍼뜨릴 수 없으며 강도 높은 군사적 힘의 도움을 받아야 한다는 것을 이해했다. 탈냉전 세계는 평화가 아니라 피와 철의 시대가 되어야 했다.

신보수주의 지식인들은 좌파에 뿌리를 두고 있다. 신보수주의는 여러 모로 유럽에서 자취를 감춘 급진 계몽주의 사상으로 회귀한 이데올로기다. 유럽은 유럽을 구성하는 다양한 나라들이 연방 형태의 거대 국가로 한데 뭉쳐 미국과 대등한 입장에서 권력을 다툴 수 있다는 환상 없이는 존재할 수 없다. 그러나 그런 유럽도 폭력을 동원해 인간의 삶을 재창조할 수 있다는 신념을 버렸다. 심지어 자코뱅당의 고향 프랑스에서도 20세기를 거치면서 혁명에 대한 신념이 자취를 감췄다. 그러나 유럽에서 사라졌다고 전 세계에서 자취를 감춘 것은 아니었다. 이 신념은 미국으로 이주해 신보수주의 우파에 둥지를 틀었다. 헤겔이라면 분명 이 이동을 기뻐했을 것이다. 유럽을 업신여기는 것으로 유명한 신보수

주의는 사라진 유럽의 혁명 전통을 미국의 정치적 삶의 심장부에 주입하는 성과를 남겼다.[30)]

유럽의 보수주의는 이상적인 표본을 토대로 사회를 재창조하려는 계몽주의 기획에 대한 반작용으로 등장했다. 『연방주의자 논집*Federalist Papers*』에 글을 실은 미국인들은 유럽 보수주의의 흐름을 이어받아 정부의 역할을 사회 재창조가 아닌 인간의 불완전에 대처하는 것으로 이해했다. 반면 신보수주의의 특징인 공격적 낙관주의는 악은 반드시 패배한다는 기독교 근본주의자들의 신념과 계몽주의 사상에 내재한 강력한 유토피아 흐름을 미국에서 이어 갔다. 미국에서 유토피아 우파는 임박한 파국을 기대하는 종교 전통과 끊임없는 진보라는 세속적 희망 모두에 의지할 수 있었는데 이렇게 서로 갈등하는 신념 체계를 동원하는 능력이야말로 유토피아 우파가 부상할 수 있었던 이유 중 하나였다. 유토피아 우파는 지난 세대에 이루어진 정치적 변화와 지난 몇 년 사이 일어난 충격적인 사건들을 딛고 인류 역사상 가장 오래되고 위험한 신화를 재동원함으로써 지배적인 위치에 올랐다.

유토피아 우파가 공격적으로 변할수록 그 세속성은 줄어들었다. 미국에서 최고조에 달한 유토피아 우파는 천년왕국 운동의 여러 면모를 갖추게 되었다. 1990년대 초 신보수주의는 기독교 근본주의자들과 전략적 동맹을 맺었고 9.11 테러 공격의 여파로 미국 정치는 종말론적 색채를 선명하게 띠게 되었다. 미국이 악의 세력에게 공격받을 위험에 처했다고 선언한 부시 대통령은 전 세계의 테러리즘을 뿌리 뽑겠노라며 전쟁을 시작했고 2년 뒤에는 중동과 세계의 다른 지역에 미국식 민주주의를 수출하겠다는 의지를 천명했다. 모두 실현 불가능한 기획이었다. 미국 정부 주요 부처들은 그 목표들을 한꺼번에 실행에 옮긴다면 그 결과는 틀림없이 재앙으로 끝나리라는 점을 정확하게 이해하고 있었다. 미

국무부, 미 국방부 장성, 미 중앙정보부(CIA)는 이 정책에 저항하면서 좀 더 현실감 있는 정책으로 바꾸려고 노력했지만 모두 헛수고였다. 결국 통제할 수 없는 괴물이 풀려 나왔다.

인간의 삶에서 악을 제거할 수 있다는 신념은 여러 모습으로 나타났지만 그 중에서도 후천년주의가 단연 두드러진다. 조지 W. 부시 대통령의 권력 기반을 이룬 신神보수주의자theo-conservatives 대부분은 신의 개입으로 종말이 도래하리라고 기대한다. 그들은 세계의 갈등, 특히 성서의 주 무대에서 빚어지는 갈등을 빛과 어둠의 싸움을 마감할 최후의 전쟁인 아마게돈의 전주곡으로 여긴다. 이 심판대에서 휴거携擧■를 선고받아 하늘로 올라가기를 바라는 부류도 있다. 어느 부류에 속하든 인류가 몸 담았던 불완전한 세상은 곧 사라질 것이라고 믿는다.

부시 정부 들어 힘을 얻게 된 세계관이 이례적인 이유는 악에 집착하기 때문이 아니라 악을 절대 믿지 않기 때문이다. 9.11 테러 공격과 관련해 부시 대통령은 이렇게 선언했다. "역사에 대한 우리의 책임은 분명합니다. 테러 공격에 대응하고 악의 무리를 제거하는 것입니다."[31] 정통 기독교 교리에 비춰 볼 때 이 발언은 명백한 이설이다. 아우구스티누스 이후 주류 기독교 사상은 정치의 도덕적 절대주의를 거부해 왔다. 천상의 왕국은 지상의 왕국이 아니다. 인간의 제도를 가리켜 선善하다고 주장할 수 없다.

사물에 대한 부시 대통령의 관점이 마니교적이라는 견해도 주목을 받았다. 그러나 마니교도들은 악이 절대로 제거될 수 없다고 생각한 현명한 사상가들이었다. 아우구스티누스주의자와 마니교도는 악을 끝장낼 수 있다고 생각하지 않는다. 악을 제거할 수 있다는 생각은 인간의 삶에 새겨진 오점을 파국을 통해

■ Rapture, 예수가 세상을 심판하기 위해 재림할 때, 구원받은 사람을 공중으로 들어 올리는 일.

싹 쓸어 버리고 모든 것을 다시 시작할 수 있다는 초기 기독교도들의 신념을 상기시키는 기독교 후천년주의의 표현이다.

근대 서양 세계에 등장한 정치 폭력은 종말 신학적 현상으로 이해할 수밖에 없다. 물론 서양 문명에는 정치 폭력과 관계 없는 전통도 많다. 고대 세계의 이교 철학자들은 폭력을 통해 인류를 개조하려 하지 않았고 히브리 예언자들도 마찬가지였다. 서양 역사에는 문명의 본질에 의문을 품었던 미셸 드 몽테뉴 같은 회의주의자도 있었고 인간사를 영원히 바꾼다는 사고를 거부했던 계몽주의자들도 있었다. 그러나 토머스 홉스나 베네딕트 스피노자의 조각상이 세계 곳곳에 세워지지 않았다는 사실에서 알 수 있듯이 정치 폭력과 관련이 없는 계보는 지배적이지 않았다. 서양에서는 언제나 인간 삶의 본질 그 자체를 바꾸려고 하는 전통이 가장 강했고 이 기획에는 항상 폭력이 따라다녔다.

현대 자유주의 사상가들은 지난 세기를 풍미한 전체주의 운동을 서양 역사에 이례적인 사건으로 생각하는 경향이 있다. 중세의 천년왕국 열풍을 바라보는 보수주의자들의 입장도 그와 유사하다. 그들은 대량 살육을 선함, 건강함, 조화로움이라는 평화적인 문명의 규범에서 벗어난 것으로 여긴다. "서양"이라는, 실체가 불분명한 개념을 어떻게 규정하든 세계의 악이 모두 "서양"에서 도래한 것은 물론 아니다. 인간은 지극히 폭력적인 동물이기에 비서양 사회에서도 대량 학살이 수없이 많이 일어난다. 그러나 서양은 역사를 바꾸고 인류를 완전하게 만들기 위해 무력과 폭력을 사용한다는 점에서 독특하다. 중세 후기 유럽에서 요동쳤고 20세기에 재등장한 천년왕국에 대한 열정은 순수한 서양 전통에서 빗나간 현상이 아니다. 그 열정은 항상 서양 역사와 함께 살아 숨 쉬었고 오늘날까지 이어졌다. 그리고 20세기에 그 열정을 구현한 것은 폭력을 동원해 인류를 재창조하려 한 세속 체제였다.

Black Mass
How religion led the World into crisis

2장 20세기의 계몽과 폭력

도시나 국가 심지어 제국을 파괴하는 일은 본질적으로 유한한 활동이다. 그러나 사회계급이나 인종처럼 보편적으로 혹은 이론적, 이데올로기적으로 규정된 하나의 실체를 철저하게 절멸하려는, 즉 청산하려는 시도는 완전히 다른 문제다. 그것은 서양의 사고 방식에 물들지 않은 사람들은 떠올릴 수조차 없는 개념이다.

— 에드먼드 스틸먼Edmund Stillman, 윌리엄 패프William Pfaff[1)]

21세기도 폭력의 시대지만 그 폭력이 방금 막을 내린 20세기에 자행된 폭력과 다르다는 점은 쉽게 알 수 있다. 20세기의 폭력은 역사상 그 어떤 폭력과도 비교할 수 없을 만큼 거대한 규모로 이루어졌을 뿐만 아니라 오늘날 우리가 가장 두려워하는 폭력과 다르게 세속적 희망을 성취하기 위해 수행되었기 때문이다. 계몽주의가 품었던 진보라는 꿈을 가장 대담하게 구현한 것은 전체주의 체제였다. 전체주의 체제는 진보라는 이상을 실현하기 위해 최악의 범죄를 저질렀다. 과학의 힘을 이용해 인류를 개조하려는 기획은 계몽주의 사상에서 유래했는데 자신을 계몽주의 가치에 맞서는 적敵으로 생각하던 체제조차 이러한 기획을 시도했다.

서양인들은 20세기에 자행된 폭력과 계몽주의 사이에는 아무런 관계가 없다고 생각한다. 그 대신 스탈린 치하의 러시아나 공산주의 중국에 나타난 대량 억압을 전제주의 전통의 부산물이라고 설명하는 책은 도서관에 넘친다. 이러한 주장은 공산주의 이데올로기는 공산주의 체제가 자행한 범죄에 아무런 책임이 없다고 하면서 공산주의 체제의 지배를 받은 나라에 사는 사람들에게 비난의 화살을 돌린다. 부시 정부가 이라크 체제를 바꾸려는 기획을 실행에 옮긴 결과 빚어진 파국에서도 유사한 교훈이 도출되었다. 책임은 나무랄 데 없는 의도와 목적을 가지고 기획을 수립하고 실행에 옮긴 사람들에게 있는 것이 아니라, 자유를 제공하려는 고결한 기획을 일축한 보잘것없는 이라크인들에게 있다.

이러한 사고방식은 단순한 인종차별주의가 아니다. 20세기에 이루어진 대량 억압은 매우 상이한 역사와 전통을 지닌 나라들에서 일어났기 때문이다. 그들의 유일한 공통점이라고는 모두 유토피아 기획의 실험 대상이었다는 점뿐이다. 모든 공산주의 체제는 공개재판, 대량 투옥, 곳곳에 퍼진 비밀경찰을 활용한 정치적 · 문화적 삶에 대한 국가 통제 같은 폭력 수단을 갖추고 있었다. 몽골과 동독, 쿠바와 불가리아, 루마니아와 북한, 소비에트 중앙아시아*는 모두 비슷한 억압을 경험했다. 공산주의 정권이 들어서기 전의 정부 형태가 민주주의였든 아니었든 큰 차이가 없었다. 제2차 세계대전이 일어나기 전, 민주주의의 귀감이던 체코슬로바키아는 공산주의 정부가 들어선 뒤 전체주의 독재국가로 전락했다. 교회의 힘으로 전체주의의 전면적인 영향력을 어느 정도 제어할 수 있었던 폴란드도 다른 공산주의 나라들과 마찬가지로 강도 높은 억압에 시달렸다. 공산주의 체제가 프랑스나 이탈리아, 영국이나 스칸디나비아 나라에 수립되었더

* Soviet Central Asia, 중앙아시아에 있는 우즈베키스탄, 카자흐스탄, 키르기스스탄, 타지키스탄, 투르크메니스탄, 다섯 개 국가를 통칭하는 말. 1924년부터 1991년까지 소비에트 연방에 속했다.

라도 결과는 크게 다르지 않았을 것이다.

공산주의 나라들의 사정이 모두 비슷한 이유는 해당 나라들의 과거 역사가 비슷해서라기보다는 그들이 공산주의라는 운명을 공유했기 때문이다. 사회복지 제도를 발전시킨 나라도 있었지만 모두 대량 억압, 고질적인 부정부패, 환경 파괴를 경험했다. 공산주의 나라에서 나타난 모든 폭력은 위와 같은 체제 실패와 그에 따른 정당성 상실에 대한 대응이었지만 한편으로는 유럽의 혁명 전통을 계승한 것이기도 했다. 공산주의 체제는 계몽주의의 심장부에서 기원한 유토피아 이상을 추구하는 과정에서 수립되었다. 널리 알려지지는 않았지만 어떤 면에서는 나치도 계몽주의의 후손이었다. 나치는 인간의 자유와 평등이라는 계몽주의 이상을 멸시했지만 계몽주의 사상의 강력한 계보 중 하나인 비자유주의 계보를 계승했고, "과학적 인종주의"라는 영향력 있는 계몽주의 이데올로기를 활용했다.

20세기에는 계몽주의 사상과 무관한 잔혹 행위도 많이 일어났다. 1944년 백만 명의 목숨을 앗아간 르완다 대학살은 과거 르완다의 주요 식민 지배자였던 프랑스의 정책과 르완다의 식민주의 역사에서 비롯되었다고는 하지만 기본적으로 토지와 물을 둘러싼 투쟁의 결과였다. 민족이나 부족 사이에 적대감을 유발하고 대량 학살을 일으키는 주된 요인은 자원을 둘러싼 갈등이었다. 순전한 탐욕도 마찬가지다. 1885년에서 1908년 사이 레오폴드 2세가 개인 영지인 양 다스렸던 벨기에령 콩고에서 레오폴드 2세의 대리인들이 저지른 대량 학살은 결국 8백만 명에서 천만 명에 이르는 목숨을 앗아갔다. 콩고인들은 살해당하거나 탈진하거나 굶거나 질병으로 사망했으며 출산율도 급격히 떨어졌다. 레오폴드 2세는 진보와 기독교 전파라는 명분을 내세워 자신의 사업을 정당화했지만 자신과 기업가 동료들의 개인적 축재에만 관심이 있었을 뿐 이데올로기와는 상관 없었다.[2)]

그러나 20세기를 앞선 시대와 구분짓는 폭력은 이런 폭력이 아니다. 20세기 최악의 폭력은 인간의 삶을 송두리째 바꾸려는 목적에 사용되었다. 20세기에 자행된 폭력이 이례적인 이유는 전례 없는 규모 때문이 아니라 인간의 삶을 완전하게 만든다는 전체주의에 필수적인 목표를 내세웠기 때문이다.

일부 학자들은 전체주의 개념을 불신한다. 그리고 제2차 세계대전 이후의 사상가들이 전체주의의 모습을 지나치게 단순화시킨 것도 사실이다. 특히 한나 아렌트는 나치즘과 공산주의의 중요한 차이점을 모호하게 만들었다. 공산주의는 모든 인류가 공유할 수 있는 평등이라는 이상을 철저하게 추구했지만 나치즘은 인류 대부분을 배제했고 그중 일부에게 사형을 선고했다. 한편 스탈린 정권은 나치보다 더 많은 사람들의 목숨을 빼앗았다. 볼가 독일인이나 크림 타타르족을 통째로 이주시키는 과정에서 대량 학살이 일어났고 애초부터 살아 나올 가능성이 없는 굴락■ 같은 곳도 있었다. 그렇지만 과거 소비에트 사회주의 연방 공화국에는 몰살 수용소가 없었다. 나아가 아렌트는 전체주의 국가에서는 사실상 개인의 책임이 존재하지 않는다고 파악해 전체주의 국가를 인격 없는 기계로 묘사했지만[3] 사실 전체주의 체제에서 삶은 기계처럼 정돈되어 있기는커녕 혼란 그 자체였다. 폭력이 체제에 필수적이었다고 해도 개인의 결심이 없었다면 일어나지 않았을 것이다. 사람들은 사소한 이유로 나치 범죄에 공모했다. 일례로 아이히만Eichmann은 출세 때문에 나치에 가담했다. 악의 진부함이라기보다는 악인의 진부함이라고 하는 편이 나을 것이다. 그러나 그들이 저지른 범죄는 진부하지 않았다. 그들의 범죄는 범죄를 자행한 체제에 필수적이었던 신념에서 흘러나왔다.[4]

■ Gulag, 소련에서 노동 수용소를 담당하던 정부 기관. 원래는 기관 이름이었지만 점점 강제 노동의 대명사가 되었다.

유토피아를 추구하는 집단이 모두 전체주의로 귀결되는 것은 아니다. 자발적인 공동체가 유토피아를 추구하는 경우에는 자기 제한적인 경향을 보이기 때문이다. 물론 1978년 가이아나Guyana에서 천여 명이 집단 자살한 존스타운 대학살■처럼 유토피아 추구가 종말 신념과 결합하면 폭력으로 끝맺을 가능성도 있다. 사회를 재창조하려고 국가 권력을 사용하게 되면 그 공동체는 전체주의로 이행하기 시작한다. 이때 기존 사회제도를 해체해야만 유토피아 기획을 고취할 수 있기 때문에 전통적인 독재국가가 시도했던 모든 기획을 뛰어넘는 기획이 탄생한다. 한편 체제가 전복되거나 실패할 경우, 또는 유토피아에 대한 헌신이 시들해지면서 체제가 권위주의로 변질되는 경우에는 전체주의로 이행하지 않는다. 부시 정부 시절처럼 민주주의 사회에서도 유토피아 이데올로기가 권력을 장악하기도 한다. 이때 정부가 유토피아 기획의 실패를 덮기 위해 권력을 휘두르면 자유가 사라진다. 이 추세를 반전시키기 위한 결정적인 시도가 없다면 그 결과는 비자유민주주의로 나타난다.

억압적인 체제와 전체주의를 구분하기 위해 여러 기준이 활용되었는데 그중 한 가지 잣대는 사회 전체에 대한 국가의 통제 수준이다. 볼셰비키와 나치가 인간의 삶을 재창조하려고 애쓰는 과정에서 국가 통제가 나타났다. 한편 "전체주의"라는 용어는 무솔리니 시대의 이탈리아에서 처음 사용되었지만 이탈리아의 파시즘은 전체주의가 아니었고 때로 극단적인 폭력을 자행했지만 양차 세계대전 사이 중앙 유럽과 동유럽에 나타났던 성직 파시즘■■도 전체주의는 아니었

■Jonestown Massacre, 미국의 사교邪敎 지도자 제임스 워런 존스James Warren Jones가 스스로를 인민사원(人民寺院, People's Temple)의 구세주로 선포한 뒤 남아메리카 밀림에 이상향을 세우겠다고 약속하고 추종자들을 집단 자살로 이끈 사건.

다. 형편없는 체제는 수없이 많지만 그것들이 모두 전체주의인 것은 아니다. 근대 이전의 신권 국가神權國家는 정통 종교를 강요하기 위해 공포심을 활용했지만 인류를 재창조하려고 하지는 않았다. 전통적인 독재국가도 마찬가지였다. 그러나 레닌주의와 나치즘은 인류를 재창조하려고 했고 그렇기 때문에 이 두 체제를 전체주의라고 부르는 것이다.

1.
소비에트 공산주의: 근대 천년왕국 혁명

사회 현상으로서 볼셰비즘은 평범한 정치 운동이라기보다는 종교로 이해된다.

– 버트런드 러셀Bertand Russell[5)]

레온 트로츠키는 1923년 발표한 소논문 「문학과 혁명Literature and Revolution」의 마지막 쪽에서 변화된 인간 삶의 모습을 살짝 보여 준다. 트로츠키는 사회의 변화가 아니라 인간 본성의 변화를 기록했고 곧 그렇게 되리라고 믿었다. 트로츠키가 기대한 변화는 아마 인간이라는 동물의 생물학적 변화일 것이다.

앞으로는 순수하게 생리적인 생활조차 집단 경험의 대상이 될 것이다. 인간이라는 동물, 즉 집합적 개념으로서의 호모 사피엔스는 다시 한번 급격한 변형 국면에 들어설 것이고

▪▪ clerical fascism. 파시즘의 정치적, 경제적 이데올로기를 종교나 신학 전통과 결합시킨 이데올로기. 파시즘에 종교적 요소를 결합한 단체, 파시즘을 지지하는 종교 단체, 성직자가 주도하는 파시즘 정권을 묘사하는 용어다.

인위적 선택과 심신의 합일을 지향하는 자기 훈련이라는 가장 복잡한 방법의 대상이 되기를 자처할 것이다. (…) 미래의 인간이 어느 수준의 자기 규제에 도달할 것인지, 그리고 얼마나 높은 차원까지 기술을 끌어올리게 될 것인지 예측하기는 어렵다. 사회 건설과 심신의 합일을 지향하는 자기 훈련은 한결같은 과정에서 동시에 성취할 수 있을 것이다. 문학, 드라마, 회화, 음악, 건축 등의 예술은 모두 이 과정을 아름답게 장식할 것이다. 더 정확히 말하자면 문화의 구성과 공산주의자의 자기 훈련을 에워싸게 될 껍질은 오늘날 예술의 모든 핵심 요소들을 최고로 발전시킬 것이다. 인간은 헤아릴 수 없을 만큼 강하고 현명하며 오묘한 존재가 될 것이다. 인간의 육체는 더 조화로워지고 움직임은 더 활동적으로 변할 것이며 목소리도 더욱 아름다워질 것이다. 삶은 역동적인 드라마가 될 것이다. 평범한 사람도 아리스토텔레스, 괴테, 마르크스 수준의 철학적 사유를 하게 될 것이다. 그리고 이 산마루 너머에 또 다른 산봉우리가 떠오를 것이다.[6)]

트로츠키는 역사를 인류가 자신과 세계에 대한 통제권을 획득하는 과정으로 파악한다. 인간 지식이 무한히 성장할 수 있듯, 윤리나 정치도 한없이 진보할 수 있다. 인간 본성에 결함이 있다면 자연과학이 그 결함을 수정할 수 있다. 완전함에 도달한 정적인 상태가 아닌, 인간의 무한한 가능성이야말로 급진 계몽주의 사상이 말하는 인간 완전함의 진정한 의미다. 인류를 완전하게 만들기 위해 과학을 활용한다는 트로츠키의 이상은 근대의 환상을 반복한다. 과학이 인류를 자연적 한계에서 해방시킬 수 있고 심지어 불멸하게 할 것이라는 믿음은 오늘날로 이어져 저온학,■ 트랜스휴머니즘, 엑스트로피어니즘■■ 같은 분파에서 번성한다. 이 분파들은 자신들이 계몽주의에 빚지고 있다는 사실을 인정한다.[7)]

애초부터 볼셰비키는 새로운 인간형을 창조할 생각이었다. 나치와 다르게 볼셰비키는 새로운 인류를 인종적 측면에서 바라보지 않았지만 나치와 마찬가지로 자신의 목표를 이루기 위해 과학 및 허위 과학을 도입할 채비가 되어 있었다. 인간 본성이 변화되어야 "사회적 인간"이 도래할 수 있다고 생각했기 때문이다. 이 기획은 당시 활용할 수 있는 과학 지식으로는 도저히 실현할 수 없었지만 볼셰비키는 극악무도한 방법이라도 쓸 참이었고 아무리 의심스러운 이론이라도 그들이 꿈꿨던 변화를 이룰 수 있다고 약속한다면 받아들일 생각이었다. 1920년대 초부터 소비에트 체제는 참된 과학자들을 괴롭혔고 나중에는 나치 독일과 마찬가지로 폭력이라는 목적을 위해 과학을 왜곡했다. 1930년대 후반까지 모스크바 한복판에 위치한 루뱐카Lubyanka 감옥에서 의학 실험이 자행되어 독일과 일본의 전쟁 포로, 군인과 외교관, 폴란드인 · 한국인 · 중국인, 정치범과 유대인을 비롯한 모든 "민족주의자"가 실험 대상이 되었다. 그 과정에서 저항이 있었지만, 결국 과학은 전체주의 국가에 필수 요소가 되었다.[8)]

트로핌 리센코(Trofim Lysenko, 1898년~1976년)의 역할은 잘 알려져 있다. 리센코는 당대의 과학자 대부분이 받아들였던 다윈주의 이론이 아닌 라마르크Lamarck의 진화론을 퍼뜨리면서 획득 형질도 유전될 수 있다고 주장했다. 라마르크의 이론은 인간 본성이 점차 향상될 것이라는 가능성을 열어 주는 것 같았다. 라마르크주의가 자연 세계에 미치는 인간의 힘을 증대시킨다고 여겨지는 한, 그것은 마르크스주의에 부응했다. 스탈린의 지원을 받은 리센코는 〈소비에트 농업 과학 아카데미Soviet Academy of Agricultural Sciences〉 총재가 되었고 높은 수확을 거둘 수 있는 새로운 밀 품종을 개발할 수 있다고 주장해 농업을 통솔할

▪ Cryogenics, 저온 현상과 이를 응용하는 학문. 높은 온도에서 관측되지 않던 물질의 여러 특성이 낮은 온도에서 관측되는 것을 이용해 액화 천연가스나 식료품의 저장과 운송, 질병 치료, 우주선 등의 분야에 응용된다.

▪▪ transhumanism, extropianism, 인간의 현재 모습은 발달의 초기 단계에 해당한다고 전제한 뒤 과학 기술을 통해 더 나은 인간이 될 수 있다고 주장하는 철학.

권한을 부여받았다. 그러나 리센코의 농업 실험은 재앙으로 끝났고 농업의 집단화로 농산물 생산량이 급감했다. 리센코의 무모한 생각 때문에 소비에트 사회주의 연방 공화국에서는 생물학이 1960년대 이후에야 겨우 발전하기 시작했고 공산주의 중국은 그보다 더 오랫동안 영향을 받았다.

1920년대 중반 스탈린의 지시로 인간과 유인원의 이종교배 과제를 수행한 일리야 이바노프Ilya Ivanov의 사례는 리센코의 사례에 비해 덜 알려졌다. 스탈린의 관심은 아리스토텔레스나 괴테 같은 인물의 복제품으로 세상을 채우는 것이 아니었다. 스탈린은 고통을 잘 견디고, 적게 먹고 적게 자는 "천하무적의 인류", 즉 새로운 유형의 군인을 원했다. 러시아 제국 시절 경주용 말의 인공교배법을 개발하면서 말 사육자로 명성을 날렸던 이바노프는 스탈린의 지시에 따라 영장류 연구로 눈을 돌렸다. 이바노프는 서아프리카를 돌아다니면서 침팬지의 임신에 관련된 실험을 수행했고 스탈린의 출생지인 그루지야Georgia에 설립된 연구소에서 유인원의 정자로 인간을 임신시키는 실험을 했다. 여러 차례 실험했지만 말하나마나 모두 실패했다. 이바노프는 체포되어 감옥형을 선고받았으나 감형되어 카자흐스탄으로 유배되었고 1931년 그곳에서 사망했다. 개의 조건 반사에 관한 일련의 실험으로 세계적인 명성을 얻은 러시아 심리학자 이반 파블로프Ivan Pavlov가 이바노프의 생애와 업적을 기리는 부고를 작성했다.[9]

스탈린이 새로운 인류에게 요구했던 조건들은 대체로 실용적이었다. 그러나 그 조건들은 계몽주의 사상가들이 늘 염원하던 우월한 유형의 인간을 만들겠다는 기획을 구현한다. 이따금 "계몽주의 기획"이라는 것이 과연 있었는지 의문이 제기되기도 한다.[10] 확실히 계몽주의는 이질적이고 때로 모순적인 운동이었다. 계몽주의 사상가들의 신념은 무신론과 유신론, 자유주의와 반反자유주의, 공산주의와 친親시장주의, 평등주의와 인종차별주의 등, 광범위한 영역에 걸쳐 있다. 계몽주의의 역사 대부분은 경합하는 신조들 사이에 벌어진 과격한 논쟁으로 점철되었다. 그러나 인간의 삶을 송두리째 바꾸려 한 볼셰비키가 권력을 장악하면서 계몽주의 사상에서도 급진적 갈래가 힘을 얻었다는 사실은 부인할 수 없다.

러시아에는 조국의 후진성을 극복하기 위해 유럽으로 눈을 돌리는 이들이 늘 많았다. 위대한 반反계몽주의 사상가 조제프 드 메스트르는 "철학자들에게 물들지" 않은 사람들과 살고 싶어서 러시아로 떠났지만 상트페테르부르크에서 불어로 말하고 볼테르를 숭배하며 영감을 줄 **계몽사상가들**을 찾아다니는 지식인을 보고 이내 실망하고 말았다. 19세기 내내 러시아 사상가들은 유럽을 지향했다. 무정부주의자 바쿠닌, 정통 마르크스주의자 플레하노프Plekhanov, 영국 예찬론자이자 자유주의자 투르게네프Turgenev 등, 러시아 사상가들은 모두 러시아의 미래는 유럽에서 태동하고 있는 보편 문명과 융합하느냐 마느냐에 달려 있다고 확신했다. 그들은 유럽 문명을 직접 목격하고 있었다. 소비에트 국가를 건설한 볼셰비키도 마찬가지였다. 레닌과 트로츠키가 러시아를 근대국가로 만들겠다고 주장했을 때 그들이 염두에 둔 것은 유럽이었다.

계몽주의가 승리하지 못했기 때문에 러시아가 불행을 겪는다는 생각이 일반화되었다. 그 생각에 따르면 소비에트 체제는 "동양 전제주의"의 슬라브판版이었고 소비에트 체제가 자행한 전례없는 억압은 전통적 모스크바 독재국가가 발전한 결과였다. 유럽은 러시아를 반쯤은 아시아에 속한 나라로 생각했고 그 인식은 1839년 러시아를 다녀온 퀴스틴 후작■이 기록한 유명한 여행기 때문에

■ Marquis de Custine, 1790~1857. 프랑스 귀족. 1839년 러시아를 다녀온 뒤 기록한 『차르의 제국: 영원한 러시아를 여행하다*Empire of the Czar: A Journey Through Eternal Russia*』로 유명하다.

더 강화되었다. 그 여행기에서 퀴스틴 후작은 러시아인들에게 노예 근성이 있다고 주장했다.[11] 마르크스 이론이 러시아와 중국에서 재앙적인 결과를 초래한 이유를 찾아야 했던 마르크스주의자들은 동양 전제주의론을 끌어왔고 이는 오랫동안 정설로 통용되었다. 사실 동양 전제주의라는 사고는 "아시아적 생산양식"이 존재한다고 가정한 마르크스에게로 거슬러 올라가는데, 카를 비트포겔Karl Wittfogel 같은 후대의 마르크스주의자들은 전체주의가 아시아 전통의 산물이었다고 주장하면서 "아시아적 생산양식"이라는 개념을 러시아와 중국에 적용했다.[12]

네크리치Nekrich와 헬러Heller는 이런 관습적인 생각을 다음과 같이 요약한다.

> 서양 역사가들은 이반 바실리예비치(Ivan Vasilievich, 폭군 이반)와 이오시프 비사리오노비치(Iosif Vissarionovich, 스탈린)가 직계로 연결되고 폭군 이반의 경호 대장 말류타 스쿠라토프Malyuta Skuratov와 비밀경찰 유리 안드로포프Yuri Andropov가 직계로 연결된다고 생각한다. (…) 러시아 지역에 스키타이인이 살았던 시절부터 이미 10월 혁명과 소비에트의 권력 장악이 예정되어 있었다는 설명이다. 그것은 러시아 민족에 고유한 민족성이었다. 이 학자들은 다른 곳에서는 이런 일이 일어날 수 없을 것이라고 생각한다.[13]

러시아가 서양에 완전히 소속된 적이 없었던 것은 사실이다. 동방정교회는 자신을 서방 기독교와 대립되는 존재로 규정했고 러시아에서는 종교개혁이나 르네상스에 상응하는 역사적 사건이 일어나지 않았다. 1453년 오스만 제국이 콘스탄티노플을 함락시킨 뒤에는 모스크바가 동방에 자리 잡은 "세 번째 로마"가 되어 기독교 세계를 이끌어 나가도록 예정된 땅이라는 사상이 발전했고 19세기에는 영향력 있는 슬라브 예찬론자 한 무리가 이와 유사한 주장을 펼쳤다.

그들은 서양과 차별화되는 러시아 문화를 미덕으로 간주하면서 서양의 개인주의를 거부했고 러시아의 민속 전통이 더 우월한 삶의 방식이라는 주장을 고수했다. 이 사상은 러시아가 세계의 공산주의 체제를 지탱하는 특별한 역할을 부여받은 존재라는 믿음으로 발전했다. 러시아 종교 철학자 니콜라이 베르다예프Nikolai Berdyaev는 러시아 공산주의가 "옛 러시아의 구세주 신앙에서 출발했다"고 설명하면서 "일반적인 생각보다 더 전통적"이라고 언급하기도 했다.[14)]

확실히 볼셰비즘에는 구세주 신앙을 지향하는 흐름이 있었다. 사상 문제로 레닌의 공격을 받고 당에서 쫓겨났다가 훗날 소비에트 교육부 장관이 된 아나토리 루나차르스키Anatorii Lunacharskii는 1907년에 쓴 『사회주의와 종교*Socialism and Religion*』에서 볼셰비즘과 구세주 신앙 사이에 나타나는 유사성을 지적하고 심판의 날과 그리스도의 천년 통치라는 기독교 사상이 사회주의에서 재생산된 방식을 언급했다.[15)] 혁명이 러시아에 종말이 온다는 희망을 불어넣었던 것도 사실이다. 1918년 상징주의 시인 알렉산드르 블로크Aleksandr Blok는 "12인The Twelve"이라는 시에서 붉은 깃발을 든 그리스도가 12인의 〈붉은 여단Red Guard〉을 이끌고 페트로그라드■ 거리를 행진하는 모습을 묘사했다. 이렇듯 세속적 구세주 신앙과 종교적 구세주 신앙은 상호 배타적이지 않았고 그러한 사실은 미국의 유토피아 우파를 통해 이 두 신앙이 합세한 사실에서도 확인된다. 한동안 새로 등장한 소비에트 체제가 러시아의 전통 구세주 신앙을 구현했다고 여기는 사람들이 있었다. 그러나 러시아의 반동적 구세주 신앙은 팽창주의를 추구하지 않았다. 러시아의 반동적 구세주 신앙은 그저 러시아를 타락한 세계에서 미덕을 지키는 보루라고 생각했을 뿐, 10월 혁명과 함께 러시아에서 힘을 얻게 된

■ Petrograd, 지금의 상트페테르부르크.

서양에 반대하는 구세주 신앙과는 달랐다.

볼셰비키는 가장 급진적인 이상을 실현함으로써 서양을 능가하고 싶었다. 사실 볼셰비키의 목표는 기존 서양 사회를 모방하는 것이 아니었다. (서양 모방은 러시아 제국 말기에도 어느 정도 성과를 냈다.) 레닌은 노동 규율, 공장 체계 같은 서양 자본주의의 핵심 제도들을 러시아에 이식하려 했다. 레닌은 미국의 "과학적 관리" 기법인 "테일러주의"와 미국의 대량 생산 방식인 "포디즘" 같은 자본주의의 최신 기법을 러시아에 열정적으로 전파했다. 볼셰비키 지도자 레닌은 자신의 기획을 이렇게 표현했다. "러시아의 혁명 열기에 미국의 효율성을 결합한 것이 레닌주의의 정수다."[16] 이와 비슷하게 트로츠키는 자본주의 공장의 노동 규율을 한층 강화한 "노동의 군사화"를 추진했다. 그러나 볼셰비키의 목적은 서양 자본주의에서 노동 규율이나 대량 생산 기법을 도입하는 차원을 훌쩍 뛰어넘었다. 자코뱅당과 파리 코뮌이 이루지 못했던 계몽주의 유토피아 실현이야말로 볼셰비키가 달성하려 한 핵심 목표였다. 결국 러시아의 불행은 계몽주의를 흡수하지 못한 데 있는 것이 아니라 계몽주의의 조류 중에서 가장 치명적인 조류에 노출된 데 있었다.

서양 역사학자 대부분의 견해와 반대로 차르주의와 볼셰비즘 사이에는 연속성이 없다. 레닌은 우연한 사건이 겹친 결과 권력을 잡았다. 제1차 세계대전에서 러시아가 물러났다면, 독일이 레닌을 돕지 않았다면, 케렌스키Kerenskii의 멘셰비키 임시정부가 좀 더 역량을 갖춘 집단이었다면, 1917년 9월 코르닐로프Kornilov 장군이 멘셰비키에 맞서 일으킨 쿠데타가 성공했다면, 볼셰비키 혁명은 일어나지 않았을 것이다. 레닌이 자행한 폭력은 러시아 전통으로도, 볼셰비키 정권이 권력을 장악하던 당대의 사회 조건으로도 설명될 수 없다. 내전과 외국 군대의 개입으로 이제 막 등장한 신생 국가의 생존이 위협당한 것은 사실이지만, 생존하기 위해 휘두른 폭력의 날카로운 창 끝은 하필 대중 봉기를 겨냥했다. 폭력은 권력을 유지하기 위해서만 사용된 것이 아니라 러시아를 송두리째 재창조하기 위해서도 사용되었다. 18세기 후반 프랑스의 자코뱅당에서 시작해 파리 코뮌으로 이어진 폭력은 유토피아를 실현하려는 혁명적 독재 정권이 있는 곳이라면 어디에서나 같은 방식으로 사용되었다. 볼셰비키는 프랑스에서 실패한 계몽주의 기획을 러시아에서 성공시키려 했다. 러시아가 유럽을 본받아야 한다고 믿었다는 점은 특별하지 않지만 그러기 위해 폭력이 필요하다고 믿었다는 점은 특별하다. 이로써 볼셰비키는 자코뱅당의 후예임을 공언한 셈이었다. 외세와 대중 봉기가 권력을 뒤흔드는 것을 막기 위해 폭력을 사용한 측면도 있지만 어쨌든 레닌이 폭력을 휘두른 이유는 혁명 기획에 헌신하기 위해서였다.

레닌은 자신이 이루려는 사회의 모습을 『국가와 혁명*State and Revolution*』■ 에 담았다. 레닌은 유토피아 사상이 담긴 이 소책자를 러시아 임시정부를 피해 핀란드에 머물던 1917년 8월과 9월에 작성했고 원래는 필명으로 발간할 생각이었다. 그러나 역사는 레닌의 예상보다 더 빨리 움직였고 이 소책자는 1918년 레닌의 이름으로 발간되어 이듬해 2쇄를 찍었다. 자신이 살해당하더라도 계속 발간되어야 한다고 말할 정도로 레닌은 이 책을 중요하게 여겼다. 『국가와 혁명』은 레닌의 미래관을 가장 잘 보여 주는 책이다.

『국가와 혁명』은 마르크스 사상에 굳게 뿌리내리고 있다. 레닌은 마르크스가 1852년 편지에서 처음 언급한 프롤레타리아 독재를 인용하면서 1870년과 1871

■ 『국가와 혁명』, 김영철 옮김, 논장, 1988. http://www.laborsbook.org/book.php?uid=60&no=556에서 1장, 3장, 5장 PDF를 볼 수 있다.

년의 파리 코뮌을 러시아 및 전 세계 혁명 정부의 귀감으로 삼는다. 앞으로 근대적 의미의 국가는 사라질 것이다. 군대와 경찰 제도도 폐지될 것이다. 누구나 정부에 참여하게 될 것이고 공직자가 누리던 특권은 사라져 그들도 노동자와 같은 임금을 받을 것이다. 레닌은 이 새로운 질서가 투쟁 없이 안착되리라고 생각하지 않았다. 저항이 있을 것이고 이 저항을 진압하는 일이 신생 국가의 기본 기능이 되어야 했다. 레닌은 새로운 체제가 부르주아 민주주의와 전혀 다를 것이라고 확신했다. 1920년에 레닌은 이렇게 말한다. "권위 그 자체를 의미하는 과학적 개념인 '독재'는 어떠한 법률에도 구속받지 않고 어떠한 규율에도 절대로 제한되지 않으며 폭력에 근거한다."[17)]

『국가와 혁명』에서 레닌은 새로운 체제는 대중에게 봉사하기 위해 존재할 것이므로 프롤레타리아 독재는 대중을 강압할 필요가 없겠지만 적들에게는 가차 없이 행동해야 한다고 단언한다. 이 말은 마르크스의 말을 되풀이한 것에 불과하다. 1850년 3월 런던에서 열린 〈공산주의자 동맹Communist League〉 연설에서 마르크스와 엥겔스는 혁명에는 폭력이 필수적임을 분명히 밝힌다.

> 무엇보다 노동자들의 투쟁이 이루어지는 동안과 그 직후에 가능하면 최대한 부르주아의 화해 시도에 맞서야 하고 민주주의자들이 폭력적 국면을 이행하도록 독려해야 한다. (…) 노동당은 증오하는 개인이나 혐오스러운 감정을 불러 일으키는 공공 건물에 대한 대중의 복수가 과격한 폭력으로 표출되는 상황에 반대해서는 안 된다. 도리어 이러한 행위를 용인하고 나아가 방향을 제시해 주어야 한다.[18)]

마르크스의 입장을 수용한 레닌은 폭력이 구舊질서의 잔재를 제거하는 데만 사용될 것이라고 주장했지만 사실 노동자와 농민에게 가장 가혹한 폭력이 가해졌다. 이러한 현상은 볼셰비키가 권력을 장악하던 당시의 상황을 통해 부분적으로 이해할 수 있다. 10월 혁명은 제1차 세계대전과 그로 말미암아 러시아에서 발생한 혼란의 부산물이었다. 신생 소비에트 체제는 몇 년에 걸친 내전에 시달렸는데 자칫하면 일반적으로 백군白軍이라 불리던 소비에트의 적들이 승리를 거둘 수도 있는 상황이었다. 이러한 상황에서는 권위주의 통치를 피할 수 없다. 그러나 그것만으로는 볼셰비키가 자행한 억압의 규모나 강도를 충분히 설명할 수 없다. 볼셰비키의 권위주의 통치는 실현할 수 없는 표본을 토대로 사회를 재구성하려고 시도한 결과였다.

소비에트 국가는 처음부터 인질을 억류하고 대량 학살을 자행했으며 집단 수용소를 구축했는데 모두 러시아 제국 말기에는 없던 일이었다. 1918년 8월 30일 사회주의 혁명가 파니 카플란Fanny Kaplan이 레닌의 암살을 기도했다. 이때 부상당한 레닌은 10월 혁명의 여파 속에서 구상해 1917년 12월에 창설한 비상 위원회인 체카Cheka에 "무자비한 진압"을 명령했고, 그 결과 수백 명이 처형당했다. 레닌은 의심가는 집단을 복종시키기 위해 인질 억류 체계를 구축했는데 20세기 국가 폭력의 선구자 중 한 사람인 트로츠키도 훗날 이 혁신적인 체계를 옹호했다.[19] 트로츠키는 적군赤軍에 맞서는 체코인들을 가두기 위해 1918년 6월 집단 수용소를 만들었고 나중에는 적군 가담에 거부하는 러시아 제국 장교들까지 그곳에 가뒀다.

억압은 이내 강제로 곡물을 징발당한 농민에게로 확대되었다. 1921년 크론스타트Kronstadt에서 선원 수천 명이 봉기하자 적군 5만여 명이 이들을 진압했다. (적군의 창설자인 트로츠키는 이 조치 역시 옹호했다.)[20] 선원 대부분이 수용소로 끌려가 그곳에서 죽었다. 1918년부터 농민 봉기가 러시아 전역을 휩쓸었고 1920년과 1921년에는 내전이 농민반란으로 비화되었다. 농민의 저항을 분쇄하기로 결정한 볼셰비키는 마을 주민 전체를 러시아 북부로 추방했다. 1921년 말, 집단 수용소 수용자의 80퍼센트가 농민이나 노동자였다.[21)]

일반적으로 사람들은 소비에트 안보 기구가 러시아 제국 말기의 유산이라고 생각한다. 표트르 대제가 죄수들에게 강제 노역을 시켰던 것은 분명하다. 특히 많은 죄수들이 오랫동안 러시아 근대화의 상징으로 자리매김해 온 상트페테르부르크 건설에 동원되었다. 그러나 혁명 전야였던 1916년, 강제 노역에 투입된 죄수는 2만 8천6백 명에 불과했다.[22)] 수감자 규모나 안보 기구의 규모 면에서도 러시아 제국과 볼셰비키는 큰 차이를 보인다. 1895년 경찰 조직 오크라나Okhrana의 전일제 근무자는 161명에 불과했다. 다른 부처의 운영 인원까지 포함해도 그 인원은 1916년 10월 기준 1만 5천여 명 수준이었다. 반면 체카는 1919년에 적어도 3만 7천 명, 1921년에는 25만여 명에 육박해 대조를 이룬다. 사형 건수에서도 비슷한 차이를 보인다. 러시아 제국 말기인 1866년에서 1917년 사이 집행된 사형 건수는 1만 4천여 건이었는데, 체카는 1917년에서 1923년 사이 20만여 건의 사형을 집행했다.[23)]

볼셰비키가 활용한 억압 기술은 러시아 제국보다는 당시의 서양 제도에 영향을 받은 것이고 볼셰비키가 세운 수용소도 유럽 식민지의 수용소를 본뜬 것이다. 19세기 말 스페인은 쿠바 식민지 반란자들을 진압하기 위해 집단 수용소를 활용했고 보어 전쟁 당시 영국은 남아프리카에 집단 수용소를 건설했다. 비슷한 시기에 독일의 식민당국은 헤레로Herero 부족을 대량 학살하고 독일령 서남아프리카에 집단 수용소를 건설했다. (헤르만 괴링■의 아버지는 서남 아프리카 식민지에 파견된 최초의 장관이었고 그곳 원주민을 대상으로 의학 실험을 수행했던 두 사람은 요제프 멩엘레■■의 스승이었다.)[24)]

볼셰비키는 사상의 자유도 억압했는데 그 또한 과거 러시아의 억압 방식과 달랐다. 과거에도 작가나 정치 활동가를 추방했다. 급진 성향의 작가 알렉산드르 게르첸Aleksandr Herzen은 러시아를 떠나 파리, 런던, 이탈리아를 전전하다가 결국 시베리아로 유배당했고 레닌은 생의 대부분을 스위스, 독일, 영국 같은 유럽에서 보냈다. 그러나 러시아 지식인들이 대량으로 추방당한 것은 볼셰비키가 권력을 장악한 뒤였다. 1922년 가을 페트로그라드에서 출항한 배 두 척에는 레닌이 강제 이주를 결정한 작가, 철학자, 문학 비평가, 신학자, 역사가 등 러시아 지식인들이 타고 있었다. 정치 경찰 게페우■■■에 체포된 이 저명한 러시아 인사들은 새로운 체제와 불화한다는 이유로 가족과 함께 추방당했다. 당시 이 사건은 세간에 거의 알려지지 않았고 냉전기에도 그랬다. 추방당한 지식인들은 파리, 베를린, 프라하 같은 유럽의 도시에 정착했다. 니콜라이 베르댜에프를 비롯한 일부는 새 삶을 일궜지만 대부분은 가난에 시달리며 잊혀졌다. 이 대량 추방 사건을 처음으로 포괄적으로 연구했던 레슬리 체임벌린Lesley Chamberlain은 이 사건이 도외시되었다는 점이 "가장 놀라운 점이다. 볼셰비키의 지도자이자 소비에트 연방의 설립자인 레닌이 직접 추방을 결정하고 대상자를 선정했기 때문"이라고 언급한다. "1922년에 추방된 사람들은 자신들이 그렇게 불릴 것이라고 생각하지 않았겠지만, 그들은 소비에트 전체주의 최초의 반反체제 인사였다."[25] 레닌 정권의 참신함을 포착한 해석이다.

볼셰비키가 활용한 억압 방법은 러시아 제국의 유산이라고 하기에는 참신했

■ Hermann Wilhelm Göring, 1893~1946. 나치당 초기 멤버. 나치 돌격대의 지휘관을 지냈으며 비밀 국가 경찰인 게슈타포를 창설했다.

■■ Josef Mengele, 1911~1979. 나치 친위대 장교. 아우슈비츠-비르케나우 강제수용소의 내과의사였다. 수용소로 실려온 수감자의 운명을 결정했으며 수용소에서 수감자들을 대상으로 생체 실험을 했다.

■■■ Gosudarstvennoe Politicheskoe Upravlenie, 러시아혁명 직후 1917년 12월에 설치된 체카의 후신.

고 유토피아적 목적을 이루기 위해 도입된 것이었다. 신생 소비에트 국가의 안보 기구에 주어진 핵심 역할은 사회를 재창조하기 위해 꼭 필요했다. 사회를 재창조하려는 열망은 차르도 갖지 않았던, 전통적인 독재국가에는 없던 열망이다. "소비에트 일당 국가가 등장하기 전의 역사에는 천년왕국을 추구하는 안보 중심 체제가 거의 등장하지 않는다"[26]는 언급은 정확했다. 소비에트 국가를 그냥 독재국가라고 부르는 것은 낡아빠진 분류법을 매우 근대적인 체제를 정의하는 데 적용하는 것이나 다름없다.

서양 지식인들은 소비에트 체제를 프랑스혁명의 이상을 실현하려는 시도로 파악하고 볼셰비키를 지지했다. 소비에트 공산주의가 서양에서 가장 높은 인기를 누렸던 시기는 소비에트의 폭력이 최고조에 달했을 때였다. 우크라이나에서 5백만여 명이 기아로 사망한 1934년, 소비에트 연방을 방문하고 돌아온 영국 노동당 지식인 해럴드 래스키Harold Laski는 이렇게 선언했다. "역사상 그 어느 체제도 소비에트 체제만큼 완벽하지 못했다." 1935년에는 유명한 페이비언 사회주의자 시드니 웹Sidney Webb과 베아트리체 웹Beatrice Webb 부부가 이와 비슷한 맥락에서 『소비에트 공산주의: 새로운 문명인가?*Soviet Communism: A New Civilisation?*』라는 제목으로 책을 출판했다. (그 다음 판에서는 물음표가 사라졌다.) 소비에트를 열렬히 지지하는 서양인들에게 스탈린주의는 인간 진보의 최고봉이었다. 미국 문학 비평가 에드먼드 윌슨Edmund Wilson은 한 술 더 떠 이렇게 말했다. 소비에트 연방에서 "나는 도덕적 안식을 경험했다. 그곳은 꺼지지 않는 빛 같았다."[27] 서양의 진보적 지식인들은 소비에트 사회주의 연방 공화국이 계몽주의의 이상에 헌신하는 체제임을 믿어 의심치 않았다. 러시아 제국의 전제주의가 모습을 바꿔 소비에트 국가로 나타났다는 주장을 접했다면 아마 그들은 경악을 금치 못했을 것이다. 소비에트 체제가 그 어떤 목표도 이루지 못했다는 사실이 명백해진 뒤에야 비로소 소비에트에서 자행된 폭력은 러시아 제국의 유산이라는 설명이 등장했다.

서양 지식인 대부분은 스탈린이 집권했던 소비에트 연방에서 유토피아적 환상을 보았고, 다시 그 환상을 공산주의라는 미명하에 사람들이 더 많이 희생된 공산주의 중국에 투사했다. 1958년에서 1961년 사이 시행된 대약진 기간 동안 3천8백만여 명이 목숨을 잃었다. 장룽(張戎)과 존 할러데이Jon Halliday는 이렇게 기록했다. "이것은 20세기, 아니 인류 역사상 기록된 기근 중 최악의 기근이었다. 마오쩌둥은 수백만 명이 일하다가 굶어 죽을 것을 알고 있었다."[28] 소비에트 연방과 마찬가지로 이 정책 때문에 농민이 가장 큰 피해를 보았다. 자연 환경을 인간의 목적에 맞게 수정한다는 정책은 중국인들에게 생경했다. 1억여 명이 관개 공사에 강제 동원되었다. 마땅한 도구조차 없어서 집에서 뜯어 온 문짝이나 널빤지가 댐, 저수지, 운하 건설에 사용되었다. 이렇게 건설된 시설들은 대부분 무너져 결국 버려졌다. 참새를 멸종되어야 할 유해 동물로 규정했던 사건은 프로메테우스적 정신을 유감없이 보여 주었다. 농민들은 막대기나 빗자루를 휘저어 새들을 지치게 한 뒤 땅에 떨어지면 잡아 죽이라는 명령을 받았다. 그 결과 해충이 창궐해 베이징 주재 소비에트 대사관은 소비에트 극동에 있는 참새 수십만 마리를 최대한 빨리 중국으로 보내라는 비밀 연락을 받았다.[29]

마오쩌둥 정권이 유발한 문화적 비용은 1966년에서 1976년 사이 추진된 문화대혁명에서 분명하게 드러났다. 볼셰비키와 마찬가지로 마오쩌둥은 과거의 유산이 새로운 미래 건설을 가로막고 있다고 생각했다. 고대로부터 물려받은 전통을 사람들의 기억에서 제거해야 했다. 사실상 마오쩌둥 정권은 중국 문화에 전쟁을 선포했다. 문화대혁명은 천년왕국적 성격이 명백한 대중의 광란을 정치적 필요에 따라 의도적으로 부추긴 사건이었지만 이번에도 서양은 마오쩌둥 체제에 가장 큰 애정을 표시했다. 서양 지식인들은 스탈린주의와 마찬가지로 마오쩌둥 체제도 보편적 해방이라는 계몽주의 이상에 헌신한다고 파악했다. 아시아의 독재 정권을 자유와 진보라는 서양의 이상을 바탕으로 한 체제로 전환시키기 위해서는 폭력이 반드시 필요했다. 서양 지식인들은 이번에도 파국적 결과를 더 이상 부인할 수 없게 된 다음에야 비로소 중국 공산주의를 동양 전제주의라고 비난했다. 마오쩌둥 정권이 자행한 범죄는 근대 서양의 이데올로기를 적용한 결과로 보기보다 전통적 야만의 흔적으로 보는 것이 무난해 보였다. 서양 지식인들은 마오주의가 폐기되면서 중국이 서양화되기 시작했다고 해석했지만 소비에트 체제가 붕괴했을 때와 마찬가지로 사실은 그 반대였다. 마오쩌둥 이후의 중국은 또 다른 서양 이데올로기를 채택하기 위해서가 아니라 어느 이데올로기에도 물들지 않은 독자적인 발전의 길을 개척하기 위해 서양의 이데올로기를 거부했다. 점점 악화되어 가는 중국의 생태 문제와 대부분의 주민에게 평생 고용과 기본적인 복지를 보장했던 "철밥통" 국면이 사라짐에 따라 발생한 사회적 혼란이 어떤 결과를 초래할지는 모르지만 서양 이데올로기를 중국에 적용하려고 애쓰던 시대는 확실히 지나갔다.

공산주의가 권력을 쟁취한 곳이라면 어디에서나 과거와 급격한 단절이 이루어진다. 러시아 제국 말기는 소비에트 체제보다 19세기 말의 프로이센에 더 가까웠다.[30] 집단 학살이 여러 차례 일어나는 등 시대 상황은 암울하기 짝이 없었지만 전반적인 기록을 살펴보면 러시아 제국 말기 억압의 강도는 소비에트 체제와는 비교할 수 없을 만큼 낮았고 차라리 오늘날의 많은 나라들과 비교하기에 알맞다. 폭력을 사회 개조의 도구로 삼았다는 점에서 볼셰비키는 의식적으로 자코뱅당의 전통을 이어 갔다. 자코뱅당이 구체제의 잔재를 청산한 것과 마찬가지로 볼셰비키도 러시아 사회의 모든 부문에서 발견되는 반동의 잔재를 제거해야 했다. 네크리치와 헬러는 이렇게 기록했다. "레닌은 앞서 일어난 두 가지 역사적 사건에 사로잡혀 있었다. 하나는 자코뱅당이고 다른 하나는 파리 코뮌이다. 자코뱅당은 체제를 유지하기에 충분히 많은 사람을 단두대로 보내지 못했기 때문에 무너졌고 파리 코뮌은 체제를 유지하기에 충분히 많은 사람을 총살하지 못했기 때문에 무너졌다."[31)]

혁명을 안전하게 지키기 위해서는 구습에 젖은 사람들에 적극적으로 대처해야 했다. 초기 대응책으로 1918년 1월, 먹을 권리를 비롯한 모든 권리를 부인당한 "박탈 계급"이라는 새로운 범주가 탄생했다. 이 범주에 속한 5백만여 명은 이듬해 구축된 계급별 배급 체계의 대상이 되었고 대숙청 때 시민권을 상실했다. 마르크스주의의 흥망을 철저하게 연구한 코와코프스키Kołakowski는 이렇게 언급했다. "스탈린주의는 레닌과 트로츠키가 수립한 정부 체계를 자연스럽고 확실하게 계승했다."[32)] 스탈린의 농업 집단화 정책으로 수백만 명이 목숨을 잃었다. 레닌은 그렇게 많은 희생자가 나오리라고 생각하지 않았겠지만 그것은 모두 레닌이 도입한 정책의 결과였다. 한편 레닌의 정책은 마르크스주의적인 공산주의를 실현하는 데 가장 적합한 정책이었다.

마르크스는 유토피아 사고를 부인했지만 공산주의라는 마르크스의 이상은 그 자체로 철저하게 유토피아적이었다. 앞선 장에서 언급한 대로 선진 경제의 나아갈 방향을 계획할 만큼 방대한 지식을 지닌 사람은 세상에 없다. 그러나 계획가에게 매우 방대한 지식을 요구한다는 이유만으로 마르크스가 품은 이상을 유토피아적이라고 하는 것은 아니다. 마르크스가 품은 이상이 유토피아적인 이유는 조화라는 이상과 다양한 가치들이 충돌하기 때문이다. 중앙 계획경제는 다른 제도의 견제를 받지 않는 엄청난 규모의 권력 집중을 야기하는데 레닌은 이를 두고 프롤레타리아 독재의 "과학적" 정의定義라고 명확하게 규정했다. 이러한 자의적 규율 체계는 저항에 부딪히게 마련이다. 체제의 가치가 항상 모두나 다수가 인정하는 가치와 같지 않기 때문이다. 체제가 인간 본래의 욕구로 인정하는 종교, 민족, 가족 같은 제도에 애착을 가지는 사람들도 많겠지만 미학적 사유나 낭만적 사랑처럼 사회 재구성에는 전혀 기여하지 않는 활동을 소중히 여기는 사람들도 있을 것이다. 새로운 체제에 적극적으로 저항하든, 보리스 파스테르나크Boris Pasternak가 지은 소설■의 주인공 지바고 박사Dr. Zhivago처럼 단순히 기존 생활 방식을 유지하겠다고 고집하든, 바람직한 삶이라는 체제의 이상을 공유하지 않는 사람들이 많을 것이다. 유토피아는 모든 인류를 위한 최상의 삶을 구현한다고 주장하지만 그것조차 하고 많은 이상 가운데 하나일 뿐이다. 사유재산이나 화폐 없는 사회가 목가적이라고 생각하는 사람도 있지만 그런 세상이 지옥처럼 느껴지는 사람도 있다. 이타주의가 지배하는 세계를 가장 바람직하다고 여기는 사람도 있지만 그런 세상을 지루해서 도저히 견딜 수 없다고 생각하는 사람도 있다. 이와 같이 모든 사회에는 삶에 대한 다양한 이상이 있다. 유토피아 체제가 이 다양한 이상들과 충돌하면 그 결과는 억압 또는 배제로 나타날 뿐이다. 전체주의 체제가 등장하려면 다른 많은 요인들이 복합적으로 작용해야 하므로 유토피아주의가 전체주의의 유일한 **원인**인 것은 아니다. 그러나 국가 권력을 이용해 갈등 없는 삶이라는 꿈을 일관되게 추구하는 곳에는 반드시 전체주의가 뒤따른다.

칼 포퍼Karl Popper는 사회를 단숨에 변화시켜 재구성하려는 활동을 유토피아 사회공학이라고 묘사했다. 볼셰비키가 실행에 옮긴 것이 바로 그것이다.[33] 사회제도를 조금씩 개혁해 나가는 방식은 유토피아 사회공학자의 성에 차지 않

■ 『닥터 지바고 상, 하』, 박형규 옮김, 열린책들, 2009.

는다. 기존 사회는 구제할 수 없으므로 새로운 삶의 방식을 창조하기 위해 반드시 파괴되어야 한다. 그러나 유토피아 사회공학은 실수를 바로잡을 방법이 없다는 난관에 부딪힌다. 유토피아 건설을 지도하는 이론은 틀림없는 것으로 여겨지며 조금이라도 빗나가는 것은 모두 오류나 배신으로 간주된다. 1921년 전시 공산주의를 포기하고 신경제정책New Economic Policy를 채택해 자영농을 인정한 레닌처럼 전략상 후퇴나 방향 수정은 가능하지만 유토피아 기획 자체를 비판할 수는 없다. 그러나 인간이 오류를 범하는 존재라는 사실을 감안하면 이 기획에도 분명 결함이 있을 것이고 그중 일부는 치명적일 수 있다. 유토피아 기획을 실현하려는 시도를 고집한 결과 처음의 기획과는 전혀 다른 사회가 탄생할 가능성이 높아진다. 이러한 현상은 소비에트 연방이나 여타 공산주의 국가에만 국한되지 않고 상당히 야심차게 유토피아 사회공학을 시도했던 이라크에서도 명백하게 나타났다. 예상대로 사람들은 실패의 원인을 기획 자체의 결함에서 찾지 않고 이라크인들의 반항 성향이나 반대 세력을 충분히 제거하지 못한 데서 찾는다.

포퍼가 논한 대로 이상이라는 명분을 내세워 기존 사회질서를 파괴하는 행위는 비합리적이다. 그러나 포퍼는 유토피아주의의 비합리성을 규명함으로써 자신이 유토피아주의를 폐기했다고 가정하는 실수를 저질렀다. 레닌이 쓴 『국가와 혁명』의 바탕을 이루는 마르크스주의 이론의 오류를 분석하는 것도 쓸모있는 일이지만 왜곡된 사회 이론이 유토피아 정신을 육성하는 것은 아니다. 유토피아 정신은 논박의 대상이 될 수 없는 신화의 산물이다. 레닌이나 트로츠키에게 폭력은 사회를 재창조하고 새로운 형태의 인류를 길러 내는 방법이었다. 신생 소비에트 체제는 인류가 그 어느 때보다 크게 번성하는 세계를 구축하는 것이 목표였다. 낡은 세계를 파괴해야만 새로운 세계가 도래할 수 있다고 믿었던 볼셰비키는 자신들의 목표를 이루기 위해 수백만 명의 목숨을 희생할 각오가 되어 있었다.

소비에트 치하의 러시아는 마치 대재앙을 만나기라도 한 듯 초토화되어 삶이 송두리째 바뀌었다. 가장 완벽한 변화는 수용소에서 이루어졌다. 훗날 소비에트 영토의 10퍼센트 정도를 차지하게 된 굴락에서는 매년 수용자의 3분의 1이 목숨을 잃었다. 굴락의 일부였던 콜리마Kolyma 광산 수용소에서 17년 동안 일했던 발람 샬라모프Varlam Shalamov는 나치에 대항하는 전쟁에 참전했던 나라에 무기를 제공하기로 한 미국의 무기 대여 계획에 따라 기증받은 불도저가 수용소에 도착한 뒤 일어난 일들을 증언했다. 불도저는 수용소가 세워지던 초창기 이후 줄곧 집단 매장지로 활용되던 땅을 파헤치면서 나온 수천 구의 얼어붙은 시신을 처리하는 데 사용되었다.

> 거대한 채석장 같은 무덤은 썩지 않은 시신으로 가득했다. 흉측하게 찢겨진 채 이가 우글거리는 피부가 드러난 뼈 위에 늘어져 있었다.
> 북쪽 구역은 구덩이 깊은 곳에서 시체를 파내려는 노력에 안간힘을 쓰며 저항했다. 이제는 파헤쳐져 버린 변변치 못한 암석은 그 비밀이 드러나기를 기다리면서 아무 것도 잊지 않고 보존하기로 마음먹었나 보다. 혹독한 겨울, 뜨거운 여름, 바람, 6년에 걸쳐 내린 비도 시신을 돌무더기에서 떼어 놓지 못했다. 땅이 열리자 지하 저장소가 드러났다. 금과 납, 텅스텐과 우라늄이 있었지만 아직 썩지 않은 시신도 있었다.
> 이 시신들은 아마 올라가려고 애쓰다가 언덕 사면으로 미끄러져 내려갔으리라…….[34)]

종말에 가까운 결과만 남긴 볼셰비키 혁명은 천년왕국을 이루지 못했다. 수천만 명의 목숨이 헛되이 사라진 것이다. 강제로 이루어진 집단화로 목숨을 잃은 사람들이 정확히 몇 명인지는 알려진 바 없지만 스탈린은 윈스턴 처칠 영국 총리에게 그 수가 천만여 명에 달한다고 과시했다. 안타깝게도 대숙청의 전체 희생자를 그 두 배로 보았던 로버트 콘퀘스트Robert Conquest의 추정치가 더 신빙성 있다.[35] 삶이 결딴난 사람은 상상할 수 없을 만큼 많았다. 국토도 고통받았다. 인간의 활동 때문에 사막화가 진행되었고 호수와 강이 죽거나 죽어갔다. 스탈린 치하의 소비에트 연방은 인간이 불러온 거대한 생태적 재앙의 장이 되었다. 아마도 공산주의 중국만이 이 기록을 앞지를 수 있을 것이다.[36]

제2차 세계대전에서 소비에트 사람들이 나치즘을 물리치는 데 결정적으로 공헌한 덕분에 소비에트 연방은 제2차 세계대전에서 살아남았다. 전쟁 직후 스탈린 체제가 누그러지리라고 기대한 사람들도 있었지만 사실 참전 용사 수백만 명이 굴락에 보내졌다. 1956년 당 대회에서 흐루쇼프가 스탈린에 대한 "개인숭배"를 공격하는 등, 냉전기에도 자유화를 이루려는 시도가 여러 차례 있었지만 정작 미하일 고르바초프가 나서서 소비에트 연방을 체계적으로 교정하려 하자 소비에트 연방은 무너져 부패와 무기력증으로 똘똘 뭉친 빈 껍데기가 되었다. 광대한 영역의 평화를 유지했고 나중에는 상실했을지라도 시민들에게 안전을 제공했던 체제는 대중들에게 그 정당성을 거의 인정받지 못했다. 고르바초프의 개혁은 소비에트 지배층조차 체제를 수호할 의욕을 상실한 상태에서 지나치게 소심하게 진행된 탓에 연방을 붕괴시키고 말았다.

폭력을 바탕으로 수립된 국가는 역사상 유례없는 실패를 기록하며 폭력 없이 무너졌다. 혼란만 이어졌을 뿐 소비에트 체제가 길러 내려고 애썼던 새로운 인류는 어디에도 나타나지 않았다. 인간의 삶이 송두리째 바뀌었지만 그 변화는 마르크스, 레닌, 트로츠키가 꿈꿨던 변화보다는 카프카의 소설 『변신 *Metamorphosis*』에 묘사된 변화에 더 가까웠다.

2.
나치즘과 계몽

히틀러와 제3제국은, 진보를 신봉했고 진보가 달성되고 있다고 확신했던 시대가 완성한 끔찍하고도 괴이한 작품이었다.

– 루이스 네이미어Lewis Namier[37)]

볼셰비즘과 마찬가지로 나치즘은 유럽적 현상이었다. 명백한 사실임에도 사람들은 여전히 나치즘이 서양 문명에서 기원했다는 말을 거북하게 여긴다. 그러나 나치는 이역만리에서 도래한 세력이 아니었다. 나치는 수세기 동안 유럽을 떠돌았던 신념에 힘입어 양차 세계대전 사이의 혼란기에 세력을 넓혔다. (공산주의가 저지른 범죄를 설명하기 위해 일부 학자들이 끌어들였던) 후진성이라는 개념으로는 나치즘이 저지른 범죄를 설명할 수 없다. 나치즘은 유럽이 가장 소중하게 여기는 전통에서 탄생했고 유럽에서도 가장 진보한 사상을 실행에 옮겼다.

나치즘을 계몽주의에 반대하는 운동으로 제시하는 경우가 많고 나치 스스로도 자신을 계몽주의의 적敵으로 생각했지만, 계몽주의는 나치즘의 발전에 없어서는 안 될 요소였다. 나치는 이사야 벌린이 반계몽주의라고 명명한 운동에 속하는 사상가들에게 교훈을 얻었다고 주장했는데, 거기에는 조제프 드 메스트르 같은 보수주의자에서부터 요한 고트프리트 폰 헤르더▪ 같은 낭만주의자에 이르는 다양한 인물이 포진해 있다.[38)] 나치 이데올로그들은 이 두 사람을 비롯한 여러 반계몽주의 사상가들에게서 자신들에게 유용한 것이라면 무엇이든 받아

▪ Johann Gottfried von Herder, 1744~1803. 독일의 철학자, 문학가. 직관적이고 신비적인 신앙을 앞세우면서 칸트의 계몽주의적 이성주의 철학에 반대했다.

들였지만, 계몽주의 사상가들에게서도 필요한 것은 무엇이든 배웠다. 나치는 계몽주의와 반계몽주의 사상 모두에서 반자유주의라는 강력한 사상적 흐름을 끌어낼 수 있었다. 신마르크스주의를 표방하는 프랑크푸르트 학파 사상가 중 일부는 나치즘이 계몽주의의 논리적 산물이라는 주장을 폈는데, 이 주장은 상당한 과장이지만 거기에도 일말의 진실은 있다.[39)]

학계는 나치즘이 이성보다는 감성을 높이 사는 극단적 낭만주의였다고 한다. 그러나 나치즘이 낭만주의 운동의 과장된 형태라는 설명은 기껏해야 지나친 단순화다. 나치가 낭만주의에서 물려받은 신념은 많은 계몽주의 사상가들도 공유했던 신념, 즉 사회가 유기적으로 연결된 온전한 덩어리였고 장차 다시 그렇게 될 수 있다는 신념이기 때문이다. 낭만주의 사상가들은 유기적 사회가 어디에 있었는지를 두고 생각이 엇갈렸다. 어떤 이는 중세 기독교 세계에서, 어떤 이는 고대 그리스에서 찾았다. 알지 못하는 이역만리를 떠올리는 사람도 있었다. 생각나는 곳은 모두 찾아보았지만 낭만주의자들이 생각한 사회는 가상에 불과했다. 조화로운 전체였던 사회는 없었다. 다양성을 인정하면 갈등이 불거질 것을 우려하는 사회는 사회의 소수집단을 적대시하는 수단으로 항상 유기적 공동체라는 사고를 이용한다. 그러므로 낭만주의의 총체적 국가주의와 나치즘의 관계는 명확하다. 나치는 갈등을 바람직한 현상으로 여겼지만 한편으로는 솔기 없이 온전한 덩어리로 존재하던 민족Volk이 낯선 소수집단 때문에 오염되면서 통일성을 잃었다고 믿었다. 세상에 존재하는 모든 민족은 평등하지 않았고 민족들 사이에 존재하는 서열은 폭력으로만 유지될 수 있었다. 단 독일 민족 안에서는 완전한 조화라는 조건이 성취될 것이다.[40)]

그러나 낭만주의만이 사회가 유기적으로 연결된 온전한 덩어리여야 한다고 생각한 것은 아니다. 솔기 없는 공동체라는 환상은 반계몽주의 사상의 특성이

자 계몽주의 사상의 특성이다. 피히테나 민족주의 우파에 속하는 다른 독일 사상가들과 마찬가지로 마르크스는 교역을 비난했고 개인주의를 폄하했다. 낭만주의자들과 마찬가지로 마르크스는 노동 분업이 비인간적이라고 비난했고 먼 옛날에는 아무도 소외되지 않고 억압받지 않는 상태로 모여 살았다고 생각했다. 마르크스는 그 사회를 선사시대의 "원시 공산주의" 사회에서 찾았고 (지금은 그 흔적을 찾을 수 없지만) 당시에는 그런 사회가 보편적이었다고 믿었다. 반계몽주의 사상가들 못지않게 마르크스도 유기적 공동체라는 신화를 고취했다.

이처럼 계몽주의 사상가들은 반계몽주의 사상 중 최악의 사고, 즉 솔기 없는 공동체라는 환상을 공유했다. 반면 반계몽주의는 그 환상을 제외한 모든 측면에서 나치 이데올로기와 불화했다. 헤르더와 드 메스트르를 생각해 보자. 두 사람은 계몽주의 기획을 거부한 낭만주의자였지만 나치의 원형은 아니었다. 계몽주의의 핵심 사상가 중 일부는 문화나 인종 사이에 서열이 있다고 생각했지만 헤르더는 그렇게 생각하지 않았다. 오히려 헤르더는 많은 문화들이 있지만 저마다 독특하므로 하나의 잣대로 서열화할 수 없다고 단언했다. 드 메스트르는 나치의 무신론과 게르만 민족의 우월성이라는 개념을 끔찍하다고 여겼을 것이다. 이렇듯 나치 이데올로기와 반계몽주의는 가장 중요한 쟁점을 두고 대립한다.

나치 이데올로기는 계몽주의 사상가 니체와 연관된다. 말년의 니체를 돌봐준 니체의 여동생 엘리자베스 포르스터-니체(Elizabeth Forster-Nietzsche, 1846년~1935년)는 그녀의 장례식에 히틀러가 참석할 정도로 열렬한 나치당원이었다. 나치의 계보가 니체까지 거슬러 올라간다는 주장을 퍼뜨린 사람이 엘리자베스 포르스터-니체였기 때문에 그 주장이 의심을 받곤 하지만 나치 이데올로기와 니체 사이에는 유사성이 있고 그 유사성은 주로 니체의 사상 중 계몽주의적 영역에서 발견된다. 니체는 유명한 계몽주의 사상가이자 합리주의자인 볼테르를 일평생 숭배했고 이성보다 감성을 더 높이 평가한 루소를 경멸했다. 사람들은 니체가 낭만주의자라는 고정관념을 가지고 있지만 사실 니체는 계몽주의 기획의 급진적 갈래를 결론으로 이끈 장본인이다.[41)]

젊은 니체가 숭배한 아르투어 쇼펜하우어는 기독교에 등을 돌렸고 근대 인본주의를 통렬하게 비판했지만 니체는 자기가 공격했던 기독교-인본주의적 세계관을 벗어나지 못했다. 다른 계몽주의 사상가들과 마찬가지로 니체는 역사에 의미를 부여할 수 있는 새로운 구원 신화를 구성하려고 애썼고 그 과정에서 초인超人 개념이 탄생했다. 그러나 19세기 말 빈의 기지 있는 작가 카를 크라우스Karl Kraus가 언급한 대로 "인간이라는 존재를 전제한다는 점에서 초인超人 개념은 미성숙한 이상이다."[42)] 초인이라는 사고는 근대의 인본주의를 과장한 결과고 니체가 나치뿐 아니라 레닌이나 트로츠키와도 공통점을 지닌다는 사실을 보여 준다.

오늘날 많은 사람들은 자유주의적 가치와 계몽주의 사이의 관계를 강조하고 싶어한다. 그러나 둘의 관계는 사람들이 생각하는 것에 비해 보잘것없다. 볼테르는 계몽주의 사상가의 귀감이지만[43)] 자유주의 국가를 인간의 진보를 성취하기 위한 여러 도구들 중 하나로만 생각했고 대부분의 경우 계몽 절대군주가 더 효과적이라고 믿었다. 다른 많은 계몽주의 사상가들과 마찬가지로 볼테르는 자유주의적 가치가 진보를 고취한다면 유용하지만 그렇지 않다면 고려할 가치조차 없는 방해물로 생각했다. 물론 진보에 대한 관념도 다양하다. 좌파 계몽주의 사상가들은 자유주의 사회를 더 높은 발전 국면으로 나아가는 도중에 있는 가치 있는 단계로 여겼던 반면 우파 계몽주의 사상가들은 자유주의 사회를 기껏해야 하나의 사회질서에서 다른 사회질서로 이행하는 전환점에 불과한 혼돈 상태로 여겼다. 마르크스는 진보를 전체로서의 인류에 적용했지만 "과학적 인종주의"

를 인정하는 계몽주의 사상가들은 진보가 인류 대부분을 배제한다고 생각했다. 어느 쪽이든 자유주의적 가치는 결국 헌신짝처럼 버려질 운명이었다.

프랑스 실증주의자들은 가장 영향력 있는 계몽주의 사상가이자 철저한 반자유주의자였다.[44] 실증주의를 창시한 앙리 드 생시몽과 오귀스트 콩트는 (그들이 상상한) 중세 사회와 비슷한 사회를 고대했다. 단 그 사회는 계시 종교가 아니라 과학을 바탕으로 한 사회였다. 역사를 과정으로 생각한 생시몽과 콩트는 인류가 종교적 단계에서 형이상학적 단계로, 그리고 다시 과학적 또는 "실증적" 단계로 나아간다고 주장했다. 그 과정에서 질서가 유지되는 상태를 의미하는 "유기적" 국면과 혼돈과 혼란으로 가득한 상태를 의미하는 "위태로운" 국면을 만나게 되는데 자유주의 시대는 "위태로운" 국면에 속한다. 생시몽과 콩트는 자유주의를 끔찍히 싫어했고 그들의 태도를 계승한 우파와 좌파의 급진 사상가들은 미래 사회는 기술 관료가 지배하는 계급사회가 될 것이고 인류는 인간이라는 동물을 "지고의 존재"로 받드는 새로운 "인류 숭배의 종교"를 통해 하나가 될 것이라 내다봤다.

중세 교회를 존중한다는 점에서 실증주의가 계몽주의 사상의 주류에서 벗어났다고 생각할 수도 있다.[45] 그러나 실증주의자들이 숭배한 것은 중세 교회가 구현한 신앙이 아니라 사회를 통합하는 교회의 힘이었다. 지식의 성장이 윤리적, 정치적 진보를 견인하는 힘이라 믿고 인간의 힘을 확대하는 과학과 기술을 칭송한 실증주의자들은 전통 종교를 거부하는 대신 이성이라는 인본주의 종교를 수립하여 사회를 통합하는 교회의 힘을 모방하려고 애썼지만 실패했다. 18세기 **계몽사상가들**이 주창한 "인류 숭배의 종교"는 19세기에 재천명되었다. 볼테르를 비롯한 많은 계몽주의 석학들은 "합리적 종교"라는 부조리한 기획을 소중히 여긴 바 있는데 그렇더라도 종교를 존중하는 이들의 태도가 이들을 독특하게 만드는 것은 아니다. 실증주의자들은 인간의 지식이 발전하면 인간 사회에서 갈등이 사라질 것이라고 믿었다는 점에서 차별화된다. 과학은 인간 활동의 진정한 목적을 드러낼 것이고 이유는 모르지만 그 목적은 조화로울 것이다. 근대의 탈을 쓴 전형적인 유토피아 사고의 파장은 대단해서 19세기 말에는 공산주의 체제에서 인간의 정부는 사물의 관리자로 대체될 것이라는 마르크스의 견해와 자유방임 산업주의를 바탕으로 미래 사회를 그린 허버트 스펜서Herbert Spencer의 꿈에, 그리고 가장 최근에는 자유 시장이 창조한 자생적 사회질서라는 프리드리히 아우구스트 폰 하이에크(1899년~1992년)의 기만적인 이상에 영감을 주었다.

20세기 초에는 극우파가 실증주의 사고를 끌어안았다. 비시 정권의 반反유대주의 이데올로그 샤를 모라스Charles Maurras는 일평생 콩트를 존경했다. 실증주의자들은 사회의 과학을 발전시키는 데 헌신했고 "사회학"이라는 용어를 탄생시켰지만 사회학의 토대가 인간 생리학이라고 주장했다. 당대의 많은 계몽주의 사상가들과 마찬가지로 콩트는 골상학에 전념했고 생리학적 특성으로 인간 행동의 많은 부분을 설명할 수 있다고 믿었다. 골상학은 19세기에 횡행한 허위 과학으로 두개골 모양을 연구해 개인의 정신적, 도덕적 능력이나 범죄 성향을 규명할 수 있다고 주장했다. 근대 심리학의 창시자이자 적극적 우생학을 강력하게 지지한 프랜시스 골턴Fransis Galton과 범죄학자 체사레 롬브로소Cesare Lombroso도 같은 견해를 지녔다. 롬브로소는 두개골과 안면 윤곽을 바탕으로 하는 "두개 측정학"이라는 허위 과학을 내세워 법정에서 피고인의 유죄와 무죄를 가리는 데 한 몫 했다. "두개 측정학"은 나치의 "인종 과학"과 크게 다를 바 없다.

선천적 인간 불평등이라는 사고는 서양의 전통에서 빗나간 현상이 아니다.

명백한 인종차별주의는 아니더라도 인간이 선천적으로 불평등한 능력을 가진 여러 집단으로 뚜렷하게 구분된다는 일반적인 믿음은 날 때부터 노예인 사람이 있다는 이유로 노예제를 옹호했던 아리스토텔레스까지 거슬러 올라간다. 고대 그리스의 소피스트들은 사회계급을 권력과 제도의 산물로 보았지만 아리스토텔레스는 그렇게 생각하지 않았다. 아리스토텔레스에 따르면 살아 있는 모든 것은 그것들이 번성해야만 하는 이유인 자연적 목적을 지닌다. 인류의 자연적 목적은 철학 탐구지만 재산을 소유한 그리스 남성만이 철학에 적합하고 여성, 노예, 야만인 같은 나머지 대부분의 사람은 극소수 남성의 하인으로 살아가야 했다. 최고의 삶을 누리는 소수를 뺀 나머지는 소수를 위한 "살아 있는 도구"인 셈이었다.

그리스 철학까지 거슬러 올라가는 선천적 인간 불평등이라는 믿음은 계몽주의 철학에서 부활해 이때부터 인종차별적 면모를 띠기 시작했다. 존 로크는 인간이 평등하게 창조되었다고 믿는 기독교도였지만 아메리카 원주민의 땅을 몰수하는 활동을 정당화하는 데 지적 열정을 쏟았다. 리처드 팝킨Richard Popkin은 이렇게 기록한다.

> 캐롤라이나 헌법의 초안을 작성한 로크는 영국 식민 정책을 구축한 인물 중 하나였다. 로크는 인디언과 아프리카인들이 그들의 노동을 토지에 결합시키지 못했다고 보았기 때문에 그들에게 토지에 대한 소유권이 없다고 보았다. 로크는 이들이 (유럽인들에게 대항하는) "죽어 마땅한 범죄"를 저지름으로써 자유를 상실했으며 따라서 노예가 될 수 밖에 없다고 여겼다.[46]

저명한 계몽주의 사상가들 상당수가 인간의 자연적 불평등에 대한 신념을 노골적으로 드러냈다. 인류가 실제로 여러 종으로 이루어졌다고 주장하는 사람도 있었다. 일부 기독교 신학자들은 유대인이 아담이 창조되기 전에 살았던 인류의 자손이라는 이론을 내세웠는데 볼테르는 이 이론을 세속적으로 바꿔 신봉했다. 볼테르와 마찬가지로 최고의 계몽주의 철학자였지만 볼테르와 다르게 위대한 철학자였던 이마누엘 칸트는 어떤 사상가보다 더 철저하게 인종이라는 개념에 지적 정당성을 부여했다. 칸트는 유럽에서 등장하고 있던 인류학의 중심에 서서 인종 간에는 선천적 차이가 있다고 주장했다. 칸트는 백인이 완전하게 진보하는 데 필요한 모든 속성을 타고난 존재라고 생각한 반면 아프리카인들은 노예가 될 성향을 타고 났다고 주장했다. 『아름다움과 숭고함의 감정에 관한 고찰*Observations on the Feeling of the Beautiful and the Sublime*』(1764)▪에서 칸트는 이렇게 말한다. "아프리카의 검둥이에게는 선천적으로 하찮은 존재 이상이 되겠다는 정서가 없다."[47] 한편 칸트는 아시아인을 문명화되었으나 정체된 존재로 파악했다. 존 스튜어트 밀도 칸트의 견해를 지지했다. 밀은 『자유론*On Liberty*』▪▪에서 중국을 정체된 문명으로 묘사하면서 "(…) 그들은 정체된 상태로 수천년의 세월을 보냈다. 외세가 개입해야만 발전을 이룰 수 있을 것"[48]이라고 선언했다. 여기에서 밀은 아버지 제임스 밀이 『영국령 인도사*History of British India*』에서 제기한 입장을 반복했다. 제임스 밀은 인도아대륙 주민들이 진보하려면 고유의 언어와 종교를 포기해야 한다고 주장했다. 이러한 인도관觀은 마르크스에게서도 발견된다. 마르크스는 시골 마을의 무기력함을 극복하는 수단이라며 식민 통치를 옹호했다. 다른 인종의 무능력이 (아프리카인들의 경우처럼) 선천적이든 (아시

▪『아름다움과 숭고함의 감정에 관한 고찰』, 이재준 옮김, 책세상, 2005.
▪▪『자유론』, 서병훈 옮김, 책세상, 2006.

아인들의 경우처럼) 문화적 지체에서 기인하든 해결책은 하나였다. 필요하다면 폭력을 동원해서라도 이들을 모두 유럽인으로 바꿔야 했다.

많은 계몽주의 사상가들이 같은 신념을 가지고 있었다. 시대의 산물일 뿐이라고 이들을 편드는 주장이 많지만 주목할 만한 주장은 아니다. 계몽주의 사상가들은 당대의 편견을 외치는 데 그치지 않고 이성의 권위를 내세워 그 편견을 정당화했기 때문이다. 자신들이 동시대인들보다 훨씬 현명하다는 주장을 그렇게 자주 하지만 않았다면 이들은 용서받을 수 있었을지도 모른다. 계몽주의 이전의 인종차별적 태도는 이론으로서 권위가 없었다. 노예제도와 여성의 종속을 자연 질서의 일부로 옹호한 아리스토텔레스조차 인류가 뚜렷이 구분되는 불평등한 인종 집단으로 이루어졌다는 이론을 발전시키지는 않았다. 인종에 대한 편견은 태곳적부터 존재했을지 모르지만 인종차별주의는 분명 계몽주의의 산물이다.

인종이 서로 불평등하다는 신념을 지닌 사람들 대부분은 사회 개혁을 통해 열등한 종족의 선천적 불이익을 보완할 수 있다고 믿었다. 결국에는 모든 인류가 장차 도래할 보편 문명에 참여할 수 있겠지만 그러려면 그들 고유의 생활 방식을 버리고 유럽의 생활 방식을 받아들여야 한다. 이것이 바로 "자유주의적 인종차별주의"였다. 자유주의적 인종차별주의는 "유럽이 경험한 것 중 최상의 것을 모든 사람의 귀감으로 삼으며 창의적인 유럽인으로 변모하고 있는 누구나 인류의 궁극적인 완전함을 누릴 수 있다고 말한다."[49] 자유주의적 인종차별주의는 무력을 동원해 다른 문화를 파괴할 가능성을 열어 주었고 그것으로 부족하다면 대량 학살도 허용했다. 저항하는 문화는 다가오는 보편 문명의 길을 가로막는 장애물이자 진보의 장애물로 간주되어 제거 대상이 될 수 있었다. 허버트 조지 웰스는 "달성해야 할 효율성을 충족시키지 못한 흑인이나 황인종 무리"가 세계 국가에서 맞게 될 운명에 대해 이렇게 답했다. "세계 국가는 자선단체가 아니므로 이들이 국가를 떠나야 한다고 생각합니다. 더욱이 세계 국가의 성립 취지나 의미를 생각해 볼 때 이들은 반드시 국가에서 사라져야 합니다."[50] 당대의 진보 사상가들 사이에서는 이것이 보편적인 생각이었다. 이렇듯 계몽주의적 인종차별주의는 과학과 문명의 이름으로 대량 학살을 축복하는 이례적인 성과를 거뒀다. 대량 살육은 적자생존이라는 허위 다윈주의적 개념을 통해 정당화될 수 있었고 인간이라는 생물종이 진보할 수만 있다면 민족 전체를 파괴하는 일도 환영받을 수 있었다.

나치의 절멸 정책은 뜬금없이 나타난 것이 아니다. 절멸 정책은 계몽주의에 내재한 강력한 흐름에서 튀어나온 것이다. 게다가 나치는 자유민주주의를 표방하는 지도적인 여러 나라에서 시행하는 정책을 귀감으로 삼았다. 당시 미국은 부적격자에게 불임 시술을 하는 정책을 펴고 있었는데 히틀러는 이러한 정책뿐 아니라 미국이 자행한 원주민 대량 학살도 높이 평가했다. 히틀러는 "억류로는 길들일 수 없는 '붉은 야만인들'을 굶겨 죽이거나 비대칭 전쟁을 수행해 절멸하려는 미국 정책의 효율성을 측근들 앞에서 수시로 칭찬했다."[51] 이러한 견해는 히틀러만 지녔던 것이 아니다. "인종 위생학"이라는 사고는 극우파에 한정되지 않았다. 적극적 우생학은 진보를 이루는 수단으로 폭넓게 받아들여졌다. 리처드 에번스Richard Evans는 이렇게 설명했다.

> 저명한 인종 위생학자들은 히틀러가 자신들의 생각을 실험해 볼 이례적인 기회를 제공한다고 생각해 전에는 인정하지 않았던 나치의 신념에 자신들의 신념을 긴밀히 연계시키기 시작했다. 상당수 학자들이 좌파 정치 사상이나 좌파 조직에 밀접하게 연계되어 있다는 이유로 〈인종 위생 학회Racial Hygiene Society〉의 회원이 될 수 없었던 것은 확실하

다. (…) 무려 40년 동안 우생학 운동의 정신적 지주로 군림했던 알프레트 플뢰츠Alfred Ploetz는 1933년 4월 히틀러에게 사적인 편지를 보냈다. 그 편지에서 플뢰츠는 자신은 이제 70대 노인이며 너무 늙었기 때문에 새로운 제국이 인종 위생학의 원리들을 실용화하는 일에 주도적으로 참여할 수 없지만 총통이 추진하는 정책을 전적으로 지지한다고 썼다.[52)]

"인종 과학"에 대한 나치의 신념을 공유한 사람들은 많았으므로 특별할 것이 없지만 나치는 자신의 야망을 극단까지 밀어붙였다는 점에서 독특했다. 나치는 전통적 가치들을 파괴해 사회를 재정비하려고 했다. 애초 보수주의 세력이 히틀러를 지지하면서 무엇을 기대했든, 나치즘의 목표는 전통적인 사회질서 복원이 아니었다. 자코뱅당과 공통점이 많다[53)]며 나치를 칭송한 프랑스 부역자 피에르 드리외 라 로셸■ 같이 패배주의에 젖은 유럽 지식인들은 나치의 활동을 혁명운동으로 여겼는데 그들의 생각이 더 정확했다. 나치는 다윈주의의 자연선택설을 차용해 서로 다른 사회집단과 정부 기구들이 경쟁하는 영구 혁명을 원했다. 그러나 볼셰비키와 마찬가지로 나치의 목표는 정치적 변혁을 넘어섰다. 과학을 활용해 돌연변이종을 만드는 일도 나치의 목표 중 하나였다.

정신병원에 수용된 8천여 명의 사람들이 과학의 이름으로 가스실에서 죽음을 맞았다. 수천 명의 남성 동성애자가 구제 불능으로 타락했다는 이유로 집단수용소에 수감되었고 절반 가량이 그곳에서 목숨을 잃었다.[54)] "범죄 생물학자"

■ Pierre Drieu La Rochelle, 1893~1945. 20세기 중반 프랑스 소설가. 전후 불안의 시대를 대표하는 작가로 활약했다. 1930년대에 파시즘의 대두와 함께 우익화하여, 독일과 제휴해 프랑스를 재건하자고 주장했다. 제2차 세계대전 중 『신프랑스 평론*Nouvelle Revue Française*』 편집자로 나치에 협력했으나, 전쟁이 끝난 뒤 책임을 지고 자살했다.

들은 집시를 위험한 인종 집단으로 분류해 25만여 명에 달하는 집시 명단을 작성했고 많은 집시가 나치 통치기에 목숨을 잃었다. 나치는 슬라브 민족이 열등한 인종 집단이라는 신념을 바탕으로 폴란드, 소비에트 연방, 유고슬라비아에서 침착한 태도로 수없이 많은 생명을 빼앗았다.

"인종 과학"이 나치가 최고의 범죄를 저지를 수 있는 길을 열어 주었다는 점에는 의심의 여지가 없다. 인류가 서로 통혼通婚해서는 안 되는 인종 집단으로 뚜렷이 구분된다는 이론은 인종적 순수성이 더럽혀질 수 있다는 환상을 이성의 이름으로 승인했고 인종 집단이 선천적으로 불평등하다는 사고는 서열이 낮은 집단의 노예화를 허가했다. 인종을 과학적 범주에 넣지 않았다면 유대인을 절멸하겠다는 기획은 유럽에 나타나지도 않았을 것이다. 반유대주의는 기독교가 별개의 종교로 등장하면서 나타났다. 유대인은 기독교로 개종한 로마제국 시대와 기독교가 지배하던 중세기에 박해당했고, 중세의 반유대주의는 루터의 종교개혁을 통해 재생산되었다. 그러나 반유대주의의 뿌리가 고대 기독교에 있더라도 유대인을 절멸하려는 기획은 근대의 산물이다. 홀로코스트를 수행하기 위해 나치에게 근대 기술과 근대국가가 필요했다면 근대적 인종 개념도 필요했을 것이다.

근대의 허위 과학에서 도출된 개념을 활용하지 않았다면 히틀러는 유대인을 절멸하려는 목표를 세울 수 없었을 것이다. 그렇더라도 홀로코스트의 책임을 인종차별주의 이데올로기에만 물을 수는 없다. 철저한 절멸의 대상이 된 집단, 철저하게 체계적으로 추적당한 집단은 오직 유대인 뿐이었다. 유대 문학가, 의사, 대학 교수나 유대교 지도자, 과학자나 예술가, 사업가와 상인, 남성, 여성, 아동 할 것 없이 유대인이라면 누구나 국가가 부추긴 폭력에 노출되었다. 이들은 위협에 시달렸고 낙인찍혔으며 문명 생활을 할 권리를 박탈당했고 재산을 약탈당했으며 폭행당했고 살해당했다. 또한 집단 수용소로 보내져 결국 나머지 인류는 겪지 않았을 고통을 겪는 운명을 맞게 되었다.

역사상 이와 유사한 사례는 유대인들이 악마적 힘을 가졌다고 믿은 중세 유럽에서 찾을 수 있다. 노먼 콘은 이렇게 말했다. "유대인을 절멸하려는 움직임은 사이비 악마주의가 퍼뜨린 미신에서 출발했다."[55] 유대인이 사악한 힘을 지녔다는 믿음은 중세 후기에 일어났던 천년왕국을 추구하는 대중운동의 주요 양상이었다. 유대인은 염소 뿔을 가진 악마로 그려졌고 당시 기독교도들은 유대인들에게 강제로 뿔이 달린 모자를 쓰게 했다. 사탄은 유대인의 특징을 고스란히 구현한 존재였고 "유대인의 아버지"로 묘사되었다. 기독교도들은 유대교 회당에서 고양이나 두꺼비 모습을 한 사탄 숭배 의식이 진행된다고 믿었다. 유대인들은 기독교 세계, 나아가 세계 전체를 파괴하려는 악마의 하수인이었다. 러시아 제국의 해외 정보기관에서 흘러나온 것으로 추정되는 『시온 장로들의 의정서*Protocols of the Elders of Zion*』 같은 위조문서가 유대인에 대한 환상을 재생산했고 이러한 환상은 유대인이 전 세계를 상대로 음모를 꾸미고 있다는 피해망상으로 변했다.

유대인을 절멸하려는 나치의 시도가 특별한 이유는 범죄의 규모 때문이기도 하지만 나치가 세운 목표의 극단성 때문이기도 하다. 유대인은 악의 화신이므로 세계를 구원하려면 이들을 절멸해야 했다. 나치의 반유대주의에는 근대의 인종차별 이데올로기와 기독교 악마론 전통이 뒤섞여 있다. 종말 신학적 신화와 비정상적 과학이 어우러져 역사상 유례없는 범죄를 낳았다.

중세 천년왕국 운동과 마찬가지로 나치즘은 사회 혼란을 배경으로 등장했다. 독일인들은 대량 실업, 살인적인 인플레이션, 제1차 세계대전의 굴욕적인 결과로 불안을 느꼈고 정체성 상실을 경험했다. 마이클 버레이Michael Burleigh가 기

록한 대로 1914년에서 1918년 사이 빚어진 갈등은

> 정서적 흥분을 낳았다. 이는 에밀 뒤르켐이 종교적 경험에 필수적이라고 여긴 현상이다. 제1차 세계대전과 그에 따른 지독한 후유증으로 정치에 허위 종교적 흐름이 강도 높게 부활했다. 과거에도 사회가 갑작스럽게 변해 혼란스러운 시기에 중세 천년왕국 운동이나 심판의 날이 오기 전의 천년이 가까워졌다는 신념이 기승을 부린 것처럼 이 허위 종교적 흐름도 위기가 지독할수록 사람들의 마음을 강하게 잡아끌었다.[56)]

나치즘과 중세 천년왕국 운동의 유사성을 알아챈 사람은 많았다. 문헌학자이자 일기 작가 빅토어 클렘페러Victor Klemperer의 아내 에바 클렘페러Eva Klemperer와 1937년 반反나치 서적 『집단 광란의 역사*History of a Mass Lunacy*』를 출판한 프리드리히 렉-말렉체벤Friedrich Reck-Malleczewen은 히틀러를 보켈슨에 비유했다.[57)] 거의 비슷한 시기에 영국의 해외 특파원으로 활동했던 프레데릭 아우구스투스 포크트F. A. Voigt는 종말 신학이 나치즘에 핵심적인 역할을 담당하고 있음을 규명했다.

> 초월적 성격을 띠는 모든 종말 신학은 이 세상의 종말을 주장한다. 그러나 **세속적** 종말 신학은 항상 자기모순에 사로잡힌다. 세속적 종말 신학은 지금까지 **존재한 적이 없던** 이상을 **과거**에 투영하고 존재하지 **않는 것**을 존재**하는 것**으로 여기며 존재할 수 **없는 것**을 **미래**라고 여긴다. 아주 먼 과거는 신비롭고 신화적인 순수의 시대, 황금시대, 영웅 시대, 원시 공산주의 시대 등 눈부시게 빛나는 남성적 가치를 구현한 시대로 여겨지며 미래는 계급 없는 사회, 영원한 평화의 시대, 민족에 의한 구원이 이루어지는 시대, 즉 지상에 세워진 천상의 왕국으로 여겨진다.[58)]

잘 알려져 있지 않지만 제임스 로즈James Rhodes는 나치즘을 체계적으로 분석해 나치즘이 근대의 천년왕국 운동이라는 사실을 밝혀냈다. 재세례파 운동이나 중세의 다른 천년왕국 운동과 마찬가지로 나치는 재앙이 지나간 뒤 새로운 세계가 도래할 것이라는 이상에 사로잡혀 있었다. 자신들을 파국의 희생자로 여겼던 나치는 어느 순간 자신들이 사악한 세력 때문에 고통을 겪고 있다는 생각에 사로잡혔다. 나치는 자신들이 사악한 세력을 물리치고 그들을 세계에서 영원히 제거하기 위한 거대 전쟁을 수행할 존재로 부름받았다고 믿었다.[59]

파국의 임박, 악의 위협, 단기간의 전투, 뒤이은 낙원의 도래를 고대하는 천년왕국 현상은 (미국 우파의 근본주의적 복음주의자들을 비롯해) 근대의 많은 정치 운동에 나타날 수 있는 현상이다. 나치 역시 천년왕국 운동에 매우 근접하며 이것은 히틀러가 일으킨 운동을 단순히 사회 조건에 대한 반작용이었다고 보는 논거가 빈약하다는 것을 방증한다. 나치즘은 근대 정치 종교였고 허위 과학에 의존하는 만큼 신화에도 크게 의존했다. 민족은 인종차별주의 이데올로기에서 말하는 생물학적 단위 이상이었다. 민족은 그 구성원에게 불멸성을 부여하는 신화적 존재였다. 괴벨스는 궁극적인 존재를 의미하는 칸트의 철학 개념인 "물자체物自體"를 활용해 "물자체가 민족"이라고 선언했다. 괴벨스가 지은 시에는 민족이 반半신적인 존재로 등장한다.

> 내가 일어나 나의 권능으로
>
> 죽은 자들을 깨우리니. 그들이 깊은 잠에서 깨어나리라.
>
> 처음에는 미미하나 점점 더 많은 자가 깨어나 땅에 충만하리니, 끝내 승천하리라
>
> 민족이여, 공동체여[60]

베르사유 조약에서 결정된 보복적 전쟁 배상금이 없었다면, 양차 세계대전 사이에 독일 경제가 혼돈에 빠지지 않았다면, 나치는 비주류 운동으로 끝났을 가능성이 높다. 나치는 독일 국민 대부분에게 물질적 혜택을 가져다 주었기 때문에 인기를 누렸다. 히틀러의 전쟁 기계가 효율적이었다는 주장은 과장일지 모르지만 (케인스가 인식했던 대로) 나치의 경제정책은 케인스가 지지한 정책과 별다르지 않았다. 전쟁 직전 나치는 완전고용을 실현해 인기를 누렸다. 전쟁 초반 독일이 승승장구한데다 점령지 약탈을 허용했기 때문에 나치의 인기가 유지되었다. 이렇듯 독일 국민에게 물질적 혜택을 제공하는 것은 권력을 획득하고 유지하기 위한 나치의 핵심 전략이었다.

동시에 나치는 강력한 힘을 가진 신념들을 혼합했다. 나치 이데올로기는 대체로 비관적이라는 점에서 대부분의 다른 유토피아 운동이나 천년왕국 운동과 다르다. 나치의 종말 신학은 장차 부활하리라는 전망이 전혀 없는 상태에서 최종적인 재앙을 맞을 가능성을 열어 놓는 이교 전통의 저급한 모사품이었다. 비관적 종말 신학은 장차 도래할 낙원의 내용보다는 낙원의 도래를 가로막는 장애물에 주목하는 비관적 유토피아주의와 연관된다. 한편 나치의 비관적 종말 신학보다 더 중요한 것은 (루터교가 아닌) 기독교 전통에서 유래한 나치의 악마론일 것이다. 나치의 악마론에 따르면 세계는 유대인으로 구현된 사악한 세력의 위협을 받고 있고 구제 불능의 악이 가까운 과거와 현재를 점령했다. 유일한 희망은 파국이었다. 모든 것이 파괴된 뒤에야 비로소 독일 민족은 신비로운 조화의 상태로 승화될 수 있을 것이다.

나치 체제의 이름은 기독교 종말론 전통에서 유래했다. "제3제국"은 피오레의 요아킴의 예언 중 세 번째 시대에서 유래한다. 재세례파를 거쳐 근대로 넘어온 요아킴의 예언은 묄러 판 덴 브루크Moeller van den Bruck가 지은 『제3제국*Das*

Dritte Reich』(1923)이라는 책을 통해 양차 세계대전 사이의 독일에서 큰 인기를 누렸다. 1920년대에 엄청난 영향을 미친 『서구의 몰락*The Decline of the West*』■의 저자 오스발트 슈펭글러Oswald Spengler 식으로 말해 "혁명적 보수주의자"인 판 덴 브루크는 양차 세계대전 사이의 독일이 정치적, 경제적 문제뿐 아니라 문화적, 영적 문제도 함께 안고 있다고 생각했다. 도스토옙스키에게 큰 관심을 보인 판 덴 브루크는 『카라마조프가의 형제들*The Brothers Karamazov*』■■ 독일어 번역본을 드미트리 메레시콥스키Dmitri Merezhkovskii와 함께 공동 편집했다.[61] 메레시콥스키는 종말론적 분위기를 띠는 책을 쓰는 러시아 망명 작가였다. 두 사람은 러시아를 유럽의 영적 측면을 부활시킬 "세 번째 로마"로 생각한 도스토옙스키의 환상에 공감했고 1912년에는 판 덴 브루크가 몸소 러시아를 방문하기도 했다. 판 덴 브루크의 신념으로 미루어 볼 때 그가 부상하고 있던 나치 운동에 공감했으리라고 추측하기 쉽다. 그러나 판 덴 부르크와 나치가 합세하는 일은 없었다. 아마도 판 덴 부르크가 나치의 반유대주의에 공감하지 않았기 때문일 것이다. 1922년 히틀러를 만난 판 덴 부르크는 히틀러의 "프롤레타리아 원시주의"에 혐오감을 느꼈다. 그 뒤 나치는 판 덴 브루크의 사상을 공식적으로 부인했지만 히틀러의 벙커에서는 판 덴 부르크가 서명한 책이 발견되었다. 판 덴 부르크는 종말로 치달을 수 있는 위기와 역사적 운명이라는 나치의 관념에 걸맞는 사상 체계를 제공했다. 신성로마제국이 제1제국이고 호엔촐레른가家■■■가 통치한 통일 독일이 제2제국이라면 천년을 영속할 제3제국은 나치 국가일 것이다.

■ 『서구의 몰락 1~3』, 박광순 옮김, 범우사, 1995.

■■ 『카라마조프 씨네 형제들』, 박형규 옮김, 누멘, 2011.

나치가 서양 전통의 외부에서 유래했다고 이해한다면 잘못이다. 물론 일부 나치는 스스로를 서양의 반대자로 생각했고 일부 나치 반대자들도 그렇게 생각한 것은 사실이다. 광범위한 독자를 거느렸지만 이제는 거의 잊혀진 가톨릭 개종자 아우렐 콜나이▪▪▪▪ 같은 작가는 "서양"을 기독교 세계로 정의하면서[62] 나치즘을 "서양에 맞선 전쟁"의 일환으로 생각했다. 한편 나치에 가장 적극적으로 저항한 세력은 독실한 기독교도들이었다. 이를테면 1944년 7월 히틀러 암살을 주도한 클라우스 폰 슈타우펜베르크Claus von Stauffenberg는 독실한 가톨릭 교도였다. 그러나 나치 지도자 대부분이 기독교를 적대시했고 일부 기독교도들이 확고한 반나치주의자였더라도 분명 나치즘은 기독교 전통의 일부를 계승했다. 1938년 나치 독일에서 탈출해 근대 정치 종교의 본질을 밝히는 데 주력한 독일 학자 에릭 푀겔린Eric Voegelin은 이렇게 기록했다. "천년왕국에 대한 히틀러의 예언은 본래 피오레의 요아킴에서 유래한다. 요아킴의 예언은 종교개혁 시대에 재세례파를 경유해 피히테, 헤겔, 셸링 같은 요한 신학 추종자들을 거쳐 독일에 영향을 미쳤다." 푀겔린은 이 발전 과정을 다음과 같이 요약한다. "초인招人은 길의 끝을 의미한다. 그 길에서 우리는 영국 종교개혁기에 활동하던 신비주의 분파가 신봉하던 "신인神人"을 발견한다. (…) 중세 영지주의는 점차 모습을 바꿔 현대 영지주의가 되었다."[63]

이렇듯 푀겔린은 공산주의와 나치즘을 현대에 부활한 영지주의로 이해했다. 영지주의 신념이 서양 사상을 형성하는 데 지대한 영향을 미친 것은 틀림없는

▪▪▪ Hohenzollern, 1871~1918. 슈바벤Schwaben 지역을 거점으로 프로이센, 브란덴부르크, 루마니아의 왕을 배출했지만 1918년 빌헬름 2세 때 제1차 세계대전에서 패해 프로이센과 독일에 대한 주권을 상실했다.

▪▪▪▪ Aurel Kolnai, 1900~1973. 20세기 철학자, 정치 이론가. 1938년 나치의 국가 사회주의 이데올로기를 비판한 『서양에 대한 전쟁*The War Against the West*』을 발간한 뒤 프랑스로 추방당해 영국에 정착했다.

사실이고, 영지주의가 중세 천년왕국 운동에 영향을 미쳤을 가능성도 높지만 그럼에도 영지주의와 근대 천년왕국주의는 아무런 관련이 없다. 마니교도들과 공통점이 많은 만큼 영지주의자들도 현명한 사상가들이었다. 영지주의자들은 선택받은 자들이 한꺼번에 구원받을 종말을 고대하지 않았고 구원을 시간의 종말에 관련된 것이 아니라 시간에서 놓여나는 개인적 성취로 이해했다. 영지주의 사상가는 사악한 세력에 더 이상 지배받지 않는 인간의 삶을 그리지 않았다. 영지주의가 영향력 있는 사상인 것은 틀림없지만 근대 정치 종교의 형성에는 영향을 미치지 않았다. 근대 정치 종교에 결정적인 영향을 미친 신념은 기독교가 발전시킨 종말에 대한 신념이었다. 중세 천년왕국주의자들은 이러한 종말 신학적 신념을 상기하면서 선한 세력과 악한 세력 사이에 벌어질 최후의 투쟁을 기다렸고 근대 전체주의 운동 역시 그랬다.

3.
폭력과 서양의 전통

폭탄을 안고 자신의 몸을 던지는 번민에 싸인 고독한 테러리스트라는 인물형은 19세기 말 러시아에 처음 등장했다. (…) 〈알카에다〉가 자행하는 폭력의 진정한 근원은 쿠란에 나오는 순교 개념보다는 달성하기 어려운 이상 세계를 이루기 위해 홀로 가망없는 반란을 도모하는 서양의 전통에 더 가깝다.

– 올리비에 로이Olivier Roy[64]

나치즘과 공산주의는 근대 서양의 산물이다. 급진 이슬람교도들이나 서양 지식인들은 부인하겠지만 급진 이슬람교 역시 그렇다. 1966년 나세르 이집트 대통령 치하에서 처형당한 이집트 지식인 사이드 쿠틉■은 니체를 비롯한 유럽의 여러 사상가들의 영향을 받아 급진 이슬람교의 지적 토대를 놓았다. 한편 쿠틉의 저술에는 볼셰비키 전통에서 가져 온 사고들이 가득하다. 부패한 이슬람 체제를 전복하고 형식적인 권력 구조가 없는 사회를 건설하는 데 헌신하는 혁명적 전위라는 쿠틉의 개념은 이슬람교 신학과 무관하며 레닌에게 큰 빚을 지고 있다. 더불어 혁명적 폭력을 세계를 정화하는 힘으로 이해한 쿠틉의 견해는 12세기에 활동했던 아사신파▪▪보다 자코뱅당과 더 많은 공통점을 갖는다. 아사신파는 진정한 이슬람교의 길에서 벗어났다고 판단되는 통치자를 암살하는 일에 매진했지만 인류를 완전하게 만들기 위해 폭력을 사용할 수 있다고 생각하지 않았을 뿐더러 자살 공격 같은 자기 파괴적 행위를 개인의 순수함을 나타내는 징표로 보지도 않았다. 그런 견해는 이슬람교 사상가들이 유럽의 영향을 받게 된 20세기에 등장했다. 샤Shah의 통치기에 추방당한 상태에서 이란 원리주의를 이끌어 아야톨라 호메이니에게 본을 보인 알리 샤리아티▪▪▪는 순교가 이슬람교를 실천하는 핵심적인 행위라고 옹호했는데 개인이 선택한 죽음이라는 샤리아티의 순교 개념은 근대 서양 철학에서 유래했다. 시아파 교리를 원리주의에 적합하게 재정의한 샤리아티의 사상은 하이데거가 주창한 실존적 선택 개념을 떠오르게 한다.[65]

이슬람교 운동은 폭력을 새로운 세계를 창조하는 수단으로 여긴다는 점에서 중세가 아닌 근대 서양의 전통에 속한다. "이슬람교 파시즘"이라는 용어는 이

▪ Sayyid Qutb, 1906~1966. 이슬람 원리주의 이론과 행동 철학을 체계화해 이슬람 원리주의 운동에 새로운 이정표를 제시한 인물. 오늘날 이슬람 원리주의 운동에서 가장 큰 영향력을 행사하는 인물이다.

▪▪ Assassins, 시아파를 원류로 하는 이스마일파의 일파인 니자르파Nizar를 유럽에서 부르는 명칭. 1090년 창설된 비밀 조직으로 암살자를 양성하여 유력 인사를 습격하는 정치 활동을 벌였다.

▪▪▪ Ali Shariati, 1933~1977. 마르크스 방법론으로 이슬람을 재해석해 이슬람 혁명의 투쟁 수단으로 활용한 인물. 샤리아티의 사상은 이슬람 혁명의 토대가 되었고 이슬람 원리주의 운동 확산에 결정적인 역할을 했다.

슬람교가 서양 사상에 큰 빚을 지고 있다는 사실을 덮어 버린다. 폭력이 새로운 사회를 낳을 것이라고 믿은 것은 파시스트만이 아니었다. 레닌과 바쿠닌도 그렇게 믿었다는 점에서 급진 이슬람교 역시 이슬람교 레닌주의, 이슬람교 무정부주의라 불릴 만한 신념을 가질 가능성이 충분했다. 그러나 이슬람교 운동에 가장 가까운 사상은 루소가 자세히 설명했고 로베스피에르가 프랑스 공포정치에 적용한 자유주의적 국민주권론이었다. 급진 이슬람교를 가장 정확히 표현하는 용어는 단연 이슬람교 자코뱅주의일 것이다.

급진 이슬람교는 근대 혁명 이데올로기면서 동시에 이슬람교에 뿌리를 둔 천년왕국 운동이다. 기독교와 마찬가지로 이슬람교에는 항상 강력한 종말 신학적 요소가 있었다. 수니파든 시아파든 세계의 질서를 재편할 신성한 스승이 도래하기를 고대하는 마흐디즘■ 전통을 지니고 있다. 빈 라덴도 자신에게 예언자의 이미지를 투영하기 위해 마흐디즘 전통을 이용했다.[66] 그 정통성에 의문을 제기하는 학자들도 있지만 마흐디즘은 전형적인 이슬람교 역사 개념임에 틀림없다. 어느 현대 이슬람교 학자는 이렇게 기록했다. "마흐디즘적 '사건'은 (…) '역사'에 진보적 성격을 부여하는 종말 신학이다."[67] 아흐마디네자드 이란 대통령이 지닌 종말 신념도 이러한 역사관의 한 흐름이다.

이와 같은 이슬람교의 역사관을 감안할 때 이슬람교는 기독교 및 근대 서양의 세속적 신조와 같은 기반을 갖는다. 그러므로 문명을 형성한 세력으로서 이슬람교와 "서양" 사이에 아무런 공통점이 없다는 견해는 잘못됐다. 기독교와 이슬람교는 모두 서양 일신교에 속하는 종교인 만큼 그 밖의 나머지 종교와 차

■ Mahdism, 19세기 말, 이슬람을 회복시킨다는 사명을 띤 새로운 예언자로 자청하여 나타난 알 마디(al-Mahdi, 1844~1885), 혹은 그의 후계자나 후손들을 추종하는 사람들을 지칭하는 말.

별화되는 역사관을 공유한다. 즉, 기독교와 이슬람교는 모든 인류를 개종하겠다는 공격적인 신념을 지닌다. 군국주의 일본의 국교 신도神道나 현대 인도의 힌두 민족주의 같은 다른 종교 운동도 20세기의 폭력에 연루되었지만 기독교와 이슬람교만이 보편적 목적을 성취하기 위해 폭력을 조직적으로 휘두르는 운동을 탄생시켰다. 게다가 이슬람교가 "서양"의 외부에 존재한다고 생각하면 이슬람교가 서양에 기여한 긍정적인 면들을 간과하게 된다. 이슬람교 문화가 아리스토텔레스의 유산을 보존하고 수학과 과학을 발전시켰기에 훗날 유럽이 그 유산을 활용할 수 있었다. 중세 무어 왕조■의 이슬람교 통치자들은 종교 갈등이라는 수렁에 빠진 유럽 기독교 세계에서 박해당한 기독교도와 유대인에게 피난처를 제공했다. 이슬람교가 성취한 일들을 서양의 경전에서 지워버린다면 그것 또한 역사 왜곡이다.

이슬람교가 서양 문명의 외부에 있다거나 서양 문명을 적대시하는 세력으로 발전해 왔다는 믿음은 이슬람교 운동을 "서양"에 맞서는 운동으로 보는 왜곡된 관점으로 이어진다. 사실 이슬람교 지하드(聖戰)의 주요 목표는 이슬람교 나라에 수립된 불신자 정부를 전복하는 것이다. 쿠틉의 목표는 나세르 정권 타도였고 오사마 빈 라덴은 항상 사우드 왕가 파괴를 자신의 주요 목표로 생각했다. 이슬람교 운동은 시리아와 이라크에 수립된 세속 정권인 바스당Baathist을 몰아내려고 애쓰는데 미국이 이라크를 침략함으로써 이들의 목표가 달성되었다. 팔레스타인 지역의 수니파 이슬람교 조직 〈하마스〉■는 세속적 성격을 띠

■ Moorish Spain, 711년 스페인에 세워진 이슬람 왕국. 북아프리카에서 건너온 이슬람교도들이 이베리아 반도 대부분을 정복한 뒤 8백여 년 동안 스페인을 다스렸다. 당시 기독교도와 유대인은 저마다의 종교를 지킬 자유를 누렸다.

는 파타당**과 팔레스타인해방기구 공격을 목표로 출범했다. 이슬람교 운동은 이러한 투쟁에 미국이 개입할 경우 서양 정부와 갈등을 빚었지만 이슬람교 운동이 항상 서양 정부와 갈등한 것은 아니다. 냉전기 내내 서양 정부는 이슬람교 운동을 공산주의에 대항하는 투쟁의 도구로 인식했다. 아프가니스탄의 〈무자헤딘〉***은 서양에서 자금을 지원받아 서양식 무기로 무장하고 서양식 군사 훈련을 받았으며 〈알카에다〉도 그런 조직 중 하나였다. 레이건 정부는 걸프만 지역에 미치는 소련의 영향력을 억제하기 위해 이란의 아야톨라 호메이니와 긴밀한 관계를 유지했고 냉전이 끝난 뒤에도 서양은 이슬람교 운동을 자신의 대리인으로 활용했다. 아프가니스탄의 탈레반**** 정권과 미국은 9.11 사건이 일어나기 전까지만 해도 우호 관계를 유지했다. 이 문제에 정통한 아메드 라시드Ahmed Rashid는 이렇게 기록했다.

> 1994년에서 1996년 사이 미국은 파키스탄과 사우디아라비아 같은 우방국을 통해 탈레반을 정치적으로 지원했다. 워싱턴에서 볼 때 탈레반 정권은 반反이란, 반反시아파, 친親서양 정권이었다. (…) 〔대부분의 미국 외교관들은〕 미국 성경 벨트*의 거듭난 기독교도와 마찬가지로 탈레반 정권을 구세주적 개혁 세력으로 여겼다.[68]

---

* Hamas, 수니파 원리주의를 내세우는 이슬람 저항운동 단체. 팔레스타인 해방 및 이슬람 교리를 원리대로 받드는 국가 건설이 목표며 이스라엘과 팔레스타인 자치 정부 간의 평화 협상을 반대하는 테러를 벌인다.

** Fatah, 팔레스타인해방기구의 주요 정당. 1957년 아라파트를 중심으로 조직되었다. 1996년 팔레스타인 자치 정부 수립 이후 정권을 잡았으나 부정부패와 무능력 때문에 2006년 치러진 총선에서 〈하마스〉에 정권을 넘겼다.

*** Mujahedeen, 아프가니스탄의 무장 게릴라 조직. 아랍어로 "성스러운 이슬람 전사"를 뜻하며 보통 이슬람 국가의 반정부 단체나 무장 게릴라 조직이 스스로를 지칭하는 말로 쓰인다.

**** Taliban, 1994년 아프가니스탄 남부 칸다하르 주州에서 결성된 수니파 무장 이슬람 정치 단체. 1996년부터 2001년까지 아프가니스탄을 지배했다.

이슬람교도들이 서양 세력을 주적主敵으로 생각하지 않았기 때문에 서양 정부는 이슬람교도를 자주 우방으로 활용할 수 있었다. 〈알카에다〉의 피난처가 된 탈레반 정권은 서양이 아니라 아프가니스탄 사람들 및 아프가니스탄 문화를 상대로 전쟁을 치렀다. 사람들의 주의를 흩뜨려 종교적 규율을 준수하지 못하게 방해한다는 이유로 아름다운 소리로 우는 명금류 사육이나 연날리기를 금지하고 전통적인 부족법의 권위를 부정한 탈레반 정권은 이슬람교의 본원적 순수성을 되찾자는 원리주의 운동인 "살라피즘"[**]의 극단적 표현이었다. (살라피즘 추종자들이 예언자의 후손들이 누리는 특권을 비난한) 예멘이나 (살라피즘의 일종인 와하비 원리주의 운동[***]이 등장한) 사우디아라비아 같은 나라에서 살라피즘은 지역 문화에 지극히 적대적이었다. 어디에서든 살라피즘은 토착민의 문화를 포용하는 수피파에 맞섰다.

다양한 분파가 있지만 급진 이슬람교는 이슬람교 문화든 "서양" 문화든, 모든 전통 문화를 거부하는 운동이다. 칼리프직 계승 문제가 애초부터 주도권 경쟁으로 얼룩졌음에도 이슬람교도들은 오스만 제국을 마지막으로 사라진 칼리프직을 되살리고 예언자의 시대부터 이어져 내려온 이슬람 정부를 복원하자고 주장한다. 그러나 이슬람교 운동에 가장 헌신적으로 동참하는 구성원은 선진 사회, 그중에서도 주로 서양 유럽에 뿌리내리지 못한 이슬람교도들이다. 즉, 이

---

[*] American Bible Belt, 1924년 저널리스트인 헨리 루이스 멩켄H. L. Mencken이 사회적으로 보수적이고 종교적으로 복음주의적 청교도가 우세한 미국 남부, 혹은 남서부 지역을 가리키기 위해 사용한 용어.

[**] Salafism, 수니파 이슬람 운동. 보통 처음 3세대까지의 이슬람교도를 의미하는 경건한 선조, 즉 살라프Salaf를 따르고자 하는 운동을 말한다.

[***] Wahhabism, 18세기 중엽 아라비아 반도에 출현한 이슬람 복고주의 운동. 오늘날 사우디아라비아 건국 이념의 기초이자 근대 이슬람 부흥 운동의 효시다.

슬람교는 속도를 내고 있는 세계화가 빚어낸 갈등의 부산물이다.[69]

문명이 실제로 충돌할 수도 있겠지만 문화 갈등이라는 차원에서 급진 이슬람교 문제에 접근하면 급진 이슬람교의 진정한 성격을 왜곡하게 된다. 급진 이슬람교가 움마ummah, 즉 "보편적 이슬람교 신앙 공동체"라는 전통적인 목적을 달성하려면 전통적인 이슬람교 사회와 전쟁을 치러야만 한다. 다른 근대 정치 종교와 마찬가지로 급진 이슬람교가 종말 신화와 유토피아적 희망을 뒤섞고 있다면 급진 이슬람교는 명백히 서양적이다.

물론 "서양"의 의미는 고정적이지 않다. 서양의 경계는 문화적 변화나 지정학적 사건에 따라 다르게 규정된다. 중세에 서양 문명이 종합되었다고 생각하는 사람들도 있지만 그럴 경우 이교의 다신론과 그리스 비극, 그리스 철학과 욥의 탄식, 로마와 이슬람교 과학의 유산을 부정하게 된다. 냉전기 소비에트 공산주의권에 속했던 나라들은 유럽 이데올로기를 인정했지만 여전히 서양은 그 나라들을 서양 외부에 있는 나라, 또는 서양에 적대적인 나라라고 생각했다. 공산주의가 몰락하자 러시아는 서양 이데올로기를 거부했고 서양에 적대적인 동방정교회를 중요하게 여기는 러시아의 오랜 정체성이 부활했다. 그러나 이번에는 서양이 러시아가 "서양"의 일부가 될 것이라고 기대했다.

오늘날 "서양"은 자유민주주의와 인권을 내세워 스스로를 규정한다.[70] 지난 세기를 풍미한 전체주의는 서양의 일부가 아니었다는 말이지만 사실 전체주의 운동은 서양에서 가장 오래된 전통을 부활시켰다. "서양"을 규정하는 개념은 역사 속에서의 구원 추구고 서양 문명을 다른 문명과 구분짓는 특징은 민주주의나 관용의 전통이 아니라 역사에는 내재된 목적이 있다는 역사적 목적론이다. 물론 역사적 목적론 그 자체가 대량 폭력을 낳은 것은 아니다. 대량 폭력이 일어나려면 대규모의 사회적 혼란 같은 다른 조건이 충족되어야 하기 때문이다. 20세기에 일어난 범죄는 필연이 아니라 역사의 온갖 우연과 개인의 결단이 빚어낸 것이었다. 게다가 서양만 유별나게 대량 살육을 자행한 것도 아니다. 그러나 근대 서양은 폭력으로 세계를 구원할 수 있다는 신념을 바탕으로 형성되었다는 점에서 특별하다. 지난 세기에 자행된 전체주의의 폭력은 역사를 단숨에 사로잡겠다는 서양 기획의 일부였다. 21세기는 우파가 좌파에게서 혁명적 변화의 도구를 넘겨받아 그 기획을 다시 시도하면서 시작되었다.

3장 주류로 부상한 유토피아

마르크스주의자들은 격변을 주장했지만 궁극적으로 마르크스주의와 부르주아 낙관주의는 동일하다. 이것은 근대 문화의 통일성을 보여 주는 생생한 증거다.

– 라인홀드 니부어Reinhold Niebuhr[1]

세계 전역에 단일한 정치, 경제체제가 도래하고 있다는 신념이 1980년대 후반부터 서양 정부의 정책을 형성하기 시작했다. 인류가 보편 문명을 향해 진화하고 있다는 계몽주의 신념은 공산주의 체제로 구현되었다. 그러나 소비에트가 붕괴한 뒤 그 신념은 약화되기는커녕 오히려 강화되었다. 자유민주주의가 전 세계로 퍼져나가고 있다는 확신에 찬 기대가 1990년대를 지배했고 9.11 사건으로 중동 전역에 자유주의를 퍼뜨리려는 기획이 더 빠르게 진행되었다. 이라크에서의 참패가 이러한 희망을 약화시켰다면 러시아와 중국에 등장한 권위주의 체제는 공산주의를 벗어난 나라들이 서양의 제도를 귀감으로 삼을 것이라는 가정을 산산히 무너뜨렸어야 했다. 그러나 이러한 역사의 반증 앞에서도 인류가 동일한 가치와 제도를 채택하는 방향으로 나아가고 있다는 신화는 서양의 의식에 고스란히 남았다.

다양한 근대화 이론이 이 신념을 방어해 왔기 때문에 사회가 어떤 모습으로 수렴될 것인지 예상한 이론도 다양했다. 마르크스는 공산주의를, 허버트 스펜서와 하이에크는 전 지구적 자유 시장을, 오귀스트 콩트는 보편적 기술 관료제를, 프랜시스 후쿠야마는 "전 지구적 민주 자본주의"를 상정하는 등, 저마다 양립할 수 없는 사회상을 그렸다. 그중 어느 사회도 실현되지 못했다는 사실도 결국 세계 전역이 서양의 제도를 받아들이게 될 것이라는 확신에 흠을 내지 못했다. 모든 역사의 반증 앞에서도 이 확신은 오히려 더 단단해졌다. 공산주의의 붕괴는 역사적 목적론이 허위임을 입증하는 결정적인 증거였지만 그 뒤를 따른 것은 역사는 인간이라는 종 전체에 공통적으로 적용될 수 있는 문명을 향해 나아간다는 계몽주의 신념의 또 다른 모습이었다. 이라크를 덮친 재앙 역시 테러리즘을 물리치고 전 세계에 서양식 정부를 수립하기 위해 세대에 걸친 "장기전"을 치러야 한다는 신념을 강화시켰다. 서양은 여전히 역사를 내재된 목적을 달성해 가는 과정으로 파악한다.

근대화 이론은 과학 이론이 아니라 사회과학의 용어로 무장하고 섭리와 구원을 이야기하는 신정론神正論이다. 고전 정치경제학을 뒷받침한 섭리에 대한 믿음의 잔재가 지난 20년을 지배했다. 시장을 신성한 법으로 여기는 신념은 종교에서 분리됨과 동시에 고전 정치경제학 주창자들의 뇌리를 떠나지 않았던 시장에 대한 의심을 떨어냈다. 그리고 20세기 후반 국제 제도들은 이 신념을 보편적 진보에 대한 세속 이데올로기로 받아들였다.

20세기 후반을 지배한 전 지구적 자유 시장이라는 신념은 인류애를 위한다는 명분을 내세운 과거의 어느 거대 기획 못지않게 해로운 유토피아주의다. 그러나 인류가 새로운 시대로 진입하고 있다는 확신은 통념과는 다르게 세계 정치의 상층부에서 시작되지 않았다. 이 확신은 전후戰後 영국에 정착된 사회제도의 실패를 바로잡으려고 애쓰는 와중에 조금은 초라한 모습으로 영국에서 출발했다.

1.
마거릿 대처 영국 총리와 보수주의의 종말

역사의 종말이라구요? 참으로 어이없는 말이군요!

– 프랜시스 후쿠야마의 언급에 대한 마거릿 대처 영국 총리의 반응[2)]

마거릿 대처 영국 총리는 혁명가로 출발하지 않았다. 대처 총리가 1기 정부에 도입했던 정책에는 유토피아적인 분위기가 거의 없었다. "대처주의"는 대처 총리의 정책에 이데올로기적 색채를 덧칠하기 위해 좌파가 고안한 용어였다. 대처 총리가 초기에 추진했던 기획은 부담스럽지만 현실적인 의제였고 대처 총리는 이 의제에 가장 중요한 필요조건들을 조성했다. 개혁이라는 본연의 목적에 입각해 볼 때 대처 총리는 영국의 오랜 정치 전통에서 성공한 몇몇 총리들과 어깨를 견줄 만한 총리였다. 드 골 프랑스 대통령과 마찬가지로 대처 총리는 국내 문제에 초점을 맞춘 정책을 편 지도자로 출발했지만 실각할 무렵 자신이 시행한 정책이 전 지구적 기획의 귀감이 되었다는 사실을 깨달았다.

대처 총리가 신자유주의자가 된 것은 1980년대 말이었지만 영국 신자유주의의 기원은 1970년대의 경제 위기로 거슬러 올라간다. 신자유주의는 본원적인 자유주의 가치로 돌아가자는 사상인데 그러기 위해 신자유주의자들은 엄격하게 제한된 정부와 구속받지 않는 자유 시장이 필요하다고 믿는다. 신자유주의는 과학적 합리성을 주장하지만 역사를 예정된 운명을 따라가는 과정으로 파악하는 목적론적 역사관에 뿌리를 두고 있다는 점에서 마르크스주의와 밀접하게 관련된다. 러시아에 공산주의 체제가 수립될 때 작용한 역사적 우연의 중요성을 저평가한 마르크스주의자들과 마찬가지로 신자유주의자들은 마거릿 대처 총리가 등장하는 데 우연이 담당했던 역할을 대수롭지 않게 여겼다.

대처 총리는 전후 영국에 정착된 사회제도가 생명력을 다하던 시기에 보수당 당대표가 되었다. 그 제도를 해체하고 영국 경제의 새로운 뼈대를 세우는 일이 대처 총리가 처리해야 할 핵심 과제였다. 노동당은 이 과제에 도전했지만 실패했다. 노동당 정부와 다르게 대처 총리는 단호하면서도 조심스럽게 접근해 이 문제를 해결했지만 그 결과 영국인의 삶이 크게 달라졌다. 새로 창조된 사회는 대처 총리가 그렸거나 바라던 것과 전혀 다른 모습이었다.

때로 정책은 기대와는 다른 결과를 초래한다지만 대처 총리의 경우 그 차이가 지나쳤다. 대처 총리는 1980년대 우파 지식인들 사이에서 회자된 무신경한 구호대로 "노동당이 다시는 집권하지 못하게" 만들기 위해 영국의 사회주의를 파괴하려 했지만 오히려 보수당을 붕괴 직전으로 몰아가 정치 기획으로서 영국 보수주의를 파괴했다. "국가 영역을 축소"하려고 영국 사회 구석구석에 시장 세력을 찔러 넣을수록 국가의 힘은 더 강해졌다. 빅토리아시대 초기에 자유시장을 구축하기 위해 대규모 국가 권력이 필요했던 것처럼 당시의 이상을 일부 복원하려던 20세기 말에도 대규모 국가 권력이 필요했다. 빅토리아시대에는 그때까지 공유지로 사용했던 토지를 봉쇄해 사유재산으로 만드는 일련의 법을 제정하면서 자유방임을 조성했고 그 과정에서 정부의 대규모 강압이 있었다. 당시는 사유재산이라는 개념조차 없던 시기였으므로 오직 고도로 중앙집중화된 정부만이 변화를 일으킬 수 있었다. 대처 총리의 기획도 마찬가지였다. 자유 시장을 재창조하려는 시도에는 필연적으로 강력한 개입주의 국가가 뒤따

랐다.[3)]

대처 총리는 성공의 대가로 자신이 원한 것과 여러모로 정반대되는 사회를 보게 되었다. 대처 총리는 자유 시장의 속박을 풀겠다는 목표를 달성했고 상당한 수준으로 실현했지만 시장을 자유롭게 하는 동시에 국가를 축소한다는 신념이나 부르주아적 가치를 회복한다는 목표는 모두 유토피아적이었다. 실현할 수 없는 사회 형태를 미래에 투사한 것이 유토피아라고 하지만 그 사회가 존재한 적이 없던 사회일 필요는 없다. 비록 기억과 똑같지 않더라도 한때 존재했다가 역사 속으로 사라진 사회일 수도 있다. 1983년 1월 텔레비전 인터뷰에서 대처 총리는 빅토리아시대의 가치를 존중하며 그 가치를 부활시킬 수 있다고 생각한다고 선언했다. 사실 대처 총리의 향수 속 꿈의 나라는 1950년대의 영국에 더 가까웠다. 게다가 시장 세력을 풀어줌으로써 잃어버린 목가적 꿈을 되살릴 수 있다는 사고는 심한 자가당착이었다. 1950년대의 영국 보수주의는 집산주의를 표방한 노동당의 부산물이었기 때문이다. 결국 대처 총리는 자신이 돌아가려고 했던 나라의 토대를 갈가리 찢어놓았다. 대처 총리가 권력을 잡은 1979년에 이미 절반은 사라진 것이나 다름없던 그 토대는 대처 총리가 물러난 1990년에는 기억에서 완전히 사라졌다. 대처 총리는 과거를 복원하려고 시도하다가 그 마지막 자취마저 지워 버리고 말았다.

대처 총리는 개인의 책임이라는 개인주의 정신을 선전했지만 자유 시장에 알맞은 사회에서 저축이나 미래에 대한 계획 같은 구시대의 가치는 더이상 미덕이 아니었다. 끊임없이 움직이는 최신 자본주의 사회에는 임시변통적 생활 방식이 잘 어울렸다. 오늘날에는 장기 채무가 신중함의 표식이며 노름하는 것이 부지런히 이력서를 넣으러 다니는 것보다 더 나은 선택이다. 한 세대 전의 사회 이론가들은 자본주의가 발전하면 중간계급의 정신이 사회 전역으로 확산되어

중산층이 두터워질 것으로 예견했지만 결과는 그 반대였다. 영국인 대부분은 소득은 높지만 안정적인 일자리를 얻지 못하는 신프롤레타리아로 전락했다. 부르주아 사회는 자본주의를 폐지한 결과 해체된 것이 아니라 자본주의가 아무런 제약을 받지 않고 활동한 결과 해체되었다.

신자유주의자들은 자유 시장의 진전을 멈출 수 없는 역사적 과정이라고 여겼다. 누구도 자유 시장의 진전을 촉진하거나 막을 수 없었다. 그러나 영국에서 자유 시장을 진전시킨 사람은 다름 아닌 대처 총리였다. 게다가 대처 총리가 권력을 잡은 것이 필연으로 느껴지는 것은 돌이켜 생각해 보니 그런 것에 불과하다. 대처 총리가 권좌에 오르는 데 도움을 주었지만 지금은 대부분 잊혀진 인물과 사건을 보면 그 과정에 얼마나 많은 우연이 개입되었는지 알 수 있다. 에드워드 히스▪ 보수당 총리가 "누가 나라를 지배하는가"를 쟁점으로 총선거를 요청하지 않아 당의 신임을 잃지 않았다면, 당의장이자 구舊 귀족 윌리엄 화이틀로▪▪가 히스 총리에 대한 신의를 저버렸거나 대표로 나서기를 거절했다면, 변덕스러운 우익 이데올로그 키스 조셉▪▪▪ 하원 의원이 가난한 사람들은 임신하지 않는 것이 바람직하다는 우생학 정책을 지지하는 대중 강연에 나서지 않아 당대표로서의 자질을 의심받지 않았다면, 에드워드 두 칸▪▪▪▪ 전前 당의장이

▪ Edward Heath, 1916~2005. 1965년에서 1975년 보수당 당대표를 지냈으며 1970년에서 1974년까지 영국 총리였다. 1974년 조기 총선거를 요청했지만 보수당이 다수당을 차지하지 못하자 사임했다.

▪▪ William Whitelaw, 1918~1999. 1975년 당대표 경선에서 히스 총리와의 의리를 지켜 1차 경선에 참여하지 않았고, 2차 경선에 참여해 대처 총리에게 패했다. 대처 총리 시절 내무 장관과 부총리를 지냈다.

▪▪▪ Keith Joseph, 1918~1994. "대처주의"를 탄생시킨 막후 권력자로 불린다.

▪▪▪▪ Edward du Cann, 1924~ . 1956년에서 1987년 하원 의원, 1965년에서 1967년 보수당 당대표를 지냈다. 1975년 당대표 경선에서 히스 총리에 대항할 유력 후보였지만 운영하던 기업 〈케이저 울만Keyser Ullman〉의 경영난으로 경선을 포기했다.

당대표 경선에서 갑작스럽게 하차하지 않았다면, 제2차 세계대전에 참전해 독일군 포로가 되었지만 탈출해 훗날 아일랜드 국민 해방군Irish National Liberation Army의 손에 암살당하는 특수 작전 전문가 에어리 니브* 하원 의원 같은 유능한 인물이 대처 총리의 당대표 경선 사무실을 지휘하지 않았다면, 이러한 상황 중 어느 하나라도 어긋났다면 대처 총리는 보수당 당대표가 되지 못했을 가능성이 높다. 또한 제임스 켈러헌** 노동당 총리가 노동당 정부가 지지를 거의 상실한 1979년까지 총선거를 미루지 않았다면, 대처 총리가 "노동당은 쓸모없다"는 근사한 슬로건을 만들어 낸 찰스 사치Charles Saatchi와 모리스 사치Maurice Saatchi 형제가 운영하는 홍보 회사의 자문을 받지 않았다면, 대처 총리는 총리가 되지 못했을 가능성이 높다.

대처 총리가 권력을 잡은 사건은 우연히 떨어진 낙엽과 같았다. 대처가 총리에 오르자 역사가 대처 총리의 갈 길을 정해 주었다. 영국 정치는 산업 갈등과 정부 패배라는 기억을 바탕으로 형성되었다. 에드워드 히스 총리는 1973년 12월 발생한 산업 불안정에 대처하려고 3영업일 정책***을 도입했지만 결국 1974년 봄 탄광 노조 파업으로 물러났다. 1978년과 1979년에는 불만의 겨울****이라 불리는 파업이 일어났다. 쓰레기 처리, 석유 공급, 시신 매장을 거부하는 사태

* Airey Neave, 1916~1979. 보수당 하원 의원을 지냈고 1979년 암살당했다. 1975년 당대표 경선에서 대처 총리의 선거운동 본부장을 지냈다.

** James Callaghan, 1912~2005. 1976년에서 1979년 영국 총리, 1976년에서 1980년 노동당 당대표를 지냈다. 1979년 의회의 내각 불신임안 가결로 내각이 무너진 뒤 치른 총선거에서 대처 총리에게 패했다.

*** three-day week, 1973년 석유 파동 및 탄광 노조의 단체행동으로 석탄 가격이 급등하자 전력 소비 절감과 석탄 비축량 확보를 위해 1974년 1월 1일부터 3월 7일까지 상업 시설 전력 소비를 매주 3일로 제한한 정책.

**** winter of discontent, 제임스 캘러헌 총리가 인플레이션 통제를 위해 임금 동결을 추진하자 1978년에서 1979년 겨울, 공공부문 노동조합이 큰 폭의 임금 인상을 요구하며 벌인 파업.

로 이어진 파업 때문에 노동당 정부가 마비되기도 했다. 이와 같이 대처 총리의 정치적 색채와 처음 도입한 정책들을 결정한 요인은 이데올로기가 아니라 추락한 국가 권위, 나약한 정부를 상징하는 일련의 사건들이었다.

대처 총리의 1기 정부가 추진한 정책에는 정통 신자유주의로 여길 만한 정책이 없었다. 민영화라는 용어는 1980년대에 들어서야 사용되기 시작했기 때문에 1979년 4월 총선거 공약에는 민영화에 대한 언급도 없었다. 매각 대상에 오른 국영 기업은 〈국립 화물 운송 회사National Freight Company〉 한 곳뿐이었고 지방의회 소유의 임대주택을 매각한다는 공약도 있었지만 공공서비스에 시장 원리를 도입한다는 내용은 없었다. 사업장에 노동조합원만을 고용하도록 하는 제도를 폐지하고 파업을 제한한다는 공약도 있었지만 공공 부문의 임금은 노동조합과 협의한다는 공약이 덧붙여졌다. 이후 대처 총리가 내놓은 정책 중에서 독일식 임금 결정 체계를 칭찬한 대목은 주목할 만하다. 이 정책은 합의를 경멸한다는 대처 총리의 명성에 어울리지 않게 온건한 정책이었다. 그러나 대처 총리가 초기에 편 정책은 전후 영국에 정착된 사회제도를 영국의 사회민주주의와 함께 땅에 파묻고 말았다.

대처 총리가 초기에 추진한 의제 형성에 영향을 미친 주요 인물은 1978년 대처 선거운동 본부에 주요 정책가로 참여한 사업가 존 호스킨스John Hoskyns 경이었다. 1977년 가을 호스킨스 경은 「징검돌Stepping Stones」이라는 문건을 대처 총리에게 건넸다.[4] 권력을 잡은 뒤 추진해야 할 정책 목표를 담은 이 문건은 당시 영국이 안고 있던 문제의 근본적인 원인이 무엇인지 진단한 뒤 노동조합의 힘을 제어하고 인플레이션을 통제하며 균형 예산을 수립할 것을 권유했다. 초기 대처주의자의 전형인 호스킨스는 휴고 영Hugo Young이 포착한 대처주의자들의 특성을 잘 보여 준다. "이들은 과거를 깊이 비관하고 천년왕국적 낙관주의를 가지고 미래를 바라보며 기업이 경제 회복의 유일한 주체라고 믿는다."[5] 이런 태도는 보수당의 지도적인 정치인들은 물론, 당시 영국의 정치 계급에 속한 사람들의 태도와 확연히 달랐다. 초기에는 세계가 아니라 오직 영국만을 구원하고자 했지만 애초부터 대처 총리에게 선교사적 면모가 있었던 것은 사실이다.

전후 영국에 정착된 정책의 바탕에는 적자재정과 느슨한 통화정책을 통해 안정적인 경제성장을 촉진할 수 있다는 믿음이 있었다. 존 메이너드 케인스는 이러한 조합에 문제가 있을 수 있다고 경고했지만 정치인, 공직자, 경제학자들은 "케인스주의적" 조합을 절대로 실패하지 않을 경제성장의 비법으로 간주했다. 그러나 1970년대 들어 산업이 일련의 파괴적인 임금 논쟁에 갇혀 꼼짝달싹 못하는 동안 성장이 주춤하면서 실업이 증가했고 인플레이션이 발생했다. 일부 과격한 우파 사이에서는 공산주의 국가와 비슷한 세력이 정권을 잡는다는 이야기도 돌았지만 그런 일이 일어날 가능성은 거의 없었다. 1970년대에 영국이 겪은 위기가 영국을 바꾸어 놓았더라도 영국은 소비에트 공산주의권에 속했던 나라보다는 아르헨티나에 가까운 나라가 되었을 것이다. 위기는 지속되었고 과거의 방식은 먹히지 않았다.

전후 영국에 정착된 사회제도가 생명력을 다했다는 사실을 받아들인 최초의 지도적인 정치인은 마거릿 대처 총리가 아니라 제임스 켈러헌 총리가 이끌던 노동당 정부의 데니스 힐리Denis Healey 재무 장관이었다. 1970년대 중반 이 문제를 영국 정치의 중심부로 끌어들인 힐리 재무 장관은 전후 영국에 정착된 사회제도가 더 이상 유효하지 않다는 사실을 노동당에 납득시키려고 애썼지만 노동당과 노동조합 사이에 형성되어 있던 견고한 연대 속에서 노동당원 대부분의 반대에 부딪혔고 결국 원하던 정책 전환을 이루지 못했다. 물론 대처 총리도 완강한 반대에 부딪혔지만 영국의 산업 대부분이 채택하고 있는 단체 임금 협상 체계를 바꾸는 일이 무엇보다 시급하다고 생각했기 때문에 노동조합과 최후결전도 불사했다. 그 결과 노동조합은 1984년과 1985년에 벌어진 탄광 노조 파업을 끝으로 영향력을 잃었고 제2차 세계대전 이후 경제를 운영해 온 정부, 노동조합, 기업가, 삼주체의 협력 체계인 영국 조합주의가 사라졌다. 이제 경제는 저低인플레이션을 유지하고 유연한 노동시장을 보장하는 새로운 뼈대 위에서 성장하게 될 것이었다. 새로운 뼈대를 세우는 데 들어간 사회적 비용은 높았다. 실업률이 가파르게 치솟았고 장기적으로 경제적 불평등이 증가했다. 그러나 정치적으로는 굉장한 성공이었다. 자유 시장 같은 경제적 조건을 창출하면 그에 걸맞는 정부와 사회제도가 나타날 것이라는 대처 총리의 이상은 비현실적이었고 유토피아적이었다. 그러나 대처 총리가 추진한 시장에 대한 규제 철폐는 일반적으로 매우 생산적으로 여겨지는 새로운 사회제도의 기초를 놓았고 역사가 조화를 부리지 않는 한 그 기초가 무너질 가능성은 거의 없다.[6]

대처 총리는 영국인의 합의를 이끌어 내기 위해 도전했고 성공했지만 그것만으로는 야망이 충족되지 않았다. 대처 총리는 드 골 대통령과 마찬가지로 자신이 곧 국가라고 생각하게 되었지만 드 골 대통령과 다르게 국가 제도를 전방위로 공격했다. 특히 지방정부를 경멸한 대처 총리는 우파 지식인들이 부추긴 대로 고정세율의 지방세인 "인두세"를 도입했는데 지독히도 인기가 없었다. 이 일로 보수당과 대중은 대처 총리의 지도력을 깊이 의심하게 되었다. 그러나 1990년 대처 총리를 끌어내린 쿠데타는 유럽 대륙에 대한 대처 총리의 적대감 때문에 일어난 것으로 보인다. 비합리적이고 극단적인 대처 총리의 대對유럽 정책 때문에 제프리 하우Geoffrey Howe 부총리가 사임했고 마이클 헤슬타인 Michael Heseltine이 대처 총리의 당권에 도전했다. 보수당 안의 대처주의 진영은

친親유럽 성향의 헤슬타인이 당대표가 되지 못하도록 막는 데 총력을 기울였고 결국 존 메이저John Major가 당선되었지만 존 메이저가 유럽과 관계 개선을 시도하는 과정에서 영국은 불리한 환율로 유럽 환율 조정 메커니즘에 참여하게 되었다. 이 결정은 1992년 9월 "검은 수요일Black Wednesday"에 영국 파운드화가 유럽 환율 조정 메커니즘에서 빠지면서[*] 다시 불거져 메이저 정부를 회복 불능 상태에 빠뜨렸다. 이렇게 대對유럽 정책을 둘러싸고 내분을 겪은 보수당은 통치 능력을 상실한 어중이떠중이로 전락했다.

대처 총리의 계승자들은 보수당이 선거에서 패배를 거듭하는 원인을 파악하기 위해 근 10년의 세월을 쏟아부었다. 1990년 대처 총리를 몰아낸 보수당 내 쿠데타를 비롯해 여러 사건들과 결정들이 보수당 실각에 기여했다는 것은 분명하다. 그러나 보수당이 대중의 지지를 상실한 원인은 더 깊은 데 있었다. 보수당은 데이비드 캐머런David Cameron이 당대표가 된 뒤에야 비로소 선거에서 승리하지 못하도록 가로막는 장애물이 보수주의 그 자체라는 점을 받아들였다. 대처 총리 이후의 영국은 대처 총리가 물려받았던 영국보다 결속력은 약하지만 더 관용적인 사회가 되었다. 이제 영국은 "가족적 가치"에 구애받지 않고 동성애에 전보다 덜 민감하게 반응한다. 한편 (불평등은 더 심해졌지만) 인종에 따른 차별은 줄어들었고 계급 문제에 집착하지 않는다. 캐머런 당대표는 대처 총리를 역사서에나 나오는 인물로 격하했지만 대처 총리가 자신의 의도와는 다르게 창조한 사회를 받아들였다. 캐머런 당대표는 대처 총리를 매장하는 대신 대처

---

[*] European Exchange Rate Mechanism, 1979년 3월 환율 변동성을 줄이고 유럽의 통화 안정성을 확보하기 위해 도입된 통화 체계. 1990년에 가입한 영국은 투기 자본의 압력으로 1992년 9월 16일 탈퇴했다. 영국 정부는 파운드화 가치 방어를 위해 막대한 외환 보유액을 투입했지만 실패했다. "검은 수요일"은 영국 역사상 최악의 금융 위기로 불린다.

총리가 남긴 영국을 받아들였다. 덕분에 보수당은 다시 한번 권력을 다툴 수 있는 세력으로 부상할 수 있었다.

비록 영국 정치라는 작은 우주에서 벌어진 사건이었지만 대처주의 정책의 결과가 낳은 보수주의 파괴는 전 세계적인 흐름이었다. 신자유주의 사고를 적용한 많은 나라들에서 반발이 일어났다. 공산주의를 벗어난 폴란드와 헝가리에서 신우파가 승리하자 자유 시장의 부정적인 측면을 공격하면서 과거의 바람직하지 못했던 측면들을 되살린 구우파가 부활했다. 철저한 문화적 민족주의와 반유대주의라는 과거의 독소가 공산주의를 벗어난 유럽의 대부분에서 되살아났고 서유럽에서는 근대화 과정을 거친 극우파가 민주주의 정치의 핵심 주체로 부상했다. 이제 유럽의 극우 정당은 양차 세계대전 사이에 시행된 보호주의 정책을 지지하지 않는다. 이탈리아 북부와 스위스의 극우파 정당은 전 지구적 자유무역을 통해 나머지 세계와 연결된 첨단 기술 경제를 장려하면서도 이민을 금지해 다른 세계가 겪고 있는 무질서에는 연루되지 않으려 한다. 극우파는 이민을 금지함으로써 개발도상국 출신의 더 저렴한 노동자들에게 일자리를 빼앗긴 비숙련 노동자와 중간 관리자 등 부유한 나라에 살면서도 세계화로 피해를 본 불만 가득한 사람들에게 다가설 수 있었다. 사회 불만 세력과 자신을 동일시해 그들의 마음을 얻은 극우파는 많은 나라, 심지어 프랑스나 오스트리아같이 선거 기간에나 정치 의제에 관심을 가지는 나라에서도 정치 의제를 형성할 수 있었다. 한편 극우 정치 전통이 없는 나라에서는 새로운 대중주의가 발전했다. 네덜란드에서는 한 때 마르크스주의자였던 정치인 핌 포르퇴인Pim Fortuyn이 개인의 도덕성이라는 자유의지론과 (주로 이슬람교도인) 이민자들에 대한 외국인 혐오증을 결합시키다가 광신적 동물권 보호론자에게 암살당했다. 미국의 우파는 신보수주의 이데올로그와 낡아 빠진 보수주의적 토착 문화론자로 갈라졌다.

지금까지 검토한 이 모든 이질적인 흐름을 보수주의로 묶을 수 있게 하는 공통 분모는 이들이 더 이상 일관성 있는 정치 기획을 내놓지 않는다는 점뿐이다. 보수주의에 필요한 과거와의 연계는 끊어졌다. 과거와의 연계를 되살리려는 노력은 본능일지 모른다. 그러나 진보에 대한 반대급부로 출발한 보수주의가 반대급부로서 자신의 위상에 만족하지 못한다면 쉽게 유토피아주의로 빠져 들어 진보 의제를 실어 나르는 도구가 된다.

대처 총리의 정치 경력은 이러한 발전 과정을 보여 준다. 원래 대처 총리는 공산주의의 붕괴가 평화의 시대를 예고한다는 신념을 공유하지 않았고 역사가 끝났다는 프랜시스 후쿠야마의 선언을 비웃었다. 그러나 1989년에는 하나의 정부 형태가 다른 모든 정부의 귀감이 될 것이라는 후쿠야마의 견해를 받아들였다. 대처 총리는 오늘날의 미국이 과거 영국이 품은 미덕을 구현한다고 생각했고 20세기 말의 미국이 19세기 후반의 영국처럼 세계 전역에 진보를 최종적으로 보장해 주리라 믿었다. 후쿠야마와 마찬가지로 대처 총리는 미국식 "민주 자본주의"가 어디에나 복제될 수 있다고 여겼다. 이렇게 대처 총리는 개혁가에서 이데올로그로 변신했다. 강직함을 과도하게 믿으면 오만으로 이어지고 오만은 성공한 지도자에게 직업병과 같은 것이지만 대처 총리의 변신은 오만함에서 비롯된 것이라기보다는 신념에서 비롯된 것이었다. 언제나 인간의 진보를 확신했던 대처 총리의 개인적인 정치철학은 토리당보다는 휘그당의 정치철학이었다. 18세기 휘그당은 신의 섭리로 영국에 자유가 도래했다고 생각했지만 토리당원 데이비드 흄은 『영국사*History of England*』에서 역사에서 핵심 역할을 하는 것은 우연한 사건들임을 보여 주면서 휘그당의 견해를 조롱했다. 그러나 흄의 회의주의 정신이 낯설었던 대처 총리는 영국 특유의 질병을 치료하기 위해 시행한 정책 조합을 모든 질병을 치료할 만병통치약으로 생각하게 되었다. 정치 경력을 시작할 당시 대처 총리가 지니고 있던 유연한 정치 신념과 정치 태도는 다우닝가街에서 쫓겨날 무렵에는 굳어져 폐쇄적인 체계가 되었다.

1980년대 말 대처 총리가 받아들였던 신자유주의 세계관은 마르크스주의를 계승한 이데올로기였다. 이데올로기는 사회에 두루 적용되는 접근법을 채택하는 경향이 있는데 냉전의 종식으로 신자유주의가 극적으로 증식했던 1980년대 말에도 그랬다. 대처 총리를 필두로 서양 정부는 과거 소비에트 공산주의권에 속한 나라들에게 번영하려면 자유 시장을 도입해야 한다고 권유했다. 천차만별의 나라에 한 가지의 정책을 적용해도 똑같이 유익한 결과가 나올 수 있다는 관념은 어불성설이었지만 그것이 바로 인도네시아, 나이지리아, 페루같이 전혀 다른 나라들에 똑같은 정책을 부과했던 〈국제통화기금〉의 사고방식이었다. 〈국제통화기금〉의 관리를 대동한 사절단이 똑같은 내용의 계약서를 담은 서류 가방을 들고 과거 소비에트 공산주의권 나라를 서둘러 방문했다. 어느 나라에 파견되든 신자유주의 이데올로그들은 각 나라의 차이를 고려하지 않고 똑같은 정책을 부과하려고 했다.

소비에트 연방의 붕괴로 더 많은 사람들이 자유를 누릴 수 있게 되었지만 그 사건이 평화에 미친 파장은 복합적일 것이다. 독재 정권에서 벗어나는 과정에서 많은 나라들이 전쟁과 인종 청소를 경험했다. 공산주의는 별다른 폭력을 수반하지 않고 붕괴되었지만 앞으로도 세계가 같은 양상을 따라갈 것이라고 생각할 근거는 전혀 없다. 서양이 더 냉정한 정책을 도입했다면 폭력이 발생할 위험을 줄일 수 있었겠지만 정작 서양은 승리에 도취된 나머지 현실 감각을 잃어버렸고 주류 정치 정당은 유토피아 세계관을 받아들였다.

유토피아 사고는 인식되지 않을 때 가장 위험하다. 그것은 유토피아 중도주의가 나타난 1990년대가 입증한다. 우선 러시아에 신자유주의 경제정책을 도입하고 다음으로 인도주의 차원에서 발칸반도에 군대를 보낸 서양 정부는 성공할 가망이 전혀 없는 행동에 돌입한 것이나 다름없었다. 서양 정부는 민주주의가 확산되면 과거 유고슬라비아 지역에서는 인종 민족주의가, 체첸 공화국에서는 분리주의가, 과거 소비에트 중앙아시아 지역에서는 이슬람교가 부상할 것임을 전혀 예측하지 못한 채, 민주주의와 자유 시장이 범죄나 폭력 없이 평화를 정착시킬 것이라는 가정만 순진하게 믿었다.

이 사실을 깨닫지 못한 서양 정부는 유토피아 세계관을 흡수했다. 좌파 정부든 우파 정부든, 민족주의 · 인종 갈등 · 종교 갈등의 부활을 새로운 세계 질서로 나아가는 보편적 전진 속에 잠깐 나타났다 사라질 국지적 특수성으로 치부했다. 그리고 현실주의 사고는 이미 한 세기 전에 폐기되었다가 복원된 이데올로기 세력 앞에 한없이 무력했다.

2.
신자유주의의 흥망성쇠

근대 경제학이나 근대 윤리학은 종교적 요소 및 한때 그 요소에 필수적이었던 의미를 어렵사리 제거한 뒤 세속화된 학문이다.

– 제이컵 바이너Jacob Viner[7)]

교조적 자유주의는 1980년대 말 보수당을 장악했고 1990년대에 그 세력을 노동당으로 확대했다. 대처 총리가 전후 영국에 정착된 사회제도를 무너뜨리고 새로운 정책들을 도입했다면 블레어 총리는 이 새로운 정책들뿐 아니라 그 주변에서 성장한 신자유주의 사고방식까지 받아들였다.

대처 총리의 정치적 성공을 목격한 신노동당은 신자유주의를 받아들였다. 1994년 블레어 총리가 당대표가 되었을 당시 노동당은 근 15년 동안 야당 신세였다. 블레어 총리는 시장에 대한 대처 총리의 신념이 노동당에 새 생명을 주어 권력을 되찾게 할 영약이라고 생각하고 받아 마셨다. 그 영약은 바라던 효과를 내는 것 같았기에 블레어 총리는 당권을 다퉜던 고든 브라운Gordon Brown 노동당 재무 장관과 함께 신자유주의 경제학을 받아들였다. 그러나 블레어 총리의 사고는 언제나 신보수주의에 더 가까웠고 9.11 공격이 일어난 뒤에는 확실하게 신보수주의로 전향했다.

1980년대 후반부터 지금까지 신자유주의 사고는 영국 및 여러 나라들의 정책을 형성해 왔다. 신자유주의는 여러 사상 조류에 속해 있지만 모두 다음의 핵심 신념을 공유한다. 자유 시장은 개인의 자유를 보장하는 가장 중요한 조건이다. 정부 영역은 엄격하게 제한되어야 한다. 민주주의는 바람직할 수 있지만 시장의 자유를 보호하기 위해서라면 제한되어야 한다. 자유 시장은 가장 생산적인 경제체제이므로 세계 전역이 자유 시장을 모방하는 경향이 있다. 자유 시장은 경제를 조직하는 가장 효과적이고 평화로운 체제다. 자유 시장이 확대될수록 인간 사이에 빚어지는 갈등의 원인은 감소된다. 전 지구적 자유 시장이 실현되면 전쟁과 독재국가는 사라지고 인류는 전례 없는 단계로 나아가게 될 것이다.

약간의 차이는 있지만 하이에크, 밀턴 프리드먼Milton Friedman, 비중은 작지만 그 밖에 많은 사상가들이 이와 같은 신념을 지지했다. 이들은 모두 20세기 후반 계몽주의 이데올로기의 주창자였다. 과학적 연구 결과로 발전하게 되었다고 주장하는 신자유주의 이데올로기의 기본 신조는 사실 종교적 신념에 뿌리를 두고 있다. 집산주의 사고에 오염되기 전의 순수한 자유주의를 회복하려 한 신자유주의자들은 다른 모든 근본주의자들과 마찬가지로 자신들이 부활시키려는 전통의 일부만을 극대화해 수용했다. 즉, 신자유주의는 20세기 후반에 패러디된 고전 정치경제학이다. 18세기 고전 경제학자들은 모든 사회가 정해진 발전단계를 거쳐 시장에서의 교환을 바탕으로 하는 상업 문명이라는 단 하나의 목적지를 향해 간다고 믿었지만 시장 사회의 결함도 분명하게 이해하고 있었다. 이러한 통찰력을 갖추지 못한 신자유주의자들은 고전 경제학을 유토피아 이데올로기로 변모시켰다.

고전 경제학자들은 당대에 새롭게 등장하던 상업 사회에 심각한 우려를 표했다. 이를테면 애덤 스미스는 상업 사회를 인간 최고의 조직 형태라고 여기면서도 매우 불완전하다고 생각했다. 이따금 스미스는 시장이나 그가 자주 쓴 표현인 "자연적 자유의 체제natural system of liberty"를 유토피아라고 언급했지만 지금까지 인간이 성취한 체제 중 최고의 체제라는 의미지 심각한 결함이 없는 체제라는 의미는 아니다. 스미스는 자유 시장의 생산성에 깊은 인상을 받았지만 시장의 도덕적 해이를 두려워했다. 영국 북부에 설립되고 있던 공장에서 단순작업만 반복하는 노동자들은 굳이 많은 교육을 받을 필요가 없었으므로 그런 공장을 중심으로 조성된 특징 없는 도시들에서 미덕이 증진될 리 없었다. 장기적으로 볼 때 그것은 상업 문명에 위험 요소가 될 수 있었다. 시민 공화주의 전통을 따르는 초기 사상가들은 스미스가 느낀 불안에 공감했다. 한편 스미스의 입장은 뒤이은 자본주의 비판가들의 사상에도 영향을 주었다. 일례로 마르크스의 임노동자 소외 이론은 상업 사회의 결함에 대한 스미스의 통찰에 힘입은 것이다. 20세기 이데올로그들은 스미스를 시장의 전도사라고 묘사하지만 사실 스미스는 자본주의의 문화적 모순을 초기에 포착한 이론가였다.[8)] 스미스의 유토피아는 "(…) 불완전한 유토피아 또는 다르게 말해 불완전한 피조물에게 적합한 유토피아"다.[9)] 불완전한 만큼 자연적 자유의 체계는 쉽게 달성되지 않는다. 20

세기 후반의 신자유주의자들과 다르게 스미스는 시장 개혁에 회의적이었다. 스미스는 종교적 신념에 기대 자신의 유토피아가 실현되기를 바랄 뿐이었다.

상업 사회의 등장을 신성한 섭리의 역사役事라고 생각했던 스미스는 하이에크나 프리드먼 같은 세속적 자유 시장 복음주의자들과 공통점이 없었다. "보이지 않는 손"이라는 스미스의 개념은 시장에서 이루어지는 잡다한 교환을 통해 공익을 증진시키는 숨어 있는 조정 체계를 의미하는데 스미스는 이 용어를 명백히 종교적 차원에서 사용했다. 보이지 않는 손은 인간의 감정을 매개로 작용하는 신의 역사였고 그 과정에서 인간의 이성은 큰 역할을 하지 못했다. 즉, 인간이 시장의 이로움을 이해했기 때문에 시장이 발전한 것이 아니라 신이 인간에게 심어 놓은 본능의 부산물로 시장이 등장한 것이다. 다른 스코틀랜드 계몽주의 사상가들과 마찬가지로 스미스는 이성보다는 정서와 관습이 인간의 행동을 지배한다고 이해했기 때문에 감정을 고려하지 않은 논리를 의심했다. 미국 경제사가 제이컵 바이너는 스미스의 입장을 이렇게 정리했다.

> 인간은 선천적으로 감정을 타고났다. 즉, 섭리가 인간에게 감정을 부여했다. 정상적인 상황이라면 감정은 결코 틀리지 않는다. 오류를 범하는 것은 오히려 이성이다. 도덕 철학자의 사색적 추론은 오류 가능성에 있어 으뜸이고 입법가의 추론이 그 뒤를 잇는다. 그럼에도 인간은 대자연의 지혜라는 속성을 인간 이성에 부여하는 경향이 있는데 사실 대자연의 지혜는 인간 감정에 반영되어 있다.[10)]

섭리 개념은 스미스가 발전시킨 자연적 자유의 체제라는 사고와 기독교 신념을 바탕으로 형성된 자유주의 사상 전반을 뒷받침한다. 그런 자유주의가 세속 사상과 연계되기 시작한 것은 19세기 중반 이후였다. 자유주의를 기독교에서 분리하려는 시도가 그 뒤로도 여러 차례 이루어졌지만 자유주의가 기독교의 파생물이라는 사실은 아직도 변함 없는 사실로 남아 있다.

19세기 초에는 주로 관세가 신성한 설계를 가로막는다는 논리로 자유무역을 옹호했다. 가장 일반적인 논리는 서로 떨어져 있는 민족들이 무역을 통해 가까워지고 서로를 형제로 인식하도록 신이 일부러 세계 곳곳에 자원을 흩어 놓았다는 주장이었다. 즉, 자유무역은 신이 정한 법 아래에서 꽃피는 인류의 형제애를 의미했다. 1840년대에 리처드 코브던*은 "자유무역은 신이 정한 국제법"이라는 구호를 내세워 보호주의 조치인 영국의 "곡물법Corn Laws"에 반대하는 운동을 벌였고 성공했다. 코브던에게 이 구호는 은유가 아닌 문자적 진리였다. 한편 이후의 경제학자들은 비교우위**라는 세속 용어로 보편적 자유무역을 재정립하려 했지만 별다른 성과를 거두지 못했다. 상당수 경제 이론은 합리적 선택이라는 의심스러운 공리를 바탕으로 자유 시장을 추론해 내려는 노력의 산물이었고 그 결과 등장한 사상은 신념에 바탕을 두었던 스미스의 정치경제학보다 훨씬 더 교조적이 되었다. 자유 시장은 자신의 종교적 기반을 부정한 뒤에야 비로소 종교가 된 것이다.[11]

자유 시장이 과학에 기반을 두고 있다는 사고는 허버트 스펜서(1820년~1903년) 사상의 핵심이다. 스펜서는 교권 개입을 극렬히 반대하면서도 확고한 기독교 신념을 지녔으며 (퀘이커교와의 연관성이 엿보이는) 감리교 가정에서 태어났

---

* Richard Cobden, 1804~1865. 영국 정치가. 자유무역과 평화를 추구한 평화주의자로 1838년 맨체스터에서 "곡물법" 폐지운동을 벌였으며 1839년 〈반곡물법 동맹〉을 결성했다. 1841년 하원 의원에 당선되자 의회에서 "곡물법" 폐지를 주장해 1846년 목적을 달성했다.

** comparative advantage, 국제 무역에서 한 나라의 어떤 재화가 비록 상대국의 재화에 비해 절대우위에서 뒤지더라도 생산의 기회비용을 고려했을 때 상대적인 우위를 지닐 수 있다는 개념.

지만 불가지론자가 되었고, 자연적 자유의 체제라는 스미스의 개념을 과학적 개념으로 재정립하는 데 평생을 바쳤다. 해협을 횡단하는 페리선을 타고 여행하는 동안에도 소음 공해를 막아 줄 귀마개를 하고 글을 쓸 만큼 엉뚱한 면모를 지닌 스펜서는 19세기 후반 가장 영향력 있는 사상가 중 한 사람으로 미국에 많은 추종자들을 거느렸다. 주로 '사회적 진화' 라는 개념이 스펜서에게 유명세를 안겨 주었다. 스펜서는 윤리학의 과학적 기초를 찾는 과정에서 콩트의 영향을 많이 받았지만 콩트는 자유주의적 가치를 공격하기 위해 과학을 활용한 반면 스펜서는 자유주의적 가치를 옹호하기 위해 과학을 활용했다. 어느 쪽이든 그 과학은 허위였다.

스펜서는 찰스 다윈과 무관한 사상 체계인 '사회적 다윈주의' 를 주창한 가장 영향력 있는 인물이었다. "적자생존"이라는 표현은 다윈이 아니라 스펜서가 고안한 표현이었다. 스펜서는 사회가 진화한다고 생각했다. 그리고 사회 진화의 유일한 목적은 자유 시장 또는 콩트의 표현을 빌어 표현하자면 산업주의였다. 스펜서에 따르면 "산업"사회는 명령을 토대로 경제를 조직하려는 사회주의 체제와 민족주의 체제 같은 "공격적인" 사회와 경쟁하고 있었다. 스펜서는 자유 시장이 승리할 것이라는 사실을 추호도 의심하지 않았지만 자유 시장이 승리할 수밖에 없는 이유는 명시하지 않았다. 스펜서가 침묵한 데는 그만한 이유가 있었다. 시장에 기반한 사회는 그 밖의 사회보다 더 생산적일 수 있지만 그것이 어디에서나 시장에 기반한 사회를 받아들인다는 의미는 아니다. 심지어 시장 체제가 존재하는 곳에서도 그 체제는 폐기될 수 있었다. 스펜서는 19세기 말 영국에서 일종의 **국가 통제 정책**이 등장해 자유방임주의를 대체하는 현실을 지켜보며 실망했다. 스펜서는 사회진화론으로 이러한 현실을 설명하려고 애썼지만 자신의 사상 전반에 커다란 물음표만 남기고 말았다.[12]

스펜서는 생의 대부분을 역사는 결국 제 갈 길을 갈 것이라고 생각하며 살았다. 그러다 19세기 말 제국주의와 보호주의가 등장하자 실의에 빠지고 말았다. 그의 일부 제자들도 대단한 관념론자는 아니었다. 일례로 시드니 웹과 베아트리체 웹 부부는 더 생산적인 경제체제가 덜 생산적인 체제를 물리친다는 스펜서의 견해를 공유했지만 스펜서와 마찬가지로 자유방임주의가 후퇴하는 현실을 인정하지 않을 수 없었고 결국 소비에트 집산주의가 서양 자본주의보다 더 생산적이라고 주장하게 되었다. 웹 부부가 스탈린주의를 인정했다는 사실은 모든 사회진화론이 지닌 결함을 보여 준다. 사회진화론은 사회가 십중팔구 단 하나의 사회 형태로 귀결될 것이라고 생각하지만 사실 자연선택과 마찬가지로 역사에는 전반적인 방향성이나 미리 결정된 최종 상태가 없다. 결국 사회진화론자들은 당대의 흐름을 인정하는 데 그쳤다. 이러한 논리는 힘을 정의와 동일시하는 논리에 불과하다. 그리고 결국에는 잘못된 논리라는 사실이 밝혀진다.

20세기가 끝날 무렵 집산주의가 후퇴하자 신자유주의자들은 전 지구적 자유 시장이 부상할 것이라고 확신했다. 전 지구적 자유 시장이 승리를 거두면 평화와 번영이 보편화될 참이었다. 이러한 믿음은 코브던이나 존 브라이트John Bright 같은 자유무역의 전도사들이 종교를 바탕으로 설파한 신념과 같았지만 20세기 신자유주의자들은 전 지구적 자유 시장을 사회과학(이 경우에는 과학으로 추정되는 경제학)에 의해 구축된 사실로 제시했다. 게다가 서로 다른 경제학파들이 신자유주의 운동을 대표했다. 실증주의에 큰 영향을 받은 시카고 학파는 경제학이 자연과학과 마찬가지로 보편 법칙을 담은 과학이라고 주장한 반면 오스트리아 학파는 자연과학의 방법론을 사회에 적용할 수 없다고 주장했다. 서로의 입장이 근본적으로 달랐음에도 전 지구적 자유 시장을 향한 신자유주의자들의 열정은 훼손되지 않았다. 전 지구적 자유 시장은 의문을 품을 수 없는 신조이자 교리였으므로 그것이 어떻게 정당화되는가는 아무런 문제가 되지 않았다.

가장 야심차고 영향력 있는 신자유주의 이데올로그는 하이에크였다. 합스부르크 제국 말기에 유년 시절을 보낸 하이에크는 합스부르크 제국을 자유주의 체제의 귀감으로 여겼고 그 생각은 옳았다. 민족주의의 막대한 파괴력을 간파한 하이에크는 민족주의를 혐오했다. 그러나 하이에크는 민족주의를 부족 중심주의로의 회귀라고 생각했기 때문에 민족주의가 나치즘, 공산주의, 자코뱅주의와 마찬가지로 근대적 현상이라는 사실을 깨닫지 못했다. 하이에크는 자연과학의 방법론을 인간사에 적용하는 잘못된 과학주의를 통렬하게 반대했다. 그러나 자유 시장을 옹호한 하이에크의 입장 역시 그 자체로 일종의 과학주의였다. 1930년대에 하이에크는 존 메이너드 케인스와 대공황의 기원을 둘러싼 기나긴 논쟁을 벌였지만 정곡을 꿰뚫어보는 사상가이자 의견 조율에 능숙했던 케인스가 하이에크를 가볍게 눌렀다. 중앙 계획경제를 강하게 비판하던 하이에크는 1940년대에 경제학을 포기하고 사회 철학으로 눈을 돌렸다. 당시 주류 경제학자들은 조건만 조성되면 중앙 계획경제도 매우 생산적일 수 있다고 생각했지만 하이에크는 이러한 학계의 합의에 맞서 중앙 계획경제는 본질적으로 작동 불가능한 체계라고 주장했다.

하이에크가 펼친 주장의 핵심은 경제 생활을 효율적으로 조직할 수 있을 만큼 방대한 지식을 갖춘 계획가는 있을 수 없다는 것이었다. 하이에크가 시카고 대학 교수로 재직 중이던 1950년대 초, 시카고 대학을 방문한 과학 철학자 마이클 폴라니Michael Polanyi와 마찬가지로 하이에크는 사회의 지식은 대부분 현실에 구현되어 있다고 주장했다. 가격 구조는 흩어져 있는 지식에 대한 대응책이다. 가격 구조가 없었다면 사람들은 광범위하게 흩어져 있는 지식을 온전히 활용할 수 없었을 것이다. 그러나 하이에크는 자유 시장이 왜곡되는 경향이 있음을 간과했고 제2차 세계대전 동안 영국의 계획경제가 매우 원활히 작동했음에도 그 사실을 무시하고 중앙 계획경제는 불가능하다고 과장했다. 어쨌든 하이에크는 마르크스가 옹호했고 소비에트 공산주의권, 공산주의 중국, 쿠바, 그 밖의 공산주의 나라들에서 시도했던 경제 계획에는 극복할 수 없는 장애물이 있다는 사실을 규명했다. 소비에트의 일부 군산 복합 단지처럼 계획가의 목적이 성취되는 경우도 있겠지만 기본적으로 계획경제는 엄청난 낭비를 초래했다. 당시 경제학자들 대부분은 중앙 계획경제도 시장에 기반한 경제체제만큼 높은 생산성을 보일 수 있다고 생각했지만 하이에크는 중앙 계획경제의 생산력이 현저히 떨어질수밖에 없음을 입증했다. 결국 하이에크의 입장은 계획경제가 붕괴한 뒤 온전히 드러난 기록에 힘입어 정당성을 인정받았고 그대로라면 하이에크는 선견지명을 지닌 국가 사회주의의 비판자로 기억될 수 있었다.

그러나 공교롭게도 하이에크는 자유 시장 이론가로 영향력을 행사하게 되었다.[13] 유력한 정치인들에게 큰 영향을 미친 것은 아니었지만 해로운 사고방식이 자라날 수 있는 토대가 되었다. 하이에크는 중앙 계획경제의 비합리성은 조명했지만 시장 과정의 비합리성은 포착하지 못했다. 시장은 호황, 불황, 붕괴를 주기적으로 반복하는 경향이 있다. 그렇기에 케인스와 여러 경제학자들은 자유 시장이 자기 안정적이라는 그릇된 신념이 대공황을 낳았다고 주장했던 것이다. 마이클 폴라니의 형이자 경제학자인 칼 폴라니Karl Polanyi는 이렇게 말한다. "파국의 씨앗은 자기 규제적인 시장 체계를 구축하려는 경제적 자유주의의 유토피아적 열망에서 자라난다."[14] (하이에크가 주장한 대로) 정부 정책이 1930년대의 경제 붕괴를 악화시켰다 해도 시장이 의존할 만한 존재임이 곧바로 입증되는 것은 아니다. 시장 과정에는 시장 과정을 자기 조절적인 체계로 만드는 장치가 전혀 없다. 하이에크는 성공적인 계획경제가 유토피아임을 밝히는 업적을 쌓았지만 자기 규제적 시장에도 동일한 논리가 적용된다는 사실은 인식하지 못하는 오점을 남겼다.

또한 하이에크는 자유 시장이 자생적으로 등장한다고 믿었다. 자유 시장은 수없이 많은 인간 활동이 빚어 낸 의도하지 않는 결과지 인간 설계의 결과로 등장한 것이 아니다. 자신의 입장을 집대성한 『자유 헌정론*The Constitution of Liberty*』에서 하이에크는 사회제도가 합리적 설계의 결과라는 "프랑스" 사상을 거부했다는 이유로 "영국 철학자들"을 칭송한다. "그들은 제도의 기원을 설계에서 찾거나 억지로 짜맞추지 않고 승자의 생존에서 찾는다."[15] 그러나 자유 시장이 등장하게 된 실제 이유는 정반대다. 중앙 계획경제의 결과로 자유방임주의가 등장하게 되었다고 해도 과언이 아니다. 19세기 중반 영국에서 꽃피운 자유 시장은 국가 권력이 인위적으로 형성한 것이었다. 20세기 후반에도 다를 바 없어서 시장을 재창조한다는 말은 노동조합이나 (거의 인식하지 못하지만) 독점 기업같이 자생적으로 형성된 제도를 억제한다는 말이었다. 그리고 오직 고도로 집중화된 국가만이 이러한 일을 수행할 수 있었다.

만일 일반적인 의미의 자유 시장이 의도적으로 구성된 제도라면 자생적으로 진화한 사회제도는 적어도 하이에크가 말하는 의미의 자유 시장과 같은 모습으로 등장할 가능성이 매우 낮다. 하이에크가 숭배한 정치 체제는 누가 계획해서 영국에 등장한 것이 아니었다. 흄이 『영국사』에서 입증한 대로 신성한 법이나 자연법이 작용한 결과로 등장한 것이 아니라 그냥 우연의 일치였다. 같은 방식으로 봉건사회는 누구도 의도하지 않았지만 또는 아무도 무슨 일이 일어나는지 이해하지 못했지만 역사에 등장했고 빅토리아시대 말기 영국에서 자유 시장을 제한하려는 움직임이 나타났지만 그것을 계획한 사람도 없었다. 자생적인 사회 진화 같은 것이 있다면 그것은 여러 종류의 사회제도를 만들어 낼 것이다.

자유 시장이 자생적으로 발전한다는 하이에크의 신념은 옐친 러시아 대통령 시절 오류를 드러냈다. 서양 정부는 일단 국가 계획경제가 해체되면 자동적으로 시장경제가 발전할 것이라고 믿었지만 러시아에서는 시장경제가 등장하자마자 조직 범죄로 전락했다. 러시아에 자리 잡은 무정부 상태의 자본주의는 푸틴 대통령 시대에 새로운 체제로 대체되었다. 새로운 체제도 여전히 범죄에 연루되어 있지만 전보다는 더 체계적으로 운영되었고 대중적인 정당성도 더 많이 확보한 것으로 보였다. 이 체제는 중앙 계획경제보다 훨씬 효과적이었지만 자유 시장과도 달랐다. 자생적 발전 과정을 따라간 결과 새로운 형태의 계획경제가 등장했다.

하이에크는 18세기 하원 의원이자 영국 보수주의의 초석을 놓은 아일랜드 출신의 에드먼드 버크Edmund Burke와 자주 비교되는데 두 사람에게는 공통점이 있다. 하이에크와 마찬가지로 버크는 세대를 거치면서 형성된 지혜가 전통에 압축되어 있다고 믿었다. 그러나 하이에크와 다르게 버크의 신념은 종교적 신앙에 바탕을 두었다. 버크에게 전통의 보이지 않는 움직임은 역사 속에 개입하는 신의 섭리였기에 버크의 종교적 신념과 프랑스혁명이라는 역사적 사건은 조화를 이루기 어려웠다. 그러나 버크는 공포정치를 인간의 사악함을 단죄하는 신의 징벌이라고 받아들여 자신의 신념을 유지할 수 있었다. 반면, 세속 사상가인 하이에크에게는 기댈 곳이 없었다. 하이에크는 전통을 과학에 근거해 이해했다는 점에서 오귀스트 콩트에 더 가까웠다. 하이에크는 실증주의를 신랄하게 비판했으므로 자신과 실증주의 이데올로그인 콩트에게 공통점이 있다는 말을 끔찍하다고 여기겠지만 인간의 발전을 예정된 과정으로 파악하기 위해 과학에 의존했다는 점에서 콩트와 같았다. 구조는 전혀 달랐지만 두 사람 모두 보편 체제를 역사의 종착점이라고 믿었다.

역사를 일방통행로라고 생각했다는 점에서 하이에크와 콩트는 스펜서나 마르크스와 같았다. 이들은 모두 새로운 기술과 상호작용하면서 다양한 종류의 경제구조와 정치 구조를 형성해 온 민족주의와 종교의 끈질긴 힘을 과소평가했다. 소비에트식 중앙 계획경제나 아프가니스탄의 탈레반 정권과 마찬가지로 그 중 일부는 지나치게 억압적이고 비생산적이어서 살아남지 못했겠지만 21세기를 시작하는 오늘날의 세계에 여러 종류의 체제가 공존하는 것은 사실이다. 중국은 민족주의와 국가자본주의를 혼합한 형태를, 이란은 대중적 신권정치를, 미국은 보호주의와 정실 자본주의를 자유 시장과 혼합한 형태를, 러시아는 초현대적 권위주의를, 유럽은 사회민주주의와 신자유주의적 경제를 혼합한 형태를 선택했고 그 밖에도 다양한 체제가 있다. 어느 것도 영원히 고정된 것은 없다. 그 체제들은 모두 상호작용하면서 끊임없이 변한다. 또한 모두 서로 다른 방향으로 발전하기 때문에 궁극적인 수렴을 기대할 근거는 없다.

자유 시장에 대한 하이에크의 견해는 여러모로 마르크스의 견해와 닮았다. 마르크스와 마찬가지로 하이에크는 구속받지 않는 시장이 지금까지 존재한 그 어떤 체제보다 더 생산적이며 가장 혁명적인 경제체제라고 보았다. 일단 등장하면 자본주의는 확산될 수밖에 없다. 특별한 재난이 없다면 자본주의는 보편 체제가 될 것이다. 그러나 마르크스는 자본주의의 발전이 부르주아의 삶을 뒤엎을 것이라고 예견한 반면 하이에크는 그렇지 않았다. 하이에크는 시장 사회가 전통에 바탕을 두고 있다고 믿었다. "모순처럼 보일지도 모르지만 전통에 바탕을 둔 사회가 언제나 성공적인 자유 사회가 될 가능성이 높다."[16] 하이에크는 자유 시장이 과거 자본주의를 떠받친 부르주아 전통을 뒤집는다는 사실을 인식하지 못했다. 하이에크는 일종의 문화적 보수주의를 내세워 자유 시장을 방어하려 했지만 그의 시도는 관습조차 거스르는 제약받지 않는 시장의 힘에 부딪혔다. 이 모순을 인식한 신보수주의자들은 무슨 조치든 취하려 했다.

3.
다우닝가 10번지의 미국화된 신보수주의자

내가 믿는 것만을 알 뿐입니다.

– 토니 블레어 영국 총리[17)]

신보수주의는 보수주의의 최신판이 아니다. 신보수주의는 정치 스펙트럼에서 어엿이 한 자리를 차지하는 새로운 정책적 입장이다. 영국에서 신보수주의 정책을 시행한 정치 세력은 보수당이 아니라 블레어 총리가 노동당 당대표를 맡으면서 건설한 신노동당이었다.

블레어 총리가 권력을 잡는 데 가장 중요하게 작용한 요인은 대처 총리가 마련한 새로운 사회적 기틀이었다. 경제적, 정치적으로 기정사실이 된 이 새로운 사회적 기틀은 대처 총리의 업적인 동시에 보수당을 약화시킨 원인이었다. 대처 총리는 틈만 나면 영국의 사회주의를 파괴하겠다고 공언했고 성공한다면 그것이 보수당에 어떤 영향을 미칠 것인지에 대해서도 줄곧 생각했다. 20세기 대부분에 걸쳐 보수당은 집산주의를 제어했다. 사회주의뿐 아니라 더 현실적으로는 사회민주주의에 한 발이라도 가까이 가려는 움직임에 반대하는 것이 보수당의 존재 이유였지만 대처 총리는 노동당이 정착시킨 사회제도를 해체함으로써 보수당의 주요 존재 이유를 제거했다. 적의 정체가 불분명해지자 보수당도 정체성을 잃었다. 노동당은 마르크스보다 감리교 전통에 더 많은 빚을 졌다는 해럴드 윌슨Harold Wilson 노동당 총리의 말대로 노동당은 교조적 사회주의 정당이 아니었다. 그러나 블레어 총리는 아예 신노동당을 시장과 동일시함으로써 여러 세대에 걸쳐 보수당을 규정했던 보수당의 위협 세력을 제거해 버렸다. 그 결과 보수당과 노동당은 근 10여 년을 혼란의 수렁에 빠져 허우적거렸다.

블레어 총리는 전략적인 차원에서 신자유주의 경제정책을 끌어안았지만 그 정책은 이내 이데올로기적 합리성을 획득했다. 역사적 식견이 부족했던 블레어 총리는 대부분의 정치인보다 더 관습적으로 국내 문제에 접근했다. 블레어 총리는 근대 후기라는 맥락에서는 단 하나의 경제체제만이 번영을 가져다줄 수 있다는 신자유주의 신념을 의심없이 받아들였고 근대화는 블레어주의자들의 주문이 되었다. 블레어 총리에게 근대화란 시장의 명령에 따라 사회를 재조직하는 것이었다. 야당 시절 블레어 총리는 자신을 시장의 핵심 역할을 받아들이는 동시에 사회 결속의 중요성도 이해하는 진보적 보수주의자 즉, "보수당 내 좌파"*라고 묘사함으로써 갈피를 잃은 보수주의자들의 지지를 끌어모았다. 블레어 총리가 권력을 잡으면 대처 총리의 업적을 파묻는 것이 아니라 그 길을 계승할 것이 분명했다.

전설적인 구호 "제3의 길"과 마찬가지로 "보수당 내 좌파"는 정치 선전 도구였다. "제3의 길"은 1990년대 중반 빌 클린턴 미국 대통령의 자문가 딕 모리스Dick Morris가 클린턴 대통령을 민주당과 보수당을 통틀어 가장 실용적인 대안을 가진 후보로 각인시키기 위해 고안한 "삼각 분할 전략"**에서 유래했다. 같은 전략을 채택한 블레어 총리는 보수당 못지않게 노동당도 심하게 공격했다. 1995년 생산수단의 공동소유를 명시한 노동당 당헌 제4조 삭제 문제를 성공리

---

* One Nation Tory, 시민 통합, 계급 및 이해집단의 조화를 추구하며 전투적 사회주의나 대처주의 같은 극단적 입장에 반대하는 보수당 분파를 가리키는 말.

** Triangulation, 극좌와 극우의 양 극단을 배제하고 중간층 유권자들의 구미에 맞게 중간 입장을 취하는 전략. 민주당과 공화당을 양쪽 끝에 놓고 클린턴을 중간쯤에 있는 삼각형의 세번째 꼭지점에 위치시켜 삼각 분할이라고 부른다.

에 처리한 사건은 정치적 이행이라기보다는 노동당이 물려받은 사회민주주의 유산이 더 큰 도전에 직면했음을 의미하는 상징적인 사건이었다. 블레어 총리는 대처 총리가 기획한 민영화 의제의 적용 대상을 사법 영역이나 교정 시설 같은 국가의 핵심 영역으로 확대했고 국민 의료보험과 교육 부문에도 시장구조를 도입했다.

이렇게 볼 때 블레어 총리는 대처주의를 강화했을 뿐 대처 총리처럼 영국 사회를 바꾸지는 않았다고 할 수 있다. 블레어 총리는 주로 노동당에 영향을 미쳤다. 블레어 총리는 과거를 파묻기 위해 신노동당을 구성했고 적어도 그 과업은 달성했다. 토니 블레어, 고든 브라운, 피터 맨덜슨Peter Mandelson, 앨리스터 캠벨Alistair Campbell, 필립 굴드Philip Gould 같은 한 줌의 수뇌부가 당을 권력 유지 수단으로 재구성하기 위해 쿠데타를 일으켰다. 신노동당은 구노동당의 정치 전통과 전혀 무관한 특정한 목적 아래 새로 구축되었다. 1980년대 노동당에서 갈라져 나간 사회민주당과 함께 한다는 점에서 신노동당은 과거와의 연속성을 유지했지만 사회민주당과 다르게 신노동당은 전략과 조직의 문제를 정책보다 중요하게 여겼다. 신노동당의 최우선 과제는 당을 중앙집권적 조직으로 재구성하는 것이었고 그러기 위해 무엇보다 먼저 권력을 집중시켜야 했다. 이렇듯 신노동당에는 항상 레닌주의적 측면이 있었지만 당의 이미지를 재형성하는 데 초점을 맞췄다는 점에서만 레닌주의적이었다. 즉, 신노동당은 자유 시장을 받아들였다는 점에서 "근대적"이었지만, 사회를 인식하는 방식을 바꿈으로써 권력을 행사할 수 있다고 확신했다는 점에서 "탈근대적"이었다.

블레어 총리가 가진 가장 뛰어난 재능은 홍보 기술을 활용하는 재주와 대중의 정서에 민감하게 반응하는 능력이었다. 이러한 성향 때문에 일부 관측자들은 블레어 총리를 아무 신념이 없는 기회주의자라고 파악했다. 물론 블레어주의라고 부를 만한 이데올로기는 없었지만 그렇다고 블레어 총리에게 아무런 신념이 없던 것은 아니었다. 블레어 총리의 정치 경력을 보면 블레어 총리가 숙명적인 결정을 내릴 때마다 신보수주의 사고를 지침으로 활용했다는 것을 알 수 있다. 블레어 총리는 기본적으로 신자유주의자였지만 그가 지닌 신념은 분명 신보수주의였다.[18)]

신보수주의는 신자유주의와 결정적인 면에서 다르다. 블레어 총리의 세계관을 형성했던 신념은 분명 신보수주의 신념이었다. 신자유주의자들과 다르게 신보수주의자들은 상상 속에 존재하는 최소 정부 시대로 회귀하려 하지 않는다. 신보수주의자들은 자유 시장의 사회적 효과가 항상 좋지만은 않다는 것을 알기 때문에 정부가 자유 시장이 소홀히 하는 가치를 활성화시켜야 한다고 생각한다. 항상 "법과 질서"를 강력하게 옹호해 온 블레어 총리는 존 스미스John Smith 노동당 당 대표 밑에서 그림자 내각의 내무부 장관을 맡았을 때 이 문제를 정치 의제로 부각시켰다. 부분적으로는 보수당의 영역을 침범하려는 전략적 행위였지만 블레어 총리의 성향에도 맞았다. 신보수주의자들이 늘 빅토리아시대의 가치를 찬미하는 것은 아니다. 블레어 총리를 비롯한 일부는 자신들이 개인의 도덕성 문제에 관한 한 자유주의적 관점을 지녔다고 생각하기 때문이다. 그러나 신보수주의자들은 국가가 도덕적으로 중립적일 수 있다는 견해를 거부한다는 점에서 빅토리아시대를 계승한다. 신보수주의자들은 정부가 바람직한 삶을 증진해야 하며 그것을 위해서라면 규율과 처벌도 감수해야 하고 종교도 장려해야 한다고 생각한다. 대부분 세속적 세계관을 지닌 신자유주의자들과 다르게 신보수주의자들은 종교를 사회 결속의 핵심 원천으로 생각한다. 블레어 총리 역시 종교 학교를 지지하면서 같은 견해를 피력한 바 있다.

무엇보다 신보수주의자들은 사회진화론에 의지하지 않는다. 대체로 신자유주의자들보다 더 지적인 신보수주의자들은 자본주의가 기존의 사회구조를 뒤엎고 체제를 전복시킬 혁명적 잠재력을 지녔다고 인정하지만 그런 일이 저절로 일어난다고 생각하지는 않았다. 그 과정을 앞당기려면 국가 권력을 동원해야 하고 때로는 군사력도 필요하다. 신보수주의는 혁명적 변화를 열망한다는 점에서 신자유주의나 전통적 보수주의보다 자코뱅주의나 레닌주의와 공통점이 더 많다. 그러므로 블레어 총리를 비밀 보수당원이라고 생각하면 오산이다. 블레어 총리에게서는 디즈레일리Disraeli 총리 같은 보수당원에게서 나타나는 진보에 대한 회의주의의 흔적을 찾아볼 수 없기 때문이다. 한편 블레어 총리는 단순히 신자유주의적 자유 시장을 설파하는 또 한 명의 예언자도 아니다. 블레어 총리는 미국화된 신보수주의자이고 정치적 삶의 대부분을 그렇게 살았다.

신보수주의가 블레어 총리에게 가장 깊은 영향을 미친 영역은 국제 관계다. 유산으로 남기고 싶은 것이 영국의 유럽 단일 통화 가입이었는지 아니면 다른 무엇이었는지 모르지만 블레어 총리는 영국을 파멸적인 전쟁에 끌어들인 총리로 기억될 것이다. 이라크전 참전으로 블레어 총리의 정치 인생은 끝이 났지만 이는 블레어 총리가 의도한 결과가 아니었다. 블레어 총리가 첫 단추부터 틀어진 모험에 열성을 다한 것은 나중의 일일 뿐, 처음부터 그랬다고 생각하는 것은 무리가 있다. 다시 말해 블레어 총리는 이라크 전쟁에 관계된 모든 정치 국면마다 판단 착오를 일으킨 것이다. 그렇더라도 이라크 전쟁을 지지함으로써 블레어 총리가 품고 있던 가장 기본적인 신념이 만천하에 드러나게 된 것만은 분명하다.

어떻게 보면 그것은 현실 정치에서 일어날 법한 판단 착오였다. 다른 영국 총리들과 마찬가지로 블레어 총리는 미국의 정책에 반대할 경우 영국이 입을 피해를 우려했지만 한편으로 미국의 변함없는 우방이 되면 영국이 국제 체계에서 입지를 다지는 데 도움을 받을 수 있을 것이라는 허영심도 있었다. 1956년 나세르 이집트 대통령을 몰아내고 수에즈 운하에 대한 영국의 통제권을 재천명하려 한 앤서니 이든Anthony Eden 총리는 그 일로 정치 인생을 마감하면서 영국 지도자가 미국의 권력에 맞설 경우 감당해야 할 위험을 분명히 보여 주었다. 이후 재임한 영국 총리들은 미국의 정책과 일정한 거리를 유지하는 데 성공했다. 베트남전쟁에 미군을 지원하기 위한 파병을 거절했던 해럴드 윌슨 총리의 현명한 결정이 가장 유명한 사례일 것이다. 그러나 블레어 총리는 영국이 미국을 전폭적으로 지원해야 한다고 주장했다. 블레어 총리는 미국의 단독 행동이 국제 체계에 미칠 파장을 두려워했고 미국과 유럽의 가교 역할을 맡아 영국의 "역량을 과시하려고" 했다.

사실 이라크 전쟁으로 대서양 연안국들 사이의 거리는 제2차 세계대전 이후 그 어느 때보다 멀어졌다. 미국은 영국을 소외시켰고 영국과 유럽 대륙의 관계는 심지어 대처 총리 시절보다도 소원해졌다. 그러나 이라크 파병이 더 높은 전략적 목표를 달성하기 위해 취한 그릇된 시도인 것만은 아니었다. 사담 대통령을 몰아내겠다는 부시 대통령의 결정이 블레어 총리의 신념과 일치했다는 데는 의심의 여지가 없다. 독재 정권은 인류 역사상 이미 사라지고 없는 단계였고 그 단계를 대표하는 사담 대통령 같은 독재자는 제거되어야 했다. 블레어 총리는 미국이 구축하고 있는 새로운 질서에 앞장서고 싶었다. 그러므로 "블레어 총리는 이라크 전쟁에 끌려간 것이 아니다. 자신의 신념에 따라 편한 마음으로 전쟁을 치렀을 뿐"[19]이라는 존 캠프너John Kampfner의 언급은 정확하다.

그렇다면 블레어 총리의 신념은 무엇이었나? 블레어 총리는 6년 동안 영국을 다섯 차례나 전쟁에 몰아넣었다. 1998년 사담 대통령에 대한 공습을 허가했고, 1999년 코소보 전쟁 참전을 승인했으며, 2000년 시에라리온에 군사개입을 허가했고, 2002년에는 아프가니스탄 전쟁에, 2003년에는 이라크 전쟁에 파병했다.

2006년 미국이 아프가니스탄에서 병력을 감축할 때도 블레어 총리는 오히려 추가 파병했다. 이 모든 결정은 연속선상에 있다. 힘으로 선善의 승리를 보장할 수 있다고 믿는 블레어 총리에게는 이라크 공격이든 발칸반도 및 아프가니스탄에 대한 정책이든 마찬가지였다. 어느 경우든 전쟁은 인도적 개입이라는 명분으로 정당화되었다. 발칸반도와 시에라리온에서는 이 명분이 어느 정도 효과를 발휘했을지 모르지만 아프가니스탄에서는 의문시되었고 이라크에서는 사기나 다름없었다.

블레어 총리는 "국제 공동체 원칙"으로 타국에 대한 군사개입을 정당화했다. 1999년 시카고에서 열린 〈경제 클럽Economic Club〉 연설에서 블레어 총리가 제시한 이 새로운 원칙은 상호 의존적인 세계에서 국가 주권은 더 이상 살아남을 수 없다는 신념을 바탕으로 삼았다.

> 우리는 국제 공동체에 새로운 원칙이 수립되는 것을 목도하고 있습니다. 이를 통해 저는 오늘날 우리가 그 어느 때보다 더 상호 의존적인 세계에 살고 있음을 명백히 인식하게 되었습니다. 이 세계에서 각국의 이해는 상당 정도 국제 협력의 지배를 받게 되었습니다. 그러므로 우리는 각 분야에서 이루어지는 국제적 노력을 통해 이 새로운 원칙이 우리를 어디로 이끌고 가는지를 분명하고 일관성 있게 논의해야 합니다. 국내 정치에서 동반자 정신과 협력이 자기 이익을 증진킨다는 공동체 개념이 진가를 발휘하고 있는 것과 마찬가지로 국제 정치에서도 그런 개념이 정착되어야 할 것입니다.[20]

▪ Treaty of Westphalia, 독일 30년 전쟁을 끝내기 위해 1648년에 체결된 평화조약. 가톨릭 제국으로서의 신성로마제국을 사실상 붕괴시키고 주권 국가들의 공동체인 근대 유럽의 정치 구조가 등장한 계기가 되었다.

블레어 총리의 연설은 당시의 비현실적인 지적 분위기를 반영한다. 1990년대에는 세계가 "탈脫베스트팔렌post-Westphalian" 시대로 접어들었다는 주장이 유행했다. 1648년 체결된 베스트팔렌 조약■은 근대국가를 법적 실체로 인식하게 된 계기였는데 냉전이 끝나자 사람들은 베스트팔렌 시대가 막을 내렸다고 생각했다. 즉, 전 지구적 기관이 국제 체계를 지배하게 되었기 때문에 국가 주권은 더 이상 국제 체계의 중심이 아니라는 말이었다. 사실 주권 국가는 그 어느 때보다 강력했다. 국가 주권이 후퇴한 것처럼 보였지만 그것은 냉전이 끝난 뒤 잠시 찾아온 휴지기의 부산물일 뿐이었다. 이 시기에 미국은 어떤 나라의 권력에도 구애받지 않고 행동할 수 있을 것 같았지만 이 휴지기는 오래가지 못할 운명이었다. 중대한 여러 쟁점에서 이해관계가 엇갈리지만 미국의 패권에 기반한 체계를 거부한다는 점에서는 입장을 같이 하는 중국과 인도가 강대국으로 부상하고 있기 때문이다. 과거와 마찬가지로 1990년대는 여러 강대국이 경쟁하거나 협력하면서 상호작용하는 시대였다. 참가자만 달라졌을 뿐 1990년대의 세계는 여러모로 19세기 후반의 세계와 같았다.

주권 국가가 사라지고 있다는 사고는 이치에 닿지 않았지만 블레어 총리에게는 근사한 생각이었다. 우선 그 사고는 인간이 일련의 단계를 거치며 발전하고 모든 단계는 그에 앞선 단계보다 낫다는 블레어 총리의 세계관에 부합했다. 블레어 총리는 섭리를 믿는 휘그주의 신념을 변형한 이 세계관을 자신의 기독교적 세계관의 일부로 받아들였다. 블레어 총리는 영국 이상주의 전통의 영향을 받은 존 맥머레이(John Macmurray, 1891년~1976년)에게 깊은 영감을 받았다고 주장했지만 이 말을 진지하게 받아들일 필요는 없다. 퀘이커교 철학자이자 기독교 공동체주의 사상가인 맥머레이는 자유를 공동선善의 일부로 긍정적으로 이해했다. 블레어 총리의 세계관은 대부분의 정치인들보다 더 큰 폭으로 당대의 관습적 신념에 영향을 받았다. 그래서 블레어 총리는 세계화를 거치면서 전 세계적 시장경제가 창출되고 있으며 결국 전 지구적 민주주의가 그 시장경제를 보완할 것이라는 점을 추호도 의심하지 않았다. 블레어 총리는 틈날 때마다 지속적인 "경제 개혁"을 이야기했는데 이 말은 공공서비스에 시장 구조를 확대 적용해 민영화를 늘려 나가겠다는 의미였다. 블레어 총리가 요구한 끊임없는 "근대화"는 사실 1980년대 후반에 이미 화석화된 사고였다. 블레어 총리는 대처 총리와 공통점이 거의 없었지만 대처 총리와 마찬가지로 회의懷疑하지 않았다. 블레어 총리에게는 언제나 당대의 상투적인 표현만이 영원한 진리였다.

블레어 총리가 가진 신념의 실재를 의심할 이유는 없다. 조지 W. 부시 대통령과 마찬가지로 블레어 총리는 신학에서 도출된 개념에 입각해 국제 관계를 생각하기 때문이다. 물론 그 신학이 아우구스티누스나 아퀴나스의 신학은 아니다. 2003년 2월 말 블레어 총리는 교황 요한 바오로 2세를 알현했지만 교황을 설득하지 못했다. 중세 기독교 사상가들은 정당한 전쟁의 요건들을 엄격히 규정한 이론을 발전시켰는데 교황은 이라크 전쟁이 그 요건들을 충족시키지 못한다고 생각했고 교황의 판단은 옳았다. 알현 결과는 블레어 총리에게 고통을 주었지만 자신이 옳다는 신념은 흔들리지 않았다. 스스로 옳다고 느끼는 것만으로 충분했다. 인간의 행동이 초래할 결과를 고려해 중세 사상가들이 발전시킨 꼼꼼한 결의법決疑法■은 블레어 총리의 관심 밖의 일이었다. 중요한 것은 선한 의도고 선한 의도는 결국 승리할 것이다. 문제는 이러한 "선한 의도"가 이데올로

■ Casuistry, 보편적 도덕법칙을 개별 행위와 양심 문제에 적용하는 법. 보통 도덕법칙을 외적인 것으로 믿고 권위와 논리에 입각하여 개별 사안을 판단하는 법을 말한다. 특히 가톨릭 교회에서는 이 법으로 신자들의 양심을 지도했다.

기가 추동한 정책들을 통해 촉진되면서 잘못된 방향으로 나아간다는 데 있었다. 그 정책들은 사실에 입각한 신중한 평가와는 거리가 멀었지만 블레어 총리는 그것을 인식하지 못하는 것 같았다.

국제 체계가 전 지구적 통치 체제를 향해 나아가고 있다는 생각은 전통적인 전쟁의 목적을 확장했다. 도덕적으로 옳다면 "국제 공동체"는 언제든 군사행동을 할 수 있었다. 대량 살상 무기를 개발해 국제 체계를 위협하는 "불량 국가"는 물론이고 자국민의 인권을 침해하는 국가도 무력의 목표가 될 수 있다. 군사행동의 목적은 위협의 무력화에 국한되지 않았다. 인류의 조건을 향상시키는 것도 군사행동의 목적이었고 이를 위해서라면 선제 공격도 불사할 수 있었다. 이로써 전쟁은 가장 끔찍한 악에 맞설 최후의 수단이 아니라 인간 진보의 도구가 되었다. 블레어 총리는 시카고 연설에서 외교적 수단이 무위로 돌아가고 목표를 달성할 수 있다는 합리적인 전망이 있을 경우에만 군사행동을 취해야 한다고 인정했으면서도 군사행동을 진지하게 고려하기 전에 먼저 출구 전략을 강구해야 한다는 영국과 미국의 군사 전문가 대부분의 견해는 묵살했다. 블레어 총리에게 전문가들의 경고는 패배주의의 다른 표현이었다. 블레어 총리는 이렇게 선언했다. "내가 유일하게 고려하는 출구 전략은 성공입니다."[21] 이후 연설에서 블레어 총리는 군사력만으로는 국제 체계가 급격하게 변화되지 않는다는 사실을 인정했다. 2006년 8월 로스앤젤레스에서 열린 〈국제 문제 위원회World Affairs Council〉 연설에서 블레어 총리는 테러리즘에 맞선 투쟁이 "가치들에 관한 것"이라고 선언했다. 그 가치들이 무엇인지 구체적인 언급을 피하면서도 블레어 총리는 그 가치들이 인간 진보의 선봉이라는 사실을 믿어 의심치 않았다. "우리가 추구하는 가치들을 지키기 위한 투쟁은 의미가 있습니다. 그 가치들은 여러 세대를 거치며 이룩해 온 인류의 진보를 나타내기 때문입니다. 그러므로 매순간 우리는 그 가치들을 지키기 위해 싸워야 합니다. 새로운 시대가 우리에게 손짓하는 바로 그 때가 다시 싸움에 나설 때입니다."[22] 블레어 총리는 2007년 1월 이 문제를 다시 언급했다. "테러리즘은 진보를 파괴합니다. 군사적 수단으로만 물리칠 수는 없지만 군사적 수단 없이 물리칠 수도 없습니다."[23]

국제 관계에 대한 블레어 총리의 입장은 미국에 대한 견해를 바탕으로 형성되었다. 워싱턴에 있는 신보수주의자 동료들과 마찬가지로 블레어 총리는 미국을 근대사회의 패러다임으로 간주한다. 블레어 총리의 눈에는 역사의 추진력을 받는 미국은 천하무적이었다. 블레어 총리는 이라크에 대한 부시 정부의 입장을 전폭적으로 지지하면서 인류 진보라는 명분을 돕는다고 확신할 수 있었고 거대한 군대의 편에 서 있다고 느끼면서 안도할 수 있었다. 그러나 미국이 천하무적이라는 블레어 총리의 신념은 오산이었다. 사실 미국이 이라크 반란 세력에 패할 것임은 충분히 예측할 수 있었다. 프랑스는 알제리에 거주하는 백만 명이 넘는 프랑스 정착민의 지원을 받으며 가차없는 전쟁을 벌였지만 알제리에서 물러났다. 소비에트가 아프가니스탄에서 물러나던 당시의 상황은 오늘날 미군이 이라크에서 직면한 상황과 매우 흡사했다. 군사력이 약한 편이 특이한 전술을 동원해 압도적으로 강한 상대에 맞섰던 과거의 비대칭전 사례들은 모두 약한 편이 승리한다는 교훈을 남겼다.

그러나 블레어 총리는 무지한 탓에 이러한 교훈에 주의를 기울이지 못했다. 블레어 총리는 영국 대중의 여론을 직감하는 이례적인 재능을 지녔지만, 국제적 맥락을 제대로 판단하는 데 필요한 지식은 없었다. 블레어 총리는 과거를 땅에 파묻어 국내 정치에서 성공을 거뒀지만 역사가 자기 편이라는 신념 때문에 이라크라는 대실패의 현장으로 끌려 들어갔다. 사실 블레어 총리는 역사를 몰랐다. 아는 것이라고는 고작 자기 희망을 약화시키는 역사는 받아들이지 않겠다는 신념뿐이었다. 이와 같이 블레어 총리에게 역사는 인간 진보의 기록일 때만 의미가 있었다. 역사가 자신이 현재 품고 있는 야망에 훈계를 하려 드는 것은 생각할 수도 없는 부도덕한 일이었다. 부시 대통령이나 블레어 총리는 역사를 섭리가 예비한 설계가 드러나는 과정으로 생각했다. 두 사람은 신실한 자들만 그 설계를 볼 수 있다는 독특한 견해를 지녔다. 드러난 설계를 깨닫지 못하는 사람들은 누군가의 지도를 받아야 할 것이다. 이러한 견해는 신만이 역사의 설계를 알 수 있다고 생각한 아우구스티누스의 신학에서는 인정할 수 없는 견해다. 주관적 확신만으로 자신의 행동이 옳다는 것을 입증할 수 있다고 믿었다는 점에서 블레어 총리는 근대인이었다. 섭리가 예비한 설계를 실현하기 위해 속임수가 필요하다면 그것은 진정한 속임수일 수 없었다.

속임수는 이라크 전쟁의 모든 단계에 필수적이었다. 미국이 전쟁을 어떻게 꾸며 냈는지에 대해서는 4장에서 자세히 다룰 예정이므로 여기에서는 영국을 전쟁에 관여하게 만든 몇 가지 허위 정보에 대해 이야기하는 것으로 충분할 것이다. 블레어 총리는 이라크 침략을 준비하면서 체제 교체가 한 나라를 공격할 법적 근거로 충분하지 않다는 것을 깨달았다. 따라서 공개 석상에서는 항상 전쟁의 목적을 체제 교체가 아니라 이라크가 보유하고 있을 것으로 추정되는 대량 살상 무기의 제거라고 주장했다. (2002년 9월 24일 『이라크의 대량 살상 무기: 영국 정부의 평가*Iraq's Weapons of Mass Destruction: The Assessment of the British Government*』라는 제목으로 출판된) 『이라크의 대량 살상 무기 계획: 영국 정부의 평가*Iraq's Programme of Weapons of Mass Destruction: The Assessment of the British Government*』라는 문건이 돌아다녔다. 블레어 총리는 이 문건이 대량 살상 무기를 제조할 수 있는 이라크의 능력과 의도에 관련된 정보를 바탕으로 작성된 권위 있는 문건이라고 했다. 그러나 문건의 내용이 다른 정보기관이 앞서 내놓은 정보와 모순되었기 때문에 결국 그 문건은 "미심쩍은 자료"라고 알려지게 되었다. 2002년 3월 영국 정보기관이 수집한 모든 정보를 통합하는 〈합동 정보 위원회Joint Intelligence Committee〉는 "사담 후세인 대통령이 걸프전 직후인 1991년보다 더 심각한 위협이라고 볼 증거가 없다"는 결론을 내렸다. 게다가 정보기관의 자료를 바탕으로 작성되었다는 그 미심쩍은 자료의 90퍼센트 이상은 기존에 출간된 논문 세 편을 베낀 것이었다. 베끼는 과정에서 그중 한 논문의 내용이 이라크가 〈알카에다〉 같은 이슬람교 테러 단체를 지원한다는 내용으로 바꿔어 버리기도 했다. 그러나 그 주장은 아무런 근거가 없었고 두 주체가 서로를 불신하며 적대시한다는 것을 입증하는 증거로 미루어 볼 때 타당성도 없었다.[24)]

부시 대통령과 마찬가지로 블레어 총리는 정보를 확보하지 못하면 전쟁을 추진하기 힘들 것이라고 생각했다. 사실 전쟁을 지지하는 주장에 반대되는 정보는 계속해서 무시되거나 사장되었다. 영국 〈국방 정보 참모부UK Defence Intelligence Staff〉가 작성했고 2003년 2월 유출된 문서에는 〈알카에다〉와 이라크 체제가 과거에는 접촉했지만 서로 믿지 못하게 되면서 둘의 관계가 망가졌다는 내용이 담겨 있었다. 보고서는 "〔빈 라덴의〕 목적은 오늘날 이라크와 이데올로기적 갈등을 빚는다"고 결론 내렸다.[25)] 이 보고서는 사담 대통령이 9.11 공격을 조직한 단체와 관련이 있다는 근거를 내세워 이라크 공격이 "테러와의 전쟁"의 일환이라고 옹호한 블레어 총리의 주장과 모순된다. 그보다 앞선 2002년 3월 8일 영국 내각 산하 〈국방 및 해외 담당관실Overseas and Defence Secretariat〉이 모든 증거들을 조사한 뒤 작성한 「이라크의 선택Iraq Options」이라는 보고서는 다음과 같은 명확한 결론을 내렸다.

〈합동 정보 위원회〉의 판단에 따르면 최근 이라크와 국제 테러 조직이 공모했다는 증거는 없다. 아프가니스탄 전쟁은 테러리즘이라는 임박한 위협에 맞서는 자기방어로 정당화될 수 있었지만 같은 명분으로 이라크 공격을 정당화할 수는 없다.[26]

이 보고서나 다른 보고서들은 영국 정보기관이 사담 대통령과 〈알카에다〉 사이의 연관성을 입증할 만한 증거를 여러 차례 수집했음을 짐작케 한다. 그런 증거를 찾을 수 없었고 조작할 생각도 없었던 영국 정보기관들은 아무 증거도 없다고 보고했고 블레어 총리는 훨씬 수월하게 정보를 조작할 수 있는 대량 살상무기 쪽으로 눈을 돌렸다.

다른 경우와 마찬가지로 이 경우에도 문제는 정보의 결함이 아니라 전쟁을 수행할 명분을 뒷받침하지 못하는 정보가 묵살당했다는 것이다. 블레어 총리는 사실에 입각한 정보는 내버려 둔 채 오직 "신념에 입각한 정보"에만 관심을 보였다. 미 국무부 산하 〈해외 정보 조사국Bureau of Intelligence and Research〉에서 활동한 전직 군축 전문가에 따르면 정보기관에 대한 부시 정부의 시각도 다르지 않았다.[27] 신념에 입각한 정보를 지지하는 부시 정부 핵심 인사 중 한 사람이 불편한 정보를 걸러내기 위해 졸속으로 만들어진 〈특수 작전국Office of Special Plans〉을 이끌었기 때문이다. 이 내용은 4장에서 검토할 것이다.

이라크를 침략한다는 계획이 비밀리에 수립되기 시작한 시기는 9.11 테러 공격이 일어나고 몇 주 내지 몇 달 뒤인 2001년 말이었던 것으로 보인다. 2002년 4월 캠프 데이비드를 방문해 부시 대통령을 만난 블레어 총리는 부시 대통령이 이라크와 전쟁을 치르기로 결심했다는 사실을 분명히 인식하고 있었다. 잭 스트로Jack Straw 외무 장관이 2002년 3월 25일 캠프 데이비드 방문을 준비 중이던 블레어 총리에게 보낸 전언에 부시 대통령은 명분이 충분하지 않아도 전쟁을 하기로 결심한 것이 분명하다는 내용이 담겨 있었기 때문이다. 블레어 총리는 사담 대통령은 이웃 나라를 위협하고 있지 않고 이라크의 대량 살상 무기 보유 능력은 리비아, 북한, 이란보다 낮다는 측근의 조언을 무릅쓰고 캠프 데이비드에서 만난 부시 대통령에게 영국의 전폭적인 지원을 약속했다. 2002년 7월 23일 오전 9시 다우닝가 10번지에서 열린 회의에서 블레어 총리는 "C"에게서 사담 대통령에 대한 미국의 군사행동은 "불가피한 것 같다. 미국은 이라크 공격에 맞게 정보나 사실들을 수정하고 있다"는 말을 들었다. 여기서 "C"는 회의가 열리기 얼마 전 워싱턴에서 미 중앙정보부 부장 조지 테닛George Tenet을 만나 의견을 교환한 영국 정보국(MI6) 국장 리처드 디어러브Richard Dearlove 경이다. 이날의 회의 내용은 유출되어 〈다우닝가 메모Downing Street Memo〉라는 사이트에 올랐고[28] 노동당은 분노로 들끓었다. 이를 무마하기 위해 블레어 총리는 군사행동을 인정하는 유엔의 새 결의안을 받아내는 것이 좋겠다고 부시 대통령을 설득했지만 2003년 1월 31일 열린 백악관 회의에서 부시 대통령은 블레어 총리에게 유엔의 결정과 상관없이 전쟁에 나설 것임을 분명히 했다. 이번에도 블레어 총리는 다시 한번 전폭적인 지원을 약속했다.[29] 게다가 블레어 총리는 영국이 전쟁에 전면적으로 참여하지 않아도 된다는 부시 대통령의 제안을 거절했다. 2003년 3월 블레어 정부가 무너질 것을 우려한 부시 대통령이 블레어 총리에게 영국군은 참전하지 않아도 된다고 선택권을 주었지만 블레어 총리는 이 제안을 거절하고 전면 참전을 고집했다.[30] 한편 블레어 총리는 전쟁 발발 이틀 전인 3월 18일에도 결정적인 투표를 앞둔 의회에 나가 전쟁을 피할 수 있다는 듯 연기를 했다.

블레어 총리는 전쟁 직전까지도 속임수를 썼지만 그렇다고 해서 블레어 총리를 거짓말쟁이라고 생각하면 오산이다. 블레어 총리는 진실을 숨긴 것이 아니라 진실을 정상적으로 이해할 능력이 없었다. 블레어 총리에게 진실이란 명분에 봉사하는 것이었으므로 일반적으로 속임수라고 판단되는 일에 연루되었을 때도 자신은 새로운 세계가 도래하기를 바라면서 그 길을 예비할 뿐이라고 생각했다. 블레어 총리는 더 고결한 목적을 위해 침묵을 지켰다. 블레어 총리는 아부그라이브 수용소에서 일어난 학대에 침묵했고 미국 비행기가 테러 용의자를 납치해 그들을 고문할 수 있는 나라로 후송하는 "용의자 인도" 임무를 수행하는 데 영국 공항을 활용하고 있다는 확실한 정보도 묵살했다. 이러한 문제에 대한 블레어 총리의 입장은 일반적인 기준에서는 철저한 기만으로 판단된다. 그러나 블레어 총리는 자신에게 일반적인 기준이 적용되지 않는다고 믿는 것이 분명했다. 블레어 총리는 인간이 진보할 수만 있다면 속임수를 정당화할 수 있을 뿐 아니라 그 속임수는 더 이상 속임수가 아니라고까지 생각했다. 그러므로 블레어 총리의 거짓말은 선의의 거짓말이 아니다. 그 거짓말은 장차 역사가 나아갈 길에 대한 예언이고 그런 계시에는 언제나 위험이 뒤따른다.

블레어 총리가 집권한 10년 동안 영국 정부의 성격이 변했다. 모든 정부 기관은 긍정적인 이미지 구축을 목표로 삼았고 그 과정에서 일부는 진실에서 멀어졌다. 블레어 총리는 여론 형성을 정부의 최우선 목표로 삼았다는 점에서 과거의 영국 총리들과 달랐다. 그 결과 과거에는 정부가 이따금 여론 형성에 나섰던 반면 블레어 총리가 집권한 뒤에는 여론 형성이 정부 기능에 통합되었다.[31] 프랑스 정치사상가 레몽 아롱Raymond Aron은 소비에트 정치에서 거짓말이 담당한 역할을 이렇게 기록했다.

> 정확하고 엄격히 말해 고의로 진실에 반대되는 말을 하는 사람은 거짓말쟁이다. 레닌의 동료들은 저지르지 않은 범죄를 고백하는 거짓말을 했고 소비에트 집단화 과정에서 대

중이 행복에 겨워 노래를 불렀다는 선전도 거짓말이었다. (…)

그런데 볼셰비키나 공산주의자들이 소비에트 연방을 **사회주의**라고 부른 것도 거짓말일까? (…) 그들이 오늘날의 사회주의와 사회주의의 정수에 부합하게 될 미래의 사회주의 사이의 차이를 이해하고 있었다면, 엄격한 의미에서 그들은 거짓말을 했다기보다 현실을 "허위 현실"[이라고 일컫는 것]로 대체한 것이다. 즉, 그들은 이데올로기에 부합하는 미래의 모습을 현실에 투영했다. 어쨌든 소비에트 연방은 사회주의로의 길을 향해 내딛는 한걸음이며 나아가 인류를 구원할 한걸음이었다.[32)]

블레어 총리는 진실을 방법론적으로 묵살했다. 소비에트 사회주의 연방 공화국을 보편적 민주주의로 나아가는 여정 속의 한 단계라고 제시한 서구 공산주의자들이 역사 속 선례다. 자신들이 불패의 명분에 봉사하고 있다고 믿은 소비에트 시대의 서구 공산주의자들은 "진실을 위해 거짓을 말할" 준비가 되어 있었고 소비에트 체제를 사실대로 묘사하는 대신 자신들의 믿음에 따라 불가피한 것으로 묘사했다. 소비에트 연방을 민주주의라고 묘사하는 것은 불합리했다. 마찬가지로 이라크가 자유민주주의 국가가 되어 가고 있다거나 이라크가 전 지구적 테러리즘에 맞선 전쟁에서 승리할 장소라는 말도 불합리하다. 사실대로 말하자면 이라크는 실패한 국가다. 이라크에 민주주의와 비슷한 것이 있다면 오늘날 그것은 이란식 신권정치를 구축하는 데 기여할 뿐이다. 같은 방식으로 말해 사실 미국이 주도한 침략은 이라크를 테러리스트들의 훈련소로 바꿔 놓았다. 블레어 총리는 이러한 사실을 숨기는 데 그치지 않고 사람들의 사고방식을 형성할 목적으로 허위 현실까지 구성했지만 소비에트의 사례와 마찬가지로 이번에도 허위 현실은 역사의 시험을 견디지 못했다. 이라크의 끔찍한 현실은 진실은 권력의 구성물이라는 탈근대적 신조를 반박한다. 만일 블레어 총리가 이라크의 끔찍한 현실을 인식한다면 미국의 유권자들도 그것을 인식할 것이다. 그 결과 블레어 총리는 생을 마칠 때까지 실패한 정부에서 정리해고당한 공직자라는 비난을 받아야 할 것이다.

블레어 총리와 부시 대통령이 권력을 잡게 된 정치 환경은 완전히 달랐다. 부시 대통령은 자신을 뒤에서 떠받쳐 줄 대중의 종교적 신념을 동원할 수 있었지만 블레어 총리는 그럴 수 없었다. 블레어 총리의 구세주적 대외 정책을 지지해 줄 신보수주의 운동은 블레어 총리가 권력에서 물러날 무렵에야 겨우 발전하기 시작했다. 그러나 블레어 총리와 부시 대통령 사이에는 강력한 유대가 있었다. 피상적이지만 강도 높은 종교성과 인간 진보에 대한 공격적인 신념을 결합시킨 부시 대통령의 세계관은 블레어 총리의 세계관이기도 했다. 두 사람은 자신들이 알고 있던 유일한 역사인 지난 20년의 역사를 인류가 완전히 새로운 시대로 진입했음을 보여 주는 현상으로 해석했다. 1980년대 말의 대처 총리와 마찬가지로 블레어 총리와 부시 대통령은 공산주의의 붕괴를 서양의 보편주의가 빚어낸 실패로 생각하지 않고 "서양"의 승리를 알리는 표식으로 이해했다. 장기적인 역사적 전망을 가지지 못했던 두 사람은 21세기 초반의 도전을 탈냉전 시대의 승리라는 환상에 입각해 이해하고 말았다.

블레어 총리와 부시 대통령은 서양 정치에서 유토피아주의가 상승하던 시기의 마지막 단계에 등장했다. 블레어 총리와 부시 대통령에게 인간 진보는 자명한 진리였다. 그러나 세속 사상에만 의존해서는 인간 진보를 제대로 이해할 수 없었으므로 블레어 총리와 부시 대통령은 인류의 구원을 목표로 삼는 선교사적 방식의 정치를 펼쳤다.

Black Mass
How religion led the World into crisis

4장 종말론의 미국화

우리에게는 세계를 다시 시작할 수 있는 힘이 있다. 노아의 시대 이래 지금 같은 시절은 없었다. 새로운 세계의 탄생이 가까웠다.

– 토머스 페인Thomas Paine[1)]

2001년 9월 11일 시민 수천 명의 목숨을 앗아간 사건이 일어났다. 이 사건으로 종말론적 사고가 미국 정치의 중심에 진입했고 그와 동시에 미국 신화 일부를 형성한 신념이 되살아났다. 17세기에 이 땅에 식민지를 건설한 청교도들은 자신들이 구세계에 있던 악을 제거한 사회를 창조하고 있다고 생각했다. 보편적 원칙 위에 세워진 이 사회는 모든 인류의 귀감이 될 수 있었다. 영국 식민지 정착민들은 미국을 역사의 새로운 시작으로 받아들였다.

사실 새로운 출발이란 없었다. 최초의 영국 식민지 정착민들이 도착한 순간부터 지금까지 미국에는 새로운 세계를 창조한다는 인식이 퍼져 있었지만 그러한 인식은 중세 천년왕국주의에서 출발해 영국혁명을 거쳐 온 천년왕국을 추구하는 소요의 한 흐름일 뿐 새롭지도 독특하지도 않았다. 미국 정치의 두드러진 특징인 보편적 사명에 대한 인식은 이 고전적 흐름에서 비롯한다.

독립 전쟁을 치른 뒤 등장한 신생 국가는 영국 정부로부터 물려받은 전통을 민족자결권을 쟁취하기 위해 투쟁하는 자신의 상황에 알맞게 조정해 보편 권리라는 용어를 탄생시켰다. 최초의 식민지 정착민들과 뒤이어 미국을 자치 공화국으로 바꾼 사람들은 기본 원칙들에 입각해 정부를 창조할 수 있다고 생각했지만 사실 새 역사를 건설할 수 있다는 그들의 원칙과 신념은 과거로부터 물려받은 유산에 불과했다.

1.
청교도 식민지에서 구원의 국가로

우리 미국인은 선택받은 특별한 민족, 즉 우리 시대의 이스라엘이다. 세계의 자유를 실은 방주는 우리가 책임져야 한다.

– 허먼 멜빌Herman Melville[2)]

뉴잉글랜드에 도착한 청교도 식민지 정착민들은 영국 시민혁명에 불을 붙인 예언자적 신념을 고스란히 간직하고 있었다. 청교도들에게 신세계의 식민화는 그 자체로 종말을 앞당기는 사건이었다. 1630년 존 윈스럽■은 매사추세츠 베이 식민지를 건설한 영국 청교도들에게 뉴잉글랜드가 신과 맺은 새로운 계약을 구현한 "언덕 위의 도시"라고 설교했다. (이 설교는 식민지로 향하는 배 위에서 이루어

■ John Winthrop, 1588~1649. 미국의 법률가, 정치가. 보스턴 주변에 회중파교회會衆派敎會를 중심으로 하는 공동체를 건설했다. 제임스 새비지가 『뉴잉글랜드사史, 1630~1649*The History of New England from 1630 to 1649*』(전2권, 1825~1826)로 간행한 윈스럽의 『일기*Journal*』는 초기 뉴잉글랜드의 생활상을 보여주는 귀중한 자료다.

졌을 것이라는 생각과 다르게 식민지 정착민들이 영국을 떠나기 전 이루어졌을 가능성이 높다.) 윈스럽은 곧 건설될 식민지가 역사의 새 장을 여는 표식이라고 못박으면서 미덕에서 벗어난 자들을 기다리는 끔찍한 운명에 대해서도 경고했다.

> 우리가 언덕 위의 도시가 되어야 한다는 사실을 염두에 두어야 합니다. 모든 사람들이 우리를 지켜보고 있습니다. 이 과업을 수행하는 동안 우리가 신을 속인다면 (…) 적들은 입을 벌려 신을 모독할 것이고 (…) 우리는 신의 충성스러운 종들이 걸어갔던 길을 부끄럽게 할 것이며 지금 향하는 기름진 땅에 머무는 동안 우리를 향한 그들의 기도는 저주로 바뀔 것입니다.[3]

새로운 세계에 대한 희망은 종말이 가까웠다는 두려움과 결부되어 있었다. 존 코튼John Cotton 보스턴 제1교회 목사는 찰스 1세가 처형당했을 때 짐승의 패배를 묘사한 요한의 묵시록 구절을 설교하면서 적그리스도가 1655년에 멸망할 것이라고 예언했다. 17세기 중반 영국에는 이러한 믿음이 보편적이어서 제5왕국파뿐 아니라 광범위한 종교 분파의 지도자들이 그렇게 믿었다. 미국의 예언 전통을 연구한 폴 보이어Paul Boyer에 따르면 미국에 건설되는 식민지를 "적그리스도의 왕국에 맞설 방어벽"으로 묘사한 존 대븐포트John Davenport 목사를 비롯한 청교도 지도자들은 명백한 종말 신학적 근거를 내세우면서 미국을 식민화하는 모험을 지원해야 한다고 촉구했다. 영국에서는 1660년 찰스 2세의 왕위 계승 및 왕정복고와 함께 종말을 바라는 열망이 수그러들었지만 그 열망은 바다 건너의 미국에서 새 둥지를 틀었다. 18세기 초 뉴잉글랜드 종말론 역사를 기록한 코튼 매더Cotton Mather 보스턴 제1교회 목사는 뉴잉글랜드를 "천상의 신"이 천년왕국의 수도로 "주목하는 장소"라고 묘사하기도 했다.[4]

종말론을 공공연하게 내세우는 운동들은 사라지지 않았다. 1장에서 살펴본 대로 19세기 초 영국은 조애나 사우스코트가 이끈 대중운동을 경험했고 감리교는 강력한 천년왕국 흐름을 잇는 통로가 되었다. 천년왕국을 추구하는 사고는 그와 거의 비슷한 시기에 더 세속적인 모습으로 탈바꿈했다. 윌리엄 고드윈이나 토머스 페인 같은 급진 사상가들은 인간의 활동으로 세계를 바꿀 수 있다는 후천년주의 신념을 진보에 대한 계몽주의 신념으로 재창조했다. 1장에서 다룬 바 있는 윌리엄 고드윈은 초기 여성주의자 메리 울스턴크래프트Mary Wollstoncraft와 결혼한 무정부주의자로, 역사를 인간 이성의 발전과 궤를 같이하는 일련의 단계로 파악했고 그 끝에 정부가 필요없는 세상이 올 것으로 내다봤다. 고드윈은 분명 기독교의 영향을 받은 목적론적 역사관을 지녔지만 천년왕국적 희망의 핵심인 갑작스러운 변화를 기대하지 않은 반면 미국 혁명의 이데올로그로 명성을 얻었고 조지 워싱턴에게 영향을 미친 토머스 페인의 입장은 명백한 종말 사상이었다. 『상식*Common Sense*』■ 의 1776년 판 부록에서 페인은 미국 혁명으로 세계가 다시 태어날 것임을 확언했는데 이것은 고전적 종말 신념이다. 콩도르세와 마찬가지로 페인은 프랑스혁명기에 자코뱅당에 잡혀 투옥되었다. 당시 프랑스에 있던 많은 친구들과 마찬가지로 페인은 이성을 활용해 신성한 존재를 입증할 수 있다고 믿는 이신론자理神論者이자 열렬한 합리주의자였지만 미국 혁명을 천년왕국 사건으로 생각했다.

종말 종교가 미국을 형성하는 주된 요인으로 작용하면서 유럽 문명은 아무런 변동 없이 신세계에 자리잡게 되었다. 물론 미국인 중에는 미국이 유럽의 성취를 더 높은 단계로 승화시켰다고 생각하는 사람들이 늘 있었다. 18세기 후반에

■ 『상식, 인권』, 박홍규 옮김, 필맥, 2004.

활동했던 위대한 미국 화가 벤저민 웨스트*의 전기 작가 존 갤트John Galt는 벤저민 웨스트가 유럽의 예술적 유산을 부활시켰고 그의 예술은 유럽이 지금까지 성취해 온 모든 것을 능가한다고 기록했다. 그러나 유럽 예술의 쇠락은 "유럽 예술이 미국에서 찬란한 영광을 누리게 될 것임을 알리는 징조"에 불과하다고 덧붙였다.[5] 여기에서는 미국이 새출발을 했다는 인식을 찾아볼 수 없다. 갤트는 역사를 순환으로 파악하는 고전 역사가들의 관점에 입각해 유럽 문명이 미국 해안에서 또 다른 삶을 찾은 것으로 파악한다. 역사가 순환한다는 입장이 힘을 얻었다면 미국은 국경 남쪽에 있는 나라들과 마찬가지로 구세계를 그대로 답습한 신세계가 되었을 것이다. 그러나 안타깝게도 미국은 자신을 유럽과 차별화된 존재, 즉 보편적 원칙을 바탕으로 수립된 새로운 문명으로 인식하게 되었다.

존 로크의 정치 이론은 미국을 건국한 사람들에게 영향을 주었다. 로크는 정부를 자연권을 보호하기 위해 맺은 사회계약의 결과로 파악했다. 기존의 거의 모든 국가와 다르게 미국은 이데올로기를 바탕으로 수립되었다는 점에서 새로운 국가였다. 독립 전쟁 기간에는 로크의 정치 이론이 그럴듯하게 들렸지만 독재만 제거되면 자유가 성취된다는 믿음을 고취했기 때문에 로크의 이론을 대외 정책에 적용할 경우에는 유용성이 떨어졌다. 로크는 보편 이론을 폈지만 사실 로크의 사상은 특정한 역사적 조건에서만 의미를 가지는 신념과 가치에서 나온 것이다. 로크의 정치철학은 구구절절 개신교 신학에 의존한다.[6] 인권은 신에 대한 인간의 의무에 근거한다. 이를테면 신이 인간을 창조했으니 우리는 신의

* Benjamin West, 1738~1820. 영국에서 활약한 미국 화가. 이탈리아에서 신고전주의를 배운 뒤 런던에 살면서 조지 3세의 왕실 초상화가가 되었다. 이후 역사화로 전환하여 명성을 얻었으며 1770년 "울프 장군의 죽음The Death of General Wolfe"을 당대의 복장으로 그려 역사화에 새로운 표현법을 도입했다.

소유물이고 그렇기에 우리는 자기 목숨조차 스스로 취하면 안 된다. 이와 같이 자연 상태라는 로크의 관념은 신성한 창조 및 세계에 대한 신의 소유권 같은 기독교 신념을 표현한 것이고 제한받는 정부라는 로크의 이상은 17세기 영국이 겪은 갈등에서 비롯되었다. 로크는 자유가 인간의 원시적 조건이라고 생각했지만 사실은 그렇지 않다. 자유는 세대를 거치며 제도를 구축해 온 결과다. 그러나 미국에서는 자연적 자유라는 사고가 보편 권위를 주장하는 시민 종교의 근간이 되었다.

미국을 건국한 사람들 모두가 이 시민 종교를 인정한 것은 아니었다. 미국 헌법 비준을 논의하던 1787년과 1788년에 발표된 글을 모은 『연방주의자 논집』의 여러 저자는 더 회의적인 시각으로 정부를 이해했다. 제임스 매디슨James Madison이나 알렉산더 해밀턴Alexander Hamilton 같은 사상가들은 당시 등장하고 있던 체제가 인류를 꿈에도 생각하지 못했던 수준까지 끌어올려 주리라고 생각하지 않았다. 미국이 현명한 사상의 지도를 받는다면 다른 정부들을 능가할 수 있겠지만 모든 제도에 내재한 결함을 극복할 수는 없을 것이다. 그러나 연방주의자들을 통해 온갖 우여곡절을 겪으면서도 명맥을 이어온 미국의 반유토피아 전통은 안타깝게도 미국이 식민지를 건설하면서 내세운 보편적 사명이라는 정서를 대체하지 못했다.

미국은 보편 이데올로기를 토대로 수립되었다는 점에서 혁명 이후의 프랑스나 과거의 소비에트 연방과 같은 범주에 속하는 국가지만 그들과 다르게 상당한 안정성을 확보했다. 지난 몇 세기 동안 미국의 제도는 사실상 다른 모든 나라에 비해 거의 아무런 변화를 겪지 않았다. 미국 민족주의를 분석한 영국 학자 아나톨 리벤Anatol Lieven은 이렇게 평가했다.

> 일반적으로 사람들은 미국을 젊고 새롭고 끊임없이 변화하는 나라로 인식한다. 이같은 고정관념을 가지고 있다면 미국인들이 미국의 제도를 소중히 여기는 이유는 미국의 제도가 오래되었기 때문이라는 사실에 놀랄 것이다. (…) 지난 2백 년 동안 영국의 정치제도가 미국에 비해 훨씬 더 근본적인 변화를 겪었다. (…) 그러므로 "새롭다"거나 "젊은" 국가라는 생각과 다르게 미국은 세계에서 가장 낡은 국가 중 하나다.[7]

유달리 오래된 미국의 제도를 보면 미국이 세계에서 예외적인 역할을 수행한다는 미국인들의 믿음이 얼마나 굳건한지 어느 정도 이해할 수 있다. 거의 모든 나라에서 통치 체제는 변화를 거듭해 왔다. 심지어 영국은 정치 실험과 정착이라는 과정을 거듭한 실험장이나 다름없었다. 정치의 무상함을 겪지 않은 나라는 미국을 비롯해 스위스나 아이슬란드 등 손에 꼽을 만큼 적다. 통치하는 제도와 피통치자를 동일하다고 여길 수 있는 나라는 미국뿐이다. 남북전쟁이라는 공백기가 있었고 루스벨트 대통령 시절 연방 정부가 확대되기도 했지만 미국은 지난 2백년 이상 동일한 체제를 유지해 온 국가로 인식된다.

부시 정부 시절 이루어진 이행은 미국의 예외적인 종교성 때문에 가능했는데 종교성은 미국을 세계의 나머지 나라와 다른 나라로 규정할 수 있게 만드는 가장 큰 요인이기도 했다. 이 용어를 처음 사용한[8] 알렉시스 드 토크빌Alexis de Tocqueville이 인식한 대로 미국 예외주의는 종교적 현상이다. 영국에서 온 최초의 식민지 정착민들이 이 땅에 발을 딛은 순간부터 독립을 쟁취할 때까지 미국은 종교라는 안경을 쓰고 자신을 이해했다. 인간의 활동으로 세계를 부분적으로 변화시킬 수 있다고 기대하는 후천년주의 사고와 대격변을 몰고 올 갈등을 고대하는 전천년주의 신념이 미국인들의 역사 해석 방식과 미국인들의 미래관을 형성했다. 후천년주의와 전천년주의는 미국이 역사에서 독특한 역할을 수행해야 하는 존재임을 미국인들에게 각인시켰고 그 결과 종말 신화가 미국화되었다.

19세기 중반에 정식화된 명백한 운명■이라는 신념은 종말 신화가 미국화되는 과정에서 등장했다. 초기 기독교의 구심점이던 세상의 구원자라는 사고는 멜빌의 표현대로 미국을 "선민選民"의 땅이라고 믿는 구원자 국가라는 사고로 변했다. 미국이 역사의 구원자라는 신념이 아니면 1919년 우드로 윌슨 미국 대통령의 연설에 등장한 독특한 용어를 설명할 수 없다. 윌슨 대통령은 미국의 국제연맹 가입을 반대하는 사람들을 공격하면서 이렇게 선언했다.

> 나는 그들이 우리에게 의존할 도덕적 의무를 느낄 수 있기를 바랍니다. 그럼으로써 모든 일을 끝까지 마무리 짓고 세계를 구원해 저 군인들과 맺었던 약속을 저버리지 않을 수 있기를 바랍니다. 이 결정이야말로 바로 세계에 자유와 구원을 가져다 줄 결정입니다.[9]

윌슨 대통령은 세간에 알려진 것보다 더 복잡한 인물이었을 것이다. 윌슨 대통령은 인종차별 같은 국내 문제에는 철저하게 반동적 입장을 취했으면서도 멕시코의 경우와 같이 미국이 군사개입을 해야 하는 해외 문제에 있어서는 고전적 제국주의를 실천했다. 윌슨 대통령은 미국 밖에서는 민주주의가 실현되지 않을 수 있다는 사실을 알고 있었고 에드먼드 버크의 추종자답게 강압으로 민주주의를 발전시킬 수 없다는 사실을 받아들였기에 미국 정부를 수출해야 한다

■ Manifest Destiny, 1845년 저널리스트 존 오 설리번John O' Sullivan이 처음 소개한 개념. 미합중국은 북미 전역을 정치, 사회, 경제적으로 지배하고 개발할 신의 명령을 받았다는 주장으로, 미국의 팽창주의와 영토 약탈을 합리화했다.

는 사명감을 갖지 않았다. 그럼에도 윌슨 대통령은 여전히 자유주의적 국제주의라는 미국의 핵심 신념을 구현하는 인물이었다. 민족자결주의가 전 세계로 확장되어야 한다는 자유주의적 국제주의는 미국의 대외 정책에 꾸준히 영향을 미쳤다. 부시 정부의 중동 정책은 제1차 세계대전이 끝난 뒤 윌슨 대통령이 중앙 유럽과 동유럽에서 추진했던 기획을 재탕한 것이었다. 두 사람 모두 자신들이 불러일으키고 있는 세력, 즉 당시의 인종 민족주의나 오늘날의 급진 이슬람교를 전혀 이해하지 못했다. 막대한 피를 흘린 뒤에야 비로소 수립될 수 있었던 미국식 민족국가가 전 세계에 자유와 평화를 가져다 줄 비결이라는 모순적인 믿음은 집요하게 이어졌다.

윌슨 대통령은 미국이 역사에서 수행해야 할 역할에 대한 견해 중 하나를 구현했다. 미국인 작가 두 명은 오늘날까지 이어지는 그 견해를 이렇게 요약했다.

> (…) 극히 짧은 기간을 제외하고는 미국 역사를 통틀어 미국에는 단 하나의 대외 정책밖에 없었다. 한때 미국은 공화국 방어 및 영토 확장이라는 문제를 벗어나 멀리 떨어진 지역의 문제, 즉 더 넓은 세계의 문제로 눈을 돌렸는데 그때 나타난 단 하나의 대외 정책은 미국인들이 경험한 고립과 명백히 신학에 기원을 두고 있는 도덕적 열정의 복합체였다.[10)]

고립기였든 해외에 대규모로 개입한 시기였든 미국의 대외 관계는 이 신념의 영향을 받았다. 고립과 해외 개입이 상반되는 태도라고 생각하면 오산이다. 고립기에도 미국은 복음주의적 특성을 보이기 때문이다. 고립과 전 지구적 개입은 신념을 완전히 포기한 적 없는 미국이 세계와 관계를 맺는 두 가지 방식이다. 이 신념은 군사개입을 하거나 개종을 시키는 등 개입하는 형태로 나타나기도 했고 구세계의 부패한 책략에 얽히지 않으려고 내부를 지향하는 민족주의적 태도로 나타나기도 했는데 미국 역사 대부분에서는 민족주의적 입장이 우세했다. 양차 세계대전에 참여하기 위해 미국인들을 설득해야만 했던 사실에서 알 수 있듯이 대부분의 미국인은 민족주의적 사명감을 해외 군사개입에 대한 적극적인 지지로 수월하게 혹은 자동으로 전환할 수 없었다. 그러나 어느 경우든 청교도 식민지 정착민들에게 영감을 주었던 특별한 사명에 대한 신념만은 유지되었다. 미국 종교학자 콘래드 체리Conrad Cherry는 이렇게 언급했다.

> 미국이 신의 선택을 받은 특별한 운명을 짊어진 민족이라는 신념은 미국식 성례聖禮의 핵심이었고 대통령 취임 연설은 시민 종교의 성서였다. 이 신념이 미국인들의 삶에 동기를 부여할 정도로 매우 널리 퍼져 있기 때문에 "신념"이라는 단어로는 그 신념이 미국인들에게 얼마나 역동적인 역할을 하는지 제대로 표현할 수 없다.[11)]

자신이 역사에서 예외적인 역할을 수행한다고 생각하는 미국의 태도는 그리 유별나지 않다. 많은 나라들이 세계의 구원자를 자처했기 때문이다. 미국의 태도는 프랑스혁명에 영감을 불어넣은 전 지구적 사명이라는 사고와 명백히 유사하며 미국을 건국한 사람들도 대부분 미국 혁명 전쟁과 프랑스 구체제 전복을 연계시켜 생각했다. 미국의 세속적 사명감이 별스러운 일이 아니듯이 신의 선택을 받은 민족이라는 미국의 확신도 특별한 것은 아니다. 남아프리카의 아프리카계 네덜란드인, 북아일랜드 얼스터의 개신교 공동체, 일부 시온주의자들이 유사한 신념을 가졌고[12)] 많은 러시아인들도 같은 신념을 가졌기 때문이다. 2장에서 살펴본 대로 신이 러시아 민족에게 사명을 내렸다는 신념은 19세기 슬라브 예찬론자들이 옹호한 반동적 구세주 사상의 핵심이었다. 미국이 다른 민족과 다른 점은 구세주 신념이 생명력을 이어 나갔다는 점과 그 신념이 거대한 대중문화를 형성했다는 점이다.

종말 전통은 오랫동안 잠잠했다. 종말 전통은 양차 세계대전 사이에 미국을 덮친 대공황이라는 파국적인 사회 상황에서도 움직이지 않았고 미국이 제2차 세계대전 참전이라는 가장 고결한 행동에 나섰을 때도 부활하지 않았다. 참전 결정은 더 나은 세계를 기대했기 때문이라기보다는 마음에 들지 않지만 해야 한다는 의무감에서 나온 것이었다. 냉전 초기 미국에는 피해망상적 사고가 걷잡을 수 없이 번졌지만 종말 신념은 여전히 약세였다. 이번에도 미국인들은 세계를 재창조한다기보다는 명백한 위험에 저항한다고 생각했다. 냉전 후기에 종말론 사고가 돌아왔지만 큰 힘을 발휘하지는 못했다. 로널드 레이건 미국 대통령은 고별 연설에서 소비에트 연방을 "악의 제국"으로 묘사하면서 미국을 "언덕 위의 도시"라고 한 윈스럽의 견해를 재확인했지만 재임기에는 기독교 우파의 영향이 거의 없었다. 베를린 장벽이 무너졌을 때 아버지 부시 대통령은 눈앞에 놓인 어려움만을 토로했다. 부시 대통령의 아들이 대통령이 된 뒤에야 비로소 종교가 미국 정치의 중심으로 진입했고 9.11 사건이 일어난 뒤에야 비로소 종교가 전방위적인 정책에 영향을 미치게 되었다.

몇 나라를 "악의 축"으로 지목한 조지 W. 부시 대통령의 언급은 국방부 차관 윌리엄 보이킨William Boykin 육군 중장의 발언에 비하면 약과다. "(…) 적은 어둠의 공국이라 불리는 영적인 적, 바로 사탄으로 불리는 존재입니다."[13] 종말론이 선명하게 드러나는 보이킨의 연설은 논란을 일으켰지만 보이킨은 미 국방부에서 정보 관련 업무를 계속 수행했다. 보이킨이 관타나모 수용소에서 자행된 "고문"을 아부그라이브 수용소로 확대한 핵심 인물이었다는 점은 아무런 문제가 되지 않았다. 보이킨의 발언에는 부시 대통령이 공유하는 세계관이 고스란히 담겨 있다. 한편 부시 대통령의 연설에도 종말론을 떠오르게 하는 내용이 많다. 2001년 10월 9.11 테러 공격을 주제로 한 연설에서 부시 대통령은 요한의 묵시록에서 이사야에 이르는 수많은 성경 구절을 인용했다. 낙태와 동성 결혼에 대한 부시 대통령의 연설에서도 성경 구절을 암시하는 대목이 있었다.[14] 미국이 이라크를 침략하고 몇 달 뒤인 2003년 부시 대통령은 마무드 아바스Mahmoud Abbas 팔레스타인 자치 정부 총리에게 이렇게 말했다. "신께서 〈알카에다〉를 공격하라고 말씀하셨기에 그들을 공격했지요. 그랬더니 이번에는 사담을 치라고 명하셨어요. 그래서 그렇게 했습니다."[15]

근본주의는 부시 대통령의 대외 정책에만 영향을 미친 것이 아니었다. 부시 대통령과 어울려다니는 기독교 지도자 대부분은 기독교 재건주의Christian Reconstructionism 또는 통치 신학Dominion Theology이라고 알려진 운동에 몸담고 있다. 신의 법으로 삶의 모든 측면을 다스릴 기독교 정부가 우리 시대에 등장하리라고 믿는 이 후천년 근본주의 운동은 "그리스도 주권의 세계 통치"를 목표로 삼았다. "당신이 원하시면 '세계를 접수해' (…) 세계의 역사를 새로 써 나갈 것입니다."[16] 또한 통치 운동은 신성한 명령에 따라 인류가 지구를 "복속해야" 한다고 믿는다. 세계의 천연자원을 찾아 내고 날씨를 통제하는 과업이 여기에 속한다. 사람들은 대개 부시 대통령이 환경 운동에 반대하는 이유가 대부분의 환경 입법이 미국 유권자들에게 인기가 없기 때문이라고 생각한다. 그러나 환경 보존주의에 대한 미국 유권자들의 적대심은 과장되는 경우가 많다. 부시 대통령이 환경 운동에 반대하는 더 근본적인 이유는 아마 환경 정책이 부시 대통령의 종교적 신념과 상충하기 때문일 것이다. 아마게돈 전쟁이 가까웠다고 믿는 사람은 지구 온난화 따위에 관심을 가질 이유가 없는 것이다.

부시 대통령이 근본주의 세력과 입장을 같이하는 데는 강력한 정치적 이유가 있었다. 내부인들의 설명에서 드러난 대로 부시 정부와 기독교 우파의 관계는 인위적으로 형성된 야합이었다.[17] 의회를 장악하기 위한 투쟁에서 복음주의 유권자들의 표가 반드시 필요했다. 2006년 중간 선거를 치르기 전까지 미국 정부는 분명 기독교 우파를 정치적 통제의 도구로 여겼다. 그러나 부시 대통령이 근본주의자들을 단순히 동지로 여겼다고 생각한다면 오산이다. 그들의 세계관은 정말 유사하다. 과거 알코올에 탐닉한 부시 대통령은 이제 매일을 기도와 성경 공부로 시작하는 거듭난 기독교도가 되어 다른 근본주의자들과 마찬가지로 학교에서 자연선택을 주장하는 다윈의 이론과 함께 "지적 설계론"도 가르쳐야 한다고 주장했다.[18] 미국의 후천년주의 전통에 속하는 부시 대통령의 종교적 신념에는 진정성이 있다. 그리고 바로 그 신념이 미국 및 세계에서 미국의 지위에 대한 부시 대통령의 관점을 형성했다. 2006년 9월 보수 성향 잡지와 인터뷰하면서 부시 대통령은 "제3차" 종교적 "각성"이 미국에서 진행되고 있는 것 같다고 말했다. 일반적으로 "제1차 대각성"은 1730년에서 1760년 사이 식민지를 사로잡았던 강력한 종교성을 말하며, "제2차 대각성"은 1800년에서 1830년 사이 일어났다고 본다. 부시 대통령은 "대다수 미국인들"과 마찬가지로 "테러와의 전쟁"을 "선과 악의 대립"으로 본다고 말했다.[19]

"대다수 미국인들"이라는 부시 대통령의 표현을 액면 그대로 받아들여서는 안 된다. 2002년 『뉴스위크*Newsweek*』에서 실시한 여론 조사에 따르면 미국인 45퍼센트는 미국을 "세속 국가"로, 29퍼센트는 "기독교 국가"로 생각했으며 "유대-기독교 전통에 따른 성서 국가"라는 응답은 16퍼센트에 불과했기 때문이다.[20] 그럼에도 미국은 국민의 다수가 기독교도고 그 중 일부가 근본주의를 고수한다는 점에서, 그리고 서양의 다른 나라 지도자들은 그런 용어를 활용해 발언할 수 없었을 것이라는 점에서 선진 국가 중에서 독특한 위치를 차지한다. 영국에서는 어떤 정책이든 신성한 힘의 지지를 받는다고 주장하면 유권자들의 반감을 산다. 이라크 전쟁에 참전한다는 자신의 결정은 신이 심판하실 문제라고 발언하는 바람에 인기가 더 떨어진 블레어 총리가 대표적인 사례다. 폴란드 같은 극소수 예외가 있지만 유럽 전역 및 기타 영어권 나라들 모두 마찬가지로 강한 종교적 신념을 고백하는 것, 특히 신성한 의도와 직접 연결된다는 주장은 정치인에게 피해를 주는 위험한 발언이다. 그러나 종교의 힘이 강화되는 방향으로 사회가 변하고 있는 미국만은 예외다. 미국 정치에서 동부 해안 출신 엘리트들의 비중이 줄어드는 대신 남부 출신 인사들이 부상하고 있다. 과거 정치 문제에 수동적이던 기독교 복음주의자들이 "전통적 가치"를 내세우는 공격적 정치를 지원하는 데 대량 동원되었고 공화당 핵심 선거구에서 기독교 우파들이 차지하는 비중이 커졌다. 지난 30년간 조금씩 속도를 더해 온 이러한 이행이 없었다면 기독교 우파는 부시 정부에서 행사한 정치 권력을 손에 넣을 수 없었을 것이다. 부시 대통령은 최초의 청교도 식민지 정착민들이 품은 종교적 신념을 구현하지만 지난 수십년 사이 진행되어 온 사회 변화가 없었다면 종교적 신념에 근거한 정치를 펴지 못했을 것이다.

마찬가지로 9.11이라는 충격적인 사건이 없었다면 부시 대통령은 이라크 전쟁을 지지하는 여론을 형성할 수 없었을 것이다. 테러리스트들의 공격이 일어나기 전에는 부시 대통령의 대외 정책에 여러 의견이 반영되었다. 미국은 이미 자신의 일방적 행동을 가로막는 국제조약에서 탈퇴하고 있었지만 당시 부시 대통령의 어조는 단호하지도 적극적이지도 않았다. 신보수주의자들이 정부의 핵심 요직을 차지하고 있다고 해도 상황을 통제할 입장은 아니었기 때문이다. 그러나 9.11 사건이 일어난 뒤 상황은 역전되어 휴면 중인 종말 신화가 깨어났다. 덕분에 정부에 포진한 신보수주의자들은 자신들의 지정학적 목표를 "테러와의 전쟁"에 어렵지 않게 연계시킬 수 있었다. 2004년 작성된 「국내 안보 계획 Homeland Security Planning Scenario Document」은 미국이 직면한 테러리즘을 "보편적 적"의 위협으로 묘사했다. 이와 같이 신보수주의자들은 국내 안보를 악마론에서 차용한 개념에 입각해 이해했다.[21)]

테러리즘의 위협을 악마론에 입각해 인식하게 된 것은 신보수주의와 기독교 우파가 맺은 동맹의 부산물이었다. 이 동맹은 냉전이 끝나 미국의 적이라고 규정할 만한 존재가 사라지면서 시작되었다. 신보수주의자들이 과대평가했음에도 소비에트 권력은 실재하는 위협이었다. 그러므로 소비에트가 붕괴하면 세계에 대한 미국의 적내적인 태도도 누그러질 것이라고 기대할 만했다. 그러나 적의 존재는 불가피했고 이내 사담 후세인이라는 새로운 적이 떠올랐다. 1990년과 1991년에 치른 걸프전은 전략적인 면에서 성공한 전쟁이었다. 이라크로 물러난 사담 대통령은 더 이상 이웃 나라나 전 지구적 석유 공급을 위협할 수 없게 되었다. 그러나 사담 대통령이 권좌에서 물러나지 않았기 때문에 신보수주의자들은 이 전쟁을 실패한 전쟁으로 여겼다. 신보수주의자들은 클린턴 대통령 집권기 내내 미군이 바그다드로 진격했어야 했다고 목소리를 높였고 같은 생각을 품은 채 조지 W. 부시 정부에 합류했다. 미국 대통령 네 명에게 테러리즘에 대해 조언한 리처드 A. 클라크Richard A. Clarke 수석 고문은 이렇게 논평했다.

> 조지 부시 대통령의 2기 행정부는 이라크를 의제에 올리기 시작했다. 딕 체니Dick Cheney, 콜린 파월Colin Powell, 폴 울포위츠Paul Wolfowitz 등 첫 번째 이라크 전쟁을 결정한 인물들이 대거 돌아왔다. 그중 일부는 저술이나 강연을 통해 첫 번째 전쟁에서 완수하지 못한 목표, 즉 사담 후세인 대통령을 권좌에서 몰아내야 한다는 입장을 분명히

밝혔다. 새로 들어선 정부에서 테러리즘에 대해 논의할 때마다 폴 울포위츠는 그런 일이 없었음에도 이라크가 미국에 맞선 테러리즘을 지원하고 있다는 사실에 주목해야 한다고 촉구했다.[22)]

기독교 우파와 동맹을 맺은 신보수주의는 이라크에 대한 군사행동 재개를 지지하는 미국인 수백만 명을 동원할 수 있었다. 많은 기독교 근본주의자들이 존 넬슨 다비(John Nelson Darby, 1800년~1882년) 목사가 발전시킨 세대주의■의 영향을 받았다. 아일랜드 교회 목사직을 사임한 뒤 〈형제단Brethren〉이라 불리는 분파에 참여했다가 1840년대에 〈형제단〉을 나와 〈플리머스 형제단Plymouth Brethren〉을 창립한 다비 목사는 신이 일련의 사건을 통해 자신의 의지를 드러낸다고 생각하면서 미국 전천년주의에 가장 중요한 두 가지 사고를 도입했다. 하나는 신자들이 그리스도를 만나기 위해 하늘로 들려 올라간다는 휴거携擧고 다른 하나는 근대 이스라엘의 아마게돈 평원에서 그리스도와 적그리스도의 수장이 최후 결전을 벌일 것이라는 사고다. 최후 결전은 이스라엘의 파괴를 천년왕국의 도래를 알리는 신호로 여겨 환영하는 이스라엘의 열렬한 지지자들, 즉, 기독교 시온주의자들이 굳게 믿는 사고다. 다비 목사의 예언을 받아들인 기독교 근본주의자들은 결코 작은 세력이 아니었다. 마이클 린드Michael Lind가 기록한 대로 "이 미국인들을 소수의 광신 집단이라고 무시한 것은 오산이었다. 그들은 부시 정부와 최근 남부화되어가는 공화당의 정치적 기반이었다."[23)]

기독교 우파와 맺은 동맹은 신보수주의자들에게 큰 이득이 되었다. 기독교

■ Dispensationalism, 존 넬슨 다비 목사가 주창한 전천년주의 종말론. 역사를 일곱 시대로 구분하며 각 시대마다 신이 인류와 각기 다른 계약을 맺고 각기 다른 방식으로 개입한다고 주장했다.

우파가 공화당의 자금원이자 표밭으로 점차 세력을 키워 온 덕분에 신보수주의는 공화당 내에서 영향력을 높일 수 있었고 자신들의 생각을 수많은 사람들에게 전파할 수 있었다. 루퍼트 머독Rupert Murdoch이 소유한 〈폭스 뉴스Fox News〉와 더불어 기독교 우파가 국가 정책에 대해 발언하는 신보수주의자들을 대변하면서 누구도 신보수주의자들의 의견을 무시할 수 없게 되었다. 1980년대의 신보수주의자들은 대부분 워싱턴에서 활동하던 한 줌의 이데올로그였다. 당시 신보수주의자들은 국가 안보 부문에서 영향력을 발휘하면서 레이건 정부에 참여했지만 지배적인 세력을 형성하지는 못했다. 그러던 신보수주의자들이 남부 근본주의자들과 동맹을 맺음으로써 미국 정치에서 가장 중요한 선거구와 관계를 맺게 되었다. 미국 유권자들의 4분의 1만이 거듭난 기독교도지만 그중 4분의 3이 넘는 사람들이 2004년 선거에서 부시 대통령에게 표를 던졌다. 부시 대통령은 기독교 우파 덕분에 간발의 차이로 승리할 수 있었다.

기독교 우파의 정치적 부상은 최근 미국 사회에서 일어나고 있는 변화를 반영하는 동시에 타의 추종을 불허하는 미국의 종교성을 확인시킨다. 미국은 세속 체제지만 오랫동안 민주주의를 영위해 온 대부분의 다른 나라와 다르게 세속 정치 전통이 없다. 교회와 국가의 분리가 헌법의 근간을 이루는 기둥이지만 종교는 미국의 정치 생활에 막대한 영향력을 행사해 왔다. 유럽의 몇몇 나라들과 마찬가지로 영국에도 국교회가 있지만 세속화되었다는 미국의 종교보다도 그 영향력이 훨씬 미미하다. 탈기독교화된 유럽뿐 아니라 일부 이슬람교 국가와 비교해도 차이가 난다. 어느 잣대로 판단하더라도 터키가 미국보다 더 세속적이다. 고도로 산업화된 나라 중에 사탄에 대한 믿음이 광범위하게 퍼져 있거나 다윈의 진화론에 반대하는 강력한 사회운동이 존재하는 나라는 미국뿐이다. 2002년 시행된 여론조사에서 미국인 4분의 1이 9.11 사건이 성서에 예언되어 있다고 믿는 것으로 나타났는데 그렇게 많은 사람이 그렇게 믿는 나라는 미국뿐이다.[24] 전천년주의자들과 후천년주의자들 사이의 신학 논쟁은 "[미국] 정치에 심대한 의미를" 가지는데 다른 선진 나라에서는 찾아볼 수 없는 현상이다.[25]

미국 정치가 "남부화"되면서 기독교 우파가 힘을 얻었다. 조지 W. 부시 대통령은 대통령 집무실에 첫 출근을 하자마자 낙태 문제를 상담해 주는 국제 기관을 지원하지 않는다는 규정을 부활시켰다. 에이즈 확산을 막는 가장 효과적인 방법인 콘돔 사용이나 인구 통제에 관련된 미국의 원조 계획 철회, 줄기세포 연구에 대한 연방의 자금 지원 철회는 모두 기독교 우파의 힘을 상징한다.[26] 다행히 미국에는 기독교 우파에 맞서는 세력도 있기 때문에 미국 정치에서 근본주의적 의제를 발전시키는 데는 한계가 있다. 낙태나 동성애자 인권에 관한 법률이 대표적인 사례다. 그 법을 바꾸려는 시도가 여러 차례 있었지만 번번히 뜻을 이루지 못해 지금도 낙태나 인권에 관한 미국의 법은 다른 민주주의 국가의 법과 유사하다. 미국은 신권국가가 될 수 없었고 앞으로도 그럴 것이다. 라틴아메리카에서 온 이민자들을 받아들이지 않는 정책은 근본주의자들의 표를 의식한 정책인데 이런 식으로 다른 선거구를 소외시킨다면 근본주의자들의 표를 얻으려는 공화당의 전략은 효력을 잃을 것이다.

그럼에도 신神보수주의 우파는 어느 정부도 무시할 수 없는 세력이 되었고 미국 사회에 미치는 그들의 영향력은 앞으로 더 커질 것이다. 이라크는 미국에 엄청난 충격을 주었다. 큰 충격을 받은 근본주의자들의 마음에는 20세기 초의 사회학자 카를 만하임이 설명한 것과 유사한 심리가 자리 잡았을 것이다.

천년왕국주의는 언제나 혁명적인 폭발을 동반했고 혁명적인 폭발에 혼을 불어넣었다.

영혼의 활기가 수그러들면서 이러한 운동이 자취를 감추면 적나라한 광신과 혼이 사라진 분노만 남는다.[27)]

종교의 힘은 미국을 예외적인 나라로 만든다. 종교의 힘이 근대화와 세속화를 연계시키는 계몽주의 사상에 어떤 의미가 있는지는 마지막 장에서 살펴볼 예정이므로 여기에서는 미국 근대화의 모순만 강조하고 넘어가자. 거의 전 역사에 걸쳐 미국은 자신이 언젠가는 보편화될 새로운 문명의 전형이라고 생각했지만 미국의 기원이 독특하다는 점과 단 하나의 종교만 인정한다는 점에서 미국의 생활 방식을 다른 나라에 이식할 수는 없을 것이다.

이러한 모순은 신보수주의에서도 나타난다. 신보수주의자들은 미국을 최고의 근대 체제, 즉 다른 모든 나라가 모방할 만한 체제라고 생각하면서 동시에 어느 나라와도 견줄 수 없는 독특한 나라라고 생각한다. 이렇듯 미국 역사 내내 여러 차례 등장해 온 모순된 신념들을 동원한다는 점에서 신보수주의는 오직 미국에서만 나타날 수 있는 운동이다.

2.
신보수주의의 기원

인간 행동의 고집스러움, 인간 제도의 복잡성, 의도하지 않은 결과가 나타날 가능성을 잊거나 의도적으로 무시하려 한다면 우리는 커다란 위험에 처하게 되며 막대한 희생을 치르게 될 것이다.
– 진 조던 커크패트릭Jeane J. Kirkpatrick[28)]

미국은 공격적인 계몽주의를 표방하는 마지막 체제이자 흔들림 없이 기독교를 고수하는 유일한 선진 나라다. 서로 연관되는 이 두 가지 사실은 신보수주의의 이례적인 특성과 신보수주의가 미국에서 권력을 잡게 된 상황을 설명하는 데 도움이 된다. 그 이름과 다르게 신보수주의는 좌파에 기원을 둔 이데올로기로 기독교 우파 및 자유주의 지식인 분파와 동맹을 맺음으로써 미국의 권력을 장악했다. 신보수주의 운동은 종말 종교 및 인간의 진보를 신뢰하는 세속 신념이라는 미국의 두 가지 강력한 전통과 동시에 동맹을 맺은 것이다.

다른 정치적 표식과 마찬가지로 "신보수주의"라는 용어에는 비난의 의미가 담겨 있다. 신보수주의라는 용어가 처음 사용된 시기는 1970년대인 것으로 보인다. 미국 사회학자 마이클 해링턴Michael Harrington은 한때 좌파였지만 대외정책에 있어서는 과거 우파의 전유물이던 입장을 택한 작은 집단을 묘사하고 비난하는 데 신보수주의라는 용어를 사용했다. 신보수주의 저술가이자 가톨릭 신학자 마이클 노백Michael Novak은 이렇게 기록했다.

> 처음으로 이른바 신보수주의자로 불린 사람들은 아주 소수에 불과했다. 어빙 크리스톨Irving Kristol과 거트루드 힘멜파브Gertrude Himmelfarb, 대니얼 벨Daniel Bell과 대니얼 모이니핸Daniel Moynihan, 노먼 포도레츠Norman Podhoretz와 미지 덱터Midge Decter 및 몇몇 동료로 구성된 이 집단은 사실 좌파, 물론 민주당 좌파였던 경력을 지녔다. 이 사람들은 경제 분야에서는 사회주의를, 정치 분야에서는 사회민주주의를 표방하는 가장 좌파적인 미국인으로 전체의 2퍼센트 내지 3퍼센트에 불과했다.[29]

신보수주의가 좌파에 기원을 두고 있다는 사실은 신보수주의의 변함없는 특징을 설명해 준다. 구세대 신보수주의자는 대부분 반스탈린주의 극좌파로 출발했기 때문에 극좌파의 지적 분위기가 전 역사에 걸쳐 신보수주의 운동의 특징이 되었다. 신보수주의 운동의 정치적 대부이자 「어느 트로츠키주의자의 회고록Memoirs of a Trotskyist」이라는 제목의 자전적 글을 쓴[30] 어빙 크리스톨을 비롯해 하버드 대학 사회학자 대니얼 벨, 『인카운터*Encounter*』 편집자 멜빈 래스키Melvin Lasky, 『공익*Public Interest*』 편집자이자 저술가 네이선 글레이저Nathan Glazer, 정치학자 시모어 마틴 립셋Seymour Martin Lipset, 민주당 정치인 패트릭 모이니핸Patrick Moynihan 등 신보수주의 운동을 형성한 주요 인물들은 보수주의 사상가들에게서 지적 자양분을 섭취하지 않았다. 신보수주의자들이 영국 보수주의를 최초로 명시적으로 표현한 18세기 하원 의원 에드먼드 버크나 보수주의 세계관을 우아하게 표현한 정치 소설을 쓴 벤저민 디즈레일리 영국 총리의 책을 읽어 보았는지나 모르겠다. 오늘날의 신보수주의자들이 미국인 러셀 커크Russell Kirk나 영국인 마이클 오크쇼트Michael Oakeshott처럼 현실적인 보수주의를 구현하려 한 20세기 보수주의 사상가가 쓴 책을 읽는다면 혐오감을 느낄 가능성이 높다. 이 모든 보수주의 사상가들은 프랑스혁명을 거치며 등장한 이데올로기를 바탕으로 하는 정치가 파괴적인 힘을 휘두르며 20세기를 혼란에 빠뜨렸다고 생각했다. 그와 반대로 신보수주의자들은 정치란 이데올로기를 근본 무기로 삼는 일종의 전쟁이라고 생각한다.

신보수주의가 좌파 시절의 경험에서 배운 것은 특정 신조가 아니라 정치 개념이었다. 지도적인 신보수주의 지식인 중 끝까지 트로츠키주의를 고수한 인물은 없었지만 적어도 트로츠키에게서 소비에트 체제가 매우 억압적이라는 정치적 교훈을 얻었다. 이 점에서 신보수주의자들은 전후 좌파가 거쳐 간 경로를 잘 보여 준다. 시드니 훅Sidney Hook 같은 마르크스주의자나 막스 샤흐트먼Max Shachtman 같은 트로츠키주의자는 1950년대 유럽에서 가장 용맹한 냉전주의자이던 탈공산주의자와 다를 바 없는 반反공산주의 사회민주주의자가 되었다. 다른 많은 사상가들과 마찬가지로 이 좌파 사상가들도 냉전기에 마르크스주의를 거부했다. 트로츠키주의 이론을 우익의 용어로 재정식화한 이론이 신보수주의라고 하면 지나친 단순화지만 극좌파의 사고 방식이 신보수주의를 형성하는 데 영향을 미쳤다는 것은 부인할 수 없는 사실이다. 레닌주의 이론은 그 내용이 아니라 사고 방식으로 재생산되었다. 트로츠키의 영구혁명론은 억압 없는 세계를 창조하기 위해 기존 제도를 반드시 파괴해야 한다고 주장하는데 트로츠키 사상 대부분에 영감을 준 일종의 파국적 낙관주의는 신보수주의의 민주주의 수출 정책을 뒷받침한다. 두 사상 모두 폭력의 사용을 진보의 조건으로서 인정하며 혁명이 전 지구적인 차원에서 이루어져야 한다고 주장한다.

신보수주의자들은 트로츠키주의를 포기하면서 미국의 주류에 더 가까워졌지만 대신 세계적 사건을 폭넓게 바라보는 트로츠키의 관점을 잃어버렸다. 미국의 대외 정책을 장악한 미숙하고 편협한 신보수주의 이데올로그들은 트로츠키가 지녔던 역사에 대한 지식을 결여한 채 트로츠키의 유토피아주의와 무자비함만을 모방했다. 양차 세계대전 사이 유럽의 노동계급이 사회주의 혁명을 갈망한다는 트로츠키의 환상은 아랍 세계가 미국식 민주주의를 동경한다는 신보수주의자들의 공상과 짝을 이룬다. 트로츠키는 러시아 내전 당시 볼모를 억류하는 등의 볼셰비키적 전법을 비난한 사람들을 "채식주의자 퀘이커 교도의 잡담"이라고 멸시했고 신보수주의자들은 고문을 활용한다는 이유로 "테러와의 전쟁"을 비난하는 사람들을 경멸했다.

신보수주의 사고는 별난 현실주의와 천년왕국적 환상의 혼합물이다. 프랜시스 후쿠야마의 입장 변화는 이 혼합물을 대외 정책의 근간으로 삼았을 때 어떤 어려움을 겪게 되는지 잘 보여 준다. 후쿠야마는 주로 파리에 정착한 러시아 망명 철학자 알렉상드르 코제브Alexandre Kojeve의 영향을 받았다. 코제브는 러시아 종교 철학자 블라디미르 솔로비예프(Vladimir Solovyev, 1853년~1900년)의 사상을 주제로 박사 학위 논문을 썼다. 솔로비예프는1899년 출판된 『전쟁, 진보, 역사의 종말*War, Progress, and the End of History*』에서 니체를 적그리스도의 선구자로 지목했다. 역사의 종말이라는 솔로비예프의 사고는 약간의 변형을 거쳐 코제브의 저술에 등장하며 후쿠야마의 『역사의 종말*The End of History and the Last Man*』에 다시 등장한다. 코제브는 역사의 종말을 헤겔에서 파생된 개념으로 제시했다. 마르크스는 역사의 종착점을 공산주의라고 생각했지만 코제브는 전지구적 자본주의 체제라고 주장했다. 코제브는 소비에트 공산주의가 프랑스혁명기 대숙청이 추구하던 유토피아 기획을 다시 한 번 시도한 사건에 불과하며 자본주의의 압도적인 역동성을 이길 수 없다고 인식했다. 코제브는 다가오고 있는 역사 이후의 세계가 귀감으로 삼을 만한 체제는 소비에트 사회주의 연방 공화국이 아니라 미국이라고 생각했다.

앨런 블룸Alan Bloom을 통해 코제브의 사상을 접한 후쿠야마는 코제브의 미국관을 수용했다. 블룸은 안보 분석가 앨버트 월스테터Albert Wohlstetter와 더불어 신보수주의 인맥을 넓히고 신보수주의자들이 정부로 가지고 들어갈 사상을 제공한 인물로 베스트셀러가 된 『미국 정신의 최후*The Closing of the American Mind*』(1987)를 통해 레오 스트라우스Leo Strauss의 사상을 대중화시켰고 솔 벨로Saul Bellow의 소설 『라벨스타인*Ravelstein*』(2000)의 주요 인물로도 등장했다. 블룸의 스승 스트라우스는 평생을 친구로 지내면서 존경한 코제브에게 애제자들의 교육을 부탁했다. 그중 한 명이던 블룸은 코제브가 저술한 책의 가치를 후쿠야마에게 이해시켜 스트라우스의 전통을 계승했다.

이렇듯 후쿠야마의 사상과 신보수주의 사상 전반을 형성한 인물은 스트라우스보다는 코제브였다. 솔로비예프와 헤겔의 사상을 바탕으로 삼은 코제브는 종말 신학에 바탕을 둔 역사관을 당연하게 여겼고 미국이 역사 이후 등장한 최초의 사회라는 믿음을 이어 간 후쿠야마도 그랬다. 후쿠야마는 역사의 종말을 문자 그대로 믿는 것은 아니라고 주장했다. 자신은 역사상 대규모 갈등을 야기하는 원인이 완전히 사라졌다고 말한 적 없다는 후쿠야마의 고백은 사실이다. 그러나 후쿠야마는 종종 이 우스꽝스러운 관념을 인정하는 듯한 인상을 남기곤 했다. 후쿠야마는 가장 정당한 정부 형태가 무엇인지를 두고 다투는 갈등은 끝났다고 주장했다. 1989년 여름 그는 이렇게 썼다.

> 우리는 지금 냉전의 종말 또는 전후 역사의 특정 시기가 지나가고 있음을 목도하고 있을 뿐 아니라 인류의 이데올로기적 진화가 끝나고 서양의 자유민주주의가 정부의 최종 형태로 보편화되는 역사의 종말을 목도하고 있습니다.[31)]

이 선언에는 두 가지 내용이 담겨 있다. 하나는 역사가 최종적으로 완성되었다는 주장이고 다른 하나는 이제 자유민주주의가 유일하게 정당한 정부 형태가 되었다는 취지의 더 구체적인 명제다. 역사가 종말을 향해 간다는 생각은 합리적 논거로 지지하거나 반박할 수 없는 신화인 반면 자유민주주의가 유일하게 정당한 정부 형태라는 주장은 논증을 통해 허위임을 입증할 수 있는 주장이다.

"서양 자유민주주의"가 "인류의 이데올로기 진화의 종착점"이라는 가정은 종말 신학을 믿는다는 신앙 고백이다. 이 사실을 눈치채지 못하고 지나간 것이 이상할 정도다. 소비에트 붕괴 여파로 오랫동안 억눌려 온 갈등이 다시 불거질 것은 불을 보듯 뻔했다. 다시 말해 역사는 다시 시작되고 있었다. 그러나 어이없게도 언어 도치가 일어나 진실이 뒤바뀌었다. 역사가 다시 시작되었다고 언급한 사람들은 비관론자로 비난받았고 역사가 끝났다는 진짜 종말 관념이 사실

로 인정받았다.[32)]

최근 후쿠야마는 장기간에 걸쳐 이루어져야 하는 일을 힘으로 밀어 붙이면 미숙한 결과를 초래한다는 근거를 들어 이라크와 세계 곳곳에 민주주의를 강요하는 부시 정부의 대외 정책을 공격했다. 후쿠야마는 부시 정부의 대외 정책이 레닌주의적이라고 비난했지만 그것은 레닌에게 불공평한 판단이다. 레닌이 유토피아적 목표를 추구한 것은 사실이지만 정책을 조정할 때는 지극히 현실적이었기 때문이다. 레닌은 전시 공산주의가 기아를 초래한다는 사실이 명백해지자 전시 공산주의를 철회했고 제1차 세계대전에서 발을 빼기 위해 1918년 브레스트-리토프스크■에서 독일과 굴욕적인 조약을 체결했다. 이와 같이 레닌에게는 경험에서 배우는 능력이 있었다. 그러나 이라크 전쟁을 시작한 부시 정부를 (전쟁을 거부하려는 유권자들의 움직임이 명확해진 뒤에야 비로소) 무능하다는 이유로 공격한 신보수주의자들에게는 그런 능력이 없었다.[33)]

미국이 무력을 동원해 민주주의를 전파하려 한다고 비난했지만 그렇다고 해서 후쿠야마가 미국식 정부가 전 세계의 귀감이라는 신보수주의 사고를 포기한 것은 아니다. 후쿠야마의 저술은 어느 학자가 묘사한 대로 "수동적 '마르크스주의' 사회 목적론"의 전형인데 후쿠야마 본인도 이 견해를 인정한다.[34)] 후쿠야마는 여전히 역사에는 전반적인 목적이 있고 그 목적은 변하지 않는다는 역사관을 고수한다. 후쿠야마는 현대 세계에서 정당성을 인정받을 수 있는 유일한 정부 형태를 구현한 미국이 역사의 종착점이 될 것이라고 믿는다.

■ Brest-Litovsk Treaties, 벨로루시 브레스트-리토프스크에서 동맹국들이 우크라이나 공화국(1918년 2월 9일)과 소비에트 러시아(1918년 3월 3일)를 상대로 체결한 평화조약. 이로써 제1차 세계대전 동안 양 진영 사이의 적대 관계가 종식되었다.

사실 정부의 정당성은 때로는 동시에 달성될 수 없는 다양한 조건에 의존하기 때문에 단 하나의 체제가 어느 곳에서나 최고일 수 없다. 무정부 상태로 빠지지 않을 능력, 타국의 침략에서 구성원을 보호할 능력, 구성원 다수에게 적절한 생계를 보장하고 부가 증가할 것이라는 기대를 심어 줄 능력, 통치받는 사람들의 정체성을 존중하고 그것을 반영한 제도를 구현할 능력 등의 조건은 근대 세계에서 정당성을 인정받으려면 정부가 반드시 갖춰야 하는 덕목이다. 자유민주주의가 다른 체제보다 이러한 덕목을 더 많이 갖춘 편이지만 보편 법칙은 아니다. 구성원 다수에게 적절한 생활수준을 보장하지 못한다면 러시아 유권자들이 옐친 대통령을 거부하고 푸틴 대통령을 선택한 것과 마찬가지로 자유민주주의 체제도 거부당할 수 있다. 또한 구성원 다수의 종교적 신념과 충돌할 경우 자유민주주의는 일종의 대중적 신권정치로 모습을 바꾸게 되는데 오늘날 이라크 대부분에서 이러한 일이 벌어지고 있다. 자유민주주의는 보편적으로 받아들여지는 유일하게 정당한 체제도 아니고 가장 정당한 체제도 아니다. 인간사는 너무 복잡하고 까다로워서 단 한 종류의 정부가 보편적으로 실현되거나 보편적으로 바람직한 것으로 받아들여질 수 없다.

초기 신보수주의 사상가들은 이 진리를 이해했다. 레이건 정부 시절 유엔 미국 대사를 지냈고 2006년 사망할 때까지 신보수주의 단체 〈미국 기업 연구소American Enterprise Institute〉 회원이었던 진 조던 커크패트릭은 『독재와 이중 잣대: 정치적 합리주의와 이성*Dictatorships and Double Standards: Rationalism and Reason in Politics*』(1982)에서 체제를 강제로 교체한 결과를 아주 명백하게 규명했다. 커크패트릭에 따르면 민주주의를 전 지구에 전파하려는 시도에는 합리주의와 유토피아주의가 뒤섞여 있다.

합리주의는 상상할 수 있는 것은 무엇이든 현실이 될 수 있다고 믿으라고 말한다. 근대 정치가 부적절하고 지나치게 단순한 인간 행동 이론에 기초해 사람과 사회를 이해하거나 형성하려고 부단히 애쓰는 과정에서 합리주의가 왜곡되었다. (…) 합리주의는 유토피아주의를 부추기고 유토피아주의는 일종의 합리주의다.

커크패트릭이 규명한 합리주의의 특성은 오늘날의 신보수주의자들에게도 적용될 수 있다. 커크패트릭은 "우리 시대의 합리주의자"를 다음과 같이 분석한다.

합리주의자는 미래의 인간 본성이 과거와 질적으로 다를 것이라고 가정하며 감정, 습관, 풍습 같은 비합리적 요소를 극복할 수 있고 또 극복해야 하는 장애물로 인식한다. 합리주의자는 모든 상황을 백지 상태tabula rasa, 즉 무슨 계획이든 그대로 받아들이는 상태로 이해하기 때문에 시대나 장소에 상관없이 모든 경험을 동일하게 취급한다. (…) 합리주의자는 제도가 인간에 의해 형성되었으며 사람들로 이루어진 사회 속에 존재하고 기능한다는 사실에 주목하지 않는다. 또한 제도가 급격하게 변하면 삶이 변하지 않기를 바랄 수도 있는 사람들의 삶 역시 급격하게 변한다는 점도 유념하지 않는다. 합리주의자는 자기들이 선택한 계획에 따라 인간과 사회를 형성할 수 있다고 가정하기 때문에 불가능이란 없으며 진보의 전망은 무한하다고 이해하는 경향이 있다.[35)]

마이클 오크쇼트를 언급하지는 않았지만 커크패트릭의 비판은 오크쇼트의 비판과 공통점이 많다. 오크쇼트 역시 이데올로기로 표현될 수 있고 어디에나 적용될 수 있는 정부가 존재한다는 굳은 신념이 정치적 합리주의의 주요 오류라고 파악한다. 오크쇼트는 그런 정부는 역사상 특수한 경험을 요약한 것일 뿐,

보편 권위를 가질 수 없다고 믿었고 그 판단은 옳았다. 오크쇼트가 제시한 전통 개념은 근대 사회의 다양한 가치를 설명하기에는 근거가 너무 빈약하고 정치에 대한 견해는 지나치게 영국 편향적이어서 유용성이 떨어지지만 자유는 주변에 퍼뜨릴 수 있는 이상이 아니라 특정한 역사적 환경에서 자라나는 실천이라는 핵심 통찰은 타당하다. 오크쇼트의 통찰은 신보수주의든 자유주의든, 사명을 앞세우는 정치에 치명타를 날린다.[36)]

1980년대 미국 자유주의자들은 라틴아메리카의 독재 정권과 친밀한 관계를 맺고 소비에트 연방과 화해 분위기를 조성하는 미국을 비판했는데, 커크패트릭은 정치적 합리주의에 대한 비판을 근거로 미국 자유주의자들을 공격했다. 1970년대 카터 정부의 정책 기반을 약화시킨 신보수주의자들은 커크패트릭의 정치적 합리주의 비판을 자신들의 의제를 강화하는 데 활용했다. 그러나 오늘날 정치적 합리주의 비판의 칼 끝은 오히려 신보수주의자들을 향한다. 체제 교체 같은 정책은 가장 원시적인 형태의 정치적 합리주의다. 그러한 정책은 자유를 어디에서나 성취될 수 있는 조건이라고 가정하는데 심지어 자유가 성취되는 과정에서 삶이 결딴날 사람들이 그 자유를 반대하더라도 자유가 성취될 수 있다고 가정한다. 근대 정치에서 합리주의가 왜곡된 경우를 이보다 더 명확하게 보여주는 사례는 또 없을 것이다. 이러한 사실을 인식한 커크패트릭은 사후 출간된 『평화 유지를 위한 전쟁의 탄생*Making War to Keep Peace*』에서 이라크 침략에 의문을 제기했고 이라크 전쟁이 이라크에 혼란만 가져올 것이라고 주장했다.

신보수주의자들은 최근까지 미국을 지배한 자유민주주의를 최고의 체제로 믿었고 최근에는 이 체제를 전 세계에 퍼뜨릴 수 있다고 주장했다. 신보수주의를 창시한 주요 지식인들이 이러한 확신을 공유하지 않았다는 점은 신보수주의 운동의 모순 중 하나다. 레오 스트라우스는 자유민주주의 체제가 최고라거나 독재국가로 흐르지 않을 것이라고 가정하지 않았다. 오히려 스트라우스는 자유민주주의가 보편적인 체제가 될 수 있다는 사고를 불신했고 경멸했다.

스트라우스의 정치적 입장은 출범 당시부터 정당성 위기에 직면했던 바이마르 공화국에서 형성되었다. 이러한 상황에서 정치사상가들은 반자유주의자가 되기 마련이고 스트라우스도 예외가 아니었다. 스트라우스에게 영향을 미친 초기의 주요 인물은 당시 좌파의 존경을 받으면서 급진 성향의 지식인들을 끝없이 매료시킨 독일 법학자 카를 슈미트▪였다. 1932년 스트라우스는 슈미트가 주선한 록펠러 장학금을 받아 파리로 떠났다. 나치가 권력을 잡자 정통 유대교 집안 출신이자 베를린의 〈유대인 연구 아카데미Academy of Jewish Research〉 회원이었던 스트라우스는 슈미트와 관계를 끊었지만 자유민주주의에 대한 슈미트의 견해는 스트라우스의 사상에 영원히 각인되었다.

독실한 가톨릭교도인 슈미트는 나치가 권력을 잡기 전 정치와 종교, 의회 민주주의의 위기에 관한 책을 여러 권 썼다. 1933년 나치당에 합류한 슈미트는 〈국가사회주의 법학자 연합Union of National Socialist Jurists〉 회장이 되어 1934년 "장검의 밤"▪▪에 자행된 정치적 살인을 정당한 법집행이라는 논리로 옹호했다. 1936년 슈미트는 나치의 유대인 박해 운동의 선봉에 서서 독일계 유대인 과학자들이 저술한 책에 별도의 표시를 하자고 제안하기도 했다. 이렇게 적극적으로 협조했지만 나치는 슈미트를 기회주의자로 의심하면서 신뢰하지 않았다. 슈미트는 나치 법학자 모임 회장직을 잃었지만 베를린 대학 법학 교수직은 유지

▪ Carl Schmitt, 1888~1985. 독일 법학자, 정치학자. 1933년 베를린 대학교 교수가 되었고 같은 해에 나치당에 입당해 제2차 세계대전이 끝날 때까지 나치 당원으로 활동했다.

▪▪ Night of the Long Knives, 아돌프 히틀러가 돌격 대장 에른스트 룀Ernst Röhm과 돌격대 내 반히틀러 세력을 숙청한 사건.

했다. 1945년 미군에 사로잡힌 슈미트는 한동안 억류되었지만 그의 나치 전력은 전후의 경력에 별다른 영향을 미치지 않았다. 슈미트가 기나긴 은퇴 생활을 누리는 동안 (슈미트는 1985년 96세를 일기로 세상을 떠났다) 유럽의 지도적 지식인 대부분이 슈미트를 찾아왔고 알렉상드르 코제브는 "슈미트야말로 독일에서 이야기할 만한 가치가 있는 유일한 인물"이라고 선언하기도 했다.[37]

정부에 대한 슈미트의 견해는 홉스의 견해와 공통점이 많다. 둘 다 법을 국가의 산물로 보았고 헌법조차 정치적 결정에 따라 창조되거나 파괴되기 때문에 헌법적 도구로는 자유민주주의의 생존을 보장할 수 없다고 생각했다. 스트라우스는 나치의 하수인으로 전락한 권위주의 법학자 슈미트가 자유주의의 공허함을 입증했다고 생각했다. 이 진술은 모순처럼 보이지만 스트라우스가 홉스를 자유주의의 창시자로 여겼다는 점을 감안하면 그리 놀라운 일도 아니다. 스트라우스는 『자연권과 역사*Natural Right and History*』에서 이렇게 기록한다. "우리는 인간의 권리를 인간의 의무에 대비되는 개념으로 여기고 그러한 권리를 지키고 보호하는 것이 국가의 기능이라고 생각하는 정치 신조를 자유주의라고 부른다. 그렇다면 우리는 홉스를 자유주의의 창시자라고 불러야 한다."[38] 스트라우스는 자유주의를 자유를 어떤 가치보다 앞세우는 근대의 자연권 신조로 이해했다. 그러나 이 신조에 따라 모든 사람들이 자기가 원하는 것은 무엇이든 선善이라고 여긴다면 정치는 의지가 충돌하는 갈등의 장으로 전락한다. 자유주의는 결국 자유주의를 약화시키는 허무주의로 막을 내리고 말 것이다.

자유주의가 허무주의로 이어진다고 생각한 스트라우스는 독일 사상가들의 발자취를 따라갔다. 니체와 하이데거는 허무주의를 자유주의 정치와 문화를 감염시킨 근대의 명백한 무질서로 꼽았다. (플라톤의 영향을 받은) 기독교는 존재하지 않는 영적 영역을 높이 평가하고 속세의 가치를 저평가하는데 니체는 허무주의를 이와 같은 기독교의 후유증이라고 생각했던 반면 하이데거는 허무주의를 존재의 진정한 본질을 모호하게 만드는 방식으로 "존재"를 이해하려는 시도로 이해했다. 어떻게 설명하든 허무주의가 근대의 근본적인 병폐라는 사고는 양차 세계대전 사이의 독일에 지대한 영향을 미쳤다. 오스발트 슈펭글러와 묄러 판 덴 부르크, 일기 작가이자 소설가 에른스트 윙어Ernst Jünger와 표현주의 시인 고트프리트 벤Gottfried Benn 등의 사상가들이 이러한 입장을 수용하면서 허무주의를 극복해야 자유주의 가치를 보존할 수 있다는 위험한 신념이 자라났다.

허무주의가 자유주의적인 바이마르 체제를 파괴했다는 스트라우스의 신념은 나치즘나 나치 지도자들에 대한 지나치게 단순하고, 어떤 면에서는 그릇된 통념을 암암리에 불러일으켰다. 히틀러는 20세기 초반 중앙 유럽에 매우 흔한 자유분방한 독학자였다. 히틀러는 사회적 다윈주의와 낮은 수준에서 이해되는 니체 사상을 뒤섞은 당대의 대중적인 세계관을 흡수했다. 생존과 권력만을 유일한 가치로 여긴 이 세계관은 허무주의라 불러도 좋을 만한 입장이었다. 2장에서 언급한 대로 히틀러의 행적을 보면 일부 이교 전통에서 비롯한 비관적 종말 신학에 더 가까운 또 다른 세계관의 영향을 받았음을 알 수 있다. 1944년과 1945년 연합군의 승리가 확실한 상황에서도 히틀러는 가망없는 전쟁을 계속했고 굴복하느니 차라리 독일을 불사르겠다는 입장이었다. 히틀러는 자기 목숨뿐 아니라 조국마저 내놓더라도 세계를 최대한 파괴하기로 마음먹었다. 처음에는 공산주의의 위협에서 독일을 보호할 인물이라며 히틀러를 지지한 보수주의자들이 히틀러를 독일에 치명적인 위협을 가할 허무주의자로 여기게 된 것도 히틀러에게 애국심이 없었기 때문이다. (이러한 견해는 클라우스 폰 슈타우펜베르크와 아담 폰 트로트Adam von Trott를 비롯한 보수적 민족주의자들이 꾸민 1944년 히틀러 암살 계획에서 드러났다.) 히틀러는 다른 나치당원과 함께 양차 세계대전 사이 유럽을 떠돌던 사고들을 공유했다. 그중에는 많은 좌파들이 받아들인 신념, 즉 지식이 진보하면 인위적으로 인간을 더 고차원적인 존재로 승화시킬 수 있다는 신념도 있었다. 이와 같은 저급한 수준의 과학이 이교 전통 및 (히틀러의 반유대주의 악마론 같은) 기독교 전통에서 나온 종말 신념과 맞물리면서 나치의 세계관을 형성했다. 대단히 혐오스럽고 지나치게 비일관적인 이 조합은 단순한 허무주의가 아니었다.

스트라우스의 나치즘 분석이 잘못되었다면 자유민주주의에 대한 더 폭넓은 분석 역시 타당하지 않을 것이다. 아무리 강력하고 오래되었더라도 독재정치의 유혹에서 안전한 자유민주주의 체제는 없지만 과도한 회의주의 때문에 자유민주주의 체제가 전복되는 일도 없다. 자유민주주의는 형이상학적 신념에 대한 합의가 없는 나라들에서 오랫동안 존속했다. 자유민주주의는 다양한 종교가 공존하는 스위스에서 오랫동안 번성했고 영국에서는 신앙의 기세가 수그러들면서 발전했다. 한편 세계에서 가장 성공적으로 자유민주주의를 유지하는 북유럽 나라들은 탈기독교 국가다. 스트라우스의 민주주의 분석은 대부분 대량 실업, 살인적 물가 상승, 전쟁 배상금, 국가적 굴욕으로 정당성이 약화된 바이마르 공화국에 대한 진단이다. 앞서 살펴본 대로 나치가 기독교 천년왕국 전통과 기독교 반유대주의 악마론을 활용할 수 있었지만 그들이 권력을 잡게 된 이유는 상상 속에 존재하는 대중의 허무주의 덕분이 아니라 바이마르 체제가 정당성을 상실한 덕분이었다.

미국 보수주의자들은 미국과 무관한 사건을 바탕으로 한 스트라우스의 분석을 선뜻 받아들였다. 베트남전쟁에 대한 대중 저항에 불안을 느낀 미국 보수주의자들은 자유민주주의에는 확고한 형이상학적 기초가 필요하다는 논리 앞에 안도했다. 당시 미국 민주주의는 전혀 위험하지 않았지만 1960년대 이후 등장한 문화적 이행은 그럴싸한 위기감을 조성했다. 스트라우스의 사고방식은 여러 모로 당대의 미국에 적용하기 안성맞춤이었다. 정치 질서는 인간의 영역 너머에 있는 도덕적 제약을 수용하는지 여부에 달려 있다는 스트라우스의 주장은 종교적인 색채가 사라진 적이 없는 미국의 공적 생활에 어울렸다. 미국은 언제나 신이 미국에 가치를 부여했다는 신념에 호의적이었다. 스트라우스의 저서를 아주 면밀하게 연구하지 않는 한, 스트라우스는 미국을 최고의 체제라고 주장한 인물로 이해될 만했다.

스트라우스는 고전 철학의 자연법 개념을 되살리면 미국의 미래가 보장될 것이라고 제안했다. 고대 사상가들과 중세 사상가들은 존재의 본성에 부합하는 가치를 성취하는 삶을 바람직한 삶으로 여겼고, 바람직한 삶을 위한 처방전이 자연법에 담겨 있다고 생각했다. 홉스 같은 근대 초기 사상가들은 자연법을 자기 보존 및 권력 추구와 동일시해 고대와 중세의 자연법 개념을 파괴했고 그 뒤를 이은 계몽주의 철학자들은 인류가 과학과 기술을 통해 세계를 재창조할 것이라는 인본주의를 수용했다. 스트라우스는 이 전통의 종착점을 니체의 의지 숭배로 이해했는데 니체의 의지 숭배는 근대 허무주의의 해결책이 아니라 근대 허무주의의 가장 순수한 표현형이었다.

토머스 아퀴나스가 명확하게 정식화한 고전적 자연법 개념을 되살리는 길만이 허무주의를 해결할 유일하면서도 실질적인 해결책이었다. 아퀴나스는 아리스토텔레스의 세계관을 기독교의 맥락에 맞게 재해석해 고전 자연 철학을 기독교 신학에 통합했다. 스트라우스는 항상 이러한 종합에 회의적이었고 그것은 올바른 판단이었다. 스트라우스는 이렇게 판단했다. "자연법에 대한 아퀴나스의 입장 때문에 사실상 자연법은 성서적 계시를 바탕으로 하는 자연 신학과도 분리될 수 없게 되었고 계시 신학과도 분리될 수 없게 되었다."[39] 이 언급은 이

성과 계시 사이에는 메울 수 없는 간극이 존재한다는 스트라우스 사상의 핵심 특징을 잘 드러낸다. 아퀴나스가 복원한 고전적 세계관은 이성과 계시가 같은 방향을 지향할 수 있다는 가정에 근거했지만 스트라우스는 이 가정을 거부함으로써 서양 전통에 균열이 있음을 포착하게 되었다. 아퀴나스는 이후 등장한 사상가들과 마찬가지로 신앙과 이성이 서로 보완적임을 입증하려 애썼는데, 스트라우스는 그런 시도는 모두 실패할 수 밖에 없다고 생각했다. 아테네로 대표되는 그리스 철학의 합리적 우주와 예루살렘으로 대표되는 신성한 창조라는 성서의 이상은 양립할 수 없다. 이러한 스트라우스의 입장은 최초의 질문과 최종 질문에 대한 해답은 오직 신앙을 통해서만 얻을 수 있다고 생각한 마르틴 부버Martin Buber, 프란츠 로젠츠바이크Franz Rosenzweig, 레프 셰스토프Lev Shestov 같은 20세기 초반의 유대교 신앙주의자들의 입장과 손잡는다. (사실은 무신론자였다는 주장도 있지만) 스트라우스는 자신의 종교적 신념이 무엇인지 밝히지 않았다. 분명한 것은 스트라우스가 이성이 허무주의에 해결책을 제공할 수 있다고 생각하지 않았다는 점이다.

딱하게도 고전적 세계관으로 돌아감으로써 허무주의를 치유할 수 있다는 스트라우스의 신념은 납득하기 어렵다. 스트라우스는 고전적 세계관을 받아들여야 하는 근거나 허무주의를 탈피해야 하는 이유를 전혀 제시하지 않았기 때문이다. 결국 스트라우스는 합리적 질서를 의미하는 고전적 세계관을 의지력으로 받아들여야 한다고 제안한 셈인데 그의 모순적인 입장은 "근대적 기획"을 극복하기가 얼마나 어려운지를 보여 줄 뿐이다. 그렇게 되지 않기를 애타게 바랐겠지만 스트라우스 자신도 결국 고대 사상가나 중세 사상가보다는 니체와 공통점이 더 많은 근대 사상가였다. 아리스토텔레스와 아퀴나스는 근대 과학에서 케케묵은 것으로 치부하는 목적론적 세계관을 표방했다. 두 사람은 모두 우주를 하나의 체계로 인식했고 우주 안의 모든 것은 목적을 지닌다고 생각했지만 그들의 자연관은 다윈이 등장한 뒤 효력을 잃었다. 다윈이 등장한 이후 자연은 우연과 필요의 지배를 받는 존재가 되었고 자연법은 바람직한 삶을 위한 처방전이 아니라 규칙성이 되었다. 물질 세계 너머에 가치의 영역이 있다면 그 영역은 인간 이성으로는 도달할 수 없는 영역이다.

이성의 한계라는 스트라우스의 견해는 정치에 무슨 의미를 가지는가? 스트라우스는 자유민주주의가 형이상학적 신념과 분리될 수 없다고 생각했다. 인간의 의지 너머에 도덕적 질서가 존재한다는 사실을 믿지 않는다면 근대 정치는 허무주의로 빠져들기 쉬웠다. 그러나 스트라우스는 그 생각을 합리적으로 입증할 수 없다고 여겼고 따라서 자유민주주의의 정당성도 입증할 수 없었다. 스트라우스는 플라톤이 제시했던 "고상한 거짓말" 개념을 근대적으로 변형시켜 이 어려움을 해결했을 것이다. "고상한 거짓말"이란 철학자들은 진리를 파악할 수 있지만 진리가 인류 대부분에게 치명적이라는 점도 알고 있다는 개념이다. 오늘날 미국에서 통용되는 자연권이라는 로크주의 신화처럼 위안을 주는 신화를 이용해 대중을 허무주의에서 보호할 수 있다고 믿은 스트라우스야말로 허무주의로 고통받았을 것이다. 그러나 스트라우스는 그 무엇도 명시적으로 옹호하지 않는다. 스트라우스가 속임수에 찬성했다는 입장은 스트라우스만의 고도로 주관적인 해석 기법을 활용할 때만 유지될 수 있다. 만일 스트라우스가 고상한 거짓말을 옹호하는 글을 쓴다면 진정한 의미를 숨기면서 아리송한 방식으로 글을 쓸 것이다. 스트라우스는 과거 많은 철학자들이나 위대한 사상가 대부분이 그들의 저술에 표면적으로 제시된 내용과 전혀 다른 비밀 철학을 가지고 있다는 입장을 고수했다. 스트라우스의 이러한 입장 때문에 일부 스트라우스 비판가들은 부시 정부의 신보수주의자들이 스트라우스의 가르침을 받아 허위 정보에 근

거한 정책을 펼친다고 비판했다.[40)]

스트라우스의 저술이 속임수를 허용한다는 사고는 생각해 볼 만한 문제다. 위대한 철학자들이 암호로 글을 쓴다는 말과 속임수가 정치의 본질이라는 말은 별개이기 때문이다. 스트라우스는 언제나 철학과 현실 사이에는 거대한 간극이 있다고 주장했다. 그는 이렇게 기록했다. "해결책의 문제점을 인식하기보다 해결책의 확실성을 더 크게 인식한다면 그는 더 이상 철학자가 아니다."[41)] 이 격언의 가르침에 따라 스트라우스는 현실 정치를 거의 다루지 않았다. 솔직히 스트라우스가 특정한 근대 정치 기획을 승인했다고 생각하기는 어렵다. 자유민주주의의 미래가 불안하다는 스트라우스의 예감은 전 세계에 민주주의를 퍼뜨리려는 신보수주의 기획과 일치할 수 없고 계몽주의가 내세운 희망을 믿지 않는 스트라우스의 입장은 진보를 맹신하는 신보수주의 신념과 양립하지 않는다. 스트라우스는 현재의 미국 체제를 옹호한 인물로 존경받지만 사실은 그 체제를 가장 가혹하게 비판한 인물이라는 말이 더 정확할 것이다. 슈미트와 마찬가지로 스트라우스는 반자유주의자였다. 미국의 정치 용어로 신보수주의는 모든 자유주의의 적이다. 그러나 신보수주의 그 자체가 실은 근본주의적 자유주의였다. 홉스와 슈미트에 대한 견해에서 알 수 있듯이 스트라우스는 자유주의를 "근대적 기획"이 실패한 징후로 파악했다. 스트라우스의 저술은 특정한 정치적 입장을 지지하지 않았지만 한편으로는 다양한 정치적 입장과 일치한다.[42)] 그러나 매우 회의적인 이 사상가가 불신했고 비난했던 현대 정치 운동이 있다면 그것은 다름 아닌 신보수주의다.

스트라우스의 권위에 의존하는 모든 정치 운동의 행태에 대해 스트라우스에게 책임을 물을 수는 없겠지만 스트라우스의 사상이 그러한 정치 운동에 영향을 미친 것은 사실이다. 철학 저술에는 표면적인 의미와 다르거나 반대되는 의미가 숨겨져 있다는 스트라우스의 주장은 제멋대로의 사상을 허가한다. 스트라우스는 숨겨진 의미를 규명했다는 주장을 검증할 수 있는 해석 방법론을 제시하지 않았고 공인된 학술 기준에 따르면 스트라우스의 일부 주장은 타당성이 매우 떨어진다. 이를테면 스트라우스는 플라톤을 유토피아 사상가가 아니라 이상적인 국가가 존재할 수 없음을 입증하려 한 유토피아주의 비판자라고 해석하는데 고전 연구자들이 규명한 대로 스트라우스의 플라톤 해석에는 문헌적 근거가 전혀 없다.[43]

사실상 모든 종류의 해석에 열려 있다는 문제를 안고 있는 스트라우스의 이론은 문헌에는 고유한 의미가 없다는 해체주의 학파의 주장과 어깨를 나란히 한다. 양쪽 모두 합리적 탐구를 임의적 판단으로 대체하기 때문이다. 스트라우스는 자신이 고전적 사고방식을 복원하고 있다고 믿었을지 모르지만 그의 방법론은 탈근대 사상가들과 더 많은 공통점을 지닌다. 사실 스트라우스는 주관적인 직관에 따라 문헌을 해석했는데, 그 해석의 권위는 자신이 특별한 통찰력을 소유했다는 주장에 의존하는 것처럼 보인다. 진리는 숨겨져 있다는 스트라우스의 주장은 그의 추종자들을 재앙을 초래하는 오류로 이끌었다. 스트라우스의 이론을 통치에 적용하자 이라크 전쟁이 일어났다.

3.
귀신 들린 사람들

나는 무제한의 자유에서 출발해 무제한의 전제주의에 도달했다.

– 도스토옙스키, 『악령*The Devils*』의 작중 인물 시갈료프Shigalyov[44]

신보수주의는 미국의 정책을 결정하는 하나의 입장이자 사고의 집합체다. 정치 운동으로서 신보수주의의 기원은 1970년대와 1980년대에 미국의 안보 정책을 둘러싸고 빚어진 갈등에서 찾을 수 있다. 조지 W. 부시 대통령에게 깊은 영향을 미친 신보수주의 인맥은 냉전의 부산물로 형성되었다. 신보수주의자들의 오류 대부분은 당시에 습득한 사고방식을 그때와는 다른 오늘날의 상황에 적용하는 데서 비롯된다.

신보수주의는 베트남전쟁기에 패트릭 모이니핸과 노먼 포도레츠 같은 인물들이 느낀 불안감에서 싹텄다. 두 사람은 반전주의자들에게 애국심이 없다고 걱정하면서 미국은 악하지 않다고 주장했다. 설령 결함이 있더라도 미국은 여전히 지금까지 존재했던 사회 중 최고의 사회다. 미국이 역사상 최고의 체제이자 정당성을 가진 유일한 체제라는 사고는 신보수주의 사고를 떠받치는 대들보로 남아 있다. 그러나 정치 세력으로서의 신보수주의는 시간이 좀 더 흐른 뒤, 미국의 안보 정책을 변경하려고 애쓰는 과정에서 모습을 드러냈다.

미국의 안보 정책을 바꾸려 한 핵심 인물은 레오 스트라우스와 마찬가지로 시카고 대학의 교수이자 신보수주의의 탄생에 있어서는 스트라우스보다 훨씬 더 중요한 역할을 수행한 앨버트 월스테터다. 〈랜드 연구소RAND Corporation〉 안보 분석가이자 수학자였던 월스테터는 닉슨 정부가 추진한 군축 및 화해 분위기 조성 정책에 결사반대하는 이들의 선봉에 섰다. 신기술의 발달로 정밀 타격 무기를 개발할 수 있게 되자 그 중요성을 인식한 월스테터는 기존의 전쟁 억제 이론을 비판하면서 레이건 정부 시절 속도를 낸 방어망 구축 정책을 적극적으로 지지했다.

월스테터는 1970년대부터 형성되기 시작한 신보수주의 인맥의 중심이었다.

(공동 저술한 『악의 종말*An End to Evil*』을 월스테터에게 헌정한) 리처드 펄Richard Perle과 폴 울포위츠가 그의 후견을 받았다. 월스테터는 펄을 민주당 내 반공산주의 강경파 "스쿠프" 잭슨 상원 의원에게 소개했다. 1974년 이민의 자유를 제한하는 나라와 정상적인 무역을 금지하는 법안(당시 소비에트 연방은 이스라엘로 이주하기를 원하는 유대인의 이민을 금지했다)을 공동 발의한 잭슨 상원 의원은 펄의 도움을 받아 제2차 전략 무기 제한 협정■에도 적극 반대했다. 1970년대 중반 월스테터는 미국 정부 자문단을 구성해 또 다른 제자 잘메이 할릴자드Zalmay Khalilzad를 자문단에 포진시켰다. 월스테터의 지원을 받은 할릴자드는 이내 워싱턴과 유용한 관계를 맺었다.[45] 할릴자드는 1984년까지 국무부에서 폴 울포위츠를 보좌했고 1990년대 초반에는 국무부 고위 관리가 되어 도널드 럼즈펠드Donald Rumsfeld와 함께 일했다. 할릴자드는 미국이 〈무자헤딘〉을 지원한다면 아프가니스탄에서 소비에트 세력을 축출할 수 있다고 오랫동안 주장했다. 소비에트가 물러날 무렵 할릴자드는 정책 결정자가 되어 탈레반 정권이 미국의 이익에 부합하는 세력이라고 주장했다. 할릴자드는 9.11 공격 이후 아프가니스탄 미국 대사로, 그 뒤 이라크 대사로 임명되면서 입장을 바꿨다. 1985년 월스테터는 레이건 정부 국제 안보 차관 펄을 아메드 찰라비Ahmed Chalabi에게 소개했다. 부유한 은행 가문 출신인 찰라비는 세속화된 이라크 시아파이자 시카고 대학에서 월스테터에게 배운 제자이자 동료 수학자였다. 미국의 지원을 받는 〈이라크 국민회의Iraqi National Congress〉 의장인 찰라비는 이라크 전쟁을 준비하는 과정에서 중요한 역할을 수행했다. 신보수주의자들은 찰라비를 사담 대통령이 사라진 이라크

■ SALT II arms control treaty, 핵무기 운반용 전략 미사일 제조를 제한하기 위해 미국과 소련이 맺은 협약. 미국과 소련은 SALT I과 SALT II라고 불리는 제1차, 제2차 협정을 각각 1972년과 1979년에 조인했다.

의 차기 지도자감으로 꼽았고 미 중앙정보부나 여타 정보기관이 생산하고 있는 정보와는 다른 정보를 제공해 줄 자료원으로 활용했다.

월스테터를 중심으로 형성된 신보수주의 인맥은 오늘날까지 이어져 대부분 〈새로운 미국의 세기를 위한 프로젝트Project for a New American Century〉 회원으로 활동한다. 〈새로운 미국의 세기를 위한 프로젝트〉는 미국이 전 지구적 패권을 유지하기 위한 행동에 나서야 한다는 신념을 고취하기 위해 1997년 설립된 워싱턴 소재 연구 단체다. 머독이 소유한 『위클리 스탠더드*Weekly Standard*』 편집자이자 어빙 크리스톨의 아들 윌리엄 크리스톨William Kristol이 의장을 맡고 패트릭 모이니핸의 보좌관이자 시카고 대학 졸업생 개리 슈미트Gary Schmitt가 사무국장으로 일하는 〈새로운 미국의 세기를 위한 프로젝트〉는 미국이 누구도 도전할 수 없을 만큼 압도적인 군사적 우위를 유지해야 한다고 주장하면서 군비의 대폭 상승을 지지했다. 딕 체니, 잘메이 할릴자드, 도널드 럼즈펠드, 폴 울포위츠, (2007년 3월 부시 정부를 비판한 전직 외교관의 부인이자 미 중앙정보부 비밀요원 밸러리 플레임Valerie Plame의 신분을 불법 노출한 일로 여러 차례 기소당한 체니의 수석참모) 이스라엘 루이스 '스쿠터' 리비I. Lewis 'Scooter' Libby를 비롯한 〈새로운 미국의 세기를 위한 프로젝트〉의 일부 회원들이 부시 정부에 참여했다. 2000년 발간된 『미국 안보의 재구축*Rebuilding America's Defenses*』이라는 보고서에 그들의 핵심 주장이 실렸지만 참신한 내용은 없었다. 미국이 전 지구적 패권을 유지해야만 한다는 사고는 1990년대 초 국방 장관을 지낸 딕 체니가 출간한 보고서를 비롯한 이전 문서에 이미 제시된 생각으로, 1970년대 초 월스테터가 미국의 국가 안보와 관련해 발전시킨 생각을 답습한 의견에 불과했다.

1970년대부터 신보수주의 정책을 구축한 안보 전문가들이 당대의 군사 정책에 반대했다는 점에 주목해야 한다. 미국의 대외 정책과 관련해 이들이 거부한 모든 것을 구현한 인물은 헨리 키신저Henry Kissinger였다. 신보수주의자들은 키신저가 내세운 현실 정치를 혐오했다. 키신저는 소비에트 연방이 그 이데올로기적 기원과 무관하게 정상 국가 같은 존재가 되었다고 주장했다. 그러므로 소비에트 연방의 이익이 반드시 미국의 이익과 충돌하라는 법은 없었다. 신보수주의자들은 키신저의 견해에 반발하면서 소비에트 사회주의 연방 공화국은 전체주의를 표방하기 때문에 항상 미국에 적대적일 수밖에 없다고 주장했다.

신보수주의자들은 미국이 소비에트와 협력할 수 있다는 키신저의 믿음을 희망 사항으로 치부했고 키신저만 이러한 오류를 범한 것이 아니라고 생각했다. 월스테터에 따르면 미 중앙정보부는 소비에트 체제를 완전히 잘못 이해하고 있었다. 1974년 출간된 논문에서 월스테터는 미 중앙정보부가 소비에트가 보유한 미사일 능력을 조직적으로 저평가해 왔고 그로 인해 소비에트 사회주의 연방 공화국이 군사적 우위를 점하게 되었다고 주장하면서 미 중앙정보부를 비판했다.[46] 월스테터의 논문이 발표되자 우익은 합심해서 미 중앙정보부를 공격하기 시작했다. 그 결과 1976년 B팀으로 알려지게 된 조직이 탄생했다. A팀인 미 중앙정보부를 견제하는 정보를 수집하기 위해 설립된 B팀은 대통령 〈해외 정보 자문 위원회Foreign Intelligence Advisory Board〉 소속으로 활동했고 소비에트 저고도 방공 능력, 소비에트 대륙간 탄도 미사일, 소비에트 전략이라는 세 부서를 두었다. 윌리엄 콜비William Colby 미 중앙정보부 국장은 B팀 설립을 반대했지만 1976년 아버지 부시가 미 중앙정보부 국장이 되면서 제럴드 포드Gerald Ford 대통령의 지원을 받아 B팀을 가동했다. B팀은 소비에트와 화해 분위기를 조성하거나 군축을 목표로 하는 정책에 결사반대하는 인사들로 구성되었다. 핵심 구성원은 폴 울포위츠, 하버드 대학 러시아사 교수 리처드 파이프스Richard Pipes, 최초로 핵무기를 개발한 맨해튼 프로젝트Manhattan Project에 관여했기 때문에 "수소폭탄의 아버지"로 불리고 훗날 "스타워즈" 전략 방어 체제를 적극적으로 옹호한 핵물리학자 에드워드 텔러Edward Teller였다. (텔러는 영화 〈닥터 스트레인지러브Dr. Strangelove〉의 주인공 스트레인지러브 박사의 모델로도 알려져 있다.)

B팀은 신보수주의 사고의 변함없는 특성을 드러냈다. 실증적 연구를 불신한 B팀은 미 중앙정보부나 여타 정보기관들이 내놓는 분석을 인정하지 않았다. 공개적으로 확보되었든 비공개적으로 확보되었든 활용 가능한 정보는 모두 허위 정보일 가능성이 있으므로 소비에트의 능력이나 의도를 파악하는 신빙성 있는 지침으로 활용할 수 없다는 것이 그 근거였다. 이러한 주장은 한때 미 중앙정보부 방첩부장을 지낸 제임스 지저스 앵글턴James Jesus Angleton이 가진 편집증적 세계관을 일부 반영했다. 앵글턴은 국가 안보 위원회(KGB)를 배반한 아나톨리 골리친Anatoliy Golitsyn의 영향을 받아 소비에트 연방이 자신을 약한 존재로 인식시키기 위해 오랫동안 전 세계를 전략적으로 기만해 왔다고 믿었다. 앵글턴은 예일 대학교 재학 시절 토머스 스턴스 엘리엇T. S. Eliot 및 다른 현대 시인의 작품을 게재한 문학 잡지를 편집했다. 복잡다단한 성격의 앵글턴에게 정보란 인식론의 하위 분야였다. 소비에트의 진짜 현실을 밝혀 내는 것이 목적이었지만 소비에트가 허위 정보를 제공하는 상황에서는 정상적인 증거 검증 규칙의 적용을 보류해야 했다. 표준적인 실증적 방법을 이용해 소비에트의 행동을 해석하려고 한다면 (엘리엇의 시 "제론션Gerontion"에서 따 온 구절인) "무수하게 비치는 거울wilderness of mirrors"과 마주하게 될 뿐이었다.[47] 이런 상황에서는 사실조차 주입되었을 가능성이 있으므로 아무것도 믿을 수 없었고 신뢰할 수 없었다. 이러한 신념에 따라 앵글턴은 미 중앙정보부 내부의 첩자 색출에 착수했고 해럴드 윌슨 총리를 비롯한 서양의 여러 지도자를 마구 비난했다. 영국 정보부의

"첩자 사냥꾼" 피터 라이트Peter Wright는 앵글턴이 제기한 혐의를 토대로 해럴드 윌슨 총리에 대한 음모를 꾸미기도 했다. 미 중앙정보부의 신뢰를 잃은 앵글턴은 1974년12월 사직했다.

실증적인 연구를 무시한 B팀에는 정보를 확인할 절차가 없었다. 그 결과 B팀은 엉뚱한 방향으로 흘러갔다. 1977년에서 1980년 사이 〈미 군축청US Arms Control and Disarmament Agency〉에 근무한 앤 칸Anne Cahn 박사는 B팀의 정보를 검토하는 과정에서 그들이 내놓은 정보가 "모두 틀렸음"을 밝혀냈다. 칸 박사는 B팀 구성원들이 소비에트의 비음향 대잠함 체계를 확인하지 못했다는 사실을 그런 체계가 존재할 수 있는 증거로 받아들이게 된 방식을 설명했다. 다시 말해 B팀은 증거가 없다는 것을 자신들의 입장을 지지하는 증거로 이해했다. 이러한 방법론으로는 진짜 허위 정보를 감지할 수 없었다. 따라서 B팀은 허위 정보에 취약할 수밖에 없었다. 사실 소비에트가 군사적으로 우월하다는 B팀의 신념은 부분적으로는 미 중앙정보부가 흘린 허위 정보에 속은 결과였다. 대규모의 소비에트 군산복합체가 존재했지만 그 대부분은 소비에트 경제의 다른 부문과 마찬가지로 황폐했다. 소비에트가 붕괴한 뒤 드러난 현실은 미 중앙정보부가 대중에게 유포하기 위해 꾸며낸 정보보다는 미 중앙정보부가 실제로 판단하고 있던 정보에 더 가까웠다. 전략적 기만 이론을 내세운 B팀 이론가들은 자신들이 판 함정에 빠지고 말았다.[48)]

증거를 무시하는 B팀의 행태는 실증주의를 조직적으로 거부한 것이나 다름없다는 점에서 스트라우스와 연관된다. 아브람 슐스키Abram Shulsky와 개리 슈미트는 레오 스트라우스가 활용한 신비주의적 해석 방법이 실증적 절차보다 나은 대안이라고 주장하면서 미국 정보기관들을 줄기차게 공격했다. 스트라우스의 제자인 슐스키는 슈미트와 공동으로 「레오 스트라우스와 정보의 세계(우리는 정신■의 의미를 알지 못한다)Leo Strauss and the World of Intelligence(By Which We Do Not Mean *Nous*)」[49]를 저술했다. 이 책에서 슐스키는 문헌에는 숨은 의미가 있다고 주장한 스트라우스가 "정치적 삶이 속임수와 밀접하게 연계될 가능성을 경고하면서 속임수가 정상적인 활동이라고 제안한다"고 주장했다. 두 저자는 스트라우스를 "온화한 성품의 소유자, 세부사항에 집중하는 능력 및 이면을 꿰뚫어 보고 행간을 읽을 수 있는 능력을 터득한 사람, 속세를 초월한 듯한 분위기를 풍기는 존 르 카레■■의 첩보 소설 속 주인공 조지 스마일리George Smiley와 비슷한 인상을 지닌 인물"로 묘사한다. 두 저자는 스트라우스가 정보 문제에 관한 책을 쓰지 않았다는 사실을 지적하면서도 서로 다른 정치 체계의 운영 방식을 꿰뚫어 보는 스트라우스의 통찰력은 정보 활동에서 사회과학의 유용성이 제한적임을 입증한다고 주장한다. 실제로 스트라우스는 "행동을 관찰하고 기록하여 특정한 맥락과 특정한 행동의 상관관계를 계산하는 실증적 방법"으로 정치를 이해할 수 있다는 사고를 거부했다. "체제는 인간의 정신을 뒤바꿀 만큼 근본적인 방식으로 인간의 정치적 행동을 형성한다"는 것이 그 근거였다. 슈미트와 슐스키는 이것을 이해하지 못했기 때문에 냉전기 미국 정책이 방향을 잃었다고 주장한다. "보통 미국의 정보 분석가들은 핵심적인 문제를 다룰 때 소비에트 연방이나 다른 공산주의 국가들의 속임수에 걸려 들 수 있다는 사실을 믿지 않으려

■ Nous, 마음, 정신, 이성 등으로 번역되는 그리스 철학의 중요 용어 중 하나. 두 저자는 "누스"라는 용어를 제목에 사용해 철학자들의 표면적인 말 뒤에 다른 의미가 숨어 있다는 스트라우스의 주장을 상징화한다.

■■John Le Carré, 1931~. 영국 소설가. 본명은 데이비드 콘웰David Cornwell. 영국 정보부에서 해외 업무를 담당했지만 소련과 영국의 이중스파이 킴 필비Kim Philby가 소련 국가 안보 위원회(KGB)에 영국 요원들의 신분을 노출시켰을 때 명단에 올라 요원 생활을 마감했다. 국내에는 『추운 나라에서 돌아온 스파이*The Spy Who Came in from the Cold*』, 『원티드 맨*A Most Wanted Man*』, 『죽은 자에게 걸려 온 전화*Call for the Dead*』 등이 소개되었다.

한다. 그러나 역사는 이들의 견해가 얼마나 순진한지를 입증하고 있다." 이러한 관점에 따르면 정신을 꿰뚫어 볼 수 있게 하는 방법을 사용하는 분석가만이 효과적인 정책에 필요한 지침을 제공할 수 있다.[50)]

실증적 탐구를 거부한 슈미트와 슐스키는 과학주의 비판과 증거 거부를 혼동하고 있었다. 사실 자연과학의 방법론으로 사회를 연구할 수 없다는 스트라우스의 지적은 매우 타당했다. 문화 간의 차이, 저마다의 고유한 역사, 사실과 가치의 뒤섞임은 사회 연구와 자연과학 연구를 서로 다른 것으로 만들기 때문이다. 그렇다고 사실이 아예 필요없다는 의미는 아니다. 역사는 과학이 아니지만 증거를 어떻게 활용하는가에 따라 좋은 역사와 나쁜 역사가 구분된다. 역사적 지식에 바탕을 둔 사고 유형과 역사에 대한 인식이 결여된 사고 유형 사이에도 차이가 있는데 신보수주의 사고는 역사에 대한 인식이 결여된 사고 유형에 속한다. 신보수주의의 영향 속에서 이루어진 많은 정책적 실수는 과거를 의도적으로 무시한 결과다.

스트라우스와 정보를 다룬 논문의 첫머리에서 두 저자는 자신들이 다루는 주제가 "처음에는 아주 이상하게 보일 것"이라고 말하면서 "첩자 및 염탐 장비로 떠들썩한 세계와 고전 문헌에 푹 빠진 학자의 조용한 일상"을 연결하는 것이 애매하다는 점을 인정한다. 이 기이한 문헌 해석 방식은 아무래도 정보 수집에 도움이 되지 않을 것 같지만 미국 정부의 최고위층은 이 방법과 유사한 방법을 활용했다. 부시 대통령의 한 보좌관은 "인식할 수 있는 현실을 신중히 연구하면 해결책을 얻을 수 있다"고 믿는 사람들을 "현실에 입각해 세상을 판단하는 부류"로 부르며 조롱했고 "그 방법으로는 세상이 정말 어떻게 돌아가는지 파악할 수 없다. 현재 우리는 제국이고 우리의 행동이 우리 자신의 현실을 창조한다"며 우쭐거렸다. 이런 태도는 일찍이 신보수주의자들 사이에 널리 퍼진 어리석은 승리주의에 도취된 행동에 불과할지도 모른다.[51] 그러나 그 보좌관은 분명 슈미트와 슐스키가 공유하고 부시 정부의 가장 경솔한 정책 중 일부를 형성한 진리관을 폭로하고 있다.

이라크 전쟁을 둘러싼 허위 정보를 철저히 밝혀 내기란 불가능하다. 사건의 전말이 밝혀지는 게 몇 년 뒤일지, 어쩌면 영원히 밝혀지지 않을지 알 수 없다.[52] 그러나 한때는 중요하고 신성하게 여기던 진실을 어떤 방식으로 다뤘는지 살펴보고 일부 중요한 사건들에 속임수가 개입되었음을 밝히는 것은 가능하다. 이라크 전쟁을 꾸며 낸 사람들은 진실을 안다고 믿었고 다른 사람들을 속이는 상황에서도 진실을 고취한다고 믿었다. 그러나 사건들의 숨겨진 의미를 해독할 수 있다는 믿음은 착각이었고 결국 자기 꾀에 자기가 넘어가고 말았다.

아브람 슐스키는 이라크와 전쟁을 치르기로 결정하는 데 도움이 되는 정보를 공급하기 위해 조직을 만들었는데 그 조직의 활동상을 통해 속임수가 개입된 정황을 파악할 수 있을 것이다. 1980년대 초 슐스키는 〈상원 정보 위원회Senate Intelligence Committee〉의 일원이었고 레이건 정부 시절에는 미 국방부에서 리처드 펄을 보좌했다. 2002년 슐스키는 도널드 럼즈펠드와 폴 울포위츠가 창설한 미 국방부 소속 〈특수 작전국〉 국장이 되어 부시 정부의 국방 차관이자 리처드 파이프스와 리처드 펄의 후견을 받는 더글러스 페이스Douglas Feith에게 그 활동을 보고하게 되었다. 〈특수 작전국〉이 무슨 일을 했는지는 거의 알 수 없다. 전쟁을 꾸며 낸 교묘한 책략을 철저하게 파헤친 조지 패커George Packer는 이렇게 기록했다. "〈특수 작전국〉에게 비밀 유지는 편리하기도 했지만 철학적으로 필요했다고 말할 수 있을 정도였다."[53] 〈특수 작전국〉은 슐스키의 신성한 방법론에 따라 정해진 정보 평가 절차를 따르지 않았고 사건에 대한 자신들만의 독특한 견해를 "가공해" 백악관에 직접 보고했다. B팀과 마찬가지로 〈특수 작전국〉

은 미 중앙정보부와 〈미 국방부 정보국Defense Intelligence Agency〉이 제공하는 정보를 무시하거나 불신했다. 〈특수 작전국〉은 사담 대통령이 대량 살상 무기를 보유했다는 주장과 그가 〈알카에다〉와 연계되었다는 주장의 주요 출처였다. 〈특수 작전국〉의 주장은 부시 대통령이 이라크 공격을 정당화하는 데 이용되었다. 2003년 7월, 이라크 전쟁에 책임이 있다는 비판이 쏟아지자 〈특수 작전국〉은 원래 이름인 〈걸프만 북부 담당 부서Northern Gulf Affairs〉로 되돌아갔다. (〈특수 작전국〉은 수명을 연장했던 것 같다. 2006년 중순 미 국방부에 설치된 〈이란실Iranian Directorate〉에는 〈특수 작전국〉 국장이었던 아브람 슐스키를 비롯해 과거 〈특수 작전국〉 고참들이 포진했고 거의 동시에 부통령의 딸 엘리자베스 체니Elizabeth Cheney에게 보고하는 국무부 소속 〈이란 담당Iran desk〉은 대책 위원회 수준으로 확대되었기 때문이다.)[54]

〈특수 작전국〉은 실증적 탐구를 하기 전에 미리 구성해 놓은 세계관을 고수하고 찰라비가 이끄는 〈이라크 국민회의〉가 제공하는 정보에 지나치게 의존했으며 딕 체니 부통령과 아주 가까웠다.[55] 그 결과 미국의 정책은 〈이라크 국민회의〉가 제공하는 입증되지 않은 정보에 지나치게 의존하게 되었다. 〈이라크 국민회의〉는 사담 대통령이 대량 살상 무기를 보유했다고 주장하는 변절한 이라크인을 배출했다. 변절자들이 제공한 정보가 유엔이 무기 사찰 활동을 통해 얻은 정보와 충돌했기 때문에 미 중앙정보부는 이라크 변절자들의 주장에 이의를 제기했다. 그러나 체니 부통령과 부시 대통령은 이라크에 대량 살상 무기가 없다는 것을 도저히 부정할 수 없는 상황이 되기 전까지 변절자들의 주장을 전쟁 옹호 논리를 강화하는 데 반복해서 활용했다.

사람들은 체니 부통령과 부시 대통령이 활용할 수 있는 많은 정보 가운데 자신들의 신념을 뒷받침하는 정보만 "골라 쓰고" 유용하지 않은 정보는 무시했다고 생각한다. 체니 부통령은 이라크가 9.11 사건에 개입했다고 주장하기 위해

(9.11 사건의 비행기 납치범 중 한 명인) 모하메드 아타Mohamed Atta가 프라하에서 이라크 정보기관과 접촉했으며 "정보기관이 제공한 정보에" 따르면 사담 대통령이 핵무기 생산을 위해 알루미늄관을 구매하려 했다고 말했다. 이러한 주장은 단순히 구미에 맞는 정보를 골라 쓰고 나머지를 무시한 주장이 아니었다. 미국 저술가 조앤 디디온Joan Didion은 이렇게 언급했다.

> 미 중앙정보부는 모하메드 아타가 프라하에서 이라크 정보기관과 만난 일이 없다고 백악관에 보고했다. 〈국제원자력기구International Atomic Energy Agency〉와 미 에너지부는 문제의 알루미늄관이 우라늄 농축에 "적합하지 않다"고 말했다. (…) 그러므로 부통령은 정보를 "골라 쓴" 것이 아니라 정보를 거부하고 자신의 이야기가 그럴듯하게 들리도록 정보를 교체한 것이다.[56]

부시 대통령과 체니 부통령은 전쟁을 해야 한다는 결정을 뒷받침하지 못한다는 이유로 알려진 사실들을 묵살했다. 부시 대통령과 체니 부통령, 〈특수 작전국〉 조언자들은 전쟁을 치러야 한다는 명분에 부합하지 않는 정보를 거부하면서도 자기들이 진실을 은폐한다고 생각하지 않았다. 허위 정보를 바탕으로 전쟁을 정당화한 영국의 블레어 총리와 마찬가지로 그들은 자기들의 생각이 더 고차원적 진실이라고 믿었다. 『고요한 전쟁*Silent Warfare*』에서 슈미트와 슐스키는 정보 활동의 "목표는 진실이 아니라 승리"라고 명확하게 밝혔다.[57] 사실 이 예언자들에게는 승리가 진실이었다. 분명한 것은 그들이 말하는 진실은 일반적인 의미에서의 진실이 아니라 사실을 왜곡하는 거울 속에 감춰진 은밀한 진실이라는 점이다.

이 방법론을 실행하는 당사자조차 자신이 경고한 유형의 속임수에 넘어갈 수 있었다. 〈특수 작전국〉 소속 요원들은 이라크에 대량 살상 무기가 있다고 굳게 믿은 탓에 사실은 존재하지 않는 무기 개발 계획이 있다고 믿게 만들기 위해 변절자들이 파견되었을 가능성을 고려하지 않았다. (물론 변절자들 중 일부는 그런 계획이 진짜 있다고 믿었을 것이다.) 무기 개발 계획이 실제 존재한다는 믿음이 이라크와 아랍 세계에 미치는 사담 대통령의 권력을 확대하는 방향으로 구현된다면 그것은 사담 대통령의 이해관계에 부합했다. 게다가 이란 체제도 이라크의 독재자 축출에 전략적 이해관계가 있었다. 과거 이라크와 격전을 벌인 이란은 사담 대통령이 축출되면 시아파가 이라크를 장악할 것임을 알고 있었다. 그렇게 되면 이란은 이라크를 지배할 생각이었다. 이러한 저간의 사정을 고려했다면 〈특수 작전국〉은 〈이라크 국민회의〉가 이란이나 이라크가 흘린 허위 정보를 미국으로 실어 나르는 통로로 활용될 수 있다는 위험을 인식하고 경계하는 신중한 태도를 가졌어야 했다.[58] 미 중앙정보부는 오래 전부터 이라크 망명자들이 내놓은 정보에 의존하지 말라고 경고했지만 〈특수 작전국〉을 운영하는 이론가들은 이러한 경고를 무시했다. 그들은 진실을 직감하는 능력을 믿었고 실증적 검증 없이도 진실을 파악할 수 있다고 확신했다. 변절자들은 이 특별한 방법을 통해 이미 밝혀진 진실을 확인해 주는 존재일 뿐이었다. 〈특수 작전국〉은 신념에 입각한 방법론을 활용함으로써 미국 정보기관이 구축한 번거로운 절차에서 벗어났지만 그로 인해 전략적 속임수의 주요 대상이 되었다.

체제의 속사정이나 개인의 내면을 꿰뚫어 보는 초자연적인 통찰력만 있으면 사실적인 탐구를 할 필요가 없다는 생각은 행동의 기초로 삼기에 아주 위험하다. 부시 대통령은 2001년 6월 블라디미르 푸틴 대통령을 만난 자리에서 자신이 "푸틴 대통령의 내면에 있는 의식을 읽고 있다"고 믿었을 것이다.[59] 그러나 그 뒤의 사건들은 부시 대통령의 믿음을 뒤흔들었다. 이 때문에 사담 대통령이 사라진 뒤의 이라크 상황이 신념에 기초한 정보에 대한 부시 대통령의 확신을 무너뜨렸으리라고 기대한 사람도 있겠지만 사실은 그렇지 않다. 2004년 2월 신보수주의 평론가 데이비드 브룩스David Brooks는 『뉴욕타임스*New York Times*』에 기고한 글에서 미국 정보기관의 방법론을 다시 공격했다. "수십년 동안 미국 정보기관들은 소란스러운 정치 세계와 완전히 단절된 분석적 방법을 사용해야 한다는 신화를 퍼뜨렸다." 브룩스는 "세계 도처에 폭력과 위협이 도사리고 있기 때문에 토론회나 개최하는 게임 이론가나 위험 분석가"에게 의존하느니 "(…) 차라리 지난 5년 사이 도스토옙스키의 소설을 읽은 사람을 믿겠다"고 선언했다.[60] 브룩스는 체제의 정신을 꿰뚫어보는 통찰력이 수고스러운 증거 분석보다 더 우월한 대안임을 다시 한번 확인한다.

신보수주의자들이 도스토옙스키의 소설을 읽어서 테러리스트의 폭력을 이해할 수 있다고 생각하다니 참으로 흥미로운 모순이다. 도스토옙스키의 소설에는 신보수주의자 본인들의 정신 상태가 묘사되어 있기 때문이다. 신보수주의자들은 현존하는 세계의 대부분이 구제 불능일 만큼 사악하다고 믿는다. 신보수주의 분석가 마이클 레딘Michael Ledeen이 9.11 공격 직후 기록한 대로 신보수주의자들에게 "테러와의 전쟁"은 "전 지구적 민주주의 혁명"의 일부다.

> 우리에게 독재를 무너뜨릴 능력이 있다는 사실을 의심해서는 안 된다. 그것이 우리의 최선이다. 지난 2백 년 동안 우리는 진정으로 혁명적인 유일한 나라로 자리매김하면서 그런 역량을 자연스럽게 부여받았다. 창조적 파괴는 우리의 또 다른 이름이다. (…) 다시 한번 민주주의 혁명을 수출해야 할 때다. 불가능하다고 말하는 사람들이 있다면 우리가 지난 1980년대에 이미 모스크바에서 요하네스버그에 이르는 광범위한 지역에서 폭군을 몰아내는 전 지구적 민주주의 혁명을 수행한 바 있다고 말해 주면 된다.[61]

"파괴의 열정은 창조적 열정"이라는 19세기 러시아 무정부주의자 바쿠닌의 유명한 격언이 여기에서 신보수주의의 용어로 재진술된다. 바쿠닌의 제자이자 신학도인 세르게이 네차예프는 바쿠닌의 격언을 「혁명가 문답Catechism of a Revolutionary」(1868)에 적용해 혁명이 진전되는 과정에서 목적은 협박이나 살인 같은 수단을 정당화한다고 주장했다. 일년 뒤 네차예프는 명령을 이행하지 못한 동료를 살해했다. 이 사건이 일어난 뒤 바쿠닌은 네차예프와의 관계를 끊었지만 네차예프는 바쿠닌이 제시한 기획의 논리를 충실히 따랐을 뿐이다. 총체적 혁명이라는 목적에는 늘 폭력이 따라다녔다.

군사력을 동원해 민주주의를 강제한다는 레닌의 기획도 비슷한 논리를 지닌다. 네차예프는 자신의 명분에 사람들이 모두 동의할 것이라고 생각했고 레닌 역시 타국에 의해 강제로 체제 변화를 겪는 나라 사람들이 자신들의 정부가 전복되는 것을 당연히 환영할 것이라고 생각했다. 그렇지 않은 역행적인 요소가 있다면 제거되어야 한다. 그런 뒤에야 비로소 강압을 통한 민주화가 독재로부터의 자유로 받아들여지게 될 것이다. 악에 맞서 싸우는 전 지구적 전쟁에 도움이 된다면 고문과 폭력도 용인해야 한다.

한 세기 반 전 도스토옙스키가 해부했던 혁명 정신은 최근 이러한 신보수주의 문답을 통해 부활했다. 도스토옙스키는 소설 『귀신 들린 사람들*The Possessed*』에서 당대의 러시아 혁명가들과 그들의 좌파 지식인 동료들의 초상을 그린다. 혁명을 오락처럼 여기며 여가를 때우는 근심 걱정 없는 귀족 출신 급진주의자 스테판 트로피모비치 베르호벤스키Stepan Trofimovich Verkhovensky에 대한 도스토옙스키의 묘사는 통렬한 통찰의 극치다. (이 소설의 중심 줄거리의 토대가 된 살인자 네차예프와 마찬가지로) 소설 속 혁명가들은 새로운 세계를 추구하는 과정에서 범죄자로 전락한다. 유토피아의 꿈은 추잡한 공포로 끝난다.

도스토옙스키는 19세기 중반 러시아의 좌익 혁명가들을 공격하기 위해 『귀신 들린 사람들』을 썼다. 당대의 급진 운동은 약간 과장되게 묘사되었지만 혁명 정신의 심리를 설명한 소설의 가치는 변하지 않는다. 폴란드 시인이자 작가 체스와프 미워시Czesław Miłosz는 이렇게 논평했다. "루나차르스키가 공인한 대로 『귀신 들린 사람들』은 러시아혁명을 예견했다." 나아가 미워시는 도스토옙스키를 "러시아 천년왕국주의자이자 구세주주의자"[62]라고 비판했다. 만일 도스토옙스키가 당대의 정치로 잘못 빠져들었다면 그 결과는 틀림없이 우스꽝스럽고 심지어 역겨웠을 것이다. 러시아의 영성을 부활시켜 세계를 구원할 수 있다는 도스토옙스키의 신념은 가장 나쁜 형태의 구세주 사상이기 때문이다. 그러나 그 자신이 천년왕국주의자이기 때문에 도스토옙스키는 천년왕국에 대한 신념이 추동한 혁명운동의 위험성을 이해할 수 있었다.

제한된 목표를 수립하고 그것을 실행에 옮기는 혁명가들은 언제나 악의 세계를 쓸어버릴 도구로 폭력을 사용했다. 부시 정부의 대외 정책을 형성한 이데올로그들은 이러한 병폐를 전형적으로 보여 준다. 도스토옙스키의 소설에 등장하는 착각에 빠진 이상주의자들과 마찬가지로 신보수주의자들은 유토피아를 달성하기 위한 수단으로 폭력을 끌어안았다.

5장 무장한 선교사

무기를 손에 들고 타국에 들어가 그곳에서 자국 법과 헌법을 펼칠 수 있다는 생각은 정치사상가가 생각해 낼 수 있는 가장 터무니없는 생각입니다. 이성의 진보는 느리며 무장한 선교사에게 애정을 보일 사람은 아무도 없다는 것은 자명한 이치입니다. 자연과 사려 깊은 이성은 먼저 무장한 선교사를 적으로 간주해 격퇴하라고 가르칠 것입니다. 자유를 독려할 수는 있어도 침략을 통해 자유를 창조할 수는 없습니다.

– 막시밀리앙 로베스피에르, 1792년 파리 〈자코뱅 클럽〉 연설[1)]

이라크 전쟁이 일어나게 된 이유가 정확히 무엇이었는지는 앞으로도 어느 정도 모호한 상태로 남을 것이다. 일부 사람들이 그 전쟁을 음모의 산물이라고 믿기 때문은 아니다. 이라크 전쟁을 정당화하기 위해 제시된 여러 전략적 목적 중에는 합리적으로 보이는 전략도 있었다. 그러나 누군가 이라크 전쟁의 역사를 기록한다면 이라크 전쟁을 지지한 집단이 내세운 목적 중 실현 가능한 목적은 없었다는 사실이 드러날 것이다. 이라크 체제를 교체해 테러리즘을 억제하고 민주주의를 진전시키는 가운데 미국의 이익을 증진한다는 것이 부시 정부가 세운 전반적인 전략이었다. 그러나 이러한 목적들은 한꺼번에 실현될 수 있는 단일한 기획에 딸린 세부 항목이 아니다. 그 목적은 이질적이고 경합한다. 부시 정부는 그 목적들이 한꺼번에 실현될 수 있다고 생각하고 실행에 옮겼지만, 결국 자신이 현실과 얼마나 많이 괴리되어 있는지만 만천하에 공개하고 말았다.

중동 대부분의 나라에는 자유민주주의가 수립될 수 없다. 그 지역 대부분은 세속적 전제주의나 이슬람교 통치 중 하나를 선택하기 때문이다. 부시 정부는 중동에 민주주의를 강제하면 미국과 같은 체제가 나타날 것이라고 가정했지만 비자유민주주의가 나타날 가능성은 간과했다. 비자유민주주의는 공동선은 자명하다는 신념에 의존한다. 진실이 아닌 것에 현혹되지 않고 부도덕하지 않은 멀쩡한 사람이라면 누구나 같은 정책을 지지할 것이므로 비자유민주주의 정부는 개인의 자유나 소수자의 권리를 따로 떼어 보호할 필요가 없다. 비자유민주주의에서는 대중의 의지가 곧 공동선이므로 그 공동선이 완전히 표현될 수 있는 것만으로 자유가 충분히 보장된다. 사실 비자유민주주의에서 사람들은 배후에서 사건을 조종하는 보이지 않는 인물의 지도를 받아야 한다. 루소의 이론에서 입법가로 표현되는 그 인물은 이란에 신권정치를 수립하는 데 보이지 않게 개입한 대아야톨라Grand Ayatollah와 유사하다. 현재 이란을 지배하는 체제는 루소가 꿈꾼 비자유주의적 이상을 이슬람교식으로 구현한 것이고 앞으로 중동에 남아 있는 권위주의 체제가 전복된다면 이러한 유형의 민주주의가 뒤를 이을 가능성이 높다. 이미 이라크 전역에서 이란의 노선을 따르는 시아파 주도의 대중적 신권정치가 서서히 등장하고 있다. 앞으로 20년 안에 중동 대부분은 이와 같은 이슬람교식 비자유민주주의 체제의 통치를 받게 될 것이다. 여러모로 이 체제는 앞선 체제보다 더 적합한 체제일 수 있고 테러리즘 배후의 세력을 일부 제거할 수 있다면 이 체제를 있는 그대로 받아들일 필요도 있을 것이다. 시간이 가면 일부 나라들은 유럽의 다원주의적 민주주의와 유사한 체제를 발전시킬지도 모르지만 (레바논의 경우 전쟁으로 좌초되기 전까지 그러한 체제가 재등장하는 것처럼 보였다.) 그렇다고 해도 중동 나라들이 서양의 정치 체제를 그대로 복제하는 일은 없을 것이다. 그러므로 미국의 정부 형태를 귀감으로 삼을 "새로운 중동"이 등장하고 있다는 사고는 환상이다.

폭력이 일소될 수 있다는 신념 역시 기만적이다. 미국과 다른 나라들은 이슬람교 나라들에게 "근대화"의 필요성을 강의하면서 서양 국가들이 거쳐 온 발전 양식을 따르라고 한다. 그들은 서양의 발전 양식을 서양 외부의 나라들에 이식하려고 할 때마다 대량 폭력이 일어났다는 사실을 간과한다. 20세기 유럽이야말로 유례없는 국가 살육의 장場이지 않았던가? 폭력은 근대 서양을 구성하는 요소였다. 사담 대통령 치하의 이라크는 13년간의 경제제재와 뒤이은 미국의 공격으로 파괴되기 전까지만 해도 가장 고도로 발전한 아랍 국가에 속했지만 이라크처럼 근대화된 중동 국가들도 폭력을 자행하기는 마찬가지였다. 그러므로 이라크에 자유민주주의가 뿌리내린다 해도 테러리스트들의 폭력은 끝나지 않을 것이고 영국, 스페인, 이탈리아, 독일, 일본, 미국 같은 많은 자유민주주의 국가들에게 심각한 위협이 될 것이다. 러시아의 테러리즘은 민주화 이후 악화된 반면 중국에서는 폭력이 제어되고 있다. 정치가 폭력에 대처하는 데 기여할 수는 있지만 그렇다고 민주주의가 만병통치약인 것은 아니다. 중동 대부분의 현실을 고려해 볼 때 테러 조직은 대중의 지지를 못 받는 고립된 당파가 아니다. 일례로 가장 최근에 이스라엘과 빚은 갈등의 여파로 레바논에서는 〈헤즈볼라Hezbollah〉가 다수의 목소리를 대변하게 되었고 팔레스타인에서는 〈하마스〉가 대표로 선출되어 정부를 구성했다. 중동 전역에 나타나는 테러리즘은 아직 해결되지 않았고 어쩌면 영원히 해결할 수 없을 갈등의 부산물이다.

팔레스타인과 이스라엘 사이의 갈등이 해결하기 가장 까다로운 지역 갈등이겠지만 이슬람교 나라들 사이에서도 큰 충돌이 일어난다. 일례로 사우디아라비아와 이란은 걸프만의 패권을 다툰다. 두 나라 모두 약 10년 안에 핵무기를 보유할 가능성이 높기 때문에 이들의 갈등은 자칫 위험한 상황으로 치달을 수 있다. 이라크 주변의 수니파 체제들은 사담 대통령이 몰락한 이라크에서 부상하고 있는 시아파 정권을 강하게 압박할 것이다. 한편 중동의 여러 나라들에서 급격하게 증가하고 있는 인구는 이 지역의 정치적 불안정을 키울 것이다. 앞으로 20년 안에 걸프만의 인구는 두 배 늘어날 전망이다. 인구 증가로 원리주의를 표방하는 학교에서 정체성을 형성하고 사회로 나가는 수백만 명의 젊은 남성들이 실업에 빠질 것이다. 그런 상황에서 평화는 이룰 수 없다. 참을성 있는 외교를 펼치면서 테러를 저지르는 비정규군에 영향을 미치는 이슬람교 체제와 우호적인 관계를 유지한다면 휴전 상태를 확보할 수 있겠지만 안정은 요원하다. 테러리스트들의 폭력이 줄어든다 해도 불안정은 만성적인 조건이 될 것이다.

자유민주주의를 이식하고 테러리즘을 뿌리 뽑는 일은 별개의 목적이고 중동 대부분에서 실현될 수 없는 목적이다. 이 두 목적의 경계선이 불분명해지고 미국의 지정학적 이해 관계와 융합되면 이 지역의 안정을 유지하기가 더 어려워진다. 예상대로 이 융합은 이라크에 재앙을 초래했다.

1.
이라크: 21세기 유토피아의 실험

선제 공격이라는 부시 정부의 원칙은 미국을 건국한 이들이 품은 유토피아 신조는 물론이고 윌슨 대통령, 루스벨트 대통령, 레이건 대통령이 품은 유토피아 신조마저 넘어섰다. 그것은 근본적으로 끝나지 않는 전쟁을 선언하는 원칙이다.

— 데이비드 리프David Rieff[2)]

이라크 전쟁을 유발한 요인은 다양하지만 모든 요인이 의도적이거나 합리적이었던 것은 아니다. 이라크 침략은 미국 에너지 공급의 안정성을 확보하고 동시에 이라크를 그 지역의 다른 나라들이 따를 만한 자유민주주의의 귀감으로 삼으려는 시도였다. 그러나 첫 번째 목적은 전쟁 때문에 위태롭게 되었고 두 번째 목적은 실현 불가능했다. 그리고 사담 대통령의 대량 살상 무기 개발 계획을 무력화한다는 세 번째 목표는 핑계였다.

블레어 정부와 부시 정부는 침략 행위를 정당화하기 위해 이라크의 무기 개발 계획이 초래할 위협에 선제적으로 대응한다는 명분을 내세웠지만 그들의 주장에는 일관성이 없었다. 무기 개발 계획이 진행 중이었다면 전쟁이 아니라 무기 사찰이나 다른 방법으로도 이 문제를 얼마든지 처리할 수 있었다. 사담 대통령이 생물학무기나 화학무기를 이미 보유하고 있더라도 그것이 미국에 위협이 된다고 생각할 이유는 없었다. 미 중앙정보부가 분석한 대로 사담 대통령은 미국이 이라크를 침략할 경우에만 미국을 상대로 해당 무기를 사용할 가능성이 높았다. 전쟁이 터지자 세계의 "불량 국가들"은 사담 대통령은 가지지 못한 대량 살상 무기를 보유하는 편이 낫다는 교훈을 얻었다. 그렇지 않으면 이라크와 마찬가지로 미국의 공격에 취약해질 수밖에 없기 때문이었다. 전쟁은 대량 살상 무기의 확산 속도를 늦춘 것이 아니라 오히려 가속화시켰다. 사실 전쟁을 일으키면서 미국의 안전이나 전 세계의 안전을 지킨다는 말 자체가 앞뒤가 안 맞았다.

전쟁의 목적은 도처에 있었다. 신보수주의자들이 내민 지정학적 목적 중에는 미국이 테러에 공모한 것으로 보이는 사우디아라비아와 관계를 단절해야 한다는 주장도 있었다. 그러기 위해서는 석유 자원을 안정적으로 공급하고 미군이 주둔할 만한 다른 장소가 걸프만 지역에 필요했고, 이라크는 모든 조건을 충족하는 나라로 보였다. 걸프만의 핵심 석유 매장지를 통제할 수만 있다면 미국은 신뢰할 수 없게 된 동맹국을 떼어 냄과 동시에 걸프만 지역에 대한 지배권을 확보하고 더불어 중국, 인도 및 에너지에 굶주린 다른 국가의 갑작스러운 등장을 억제할 역량을 가질 수 있었다.

사실 이 각본은 처음부터 황당한 각본이었다. 전쟁이 끝난 이라크의 석유 생산 수준은 사담 대통령 시절의 생산 수준에 미치지 못했고 유가는 크게 올랐다. 미군이 전혀 없는 쿠르드 지역은 그나마 평화를 유지하고 있지만 이라크 대부분의 지역이 무정부 상태인 현실에서 이전의 생산 수준을 회복하기란 불가능하다. 시간이 가면서 시설 보호에 들어가는 비용 투자가 지금보다 줄어들면 생산 수준은 더 낮아질 것이다. 이라크 전쟁을 벌인 결과 미국의 석유 공급은 전보다 더 불안해졌다. 사담 대통령이 물러나면 이라크가 자신의 석유 매장지를 미국의 손에 순순히 넘길 것이라는 생각은 망상이었다. 이라크가 민주주의 국가가 되더라도 자신의 자원 창고를 타국이 몰수하는 데 동의할 이유는 없다. 현실 정치에서 일어난 전쟁이지만 사실 이 전쟁은 유토피아적 모험이었다.

미국이 이라크 체제 교체를 빌미로 일으킨 전쟁은 소비에트 붕괴 직후 시작된 전 지구적 자원 전쟁의 일환이었다. 제1차 걸프전(이 이름은 몇 년 앞서 이라크와 이란 사이에 벌어진 격렬한 갈등■을 모른다는 듯한 인상을 준다)은 자원 전쟁이었을 뿐 그 이상도 이하도 아니었다. 또한 당사자 중 누구도 그 전쟁이 민주주의 확산이나 테러리즘 억제에 관련된다는 태도를 보이지 않았다. 1990년대 미국 정책의 주요 목표였던 안정적인 석유 공급이 그 전쟁의 유일한 목적이었다. 그 목적 때문에 중앙아시아에 미군 기지를 건설하게 되었고 러시아와 더 가까워지게 되었다.

■ 1980년 이라크의 선제 공격으로 시작된 이란-이라크 전쟁(1980~1988)을 말한다.

20세기의 지정학은 국가 간의 갈등을 빚어내는 강력한 요인인 천연자원의 통제를 둘러싼 투쟁이었다. 제2차 세계대전을 치르면서 안정적인 석유 공급이 주요 쟁점으로 떠올랐다. 석유는 히틀러가 소비에트 연방을 침략하고 일본이 진주만을 공격하는 계기가 되었다. 1956년 영국은 석유 때문에 수에즈 운하를 거머쥘 생각을 했지만 실패했다. 1953년 미국과 영국은 미 중앙정보부 주도로 "아작스 작전Operation Ajax"을 벌여 세속주의자인 모하마드 모사데크■ 이란 총리를 타도했다. 영국과 미국은 이란이 커져 가는 소비에트의 영향권 안으로 들어가는 일을 사전에 막기 위해 이 사건을 일으켰다고 했다. 서양이 이란의 석유를 통제한다는 사실을 만천하에 알리는 것이 주요 목적이었다.

냉전 이후의 대결은 다른 배경을 바탕으로 진행되었다. 에너지 생산자와 에너지 소비자의 입장이 바뀌어 석유 생산국이 나머지 세계와 맺는 석유 거래 조건을 좌지우지하게 된 것이다. 러시아는 석유와 천연가스 공급자라는 지위를 이용해 전 지구적 정치에서 입지를 다지고 있고, 이란은 걸프만의 패권을 다투는 도전자로 등장했다. 이러한 권력 이동의 이면에는 전 지구적 석유 수요는 증가하는 반면 전 지구적 석유 보유고는 고갈되는 현실이 자리 잡고 있다. 석유의 절대량이 고갈되어 가는 것은 아니지만 "석유 정점" 이론은 전 지구적 석유 생산이 그 최대치에 가까워지고 있다고 주장한다. 정부들은 석유 정점 이론을 심각하게 받아들인다. 2005년 2월 미 에너지부가 작성한 보고서 『세계 석유 생산의 정점: 파장, 경감, 위기 관리*Peaking of World Oil Production: Impacts, Mitigation*

■ Mohammad Mossadegh, 1880~1967. 이란의 민족주의 정치 지도자. 1951년 총리가 되어 〈영국-이란 석유회사〉(지금의 〈브리티시 석유 주식 회사British Petroleum Company, PLC〉)를 국유화시켰고 근대화를 추진했지만 1953년 8월 자헤디Zahedi 장군의 친위 부대가 쿠데타를 일으켜 실각하고 체포되었다.

and Risk Management』의 결론은 다음과 같다. "세계는 이와 같은 문제에 직면한 적이 없었다. 석유 정점에 도달하기 적어도 10년 전에 이 문제를 완화시키지 못하면 문제가 확산될 것이고 일시적인 현상에 그치지도 않을 것이다. 나무에서 석탄으로 그리고 석탄에서 석유로 이행한 이전의 에너지 전환은 점진적인 혁명이었지만 석유 정점은 갑작스러운 혁명이 될 것이다."[3] 줄어드는 석유가 가속화되는 산업화와 맞물리면 세계의 부존 자원 통제를 둘러싼 대결은 강화될 것이다. 이와 같이 석유 정점의 지정학이 강대국들의 정책을 형성하고 있다.[4]

부시 정부에서 가장 큰 영향력을 행사하는 전략가들은 석유가 최고의 자산임을 알아차렸다. 1999년 가을 〈핼리버튼Haliburton〉의 최고경영자였던 딕 체니는 〈석유 연구소Institute of Pertroleum〉 추계 오찬 모임 연설에서 다음과 같은 예측을 내놓았다.

> 석유 생산은 분명 석유를 고갈시키는 활동입니다. 매년 지금 생산하는 수준만큼 생산하려면 그만큼의 석유를 새로 찾아내 개발해야 하지요. 이 사실은 기업뿐 아니라 전 세계적으로도 중대한 의미를 지닙니다. (…) 그렇다면 이제 석유는 어디에서 찾아야 할까요? 석유는 본질적으로 매우 전략적이라는 점에서 독특한 자원입니다. 지금 우리는 비누나 운동복에 대해 이야기하는 것이 아닙니다. 에너지는 세계 경제를 지탱하는 진정으로 근본적인 자원입니다. 걸프전은 이러한 현실을 반영한 전쟁이었습니다. 정부의 개입 수준만 보아도 석유가 얼마나 독특한 상품인지 알 수 있습니다. (…) 석유 산업에서는 정부와 국영 석유 회사들이 전체 자산의 90퍼센트를 통제하고 있습니다. 이는 기본적으로 정부 사업입니다. 다른 지역에서도 석유가 많이 나지만 전 세계 석유의 3분의 2를 보유하고 최저 비용으로 생산하는 중동은 궁극의 축복을 받은 땅입니다.[5]

이 발언은 체니 부통령이 석유 정점 문제를 명확하게 이해하고 있음을 보여 준다. 이 문제를 제대로 이해했던 부시 대통령 1기 정부는 에너지 정책을 국가 안보에 속하는 정책으로 재분류했다. 석유는 분명 이라크 전쟁을 벌이기로 결정한 핵심 요인이었다. 미국은 안정적인 석유 공급을 보장할 체제를 구축하기 위해, 그리고 걸프만 전역의 석유 보유고를 통제하기로 결심했음을 알리기 위해 행동에 나섰다.

기존 국가를 파괴하고 그 대신 효과적으로 기능하는 새 국가를 구축하려는 불가능한 모험은 실패했다. 2002년 미 국무부가 작성한 이라크의 미래에 관한 문건에 따르면 재건 계획을 수립했지만 부시 대통령과 럼즈펠드가 재건 계획을 묵살했다고 하는데 이러한 사실은 전후戰後에 재건 계획을 시행했다면 재앙을 피할 수 있었을 것이라는 사람들의 통념을 뒷받침한다.[6] 그러나 이라크가 미국의 침략 뒤에 따라온 혼란을 피할 수 있었다는 믿음은 아무런 근거가 없다. 그러한 믿음은 전쟁의 목적을 달성할 수 있었다는 전제에서 나왔지만 사실 전쟁의 목적은 달성될 수 없었다. 사전에 조금이라도 현실적으로 생각했다면 전쟁은 절대로 일어나지 않았을 것이다. 이라크에 자유민주주의를 구축하는 일은 불가능했다. 이라크 체제의 전복은 이라크 파괴나 다름없었다.

처음에는 군사적으로 성공할지라도 곧 반란이 뒤따르리라는 사실은 사전에 얼마든지 예상할 수 있었다.[7] 몇 세대 전의 사람들조차 이라크에서는 다수 지배라는 원칙이 위험하다는 사실을 충분히 알고 있었기 때문이다. 이라크 역사는 이 사실을 잘 보여 준다. 메소포타미아라는 이름으로 처음 역사에 이름을 알린 이라크는 토머스 에드워드 로렌스(아라비아의 로렌스Lawrence of Arabia), 소비에트 이중 첩자 킴 필비Kim Philby의 아버지이자 영국 식민지 관리 해리 세인트 존 필비,■ 영국 외교관 거트루드 벨Gertrude Bell의 작품이다. 벨은 붕괴된 오스만 제국의 세 지역을 재건해 1921년 하심 왕국Hashemite kingdom을 건설했다. 여성으로는 처음으로 영국 식민지 관리가 된 벨은 1919년 오스만 제국이 붕괴되자 영국 고등 판무관실 퍼시 콕스Percy Cox 경의 비서로 일하면서 신생 국가를 탄생시켰다. 1920년 벨은 이라크 시아파 지도자 세이드 하산 알-사드르Seyyid Hasan al-Sadr를 만났다. 그는 2004년 미국 점령에 맞서 반란을 일으킨 마흐디 민병대 사령관 모크타다 알-사드르Moqtada al-Sadr의 증조부다. 세이드 하산 알-사드르를 만난 뒤 벨은 시아파에게 민주 정부란 신권정치를 의미한다는 것을 깨닫게 되었다. "수적으로는 열세지만 최종 권력은 반드시 수니파에서 나와야 한다. 그렇지 않으면 악하기 그지없는 신권정치가 수립될 것이다." 벨은 수니파 지도자들이 이 지역을 통치할 수 있도록 "시아파의 종교 지도자들을 공무에서 배제하기로" 했다. 영국은 이 나라 북부 지역 유전을 통제해야 하는 전략적 이해관계가 있었다. 시아파를 권력에서 떼어 놓고 쿠르드 지역을 독립국으로 인정하지 않는 새 왕국을 창조함으로써 벨은 두 가지 목적을 한꺼번에 달성할 수 있었다.

벨이 새 왕국을 건설할 수 있었던 이유는 이 지역 문화에 조예가 깊었기 때문이다. 아라비아어와 페르시아어에 능통한 벨은 수피파 신비주의 시인 하피즈Hafiz의 시를 영어로 번역했고 〈국립 고대 박물관National Museum of Antiquities〉의 전신인 〈바그다드 고고학 박물관Baghdad Archaeological Museum〉을 건립했다. 80여 년 뒤 미국 침략의 여파로 이 박물관의 보물들은 약탈당했다. 당시 이라크 정부 기관 중 유일하게 석유부만이 미군의 보호를 받는 상황이었지만 도널드 럼즈펠드는 "별일 아니"라는 무덤덤한 반응을 보였다.[8] 1920년대 초부터 벨은

▪ Herry St. John Philby, 1885~1960. 영국인 탐험가, 지도 제작자. 중동에 미국 자본을 끌어들인 주역이며 이스라엘 건국에도 영향을 미쳤다.

이 나라에 대한 영국의 정책에 공감할 수 없게 되었고 결국 1926년 관련 업무에서 배제되었다. 더 이상 영향력을 행사할 수 없게 된 벨은 수면제 과다 복용으로 바그다드에서 사망해 영국인 묘지에 묻혔다.[9)]

벨은 자신이 창조한 국가가 민주적일 수 없다는 사실을 알고 있었다. 민주주의는 시아파 지역에서는 신권정치를, 수니파 지역에서는 종파 간 갈등을, 북부 쿠르드 지역에서는 분리주의를 의미했다. 벨이 창조한 왕국은 1958년 나세르주의 군부가 왕실 가족을 살해하면서 막을 내렸다. 영국과 프랑스가 수에즈 운하의 통제권을 확보한다는 그릇된 구상을 시도했다가 이 지역에서 영국 권력이 물러나고 2년 만에 벌어진 일이었다. 벨이 수립한 왕국은 종파 분리와 수니파 통치라는 조건을 바탕으로 유지되었는데 사담 대통령의 전제주의도 같은 조건을 바탕으로 수립되었다. 체제 전복은 그 체제를 운영해 온 국가의 파괴를 의미함과 동시에 벨이 경고한 신권정치의 창출을 의미했다. 철저한 전체주의는 아니었지만 사담 대통령이 통치하는 이라크는 소비에트 러시아의 노선을 따르는 계몽주의 체제였고 철저하게 세속적이었다. 이라크는 걸프만 지역에서 이슬람교 법체계Sharia가 아닌 서양의 법체계를 따르는 유일한 나라였고 이슬람교에 매우 적대적이었다. 미국은 이 사실을 인정해 1980년대에 이라크와 이란이 전쟁을 벌이자 사담 대통령에게 무기 및 정보를 제공했다.

이라크는 항상 철저하게 분리된 여러 세력으로 이루어진 국가였다. 사담 대통령 체제가 더 억압적이었지만 그 체제는 벨의 왕국과 같은 기초 위에 수립된 체제였다. 사담 대통령은 다수파인 시아파, 쿠르드족 및 다른 소수파를 억압해 단일한 이라크를 유지할 수 있었다. 그러나 사담 대통령이 수립한 체제를 파괴하자 억압당하던 집단들이 해방되었고 이라크 국가는 권력이나 정당성이 없는 상태가 되었다. 민주주의는 사회의 바탕을 이루는 공동체 사이에 어느 수준 이상의 신뢰를 필요로 하는데 그러한 신뢰가 구축되지 않은 이라크에 민주주의를 수립하기란 불가능했다. 소수민족에게는 자신들이 영원한 패자가 되지 않을 것이라는 확신이 필요하다. 그렇지 않으면 분리 독립하여 자신들만의 국가를 수립하려 할 것이다. 따라서 쿠르드족은 결국 분리 독립을 선택할 것이고 5백만 명의 수니파는 다수파인 시아파의 지배에 저항할 것이 틀림없었다. 이 집단들 사이에 존재하는 갈등의 골이 너무나 깊기 때문에 이라크의 허약한 구조는 유지될 수 없다. 소비에트 사회주의 연방 공화국이나 예전의 유고슬라비아처럼 갑작스레 민주화가 이루어진 국가들은 모두 여러 나라로 쪼개졌다. 이라크만은 다를 것이라고 생각할 근거도 없었다. 2006년 12월 사담 대통령이 혼란 속에서 야비하게 처형당하자 이라크라는 국가도 사라지고 말았다.

모든 단계에 제멋대로의 현실 정치가 개입했지만 이라크 체제 교체라는 신보수주의 기획은 유토피아 정신이 작용한 고전적 사례다. 전쟁을 지휘한 신보수주의자들은 독재 체제를 전복하면 민주주의가 도래할 것이라고 생각했다. 이행 과정에서 어려움에 부딪히면 보편적 원칙인 미국의 연방주의 원칙을 적용해 해결하면 그만이었다. 따라서 신보수주의자들은 자연스럽게 연방제를 대안으로 떠올렸다. 그러나 미국 헌법에 표현된 연방주의라는 신념은 이론상의 것일 뿐 미국의 역사에조차 부합하지 않았다. 미국도 남북전쟁을 치르지 않았다면 국가 통합을 이루지 못했을 것이기 때문이다.

게다가 부시 정부는 이라크를 침략하기 불과 몇 주 전까지도 이라크를 어떻게 통치할 것인지 아무 생각이 없었을 만큼 멍청했다. 부시 정부는 전후 일본을 표본으로 이라크에 군부 지도자를 내세우자는 의견과 곧바로 민주주의로 이행하자는 의견 사이에서 갈팡질팡했다. 신보수주의자라기보다는 군부 관료이자 민족주의자인 도널드 럼즈펠드는 이라크에 민주주의를 구현하는 일에 아무런 관심이 없던 사람인 만큼 사담 대통령 체제가 전복된 뒤 이라크를 통치할 전략에 대해서도 아무런 의견을 내놓지 않았다. 영국의 일부 관리들은 사담 대통령을 군부 지도자로 교체하자는 의견을 제시했는데 그것은 사실상 장기적인 생존이 의심스러운 식민 정부를 구성하자는 말이었으므로 어떤 경우에도 미국이 거절할 만한 비현실적인 제안이었다. 부시 정부에서 막강한 영향력을 발휘한 정파는 전쟁을 통해 이라크에 미국식 민주주의를 보급하겠다는 생각을 포기하지 않았는데 특히 폴 울포위츠가 이러한 입장을 강력히 지지했다. 조지 W. 부시 대통령의 전시 정부를 구성한 안보 전략가 집단인 이른바 "매파"■를 연구한 제임스 만James Mann은 울포위츠를 이렇게 설명했다.

> 울포위츠는 이라크 침략을 가장 가까이에서 주도한 행정 관리가 되었다. 침략기에 전쟁터에서 일한 미국인들은 그에게 아라비아의 울포위츠라는 별명을 붙여 주었다. 이 별명은 울포위츠가 사담 후세인 체제를 전복하고 중동에 민주주의를 수립하려는 목적을 달성하는 일에 낭만적으로 보일 만큼 지대한 열정을 쏟았음을 압축적으로 보여 준다.[10)]

전쟁을 설계한 주요 인물인 울포위츠에게 이라크 침략은 중동 전체 민주화의 서곡이었다. 그런데 막상 닥치고 보니 무능력한 폴 브레머Paul Bremer 바그다드 총독 때문에 큰 혼란이 일어났다. 결국 미국 정부는 이라크에서 정당성을 인정받기 위해 어쩔 수 없이 갑작스러운 민주화라는 방법을 선택할 수밖에 없었다.

2003년 5월 발표한 첫 번째 공식 성명에서 브레머 총독은 이라크군을 해산했고 대학 교수, 초등학교 교사, 간호원, 의사를 비롯한 바스당 관리를 모두 파면

■ Vulcans, 조지 W. 부시 공화당 대통령의 대외 정책 자문단을 일컫는 별칭.

했다. 『워싱턴 포스트*Washington Post*』 미 국방부 통신원 토머스 E. 릭스Thomas E. Ricks는 브레머 총독의 결정을 다음과 같이 설명했다.

> (…) 5월 23일 브레머 총독은 "이라크 국가기관 해산에 관한 연합국 임시 행정국 명령 2호"를 발표했다. 해산 대상이 된 기관은 38만 5천 명에 달하는 이라크군, 경찰과 지역 보안 인력을 포함해 무려 28만 5천 명이라는 엄청난 직원을 둔 내무부, 5만여 명에 달하는 대통령 경호실이었다. (…) 이들 대부분은 무장하고 있었다.[11]

바스당에서 벗어난 이라크 사회를 건설한다는 미명하에 브레머 총독이 내린 명령 1호는 이라크군 해산이었다. 고참 바스당원이 공무에 참여하지 못하도록 차단하기 위한 조치였다. 릭스 통신원은 미 중앙정보부 바그다드 지국장이 결과적으로 50만 명이 넘는 실업자를 양산한 이 두 가지 명령을 적극적으로 만류했다고 보도했다. 이라크의 가족 구성원 수가 평균 여섯 명이라는 점을 감안할 때 이 조치로 이라크 인구의 10분의 1인 250만 명 이상이 소득을 잃게 된 셈이었다. 브레머 총독은 자신에게 협력한 세력에게 자리를 만들어 주라고 한 아메드 찰라비의 부탁에 따라 이러한 명령을 내린 것으로 보인다.

브레머 총독이 내린 명령들은 이라크 국가를 해체해 버렸다. 국가 제도의 틀을 벗어난 경찰과 보안 인력은 이라크의 각 분파가 운영하는 민병대에 포섭되어 그들의 지시에 따라 납치, 고문, 살해를 자행했다. 바그다드 중심부에 위치한 그린 존Green Zone에는 미국 대사관과 영국 대사관, 연합군이 지원하는 이라크 정부 기관이 들어서 철통 같은 보안이 유지되었지만 그 바깥은 무정부 지역이 되었다. 2006년 말에는 매일 백여 명의 사람들이 살해당했고 유엔의 추정에 따르면 사담 대통령 치하에서보다 더 심한 고문이 자행되었다.[12]

이라크를 재건할 임시 정부를 수립했다는 부시 정부의 생각은 착각이었다. 미국이 지원하는 이라크 정부는 각 분파들이 어울려 싸우는 전쟁터나 다름 없고, 그러는 사이 이라크 국가는 역사의 기억 속으로 사라져 버렸기 때문이다. 사담 대통령이 암살당했거나 자연사했다면 이라크 체제는 살아남았겠지만 이라크 체제를 강제로 교체한 결과 시아파의 군사력에 지나치게 의존하는 허약한 정부를 둔 실패한 국가가 탄생하고 말았다. 그러나 부시 대통령의 어릿광대 같은 정책 비평가들은 이러한 사실을 무시했다. 체제 붕괴 뒤에 혼란이 이어지면서 사담 대통령이 추진했다고 여겨지는 대량 살상 무기를 찾아내 파괴한다는 이라크 침략의 선언적 목표는 아예 달성할 수 없게 되었다. 설령 사담 대통령이 화학무기나 생물학무기를 보유하고 있었더라도 (1990년대에는 분명 가지고 있었을 것이다) 모두 이라크라는 국가와 함께 사라져 버렸기 때문이다.

미군이 이라크에 평화를 정착시키지 못한 이유를 수적 열세 탓으로 돌리는 사람들이 있다. 분명 도널드 럼즈펠드가 수립한 전쟁 계획은 사담 대통령 세력이 무너진 뒤 반란이 일어나리라는 점을 예측하지 못했다는 점에서 완전히 그르친 계획이었다. 럼즈펠드는 지상군을 제한적으로 운영하는 대신 대부분을 첨단 기술에 의존하는 "군사작전 혁명"을 강력하게 지지했다. 군은 이런 럼즈펠드를 일평생을 행정 관료로 살아 쓸데 없는 전략이나 세우고 있다며 기피했다. 결국 미국 유권자들이 전쟁을 거부하자 럼즈펠드가 첫 번째 희생양이 되었다. 그러나 더 많은 병력을 투입했더라도 큰 차이는 없었을 것이다. 제1차 세계대전의 여파로 40만 명이 넘는 군대를 보유했던 영국도 군사력에 기댔지만 뜻을 이루지 못해 결국 정치적 수단을 써서 질서를 구현해야 했기 때문이다. 석탄보다 더 효율적인 석유 에너지를 해군에 도입한 윈스턴 처칠 해군 장관은 전함에 사용할 원유를 안정적으로 공급하기 위해 1914년 메소포타미아를 침략했다. 점령 과정은 순탄치 않았고 결국 1915년 12월에서 1916년 4월 사이 영국 메소포타미아 원정군은 쿠트-알-아마라Kut-al-Amara에서 오스만 제국군에 포위당해 2만 명에 달하는 사상자를 내고 말았다. 영국은 최후의 수단으로 (1920년대에 영국이 아프가니스탄에서 활용한 전략인) 공습을 통한 마을 초토화 전략을 택하게 되었다.

이라크는 군사력으로는 달성할 수 없는 평화를 구현하기 위해 건설된 국가였다. 미국이 지금 이라크에서 벌이고 있는 군사작전에서도 달성할 수 있는 정치적 목적을 찾을 수 없었다. 이렇게 실현할 수도 없고 일관성도 없는 목적을 달성하려는 과정에서 2007년 초까지 미국인 3천 명 이상이 살해되어 9.11 사건의 사망자 수를 능가했고 부상자도 2만 명을 넘어섰다. 미군은 실수를 했고 범죄를 저지르기도 했지만 미국이 패배한 원인을 불가능한 임무를 수행하기 위해 이라크에 파견된 군인들에게 돌려서는 안 된다. 책임은 임무를 설정하고 실행에 옮기라고 명령한 정치 지도자들에게 있기 때문이다.

미군은 바그다드를 점령한 뒤 시작된 반란에 제대로 대처하지 못했다. 베트남과 소말리아에서 굴욕적인 패배를 당한 미군은 "전력 보호", "충격과 공포"를 기본 원칙으로 삼았다. 이 말은 미군에 위협이 된다고 여겨지는 점령국 주민은 누구든 살해할 수 있다는 뜻이었고 적을 물리치기 위해 압도적인 화력 동원도 불사한다는 뜻이었다. 이 기본 원칙은 사담 대통령의 군대를 상대한 전쟁 초기에는 효과적이었지만 이라크 사람 대부분이 적으로 돌변한 지금의 상황에서는 역효과를 낳는다. 걸프전 당시 영국 제1기갑사단장이었고 사라예보에서 유엔 평화유지군 지휘관으로 복무했으며 1996년부터 1998년 사이 북아일랜드 영국군 지휘관을 지낸 루퍼트 스미스Rupert Smith 장군은 이 상황을 두고 "민간 전쟁"이라 칭한 바 있다.[13] "민간 전쟁"에서 수적 우위는 의미가 없고 강력한 화력 동원도 쓸모 없을 뿐더러 역효과만 낳는다. 처음에는 미 점령군에 동조한 이라크 인들도 2004년 초 미군이 팔루자 시를 초토화시킨 뒤에는 등을 돌렸다. 팔루자 시민을 상대로 편 "초토화shake and bake" 작전에서 클러스터 폭탄과 화학무기(백린탄 또는 "개량한 네이팜탄")[14]를 사용한 일은 러시아군이 체첸 공화국의 수도 그로즈니Grozny에서 자행한 파괴 행위에 견줄 만했다. 군사적 관점에서 볼 때 팔루자 공격은 실패였다. 며칠 뒤 반군은 팔루자 시보다 더 규모가 큰 도시이자 더 많은 무기를 장악할 수 있는 도시 모술Mosul을 손에 넣었기 때문이다. 팔루자 공격으로 미국은 이라크인들의 생명을 경시한다는 인상을 남겨 반란에 기름을 부었다. 2004년 4월 익명의 영국 고위 장교는 이렇게 말했다. "미국의 폭력은 그들이 직면한 위협에 비해 지나치게 과하다는 것이 저를 비롯한 영국 지휘관들의 생각입니다. 미군이 이라크인들을 바라보는 시각은 영국군의 시각과 다릅니다. 그들은 이라크인들을 인간 이하의 존재로 취급합니다."[15)]

아부그라이브 수용소에서 자행된 고문도 비슷한 길을 걸었다. 사담 대통령이 몰락한 뒤에는 누구나 희생자가 될 수 있었다. 수천 명이 거리에서 끌려가 조직적인 학대를 당했다. 이러한 처신으로 미군은 러시아, 프랑스, 영국이 닦아 놓은 길을 따라갔다. 러시아는 체첸 공화국에서, 프랑스는 알제리에서, 1950년대의 영국은 케냐에서 광범위한 고문을 자행했다. 앞서간 국가들은 극한의 육체적 고통을 가했지만 미국 심문관들은 정신적 압박, 특히 성적 모멸감을 주는 데 초점을 두었다. 이라크에서 활용된 고문 기법은 희생자들의 문화를 목표로 삼았다. 희생자는 인간으로서 그리고 아랍인과 이슬람교도로서 고문당했다. 미국은 이러한 고문 기법을 활용한 탓에 이라크인들에게 타락한 국가라는 지울 수 없는 인상을 남겼고 미국이 지원하는 체제는 이라크에서 정당성을 인정받을 수 없다는 것을 기정사실로 못박았다.

미군 내부에는 아부그라이브 수용소에서 자행된 학대에 반대하는 목소리가 있었고 미군 당국도 그런 행위를 비난했지만 고문은 우연이나 기강 해이에서 비롯된 것이 아니었다. "테러와의 전쟁"이 시작될 때부터 부시 정부는 억류자 처우에 관한 국제법을 어겼다. 부시 정부는 테러 조직 구성원은 제네바 협약의 보호를 받을 수 없는 불법 전투원이라고 선언했다. 테러리스트들은 아프가니스탄에서 사로잡힌 탈레반이나 〈알카에다〉 용의자들과 마찬가지로 관타나모 수용소에 억류되었다. 국제법의 영향력 바깥에 있는 관타나모 수용소에서는 고문이 벌어질 가능성이 높았다. 부시 정부가 이라크에서 국제법을 위반한 사례는 또 있다. 아부그라이브 수용소와 미국의 다른 억류 시설은 군법이나 제네바 협약의 영향을 받지 않는 민간업자가 위탁 운영했다. 사실상 부시 정부는 학대를 자행해도 처벌을 받지 않는 무법적인 환경을 조성한 것이다. 아부그라이브 수용소에서 자행된 고문은 일부 장교들이 임무를 망각하고 행동한 결과가 아니다. 고문은 미국 고위 지도층이 결정한 일이었다.

아부그라이브 수용소에서 고문이 자행된 뒤부터 부시 정부는 줄곧 고문의 필요성을 옹호했다. 군 법무관, 미 중앙정보부, 미군은 계속 반대하며 고문 중단을 요구했다. 로버트 그레니어Robert Grenier 미 중앙정보부 대對테러부장은 고문과 "용의자 인도"에 반대했다는 이유로 2006년 2월 해고당했다.[16] 고문의 효과를 확신하지 못했고 고문을 자행한 심문관이 기소당할 수 있다는 사실을 우려한 미 중앙정보부는 더 이상의 심문을 거부했다. 이 때문에 미국 정부가 (혐의자를 별다른 어려움 없이 고문할 수 있는 나라로 이동시키는) 용의자 인도 계획에 따라 이송한 죄수를 수감하기 위해 세운 비밀 감옥이 폐쇄되었을지도 모른다는 보도가 나왔다. 고참 군 법무관들은 부시 정부의 "강압적인 심문" 정책을 지지하는 선언서에 서명을 거부했다.[17] 미국 정부의 주요 기관들은 모두 입증되지도 않은 정보를 활용하고 고문을 자행하기로 결정한 부시 정부에 저항했지만 과거와 마찬가지로 부시 정부는 자신이 수립한 정책을 꿋꿋이 밀고 나갔다.

부시 정부는 비인간적이고 비생산적인 방법을 적극 활용하는 바람에 이라크의 재앙을 앞당겼다. 몇가지 오류는 피할 수 있었을지도 모르지만 무능력하면서 오만한 부시 정부는 미군, 미 중앙정보부, 미 국무부같이 전문가들이 포진한 정부 기관의 조언을 거부하고 대신 〈특수 작전국〉을 비롯해 신보수주의 견해를 가진 정부 관리들의 조언에 의존했다. 그러나 신보수주의자들이 퍼뜨린 전후 이라크의 모습은 허위 정보나 희망 사항에 불과했다. 불가능한 목표라도 목표를 달성하기 위해서라면 용납받을 수 없는 수단도 불사하겠다는 의지는 엄청난 착각에 빠진 유토피아 정신을 유감 없이 보여 주었다.

미국인들은 여러 이유로 이라크에 대한 철저히 비현실적인 평가를 아무렇지 않게 받아들였다. 대중은 허위 정보의 공세 속에서 전쟁을 수용했다. 미국 정부는 사담 후세인 대통령과 〈알카에다〉 사이에 있지도 않은 연계가 있다고 선전했고 신빙성 있는 증거도 없이 사담 대통령 정권이 무기 개발 계획을 가지고 있다고 선전함으로써 여론을 호도했다. 전쟁을 지휘한 신보수주의자들은 자신들의 사고방식에 녹아 있는 환상에 눈이 멀었다. 자유를 쟁취하는 데 필요한 방법은 세계 어느 곳에서나 동일하다고 믿은 신보수주의자들은 과거 공산주의 나라들에 자유를 퍼뜨리기 위해 사용한 정책을 이라크에 도입하기로 했다. 그러나 다뉴브 강변에 적용할 수 있는 방법이라도 유프라테스 강변에는 적용할 수 없을 수 있다. 공산주의가 무너진 뒤의 유럽이 대체로 평화로웠던 것처럼 이라크에 평화가 정착된다 해도 똑같은 방법을 적용하는 것은 무리였을 것이다. 보편 체제에 대한 신보수주의자들의 열렬한 신념은 저마다의 고유한 역사에 대한 무관심에서 출발한다. 어떤 문화가 미국이 대표하는 전 지구적 문명으로 가는 단계에 들어서 있다면 그들은 곧 미국의 일부가 될 것이므로 그들에 대해 이해하려고 애쓸 필요가 없다는 논리다. 요지부동의 보편주의는 미국을 제외한 나머지 인류가 국가 건설에 진지하게 관여하지 못하도록 높은 장벽을 쌓는다.[18)]

이러한 문화 지체 현상은 이라크에서 극에 달했다. 워싱턴의 신보수주의 지식인들이 배출한 단기직 인턴은 자신들이 세운 계획의 불합리성을 볼 수 없는 그린 존의 울타리 안에 머물면서 이라크의 미래를 수립한다. 미국 정부는 이라크를 수십년 이상 점령해도 될까 말까한 목표를 불과 몇 달만에 달성하려고 했다. 이라크에 미군을 파견한 호전적 선교사들은 이라크인들이 즉시 개종할 것이라고 기대했지만 미군은 이라크인들에게 물리쳐야 할 적이 되고 말았다. 과거 나폴레옹이 무력으로 유럽 전역에 혁명을 수출하려 했을 때 로베스피에르는 이 기획의 위험성을 자코뱅당 동료들에게 경고했다. 로베스피에르의 경고가 2세기 뒤인 오늘날 중동에서 다시 입증되고 있다.

미국은 자유주의의 가면을 쓰고 과거 유럽 제국을 닮은 제국을 부활시키려 했다. 이라크는 그런 미국의 대외 정책을 가장 부각시킨 사례일 뿐이다. 이렇게 볼 때 미국이 중동에 대한 패권을 보장받겠다는 동기만으로 이라크 독재 정권을 무너뜨린 것은 아니었다고 할 수 있다. 이라크는 인권이라는 자유주의 원칙의 지도를 받는 새로운 제국주의의 출발점이었다.

2.
선교사적 자유주의, 자유주의적 제국주의

선교사와 마찬가지로 인본주의자는 자신이 친구로 삼고자 하는 사람들에게 더없이 흉악한 적으로 취급받는 일이 많다. 인본주의자는 사람들의 적합한 필요에 공감할 만한 상상력을 지니지 못했을 뿐더러 사람들의 필요를 자신의 필요와 같이 여기고 존중할 만한 겸손함도 지니지 못했기 때문이다. 그러면 오만, 광신, 참견, 제국주의는 자선 활동이라는 가면을 쓰게 마련이다.

– 조지 산타야나George Santayana[19)]

미국을 이라크라는 감당할 수 없는 사건에 끌어들인 사고와 운동은 관측 가능하거나 타당한 현실에 근거하지 않은 신념들을 뒤섞은 것이다. 그런데 지금까지 검토한 신보수주의적 유토피아주의자, 근본주의적 복음주의자, 스트라우스식 예언자를 결합한 기괴하고 매우 유해한 신념보다 더 위험한 신념이 있으니, 그것은 바로 인권을 앞세운 "자유주의적 제국주의"다. 이라크와 다른 중동 국가에서 일어난 체제 교체는 자결권과 민주주의라는 자유주의적 이상을 적용한 것처럼 보였다. 덕분에 신보수주의자들은 대중의 지지를 받으면서 체제 교체라는 모험에 나설 수 있었다. 자유주의자들은 시민의 권리를 존중하는 데서 정부의 정당성이 나오며 시민의 권리를 존중하지 않는 정부는 시민이나 외세의 저항에 부딪혀 전복될 수 있다고 주장한다. 인권은 주권국가의 권리보다 우선시되므로 인권이 심하게 침해되는 곳이 있다면 다른 국가는 1999년 블레어 총리가 시카고 연설에서 말한 대로 "국제 공동체"의 일원으로 그곳의 인권을 보호하기 위해 개입할 권리, 나아가서는 의무를 지닌다.

1990년대에 이루어진 인도주의적 개입은 자유주의자들의 견해를 입증하는 것 같았다. 최악의 잔혹 행위를 막지는 못했지만 발칸 전쟁은 과거 유고슬라비아 지역에 평화를 정착시키는 데 성공했다. 덕분에 많은 자유주의자들은 이라크 전쟁을 새로운 세계 질서를 창조하기 위한 수단으로 인정하게 되었다. 심지어 지금도 일부 자유주의자들은 이라크 전쟁의 결말이 아무리 재앙에 가까워도 독재 정권을 전복한다는 군사개입의 정당성은 훼손되지 않는다고 믿는다. 개입을 옹호하는 영향력 있는 인물들도 인정하듯이 이러한 개입은 자유주의의 모습을 한 제국주의다. 이라크를 침략하기 석달 전 마이클 이그나티예프Michael Ignatieff는 『뉴욕 타임스』에서 다음과 같이 선언했다.

> 미국의 제국은 백인의 책무를 짊어지고 정복을 통해 식민지를 건설했던 과거의 제국과 다르다. (…) 21세기의 제국은 정치 과학이라는 연대기에 새롭게 등장한 제국의 축소판이며 지금까지 세계가 겪어 보지 못한 어마어마한 힘을 동원해 자유 시장, 인권, 민주주의를 강제하는 전 지구적 패권이다. (…) 제국의 이해는 국가의 주권을 능가한다고 여겨지므로 체제 교체라는 과업은 제국주의의 전매특허다. 부시 정부는 국민을 살해하고 인종 청소를 자행하며 이웃 나라를 두 번이나 침략하고 국민의 부를 빼앗아 궁궐을 짓고 치명적인 무기를 만드는 군주에게 도덕적 권위가 있는지 물을 것이다.[20]

이그나티예프는 자유주의자들을 사로잡은 새로운 제국주의의 매력이 무엇인지 보여 준다. 독재자가 나쁘다는 것을 부인하거나 인권을 바탕으로 한 세계라는 이상에 의문을 품을 사람이 어디에 있겠는가? 자유주의는 항상 보편적 신조가 아니었던가? 자유주의의 가치가 모든 인류에게 통용된다는 주장은 자유주의 철학의 가장 중요한 원칙이다. 자유주의 국가는 폭력을 동원해서라도 자유주의라는 가치를 전 세계에 부과할 권리 나아가서는 의무를 부여받지 않았던가? 많은 자유주의자들은 "테러와의 전쟁"이 전체주의를 물리치고 민주주의가 승리를 거둔 냉전을 계승한다고 생각했지만 둘 사이에는 실질적인 차이가 있다. 냉전은 국가 간의 갈등이었지만 "테러와의 전쟁"은 국가 간의 갈등인 동시에 싸워야 할 대상이 훨씬 부정확한 갈등이다. 냉전은 경쟁하는 계몽주의 이데올로기를 채택한 국가 간의 전쟁이었지만 "테러와의 전쟁"은 계몽주의를 거부한다고 주장하는 이슬람교 세력을 상대로 한 전쟁이다. 또한 냉전기의 적은 대중적인 정당성을 인정받지 못한 공산주의였지만 오늘의 적은 과거 소비에트 연방에 비해 매우 허약하더라도 대중의 지지를 받는 이슬람교 체제다. 사실 냉전과 테러와의 전쟁 사이에는 공통점이 전혀 없다. 그럼에도 냉전과 마찬가지로 "테러와의 전쟁"도 하늘 아래 있을 법한 근사한 명분은 모두 동원할 수 있는 거대한 진보적 모험인 보편적 십자군 전쟁으로 여겨질 수 있었다. 새로운 힘은

> 이슬람교 세계에 인권, 특히 여성의 인권을 증진하는 인권의 정치, 이집트 언론이나 사우드 왕가가 불편하게 여기더라도 인종차별주의나 반유대주의에 맞서는 정치, 리쿠드당■과 그 지지자들이 분노하더라도 이스라엘의 광신적인 초강경 우파에 반대하는 정치, 이슬람교 세계에 세속 교육 · 다원주의 정책 · 서구식 법률을 퍼뜨리는 정치, 반계몽주의나 미신에 맞서 싸우는 정치, 이슬람교도나 바스당의 왼편에서 그들을 앞지르는 정치, 빈곤과 억압에 맞서 싸우는 정치, 서로 엄청나게 미워하도록 만드는 것이 아니라 이슬람교 세계의 진정한 연대를 추구하는 정치에 헌신했다. 다시 말해 자유주의 정치는 아프가니스탄의 수도 카불Kabul이 해방되는 과정 곳곳에서 엿볼 수 있었던 "새롭게 태어난 자유"다.[21]

2003년 쓴 글에서 폴 버먼Paul Berman은 "테러와의 전쟁"이 품은 숭고한 이상을 위와 같이 표현하면서 이라크의 세속적 전제주의를 전복하면 그 결과로 무정부주의와 신권정치가 뒤섞인 체제가 등장할 수도 있다는 의혹 따위는 드러내지 않았다. 아프가니스탄이 근대 국가와 비슷한 모습을 갖췄던 시기는 소비에트 군이 엄청난 잔혹 행위를 저질러가면서 아프가니스탄 일부 지역에 일종의

■ Likud, 1973년 결성된 이스라엘의 우익 연합 정당.

계몽주의적 전제주의를 강제로 심었을 때뿐이었다. 그렇지만 아프가니스탄에 자유주의가 뿌리내릴 수 없다는 사실은 폴 버먼에게 너무나 큰 충격이었기 때문에 아예 고려조차 하지 않은 모양이다. 폴 버먼이 생각하기에 "테러와의 전쟁"을 뒷받침하는 자유주의의 명분들은 그 자체로 바람직한 것이므로 말하나마나 실제로도 실현 가능했다. 체제 교체를 진보의 도구로 생각했다는 점에서 체제 교체에 대한 신보수주의자들과 자유주의자들의 입장은 같았다. 체제 교체에 들어가는 인적 비용이나 절망적인 실패를 감수할 의지가 있었던 신보수주의자들과 마찬가지로 대부분의 자유주의자들도 그럴 용의가 있었다. 미국 정치에서 반전의 목소리를 낸 세력은 화석화된 보수주의 우파와 구좌파뿐이었다. 자유주의 매체 중에서는 유일하게 『뉴욕 북리뷰*New York Review of Books*』만이 이 광신을 피했고 『네이션*The Nation*』, 『아메리칸 컨서버티브*The American Conservative*』 같은 잡지들은 좌우파 양측의 비판을 모두 실었다. 그러나 자유주의자들은 2006년 중간 선거에서 유권자들이 드러낸 반전의 목소리를 반영하지 않았다. 그들은 대부분 전쟁을 통해 세계의 자유를 수호하는 최후의 세력이 미국이라는 사실을 천명했다고 믿으면서 침묵했다.

그러나 자유주의적 제국주의는 실현 불가능한 계획이었다. 20세기 역사는 서양 제국에 대한 저항의 역사였다. 1905년 러시아 제국 함대가 일본에 패배한 사건은 유럽 권력의 패배로 받아들여져 아시아 전역에서 반식민주의 운동이 일어났다. 인도의 첫 총리 자와할랄 네루Jawaharlal Nehru는 그 사건이 자신의 인생에 가장 결정적인 사건들 중 하나라고 말하기도 했다. 영국이 수에즈 운하를 통제하려다가 실패한 일, 프랑스가 알제리에서 물러난 일, 베트남전쟁에서 프랑스와 미국이 굴욕적인 패배를 맛본 일, 아프가니스탄에서 소련이 패배한 일은 비서구 지역을 점령한 서양 점령자들의 무능력을 지난 세기 내내 되풀이해 보여 주었다. 그리고 이라크에서 패배한 미국은 그 무능력의 최신 사례다.

오늘날에는 서양에서 추진하는 대규모 제국주의 기획이 실현될 수 없다. 더구나 미국이 이러한 기획을 추진할 주체가 될 수 있다는 생각은 신빙성이 매우 떨어진다. 미국은 제국주의 체제에 필요한 속성을 갖추지 못했기 때문이다. 물론 미국이 다양한 수준에서 여러 나라들에 영향력을 행사하는 것은 사실이다. 힘으로 위협하는 경우도 있었지만 대부분의 경우 경제제재나 경제 장려책을 적절히 배합해 상대 나라의 정부를 통제하면서 자원을 추출해 왔는데 이는 전형적인 제국주의라 부를 만하다. 이런 식으로 미국은 오랫동안 라틴아메리카를 상대로 미국의 경제적, 전략적 이해관계를 보호하기 위한 제국주의적 지배를 유지해 왔다. 오늘날 페르시아만에 대규모 육군과 해군을 배치한 미국은 주둔지를 중앙아시아로 확장하는 한편 서아프리카에 또 다른 주둔지를 구축하는 중이다. 그러나 미국은 그 어느 지역도 통치하지 않는다. 주둔군은 지역 주민들과 최소한으로 접촉하며 미군 주둔지는 미국인의 삶이라는 거품으로 봉인된 은둔지다. 요새 같은 구조로 지어진 미국 대사관들은 그곳 주민들이 일으키는 돌발행동에서 격리되어 있다. 과거의 제국들도 규모나 형태가 제각각이었고 모든 제국이 획득한 영토에 조직체를 수립한 것도 아니었지만 미국의 제국 지배 방식에서 주목할 만한 점은 미국 정치의 우여곡절 속에서 살아남을 수 있는 장기적인 전략이 없다는 점이다. 해외 군사개입에 따르는 비용이나 사상자가 지나치게 늘어나면 미국은 군사개입을 갑작스레 멈출 가능성이 높다. 그렇기 때문에 워싱턴의 미국 정치인들이나 지배받는 나라들은 미국이 해당 지역의 지배층과 장기적인 관계를 유지하면서 몇 세기에 걸쳐 제국을 유지하는 경우가 드물다는 것을 당연하게 여긴다. 오늘날 남아 있는 나라 대부분은 영국, 독일, 일본 같이 제2차 세계대전에서 살아남은 나라들뿐이다.

제국주의 체제는 그 체제가 오래갈 것이라는 믿음이 있어야만 유지될 수 있다. 보통 제국은 폭력을 통해 수립되지만 로마 제국, 오스만 제국, 합스부르크 제국처럼 오래 지속되려면 장기적인 정치적 목적에 부합하도록 폭력을 적절히 행사해야 한다. 일반적으로 유럽의 식민 권력은 제국을 오래 유지할 수 있도록 폭력을 적절히 활용해 이 나라를 영원히 점령하겠다는 의지를 명확히 했다. 영국이 식민지를 건설할 당시 라즈▪를 구성하는 과정에서 야만적인 갈등이 일어났고 19세기 세포이 항쟁Indian Munity이 영국의 통치에 심각한 위협이 되기도 했지만 수천 명에 불과한 영국 관리들은 식민 통치기 대부분에 걸쳐 대규모 전쟁을 치르지 않고도 인도아대륙을 통치할 수 있었다. 영국이 인도의 통치자들과 동맹을 맺었기에 가능한 일이었다. 1919년 영국은 영국에 충성을 맹세한 5백여 왕국에 자치권을 주었다. 반면 "총을 든 여행객"이라는 어느 아프가니스탄 방위병의 표현대로[22] 미군은 스스로를 잠시 머무는 손님으로 생각했고 외부의 시각도 다르지 않았다. 미군은 해당 지역의 지배층이나 주민들과 단기간의 유대 관계 이상은 맺지 않았다. 따라서 미군은 막강한 화력에 의존할 수밖에 없었고 결국 장기적인 목적을 달성할 수 없었다.

이와 같이 미국은 제국이 갖춰야 할 조건 대부분을 갖추지 못했고 앞으로도 그 조건들을 충족시키지 못할 것이다. 자유주의적 제국주의든 아니든, 제국주의자 없는 제국이 어떻게 가능할 수 있는가? 미국은 재정적 비용을 비롯해 제국의 책무 중 일부를 떠안고 있고 그 비용은 유럽의 식민주의 시대보다 훨씬 더 많은 부담이 된다. 세계 최대 자본 수출국이었던 19세기의 영국과 다르게 미국

▪ British Raj, 1858년부터 1947년까지 남아시아의 영국 식민지를 지칭하는 용어. 영국의 점령이나 점령지 자체를 일컫기도 한다.

은 세계 최대 채무국이다. 미국의 군사 활동은 대부분 중국에서 차입한 자금으로 이루어지고 중국의 미국 국채 매입은 미국 경제를 떠받치는 핵심 기둥이다. 중국에 대한 미국의 의존도를 감안할 때, 미국이 자유주의의 가치를 전 세계에 전파하는 행위자로서 역량을 갖추고 있다고 보기 힘들다. 그 역할을 수행하라고 미국에 자금을 대는 해외의 채권국들이 미국의 대외 정책을 위협적이라거나 비합리적이라고 여긴다면 그 정책을 거부할 것이기 때문이다. 1975년 소비에트의 붕괴를 예견한 프랑스 분석가 에마뉘엘 토드Emmanuel Todd는 이렇게 기록했다.

> 미국은 자체적인 경제활동만으로는 유지될 수 없다. 미국이 현재의 소비수준을 유지하려면 반드시 외부의 지원을 받아야 한다. 2003년 4월 현재 그 규모는 하루 14억 달러씩 늘고 있다. 미국이 공격적인 태도를 유지한다면 무역 제재 조치를 우려해야 하는 나라는 다름 아닌 미국이 될 것이다.[23)]

최고의 경제 대국이라는 지위를 잃어 가고 있는 미국은 "최후의 초강대국"이라는 지위도 함께 잃을 것이다. 세계화가 진전되면서 새로운 거대 권력들이 등장하고 있고 다시는 되돌아오지 못할 것처럼 추락하던 권력도 예기치 않게 다시 등장하고 있다. 중국과 러시아가 미국과 평화롭게 공존하는 것은 가능할지 모르지만 그들이 미국의 도덕적 지도까지 받아들이지는 않을 것이다. 중국과 러시아가 미국식 민주주의를 세계에 전파하기 위한 전쟁에 군대를 파견할 수도 있다는 생각은 터무니없는 생각이다. 신보수주의자들이 꿈꾼 "새로운 미국의 세기"는 십 년을 가지 못했다. 이성의 간계■라는 헤겔의 개념을 이해하는 사람들이라면 쉽게 이해했을 법한 사건에서 신보수주의자들은 자신도 모르게 역사의 하수인이 되어 미국을 여러 거대 권력 중 하나일 뿐, 특별한 권위를 지니지 않은 평범한 거대 권력으로 변모시켰다. 더 일반적으로 말하자면, 권력은 냉전의 명백한 승자였던 자유주의 국가의 손을 떠났고 1930년대 이후 처음으로 권위주의 국가가 국제 체계를 주도하는 권력으로 떠오르고 있다.

또한 자유주의적 제국주의는 미국에서 자유주의적 가치를 후퇴시켰다. 미국 정부는 대통령이 고문으로 간주되는 행위를 허가할 수 있다고 주장했다. 딕 체니 부통령은 라디오 프로그램에 출연해 테러 용의자로 억류된 사람들을 "물에 담그는 일"에 찬성하느냐는 질문에 찬성한다고 밝히면서 "어렵지 않게 대답할 수 있는 질문"이라고 했다.[24] "물고문"은 캄보디아의 〈크메르 루주Khmer Rouge〉가 활용한 고문 방법으로 제2차 세계대전 당시 미국인을 물고문한 일본 장교가 15년의 노역형을 선고받기도 했다.[25] 그런 "물고문"이 금지되기는커녕 미국이 통상적으로 자행할 수 있는 고문이 되었다. 1930년대 스탈린 치하의 소비에트 연방 〈내무 인민 위원부(NKVD)〉가 "공개 재판"에서 자백을 받으려고 활용한 잠을 재우지 않는 고문은 이제 관타나모 수용소에서 자행된다.[26] 2002년 중반, 적의 전투원이라는 혐의로 체포되어 2006년 1월까지 기소되지 않은 상태로 억류되었다가 2007년 8월 혐의에 대한 유죄가 입증된 미국 시민 호세 파딜라José Padilla는 한국전쟁 당시 중국이 미국 전쟁 포로에게 가했던 감각 상실을 일으키는 고문을 당했다.[27]

세계에서 으뜸가는 자유주의 체제는 국가 정책의 문제라며 고문의 요건을 규정한 국제 기준에 상관없이 고문을 자행했다. 동시에 미국은 과거 미국 정부의

▪ cunning of reason, 반이성적인 열정이 세계사를 진행하는 힘으로 보이지만 사실은 세계 이성이 자신의 목적을 실현하기 위해 이를 이용하고 있음을 의미한다.

활동을 제한해 온 헌법 전통에서도 벗어났다. 2006년 9월 28일 상원은 표결을 거쳐 고문으로 간주되는 행위를 허가할 권한을 대통령에게 부여했다. 또한 테러 용의자로 억류된 사람들에 대한 "인신보호법" 적용을 유보해 자신이 무슨 위법 행위로 기소당했는지 알고 법정에서 자신의 억류에 이의를 제기할 시민의 권리를 부정했다. 이로써 테러리즘에 연계된 혐의가 있는 사람은 외국인이든 미국 시민이든 기소 없이 무기한 억류할 수 있게 되었다. 사실상 시민권이 법 바깥으로 밀려나고 행정력이 법 위에 올라선 것이다. 이러한 조치가 모든 미국인에 대한 감시를 허가하는 "애국자법Patriot Acts"과 맞물리면서 미국은 성숙한 민주주의 체제로서는 유례없는 자유의 상실을 경험했다.

미국 정부가 미국 시민의 자유를 침해한 것은 이번이 처음은 아니다. 18세기 말 통과된 "외국인 규제법과 선동 금지법Alien and Sedition Acts", 1917년과 1918년에 시행된 "간첩 행위 관계법과 선동 금지법Espionage and Sedition Acts", 제1차 세계대전 뒤 나타난 "적색 공포Red Scare", 제2차 세계대전 기간 동안 시행된 일본계 강제 억류는 모두 행정력을 막대하게 확장한 법이다. 그러나 이러한 법들은 전쟁 중에 통과되었다가 나중에 폐기되거나 유명무실해지고, 미국 시민은 자유를 되찾았다. 그러나 부시 정부의 행정력 확장은 영향력이 훨씬 크다. 미국은 "테러와의 전쟁"에서 절대로 승리할 수 없을 것이므로 앞으로도 정부의 영향력은 계속 확장될 것이다. 2006년 중간 선거가 보여 준 대로 미국의 민주주의는 아직 제대로 기능하고 있으므로 고문을 승인하고 "인신보호법"을 무시하는 법률은 다음 정부에서 폐지되겠지만 미국이 더 이상 법의 지배를 통해 정부의 권한을 제한하는 체제가 아니라는 사실은 변하지 않을 것이다. 헌법의 견제로 권력 균형을 유지하는 방식으로는 임의적인 권력이 전례없는 규모로 확장되는 것을 막을 수 없는 것이다.

이와 같은 이행은 현대 자유주의가 기만적이라는 사실을 드러낸다. 지난 세대를 지배한 자유주의 이론은 정치의 위험 요인을 피할 방안을 이른바 법의 확실성에서 찾았다. 존 롤스John Rowls, 로널드 드워킨Ronald Dworkin, 브루스 애커만Bruce Ackerman을 비롯한 여러 사상가들이 포진한 미국의 자유주의적 법치주의는 혼탁한 정치적 협상을 투명한 법의 판결로 대체하면[28] 권리를 위협하는 모든 요인이 사라진다고 주장한다. 미국의 경우 대법원이 책임지고 이 이상적인 조건을 조성해야 한다. 그러나 부시 정부가 입증한 대로 자유주의적 법치주의는 또다른 유토피아다. 재판부 선정을 조작하면 대법원도 정치화된다. 그럴 수 없다면 대법원의 판결을 무시하면 그만이다. 그러면 헌법에 보장된 자유를 방어하는 일은 2006년 9월처럼 입법가들의 몫이 되는데 행정력에 맞서면 다음 선거에 영향을 받지 않을까 우려하는 사람들이 바로 입법가다. 그러므로 다른 나라들과 마찬가지로 미국에서도 정치가 법에 우선한다.

자유주의자들은 인간의 자유가 헌법을 통해 보장될 수 있다고 믿었지만 레오 스트라우스가 바이마르 공화국에 적용한 홉스주의적 진리, 즉 헌법은 체제와 함께 변한다는 사실을 깨닫지 못했다. 체제 이행을 겪은 미국은 미국의 역사 대부분을 장식해 온 법이 지배하는 체제와 비자유민주주의 체제 사이의 어딘가에서 있다. 스트라우스는 바이마르 공화국이 상대주의의 침범을 받아 체제 변화를 겪었다고 생각했지만 미국의 체제 변화는 상대주의 때문이 아니라 근본주의자들이 정부를 포획했기 때문이다. 과거의 미국 체제가 사라진다면 그것은 신념의 힘이 몰고 온 결과일 것이다.

현대 자유주의자들은 권리를 어디에서나 존중받을 수 있는 보편적인 인간 속성으로 파악하는데 그러한 인식은 역사를 무시하는 자유주의자 특유의 성향을 드러낸다. 오늘날 우리가 사용하는 인권 개념은 근대 민족국가와 더불어 발전했다. 민족국가는 중세 시대의 공동체적 구속에서 개인을 해방시켰고 근대 세계에서 사용하게 된 자유 개념을 창조했다. 민족국가는 막대한 갈등을 겪고 혹독한 비용을 치른 뒤에야 성립되었고 그 과정에서 대규모 폭력이 뒤따랐다. 미국은 남북전쟁을, 프랑스는 나폴레옹 전쟁을, 독일은 양차 세계대전과 냉전을 치른 뒤에야 비로소 근대국가가 되었다. 아프리카와 발칸반도에서 민족국가를 수립하기 위한 투쟁이 벌어지자 인종 청소가 자행되었고 국가로서의 모습을 갖추려고 고군분투하는 중국은 이슬람교도를 억압하고 티베트에서 대량 학살에 가까운 일을 벌이고 있다.

자유주의 이론가들은 인종 민족주의는 나쁜 것으로, 시민적 다양성은 바람직한 것으로 구분하는 경향이 있다. 그러나 억압이 인종 민족주의만의 특성은 아니다. 민족국가도 국가 권력을 행사해 이질적으로 여겨지는 집단을 강압적으로 통합하거나 배제하면서 성립된다. 프랑스와 미국은 시민 체제를 구축하기 위한 통합의 도구로 교육 제도를 활용했고 적에 맞서 연대하기 위해 전쟁과 징병제를 활용했다. 한편 정통 자유주의자들은 자치하는 민주국가가 제국보다 더 많은 자유를 보장한다고 생각하지만 제국이 소수집단에게 더 우호적인 경우도 많았다. 유럽이 종교 전쟁의 수렁에 빠지자 오스만 제국은 관용을 보여 주었고, 범세계적 국가였던 합스부르크 제국이 몰락하자 오히려 인종 간 증오심이 불거졌으며, 이집트 민족주의자 나세르는 고대 다문화 도시 알렉산드리아를 파괴했다. 민족자결은 서로 다른 삶의 방식을 인정하면서 오랫동안 평화롭게 공존해 온 절충주의 사회를 뿌리 뽑으면서 확립되었고 인종 청소를 동반했다. 신보수주의자들과 자유주의적 개입주의자들은 민족자결의 원칙을 선호하지만 그것을 보편화한다면 인종청소의 해악이 전 세계에서 되풀이되고 말 것이다.

민족국가는 근대적 자유뿐 아니라 자유민주주의를 보장하는 주요하고 거의 보편적인 제도적 장치다. 1959년 미국 정치학자 시모어 마틴 립셋은 오랫동안 안정적으로 민주주의를 유지한 곳은 모두 군주제라는 "불합리한 사실"을 보고했다. 예외는 미국, 스위스, (당시의) 우루과이 뿐이다.[29] 민주주의가 그 자체로 정당하다는 불합리한 사실을 믿는 사람들에게는 이 사실이 놀랍겠지만 21세기가 출발할 때 이미 번영하고 있던 영국, 스페인, 캐나다 같은 극소수의 명백한 다민족 민주주의 체제는 군주제와 제국의 유물이다. 인도에서는 다문화 민주주의가 번영하지만 다민족 민주주의인 것은 아니다. 인도의 안정은 카슈미르를 뜨거운 논쟁의 대상으로 남겨둔 채 파키스탄과 처절하게 분리되면서 찾은 것이다. 군주제에 의존해 정당성을 확보한 나라를 제외하면 자유민주주의 국가는 십중팔구 민족국가다. 유럽연합이 그랬듯 민족국가를 넘어 민주주의를 퍼뜨리려는 시도는 모두 실패했다. 그러므로 국제 민주주의라는 근대의 이상은 전근대적 제도를 가진 나라에서 가장 잘 실현될 수 있는 것으로 보인다.

이와 같이 소수의 예외를 제외하면 자유민주주의는 민족국가에서만 뿌리를 내렸다. 그러나 대량 학살을 수반하지 않고 성립한 민족국가도 드물다. 그러므로 세계에는 민족국가가 성립할 수 없는 곳도 많을 것이다. 식민지를 벗어난 아프리카 나라들은 단일한 국가 정체성을 발전시키지 못했다. 앞으로도 중동은 제국의 쇠퇴기에 형성된 국가의 통치를 받을 것이다. 발칸반도와 코카서스에는 실패했거나 절반의 성공을 거둔 국가들이 있다. 일본은 민족국가지만 중국은 제국이 되기로 결심한 것으로 보이고 그것은 러시아도 마찬가지다. 인류 대부분은 민족국가에서 살지 못할 것이다. 과거와 마찬가지로 앞으로도 세계는 다양한 체제의 통치를 받을 것이다.

민주주의에 적합하지 않은 민족이 있기 때문에 민주주의가 보편화될 수 없다는 말은 아니다. 민주 정부는 다양한 문화를 가진 나라들에 수립되었지만 가장 안전하다고 여겨지는 민주주의라도 독재 정권으로 빠지지 않게 막을 장치는 없으므로 어떤 나라든 민주주의를 성취할 수 있고 또 잃을 수 있다. 인류는 "서양"과 그 나머지로만 구분되는 것이 아니다. ("서양"은 전체주의를 초래했으면서도 여전히 자신과 자유를 동일시한다.) 민주주의는 폭력을 동반하지 않고 정부를 교체할 수 있다는 큰 장점이 있지만 폭력이라는 비용을 치르지 않고 성립된 것은 아니며 결과적으로 자유를 더 많이 보호하는 것도 아니다.

대중의 정서가 비민주적일 경우 소수에게는 민주주의 체제보다 전제주의 체제가 오히려 나을 수도 있고 이라크 전역에서 등장하고 있는 대중적 신권정치에서와 마찬가지로 다수의 자유도 제한될 수 있다. 사담 대통령 치하에서 여성들이 누린 자유는 대중적 신권정치가 등장하면서 사라지고 있다. 이와 같이 독재 정권이 전복되면 자유가 증진되지 않은 상태에서 민주주의가 수립되기도 하고 부시 정부에서처럼 민주주의 역시 오랫동안 정부에 부과해 온 제약을 무너뜨리기도 한다. 헌법은 자유를 원하지 않는 곳에 자유를 강요할 수 없고 자유의 의미가 없어진 곳에서 자유를 보존할 수도 없다.

전쟁 직전 널리 유포된 자유주의적 제국주의는 실현 불가능한 기획이었다. 그리고 이라크에서 벌인 모험은 본질적으로 부조리한 기획에 어울리게 수정되어 우리에게 익숙한 제국주의의 특성을 드러냈다. 이라크에서 벌인 모험의 지정학적 목적은 이라크에 매장된 석유에 대한 통제권 획득이었다. 미국은 기대한 만큼 생산량을 늘리지는 못했지만 석유에 대한 통제권 장악에는 성공했다. 이와 같은 자원 전유 활동을 넘어서자 이라크는 대규모 사기극이 벌어지는 장場이 되어 수십억 달러가 미국 기업과 워싱턴 로비스트들의 주머니로 사라졌다. 이라크 침략에 뒤이어 나타난 부패의 규모는 사담 대통령 집권 당시 석유 식량 계획■을 둘러싸고 불거진 비리를 무색하게 했다. 이라크 재건에 관련된 계약은 대부분 미국 기업에 우선 배정되었고 그중에서도 공화당, 부시 정부, 계약의 배정을 감독하는 〈국제 개발처United States Agency for International Development〉와 밀접하게 연계된 기업이 가장 큰 몫을 챙겼다. 전통적으로 군軍이 담당해 온 활동을 비롯해 정부 업무 대부분이 외부에 위탁되었다. 건물 · 도로 · 유정 경비, 무기 체계 유지 보수, 물자 호송 경호 등의 업무가 민간 기업에 위탁되었다. 영국의 민간 경비 회사가 이라크에 4만8천 명을 파견했다는 보도로 미루어 볼 때 영국군 한 명당 여섯 명의 민간 경호원이 배치된 셈이다.[30] 이윤을 창출할 새로운 원천을 창조하려는 작전을 벌인 결과 정부가 민영화되었다.

침략 이후 이라크에서 강탈이 일어난 것은 당연하다. 본래 제국주의는 언제나 그 무엇보다 이윤을 원하는 법이다. 미군을 따라 이라크에 들어가 온갖 사기와 협잡을 벌인 어중이떠중이들은 과거 식민지 군대를 따라다닌 집단과 크게 다르지 않았다. 기업과 워싱턴의 미국 정치인들이 밀접한 관계를 맺는 정실 자본주의에서 자기들끼리 전리품을 나눠 먹는 현상도 특별하지 않았다. 미국이 점령한 이라크에서 벌어진 일이 규모 면에서 더 크고 더 노골적이었을지 모르지만 약탈적 탐욕은 제국주의 정복의 보편적인 양상이다.

그러나 미국의 제국주의는 고전적 의미의 제국주의가 아니다. 점령 당국의 통치 능력이 부족하기 때문만은 아니다. 미국 점령 당국은 국가의 여러 기능을 분리시킴으로써 이라크를 분해해 무정부 상태를 만들었고 그 상태를 제도화했

■ oil-for-food programme, 1996년에서 2003년 사이 실시된 유엔 최대의 인도주의 사업. 1990년 쿠웨이트 침략 이후 경제제재를 받게 된 이라크가 식량과 의약품 등의 인도적 물자를 구입하는 데 필요한 자금을 충당할 수 있도록 유엔의 관리 아래 예외적으로 석유 수출을 허용한 조치다.

기 때문에 현재 미국의 지원을 받는 체제는 정부라고 할 수 없다. 이라크의 여러 분파와 비정규군은 모두 이 제도들을 차지하려고 혈안이 되어 있다. 조금이라도 더 많은 자원을 차지해야 상대 분파를 제거할 수 있기 때문이다. 워싱턴의 일부 "현실주의자들"이 논평한 대로 이러한 상황에서 사담 대통령에 버금가는 강력한 인물이 나타나 혼란을 수습한다는 것은 불가능하다. 오늘날에는 세속적이고 군사적이며 관료적인 아랍 민족주의를 대표하는 그런 강력한 인물을 찾아볼 수 없다. 게다가 이라크에는 독재자가 통치할 만한 국가조차 없는 상태다. 파괴된 세속적 독재는 재건될 수 없다.

이러한 사실을 파악한 일부 미국 분석가들은 삼분할론을 해결책으로 제시한다. 그러나 이미 이라크는 세 국가로 쪼개질 수 없는 상태다. 북부에 쿠르드 국가가 수립되면서 이라크는 이미 둘로 쪼개졌고 나머지 지역을 둘러싸고 수니파와 시아파가 치열한 경합을 벌이고 있다. 종교적 신념에 따른 분리도 중요하지만 권력과 자원의 적절한 분리가 더 중요한데 수니파와 시아파 공동체가 모두 만족할 수 있도록 분할할 방법은 없다. 모든 것을 잃은 소수집단 수니파는 죽기를 각오하고 싸울 것이다. 시아파가 인구의 60퍼센트를 차지하기 때문에 앞으로 수십년 동안 이라크는 분파 사이의 투쟁이 불러 올 인종 청소와 대량 학살의 장場이 될 것이다.

미국은 이라크를 침략해 무정부 상태를 만들었지만 이 상황을 제어할 역량이 없다. 미국 전투원의 단계적 철수가 해결책일 것 같은데, 2006년 3월 의회가 구성한 〈이라크 연구 모임Iraq Study Group〉이 그해 12월 제출한 보고서에서 비슷한 해결책을 제시했다. 〈이라크 연구 모임〉 공동 의장인 제임스 베이커 3세James Baker III는 아버지 부시 정부 시절 국무 장관을 지낸 워싱턴의 유능한 인재였다. 국제 문제에 현실적으로 접근한 베이커 3세는 이라크를 안정시킬 마땅한 정책이 없다는 사실을 인정했다. 그러나 〈이라크 연구 모임〉은 미국의 이라크 침략으로 인해 빚어진 상황은 누구도 통제할 수 없는 세력만이 해결할 수 있는 문제라는, 더 가혹한 진실을 직시하지 못했다. 그 세력은 분명 미국은 아니다. 게다가 이라크가 무정부 상태에 빠진 탓에 미국은 베트남전에서 철수할 때와 같은 방식으로 이라크에서 철수할 수도 없다. 베트남 북부에는 그 나라를 다스릴 정부가 있었지만 이라크에는 효과적으로 기능하는 정부가 없다. 베트남에서 철수할 당시 동남아시아에는 "도미노 효과"가 나타나지 않았지만 이라크에서 철수하면 걸프만 지역에 "도미노 효과"가 나타날 것이다. 워싱턴의 미국 정치인들은 모를 수도 있지만 이 지역 사람들은 미국의 패배를 기정사실로 받아들인다. 미국이 미국의 동맹국들에게 지원을 받아 무장한 수니파 무장 세력과 혈투를 벌이는 사이 사우디아라비아, 시리아, 이란, 그 밖의 다른 나라들이 대리인을 내세워 이라크에서 영향력을 행사하는 일이 늘고 있다. 미국이 이라크를 침략한 뒤 갈등은 증폭되기만 했다. 이라크 파괴는 30년 전쟁을 촉발한 기폭제로 역사에 길이 남을 것이다. 그 전쟁의 결과는 아무도 모르지만 걸프만 전역에 혁명적 격변을 일으킬 것이고 전 세계에 영향을 미칠 것이다.

미국이 이라크에서 벌인 모험은 과거 제국들이 벌였던 모험과 아무런 공통점이 없다. 과거 식민 권력들은 정복한 나라의 자원을 오랫동안 착취한다는 목표를 세웠다. 〈동인도회사East Indian Company〉나 〈허드슨 베이 회사Hudson' s Bay Company〉는 효과적으로 기능하는 정부나 다름없었고 수세기 동안 활동하면서 식민 정부의 일부가 되어 오랫동안 존속했다. 과거 식민주의자들은 식민지를 떠나면서 착취와 더불어 제도를 남겼다. 어떤 결함을 지녔든 이라크 국가도 과거 식민주의자들이 물려준 제도들 중 하나였다.

이라크 전쟁은 장기 전망이 불가능한 경제체제를 탄생시켰다. 21세기 초반을 휩쓸고 있는 카지노 자본주의에서는 투자가 노름으로 대체되듯 얼마 지나지 않아 전쟁은 또 하나의 나쁜 패로 인식될 것이 분명하다. 점령지에서 착취한 부富조차 유령 같은 속성을 지닌다. 이라크에서 미국을 상징하는 표식이 있다면 그것은 이전 시대의 식민지 제도가 아니라 아무것도 남기지 않고 사라진 에너지 회사 〈엔론Enron〉이다.

3.
"테러와의 전쟁"이 승리할 수 없는 이유

적어도 1950년대부터 작성되기 시작한 반란 대응 문서는 타이타닉호에 실었다면 그 배가 빙산에 부딪히기도 전에 가라앉았을 것이라고 예상될 만큼 많았다. 그러나 주목해야 할 사실은 그 문서는 대부분 패배자들이 작성했다는 점이다.

– 마르틴 반 크레펠트Martin van Creveld[31]

2006년 9월 미국의 16개 정보기관이 수집한 정보를 모아 둔 비밀 보고서가 유출되었고 그중 일부가 출판되었다. 그 보고서는 전 세계 이슬람교 테러리즘을 조장하는 데 미국의 이라크 침략이 "핵심 역할"을 했다고 지적했는데[32] 전쟁이 시작되기 전부터 이미 그런 결과를 예견했던 분석가들은 별로 놀라지 않았다. 이라크 침략으로 테러리스트들이 신병을 더 쉽게 모집하게 될 것이고 이라크가 테러리스트들의 훈련소가 될 것이라고 이미 예상했기 때문이다. 미국이 미국의 점령에 저항하는 이라크 사람들의 반란을 진압할 수 없을 것이라는 예측도 있었다. 이러한 경고들에도 전쟁을 시작했다면 그것은 이라크 전쟁이 "테러와의 전쟁"의 일환이라고 대중을 설득한 정치인들 탓이다. 미 국방부 일각에서는 이라크 공격이 "장기전"에 돌입했다고 묘사하기도 했다. 전 세계의 테러리즘을 제압하겠다며 체제 교체를 내세워 이라크를 선제 공격한 일이 세대를 넘어 지속될 것이라는 우려였다. 최근 들어 테러리즘과의 전투에서 비군사적 전략이 핵심적인 역할을 수행한다는 전략적 사고도 등장했지만 테러리즘에 맞서는 것이 "전 지구적 반란"을 제압하는 것이라는 신념이 여전하다. 그러나 그 신념은 "전 지구적 차원에서 벌어지는 테러와의 전쟁"을 어떻게 치를 것인지에 대한 논의만 더 복잡하게 만들 뿐이다.[33)]

전쟁이라는 개념 자체가 문제시될 수 있다. 테러리즘은 다양한 종류의 비관습적 전쟁을 포괄하는 개념이므로 원인도 다양하고 해결책도 다양하다. 이렇게 다양한 테러리즘을 한데 묶어 전 지구를 위협하는 단일한 세력이라고 말하는 것은 테러리즘에 대한 몰이해를 드러낸다. 또한 테러리즘은 도덕으로 판단할 수도 없다. 테러리즘에 맞서 싸우는 일을 "악을 끝장내기" 위해 싸우는 십자군 전쟁쯤으로 생각하는 사람들은[34)] 테러를 비난하지 않는 분석에 격분하지만 군사 전략가들이 수행하는 도덕을 배제한 분석이 더 유용할 수 있고 결과적으로 더 도덕적일 수 있다.

"전 지구적 테러리즘"이라는 용어는 세계 전역에서 아무 때나 일어나는 비관습적 전쟁 중 일부를 지칭하는데, 그 비중이 점차 높아지는 중이다. 오늘날 테러리즘이라 불리는 현상은 대부분 과거 반란 또는 내전으로 불린 현상이고 본질적으로 국지적인 투쟁의 일환으로 나타나는 현상이다. 정부 건물 폭파, 정부 관리 암살은 민족 해방 투쟁에서 자주 활용되었고 영국 치하의 팔레스타인과 말라야, 프랑스 치하의 알제리, 미국 치하의 베트남 등 다양한 지역에서 활용되었다. 테러리스트의 공격 방법은 비용이 저렴하면서도 효과적이기 때문에 일반적으로 첨예한 갈등 상황에서 다른 방법이 모두 실패하면 장기간에 걸쳐 대규모 공격을 하기 위해 테러라는 방법을 쓰게 된다. 다시 말해 테러리즘도 때로는 합리적인 전략이다.

서양은 테러리즘을 아랍 문화나 이슬람교의 순교 문화와 연계시킨다. 그러나 이슬람교는 문화가 아니라 종교며 "이슬람교 세계"에 사는 사람들 대부분은 아랍인이 아니다. 인도네시아의 테러리즘을 아랍인의 문화적 특성으로 설명할 수 없다. 이러한 논리를 다른 집단에 적용한다면 그 즉시 인종차별주의라고 비난받을 것이다. 자살 테러는 특정 문화를 괴롭히는 병리가 아니며 특정 종교와도 관련이 없다.

대부분의 테러리즘은 다른 전쟁과 유사하다. 전쟁은 십중팔구 문화적 경계 안에서 일어나거나 경계를 가로질러 발생한다. 양차 세계대전은 유럽 내부의 갈등에서 비롯되었고, 청일전쟁은 유교 문화권에 속한 두 나라가 치른 전쟁이었으며, 이란-이라크 전쟁은 이슬람교 문화권 안에서 벌어진 전쟁이었다. 1990년대에 일어난 발칸 전쟁은 종교적-문화적 갈등이 아닌 인종적-민족적 갈등으로 빚어진 전쟁이어서 기독교도와 이슬람교도가 동맹을 맺기도 했다. 전쟁이 문명 사이의 갈등이라는 생각은 국제 관계를 이해하려는 시도라기보다는 미국에서 다문화주의를 둘러싼 논쟁이 벌어졌을 때 등장한 생각으로 사실과 거리가 멀다.[35)]

비관습적 전쟁에 문명 충돌론을 적용하는 것은 의미가 없다. 훗날 팔레스타인 사람들이 활용하게 된 폭탄 조끼와 자살 폭탄을 처음 도입한 단체는 스리랑카의 힌두 문화권에서 활동하는 마르크스-레닌주의 단체 〈타밀 타이거스Tamil Tigers〉로 이라크 전쟁이 일어나기 전까지 가장 많은 자살 폭탄 공격을 감행했다. 비행기 납치의 선구자는 〈독일 적군파〉 같은 극렬 좌파 단체의 도움을 받은 세속 단체 팔레스타인해방기구였고 1972년 〈일본 적군파〉는 이스라엘에서 최초의 자살 공격을 감행했다.

다양한 문화와 다양한 종교에 속한 사람들이 정치적 목적을 달성하기 위해 자살 폭탄 공격을 감행했다. 『승리를 위한 죽음: 자살 폭탄 공격의 전략적 논리 *Dying to Win: The Strategic Logic of Suicide Terrorism*』[36]는 자살 폭탄 테러를 주제로 한 최초의 엄격한 경험적 연구다. 이 보고서에서 로버트 페이프Robert Pape는 1980년에서 2004년 사이 일어난 알려진 모든 자살 폭탄 공격 사례를 분석해 그중 95퍼센트가 분명한 정치적 목적을 가지고 수행된 것임을 밝혀 냈다. 체첸 공화국이나 스리랑카, 카슈미르나 가자 지구에서 발생한 자살 폭탄 공격은 점령 세력을 몰아 내는 것이 목적이었다. 자살 폭탄 공격을 감행한 사람들의 인종과 종교적 배경은 매우 다양했다. 1982년에서 1986년 사이 레바논에서는 〈헤즈볼라〉가 프랑스, 미국, 이스라엘에 맞선 전쟁 중에 자살 폭탄 공격을 41차례 감행했는데 (1983년 백 명이 넘는 해병 대원을 살해해 레이건 미국 대통령이 미군을 갑작스레 철수시키게 된 사건도 여기에 포함된다) 그중 단 8건만이 이슬람교 근본주의자들의 소행이었고 27건은 레바논 공산당 같은 세속적 좌파 정치 단체의 소행, 3건은 기독교인들의 소행이었다. 관련자들은 모두 레바논 출신이었지만 그 밖에는 공통점이 전혀 없었다. 〈헤즈볼라〉의 이름으로 자살 폭탄 공격을 감행한 사람들은 사회적으로 소외된 집단이 아니었다. (기독교도 중 한 명은 대학을 졸업한 여자 고등학교 교사였다.) 정치적 목적을 고수했다는 것 말고는 이들을 연계시킬 요소가 없었다. 장기간에 걸친 대규모의 테러리스트 폭력을 불러오는 결정적인 조건은 문화적, 종교적 조건이 아니라 정치적 조건이었다. 조건만 조성된다면 누구나 테러리스트가 될 수 있다.

앞서 살펴본 대로 테러리즘이 항상 합리적인 전략인 것은 아니다. 자코뱅당에서 시작해 볼셰비키와 나치에 이르는 국가 폭력에는 종말론 신념이 핵심 역할을 담당했다. 미국 고유의 테러리즘도 비슷한 신화의 영향을 받았다. 오클라

호마 연방 청사 폭파 사건 주범 티머시 맥베이Timothy McVeigh를 키워 낸 우익 무장 단체는 신나치즘의 영향을 받았다. 그들은 종말을 고대했고 미국이 폭력을 통해 거듭날 것이라고 기대했다. 기독교 근본주의 테러 단체 〈하나님의 군대Army of God〉는 미국을 사악한 국가로 생각해 낙태 시술을 한 의사들만 골라 살해했다. 도쿄 지하철에 사린 가스를 살포하고 추가 공격을 위해 에볼라 바이러스를 입수하려 한 일본의 옴진리교Aum movement 역시 종말론적 세계관을 따랐다. 미국 우익 무장 단체에 합류한 사람들은 사회적으로 소외된 사람들인 반면 옴진리교 구성원들은 주로 전문직으로 특히 과학자가 많았다. 이러한 테러리스트들은 〈헤즈볼라〉나 〈타밀 타이거스〉 소속 군인이나 전략가보다는 광신도에 가깝다.

〈알카에다〉의 테러 공격은 전략적 차원과 종말론적 차원을 모두 지닌다.[37] 9.11 공격 이후 〈알카에다〉는 새로운 모습으로 변신해 오늘날에는 조직적인 전 지구적 연계망이라기보다는 동질적인 단체들의 느슨한 연대에 더 가까워졌다. 작전을 통제하는 곳은 〈알카에다〉의 중앙에서 지역의 지휘부로 이동했고 인터넷에 기반한 연계망이 강화되었다. 냉전 말기 설립된 〈알카에다〉는 소비에트와 아프가니스탄이 갈등하던 시기에 서양의 대리인으로 활동한 조직이다. 지금은 과거에 비해 불분명한 목적을 지닌 탈중심적인 가상 조직이 되었는데 이는 부분적으로는 서양의 군사행동에 대한 대응이다. 탈레반 정권이 무너지면서 당시 활동하던 단위 대부분은 쓸모가 없어졌지만 미국이 이라크를 침략한 뒤 새로운 단위들이 등장했다. 〈알카에다〉는 본래 사우디아라비아에 주둔한 미군을 철수시키고 사우드 왕가를 무너뜨린다는 명확한 목표를 지닌 단체였다. 그러나 이제 〈알카에다〉는 막 분출되기 시작한 분노를 실어 나르는 도구로 변신했다. 서양의 정책뿐 아니라 서양 사회도 거부하는 이 새로운 국면은 영국, 스페인, 네덜란드에서

테러 공격을 감행한 폭력적 지하드 운동에서 드러났다.[38)]

〈알카에다〉는 전 지구를 무대로 활동하는 유일한 테러 단체다. 〈알카에다〉의 다른 특성들과 마찬가지로 전 지구화는 세계화의 부산물이다. 급진 이슬람교는 근대화에 대한 반발로 해석되는 경우가 많기 때문에 사람들은 9.11 비행기 납치범들의 삶이 근대의 전형적인 사회적 무질서에 근접한다는 사실에 충격을 받았다. 반半유목적으로 생활하던 납치범들은 어떤 공동체에도 소속되지 않았다. 납치범들은 특정한 구체적인 목적을 달성하려 했다기보다 자신들의 삶의 의미를 보존하기 위해 테러리즘에 기댄 것으로 보인다. 폭력을 자행하면서 떠돌이에서 전사로 거듭난 비행기 납치범 대부분은 오래 전부터 이슬람교를 믿어 온 사람들이 아니라 유럽에서 이슬람교도가 된 사람들이었다. 납치범들이 대표하는 이슬람교는 전통 문화 속에 존재하지 않는다. 그들이 믿는 이슬람교는 서양과 접촉한 뒤에야 비로소 발전할 수 있었던 근본주의적 이슬람교다. 세계화가 진행되면서 전 세계적인 신자들의 공동체를 구축하겠다는 유토피아 이상이 떠올랐다. 전 지구적 이슬람교를 사회학적 관점에서 철저하게 분석한 올리비에 로이는 이렇게 판단했다. "이슬람교의 탈영토화가 진행되면 보편적 이슬람교 신앙 공동체라는 상상 속의 관념이 정치적으로 재정립될 것이다."[39)]

〈알카에다〉는 19세기 말 활동한 무정부주의 테러리스트들에 비견된다. 탈레반 정권이 무너진 뒤 〈알카에다〉가 국가의 지원 없이 운영되었고 새로운 국가를 수립하기보다는 남아 있는 국가를 파괴하는 데 초점을 맞췄다는 점은 무정부주의자들과 유사하다. 그러나 잔인한 방법으로 폭력을 행사했다는 점과 대중적 기반을 가지고 있다는 점에서 〈알카에다〉는 무정부주의자들과 다르다. 무정부주의자들은 주로 국가 관리들을 폭력의 대상으로 삼았지만 〈알카에다〉는 민간인을 공격한다. 부정부주의 테러리즘은 대중의 지지를 얻지 못한 작은 분파였지만 오늘날의 〈알카에다〉는 불만을 품은 채 서양에서 살고 있는 수많은 이슬람교도들에게 호소력을 지닌다. 이러한 상황에서 뉴욕과 워싱턴, 발리, 마드리드, 앙카라, 런던 및 다른 도시들에 나타난 추가 공격을 쉽게 막아 내기란 어려울 것이다.

이슬람 테러리즘의 위험은 실재한다. 그러나 전 세계를 상대로 전쟁을 선포한다고 이 문제가 해결되지는 않을 것이다. 사우디아라비아, 이스라엘, 이라크 같은 몇몇 나라를 제외하면 테러는 전략적 위협이 아니라 안전의 문제다. 누구를 상대로 전쟁을 치르는지 명확하지 않고 승리를 선언할 시점도 명확하지 않다. 흔히 말하는 대로 테러리스트들을 무력화하려면 그들이 본거지로 삼은 나라의 지원을 받아야 한다. 그러므로 테러리즘의 위협은 본질적으로 치안의 문제다. 이슬람교도들의 땅에서 헛된 전쟁을 치르거나 서양에 사는 이슬람교도들을 차별하는 정책을 시행해서 해결될 문제가 아니다. 집중적인 군사행동은 아프가니스탄에 있는 테러리스트 훈련소를 파괴할 때는 효과가 있었지만 그 밖의 경우는 대체로 역효과를 낳는다. 안전 규칙을 강화하고 정치적 대화를 꾸준히 이어 가는 것만이 테러리즘을 통제할 유일한 전략이다.

북아일랜드에서는 이 전략이 성공했다.[40] 아일랜드 공화국군Irish Republican Army과 주변 세력들이 테러를 저질렀지만 영국은 전쟁으로 맞서지 않았다. 영국 정부는 그들을 범죄자로 분류했다. 초기에는 테러 용의자로 지목된 사람들을 억류하는 등의 실수도 저질렀지만 대對테러 정책의 우선적인 목적은 테러를 지원하는 공동체와 테러리스트들을 떼어 놓고 테러 지도자들을 정치적 대화의 장으로 끌어들이는 것이었다. 영국 정부가 영국 지도층 암살, 1984년 브라이튼에서 열린 공화당 대회장 폭파, 그에 따른 영국 정부 무력화 시도 같은 심각한 공격을 당하면서도 정책 기조를 유지한 결과 그 정책은 의도한 효과를 발휘했고 북아일랜드와 영국 본토에서 테러가 대폭 감소되었다.

오늘날의 테러가 과거의 테러와 다르다는 믿음은 테러리스트들의 위협에 대처하는 데 걸림돌이 된다. 〈알카에다〉는 전 세계를 무대로 활동한다는 점에서 이전의 테러리스트 운동과 다르다. 그러나 전 지구적 테러리즘이 비약적으로 발전한 국제 관계 때문에 등장했다는 일부 미국 이론가들의 생각은 잘못된 것이다. 필립 보비트Philip Bobbit는 전 지구적 테러리즘이 베스트팔렌 체제의 몰락을 반영한다고 주장했다. 미국은 베스트팔렌 체제를 국가 주권이 더 이상 존재하지 않는 체제로 대체하려 한다. 새로운 체제에서 국가들은 자국 시민들의 가치를 반영한 정책을 시행할 수 없을 것이며 전 지구적 경제에 부합하는 "시장 국가"로 전락할 것이다. 새로운 체제는 몇 차례의 "테러와의 전쟁"을 비롯한 일련의 획기적인 갈등을 거치면서 구축될 것이다. 세계의 국가들은 미국을 새로운 국가 형태의 표본으로 여기며 본받으려고 애쓸 것이다. 이 시기에 미국은 새로운 전 지구적 질서의 규범을 받아들이지 않는 불량 국가를 상대로 "예방적" 공격을 할 필요가 있을 것이다.[41)]

보비트의 분석은 조금 더 철저하지만 기본적으로 후쿠야마의 분석과 공통점이 많다. 두 사람은 모두 미국식 정부가 전 세계로 퍼져 나가는 역사적 과정이 진행 중이라고 믿었다. 역사의 종말이 평화로울 것이라고 믿는 후쿠야마와 다르게 보비트는 그 과정에서 대규모 전쟁이 일어날 것이라고 생각한다. 그러나 후쿠야마와 마찬가지로 보비트는 인간사에 주요한 이행이 진행 중이라고 확신한다. 프랑스 저술가 베르나르-앙리 레비Bernard-Henri Lévy는 이렇게 기록했다. "우리는 후쿠야마의 사고방식의 중심에 현대 미국의 이데올로기가 있다는 사실과 그 중요성을 저평가했다."[42)]

예외도 있지만 미국 분석가들은 대부분 지난 20년 동안 이루어진 국제 관계의 거대한 이행을 구세계에서 인종적, 종교적 구분이 사라지고 강대국 사이에 갈등이 사라져 가는 신호로 해석했는데 이러한 해석은 명백한 사실이라기보다 신념에 근거해 관습적으로 사고한 결과일 뿐, 진행 중인 이행의 진실은 정반대다. 과거의 모든 갈등이 주인공만 바뀐 채 되돌아왔고 미국의 역할은 줄어들었다. 유일하게 큰 변화는 신기술뿐이다. 새로운 기술은 강대국 사이의 갈등이 새로운 규모로 진행될 수 있게 한다. 구체적으로 말하자면 국가 주권의 소멸은 미국이라는 단일 국가의 무제한적 주권을 의미하며 실제로 미국은 최근 몇 년간 자기 나라 법을 보편적 사법권으로 취급해 왔다. 그러나 (지금까지와는 다르게) 이제 무제한의 주권을 행사할 수 있는 조건은 사라졌다. 이라크 전쟁으로 미국은 세계화에 반드시 필요한 권력을 순식간에 잃어버렸고 그 결과 다른 국가들에 크게 의존하게 되었다. 미국은 다른 나라에 의존해 천연자원을 확보하고 다른 나라에서 자금을 지원받아 늘어나는 부채를 감당하며 국제 위기에 대처하기 위해 외교적 도움을 받는다. 미국이 일방적으로 사용할 수 있는 유일한 힘은 무기뿐인데 그나마 이라크 전쟁에서 한계를 드러냈다.

다른 나라들은 미국의 뒤를 따라 시장 국가가 되는 게 아니라 미국을 모방해 자신들의 주권을 주장하고 있다. 사실 미국은 시장 국가도 아니었다. 미국에서 시장의 명령은 언제나 국가 안보와 국가 정체성의 명령 다음이었기 때문이다. 미국의 권력이 가파르게 하락하는 틈을 타고 중국, 인도, 러시아가 미국처럼 행동하기 시작했다. 이 나라들이 전 지구적 시장을 이용해 세계에 미치는 자신들의 영향력을 강화한 결과 세계는 점차 다원화되어 간다. 그렇다고 세계가 반드시 더 안전해지는 것은 아니다. 주권국가 체제는 새로운 강대국들이 기존의 권력에 도전하면서 서로 경쟁하는 또 다른 국면으로 접어 들었다. 이러한 현상은 과거에도 여러 차례 반복되어 온 일이다.[43]

또한 9.11이라는 단 하나의 생생한 예외를 빼면 테러리스트들의 위협은 역사에 족적을 남길 만한 변화가 아니다. 사실 9.11 공격도 전례없는 일은 아니었다. 과거 아프리카 주재 미국 대사관이 공격받은 사례가 있기 때문이다. 그러나 9.11 공격은 전 지구적 연계망을 활용한 대규모 공격이었다는 점에서 전례 없는 일이라 할 수 있다. 이러한 차이가 있더라도 우리는 9.11 사건을 갈등의 본질이 질적으로 변한 사건으로 생각하기보다는 과거의 비관습적 전쟁 유형이 진전된 사건으로 보아야 한다. 서로 만난 적도 없는 폭력적 지하드주의자들이 인터넷을 통해 가상의 세포가 될 수 있다. 덕분에 〈알카에다〉의 영향력과 활동 무대가 확대되고 있고 기술의 발달로 〈하마스〉와 〈헤즈볼라〉 같은 단체가 활용할 수 있는 무기의 품질이 향상되고 있다. 그러나 이슬람교 테러리즘은 일관성 있는 전략을 쓰지 않으며 강대국이 보유한 자원을 사용할 수 없다. 20세기는 문명화된 삶에 치명적인 위협을 가한 세력에 맞서 싸워야 했고 결국 승리를 거뒀지만 이슬람교 테러리즘은 치명적인 위협이 아니다.

그러나 테러 단체가 대량 파괴 수단을 확보한다면 상황은 달라질 것이다. 〈알카에다〉뿐 아니라 옴진리교 같은 종교 단체도 생물학무기에 관심을 보인 적이 있었다. 정보 기술이 발달함에 따라 발전소와 공항 같은 근대 사회의 기반 시설 운영을 방해해 대규모 인명 피해를 유발할 수 있는 사이버 전쟁이 가능해졌다. 가장 파국적인 위험은 핵 테러에서 온다. 테러리스트들은 "소형 폭탄" 또는 (방사성 오염 물질을 남기기 때문에) "방사성 폭탄"으로 불리는 폭탄을 터뜨려 수십만 명의 목숨을 빼앗고 사회 생활과 경제 생활을 마비시킬 수 있다. 그런 장치를 제조하는 데 필요한 물질은 분명 엄중한 감시를 받고 있지만 현재 핵을 보유한 국가 중 하나라도 불안정해지면 이러한 물질이 테러리스트들의 손에 들어갈 가능성은 높아진다. 근본주의 세력이 권력을 굳게 지키고 있는데다가 절반은 실패한 국가인 파키스탄에서는 그러한 위험이 이미 현실일 수 있다. 과거 러시아 정보기관 요원이었지만 치명적인 방사성 물질에 중독된 몇 주 뒤 2006년 11월 런던에서 사망한 알렉산드르 리트비넨코■ 암살 사건은 핵 테러리즘이 이미 현실로 다가왔음을 암시한다.

사실 미국의 정책으로 핵 확산 위험이 가속화되었다. 북한은 파키스탄에서 기술을 전수받아 핵 보유 능력을 확보했다. "테러와의 전쟁" 당시 미국은 핵 기술 유출을 중단하라고 으름장을 놓았지만 파키스탄은 미국의 압력을 무시하고 북한에 핵 기술을 전수했다. 부시 정부가 군축 협정에서 탈퇴하고 대량 살상 무기 개발 계획을 보유한 것으로 여겨지는 나라에 대해 핵무기로 선제 공격을 할 수 있다는 새로운 핵 원칙을 내세우면서 핵 위험이 증가했다.[44] 무엇보다 이라크 전쟁 이후 미국의 공격에 맞서려면 사담 대통령에게는 없던 대량 살상 무기를 보유해야 한다는 사실을 삼척동자도 다 알게 되었다. 2006년 11월 〈국제원자력기구〉는 알제리, 이집트, 모로코, 튀니지, 아랍에미레이트, 터키의 이슬람교 여섯 개 나라가 핵 기술 보유 의사를 밝혔다고 발표했다. 이들은 모두 평화적 목적으로 핵 기술을 보유하려 한다고 주장하지만 핵무기 경쟁은 벌써 시작된 것이나 다름없다. 나이지리아와 요르단을 비롯한 다른 나라들도 핵 기술에 관심을 가지게 될 것이다. 미국은 이라크가 핵무기 제조 능력을 보유하지 못하도록 막기 위해 선제 공격을 감행했지만 국가가 사라지지만 않는다면 이라크 역시 장차 그 능력을 보유할 가능성을 배제할 수 없다.

미국에는 핵무기 확산을 방지하기 위해 이란을 공격해야 한다고 믿는 사람들

■ Alexander Litvinenko. 전 〈러시아 연방 보안부(FSB)〉 요원. 2006년 11월 영국에서 의문사했는데, 독살당한 것으로 추정된다.

이 있는 것 같다. 그러나 이라크의 경우와 마찬가지로 전쟁은 오히려 핵 확산에 기여할 것이다. 오늘날 이라크, 팔레스타인, 아프가니스탄, 세 곳에서 전쟁이 벌어지고 있는 중동과 아시아는 무력 충돌의 장이 될 것이고[45] 미국의 공격에서 안전을 지킬 방법은 오직 핵무기를 소유하는 길밖에 없다는 이라크의 교훈은 그 의미를 더할 것이다. 이란을 공격해도 이란의 핵무기 개발 계획을 중단시킬 수는 없다. 이란은 다양한 인종으로 구성되었지만 이 지역의 대부분의 나라와는 다르게 화합이 잘 되는 국가다. 풍요로운 페르시아 고대 문명의 고향인 이란의 민주주의는 현재 이라크에서 형성되고 있는 체제보다 더 안정적이다. 그만큼 이란의 지도층은 정당성을 인정받고 있다. 미국의 공습은 핵무기 개발 계획을 보유함으로써 대중의 인기를 확보한 이란 정권의 정당성만 강화시키고 말지도 모른다. 한편 더 자유주의적인 민주주의가 이란에 정착되더라도 이란이 핵무기에 대한 야망을 포기한다는 보장은 없다. 더 나쁜 경우는 폭격으로 이란 정부가 이란에 존재하는 핵 시설을 통제할 능력을 상실한 상태에서 핵무기 개발 계획만 살아남는 경우고 그보다 더 나쁜 상황은 미국의 공격으로 이미 핵무기를 보유하고 있으며 또 하나의 실패한 국가가 되기 직전인 파키스탄을 비롯한 여러 이슬람교 국가들에서 대격변이 일어나는 경우다.

전 지구적 안보라는 관점에서 볼 때 국가의 통제권 밖으로 핵 기술이 유출되지 않도록 막는 것보다 더 중요한 사안은 없다. 상호 확증 파괴▪ 원칙은 반 세기 이상 핵무기 사용을 미연에 방지하는 장치로 기능해 왔다. 종말론적 예언자가 이끄는 핵무기 보유국이 등장할 경우 이러한 핵무기 억제책으로는 완벽한

▪ mutual assured destruction, 적이 핵 공격을 할 경우 적의 공격 미사일 등이 도달하기 전에 또는 도달한 후 남아 있는 보복력을 이용해 상대편도 전멸시키는 보복성 핵 전략.

안전을 보장할 수 없겠지만 이 원칙이 존속되기를 원하는 국가가 있는 한 이 원칙이 지닌 핵 억제력은 이어질 것이다. 그러나 세계 어느 곳에서든 조직을 구축할 수 있고 찾아내기 어려운 연계망을 구축한 적이 등장하면 핵무기 억제 장치는 완전히 무너진다. 대량 살상을 일으키려는 행위자의 정체를 모른다면 그들을 절멸시키겠다고 위협할 수도 없기 때문이다. 미국 군축 분석가 프레드 이클 Fred Ikle은 이렇게 기록했다. "전쟁의 역사는 파국을 몰고 올 파괴 수단이 전 지구로 확산되는 상황에 어떻게 대처해야 하는지 가르쳐 주지 않는다."[46] 국가의 몰락을 방지하는 일이 그 과업의 핵심이다. 역사상 실패한 국가가 얼마나 많았는지는 로마 제국이 몰락한 뒤 몇 세기에 걸쳐 이어진 무정부 시대나 고대 중국의 춘추전국 시대를 떠올리기만 해도 금세 알 수 있다. 국가의 몰락을 막을 수는 없다. 그러나 기술의 발전으로 무정부 상태가 그 어느 때보다 큰 위협이 되는 이 시대에 실패한 국가를 양산하는 것은 어리석은 일이다. 그러나 대체 정부를 수립할 능력도 없으면서 정부를 전복하는 것이 오늘날 우리의 현실이다.

"테러와의 전쟁"은 역사의 종말, 주권국가의 소멸, 민주주의의 보편화, 악을 물리치는 승리 등 인간사를 전례없는 수준으로 변화시키려는 정신 상태를 반영한다. 이것은 정치 용어로 표현된 종말 종교의 핵심 신화고 지난 10여 년을 지배해 온 실패한 유토피아 기획의 바탕을 이루는 공통 요소다. 당장 변화를 이루겠다는 약속은 자신도 믿지 않는 근거를 바탕으로 수립한 정책에 덧붙이는 냉소적인 술책이 아니었다. 부시 대통령과 블레어 총리는 그런 변화가 곧 일어날 수 있다고 진심으로 믿었다. 이라크 침략을 지지한 신보수주의자들과 자유주의적 개입주의자들도 마찬가지였다. 그러나 종말은 오지 않았고 역사는 약간의 피를 더한 채 전과 같이 흘러갔다.

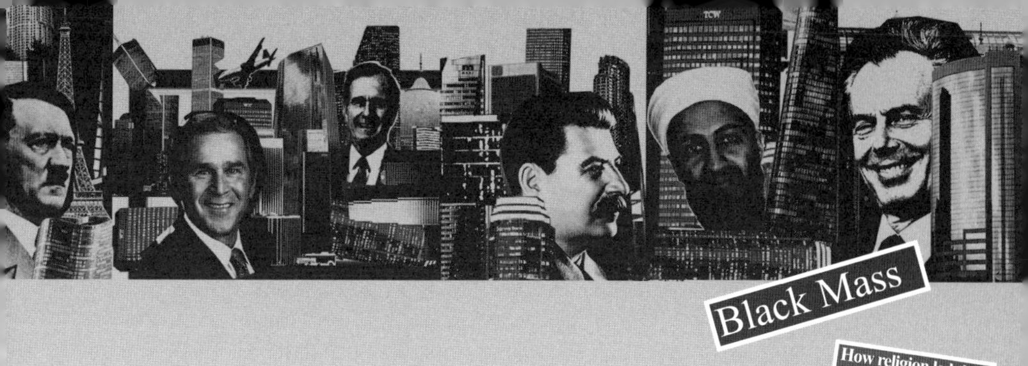
Black Mass
How religion led the World into crisis

6장 종말론 이후

부조리, 살아 있는 피조물 중에서 유일하게 인간만이 가질 수 있는 특권.

– 토머스 홉스, 『리바이어던*Leviathan*』[1)]

프랑스혁명 이후 몇 세기 동안 수많은 목숨을 앗아간 유토피아에 대한 신념은 사망했지만 다른 신념들과 마찬가지로 이 신념도 예상하지 못한 상황에서 다시 부활할 수 있다. 그러나 앞으로 몇십 년 동안은 우리를 괴롭히지 않을 것 같다. 세계 정치가 세속화된 종말론 신화의 지배를 받던 시대는 막을 내렸고 역사가 반전되면서 고대 종교가 전 지구적 갈등의 중심으로 재진입했다.

이라크는 새로운 세기에 벌어진 첫 번째 유토피아의 실험장이자 마지막 실험장이 될 것이다. 이라크에서 진행 중인 끝나지 않는 대학살은 줄곧 탈계몽주의 시대의 세속 언어로 묘사되었다. 서양의 나라들은 인권 수호라는 담론을, 이슬람교도들은 서양 급진 사상의 사고를 활용한다. 그러나 이라크 전쟁은 세속 이데올로기의 성패를 건 경쟁이 아니라 진행 중인 자원 전쟁과 뒤얽혀 다방면에서 벌어지는 종교 전쟁이다.

지난 2백여 년을 지배한 정치 이데올로기는 기독교가 인류에게 남긴 가장 미심쩍은 선물인 '역사 속에서의 구원'이라는 신화를 나르는 수단이었다. 이 신화가 낳은, 신념을 바탕으로 자행되는 폭력은 서양에 고유한 무질서다. 종말이 새로운 유형의 삶을 가져올 것이라는 초기 기독교의 신념은 중세 천년왕국주의를 거쳐 세속적 유토피아주의와 그것의 또 다른 모습인 진보에 대한 신념이 되었다. 유토피아 시대는 근본주의자들이 경쟁하는 와중에 철저하게 파괴된 도시 팔루자에서 막을 내렸다. 자유주의적 인본주의자들은 세속의 시대가 미래에 있다고 믿지만 사실 그것은 우리가 이해해야만 하는 과거에 있다.

1.
세속주의 이후

신학 개념들의 "세속화"라고 표현되는 것은 최종적으로 전통 신학이 근대 철학 또는 근대 자연과학과 정치 과학이 생산한 지적 풍토에 적응한 결과로 이해되어야 할 것이다.

– 레오 스트라우스[2)]

근대 세계는 종교 전쟁과 더불어 출발했다. 30년 전쟁을 치르는 동안 유럽은 가톨릭교도와 개신교도들의 무장 투쟁으로 황폐해졌다. 30년 전쟁의 결과 독일의 특정 지역에서는 인구의 3분의 1이 사라지기도 했다. 초기 근대 사상 대부분은 이러한 갈등에 대한 반응이었다. 신념에 근거한 폭력을 제어할 필요성은 토머스 홉스와 베네딕트 스피노자 사상의 핵심이다. 초기 계몽주의를 이끈 이 두 사상가는 오늘날 우리가 겪고 있는 갈등의 본질을 그들 이후 나타난 사상가들 대부분보다 더 명확하게 말해 준다.

홉스 사상의 중심 주제는 자연 상태, 즉 정부가 없는 상태에 놓인 인간의 조건이다. 홉스가 『리바이어던』의 유명한 13장에 기록한 대로 자연 상태에서는 "안락한 삶"을 누릴 수 없다. 그곳에는 "예술도, 편지도, 사회도 없다. 최악은 폭력에 의한 죽음의 위험과 공포가 끊이지 않는다는 것이다." 정부의 힘이 없다면 인간은 누구나 누군가의 적이 되는 "만인의 만인에 대한 투쟁"으로 내몰릴 것이다. 홉스는 정부가 무너지면 인간이 어떤 현실에 처하게 되는지 철저하게 통찰했지만 그러한 조건에서 벗어날 수 있는 방법에 대한 논의는 빈약하다. 광신주의를 문명을 파괴하는 적敵으로 여긴 홉스는 광신주의를 길들이는 데 큰 관심을 보였지만 광신적 신념을 너무 싫어한 나머지 그것을 제대로 이해하지 못해 광신주의가 의미에 대한 갈망에 뿌리내리고 있다는 점을 밝히지 못했다. 홉스는 열정의 힘을 인식했지만 영원히는 아니더라도 잠시나마 인류를 자연 상태에서 벗어나게 할 힘은 이성에 있다고 믿었다. 자신이 인간 갈등의 원인을 이해했다고 확신한 홉스는 현명한 통치자가 자신의 책을 읽는다면 평화 유지에만 관심을 보이는 새로운 형태의 정부가 수립될 수 있다고 생각했다. 인류는 그러한 정부를 따름으로써 자연 상태에서 벗어날 수 있다. 극단적 현실주의자로 알려졌지만 사실 홉스는 정치에서 일종의 구원을 기대했다.

무정부주의의 위험성을 이해한 홉스의 사상은 오늘날의 우리에게 시사하는 바가 많다. 자유주의 사상가들은 여전히 인간의 자유는 통제받지 않는 국가의 권력에 의해 가장 크게 위협받는다고 생각하지만 이들보다 한수 위던 홉스는 자유의 가장 큰 적이 무정부주의며 무정부주의는 경쟁하는 신념의 전쟁터가 될 때 가장 파괴적이라는 점을 이해했다. 바그다드를 배회하는 각 분파의 암살단들은 근본주의가 그 자체로 일종의 무정부주의임을 보여 준다. 그곳에 있는 예언자 모두가 그곳을 통치할 신성한 권위를 지니고 있다고 주장하기 때문이다. 국가와 교회가 계시를 받았다고 주장하는 세력을 억제해 평화를 정착시키듯이 적절하게 통치되는 사회에서는 신념의 힘이 억제된다. 이러한 정치의 지배를 받을 수 없다면 전쟁도 불사하는 예언자들보다는 독재자의 통치가 더 낫다. 홉스의 뒤를 이은 자유주의 사상가들보다는 홉스를 믿는 것이 낫다. 그러나 인간에 대한 홉스의 견해는 너무 단순하고 지나치게 합리적이다. 홉스는 인간이 폭력으로 죽는 것을 가장 두려워한다고 가정하는 바람에 정작 가장 까다로울 수 있는 갈등의 원인은 논의하지 않았다. 인간이 평화를 이루지 못하는 이유는 인간이 비합리적으로 행동하기 때문이 아니라 인간이 평화를 원하지 않는 경우도 있기 때문이다. 인간은 전통 종교든 그 뒤를 이은 공산주의, 민주주의, 보편적 인권 같은 세속 신념이든 "단 하나의 진정한 신념"이 승리하기를 바랄 수 있고 1970년대의 극좌 테러 단체에 가담한 젊은이들이나 오늘날 이슬람교 연계망에 가담하는 새 세대의 젊은이들과 마찬가지로 평화에서는 찾을 수 없는 목적을 전쟁에서 찾을 수도 있다. 삶의 의미를 보존하기 위해 상대방을 죽이거나 자신이 죽을 각오를 하는 것만큼 인간적인 것은 없다.

신념이 불러오는 무질서를 더 깊이 이해한 사상가는 베네딕트 스피노자였다.[3] 홉스와 마찬가지로 스피노자는 종교가 파괴적일 수 있음을 알았고 평화를 지향하지 않는 자유는 실현될 수 없다는 점을 분명히 이해했다. 그러나 스피노자는 인간의 삶에서 종교가 맡은 역할을 이해했다는 점에서 홉스를 능가했다. 신자들은 종교를 문자적인 의미에서의 진리로 믿지만 사실 그렇지 않다. 종교는 상징이나 비유의 형태가 아니었다면 소실되고 말았을 진리를 보존하는 신화다. 그렇기 때문에 인류 대부분은 종교 없이는 살 수 없을 것이다. 신화라는 단어는 이야기를 의미하는 그리스어 뮈토스mythos에서 파생되었다. 그리고 서양을 지배해 온 신화는 역사가 죄와 구원의 이야기라는 담론이었다. 스피노자는 구원을 역사적 사건으로 이해하는 견해를 거부한, 서양 사상사에서는 보기 드문 사상가다. 홉스는 일생의 대부분을 무신론자로 살았던 것으로 보이지만 인간이 자신의 자연적 조건을 초월할 수 있다는 기독교 신념을 의심하지 않았고 그 신념을 정부가 필요하다는 사상의 바탕으로 삼았다. 반대로 스피노자는 신비주의적 색채를 띠는 합리주의에 마음을 빼앗겼지만 인간이 자연 세계의 일부임을 이해했고 국가에 의존해 구원을 논하지 않았다. 사회적 협력이 문명 제도로 진화하면 무정부 상태를 극복할 수 있지만 그 결과 성립된 사회질서는 주기적으로 무너질 수 있고 그렇게 되면 어떤 사회계약으로도 질서를 회복할 수 없다. 스피노자가 품은 구원의 이상은 소수의 개인만이 사물의 질서에서 자신이 차지한 위치를 이해하고 받아들일 수 있다는 신新스토아 철학의 이상이었을 뿐 정치와는 무관했다. 정부가 있는 상태가 무정부 상태보다는 훨씬 바람직하지만 그렇다고 해서 정부가 인간의 조건이라는 해악을 제거할 수는 없다. 어느 때든 국가는 인간 행동을 형성하는 여러 힘 중 하나일 뿐, 절대적인 힘은 아니다. 오늘날 근본주의 종교와 조직 범죄, 인종적 · 민족적 동맹과 시장 세력은 모두 정부의 통제를 피할 수 있고 때로는 정부를 전복하거나 사로잡을 수 있을 만큼의 힘을 지닌다. 국가는 여러 가지 사건과 인간이 만든 다른 제도에 휘둘리기 때문에 장기적으로는 모든 정부가 무너질 것이다. 스피노자가 인식한 대로 질서잡힌 상태와 무정부 상태의 순환이 언젠가는 종식될 것이라고 생각할 근거는 없다.[4)]

인간사에 대한 스피노자의 견해가 진취적이지 않다고 생각한 세속 사상가 대부분은 역사가 구원의 담론이라는 기독교 세계관으로 후퇴했다. 이러한 담론 중 가장 일반적인 담론은 지식이 발전하면 인류가 자신의 조건을 향상시키면서 앞으로 나아갈 수 있다는 진보 이론이다. 사실 인류는 전진하거나 후퇴할 수 없다. 인류는 행동할 수 없기 때문이다. 집합적 실체는 의도나 목적을 지닐 수 없다. 오직 투쟁하는 동물 개체만이 열정과 환상을 지닌다. 과학 지식의 발전도 이러한 사실을 바꾸지 못한다. 진보를 믿는 사회민주주의자나 신보수주의자, 마르크스주의자, 무정부주의자나 과학기술을 믿는 실증주의자는 윤리와 정치를 과학과 동일하다고 생각하기 때문에 지금 내딛는 한 걸음이 미래의 진보를 가져온다고 믿으며 사회의 발전은 누적된다고 믿는다. 즉, 하나의 악을 제거하고 나면 그 다음 악을 제거할 수 있고 이 과정이 영원히 반복된다. 그러나 인간사는 그렇게 누적되지 않는다. 정부가 전쟁에서 활용할 수 있는 기법 중 하나로 고문이 부활했듯이 성취한 것이라도 언제든 눈 깜박할 사이에 잃어버릴 수 있다. 인간의 지식은 증가하는 경향이 있지만 그 결과 인간의 문명 수준이 더 높아지는 것은 아니다. 인간은 모든 형태의 야만에 빠질 수 있다. 지식의 성장은 인간의 물적 조건을 향상시키지만 인간 사이에 빚어지는 갈등의 야만성 또한 증폭시킨다.

지난 세기의 정치 종교가 기독교 신념을 부활시켰다면 오늘날에는 세속적 인본주의가 비슷한 역할을 한다. 리처드 도킨스Richard Dawkins와 대니얼 데닛Daniel Dennett 같은 다윈주의 사상가들은 기독교를 맹렬히 반대하지만[5] 그들이 품은 무신론과 인본주의는 기독교에서 파생된 것이다. 다윈주의를 옹호하는 도킨스는 인간이 그 밖의 동물과 마찬가지로 자연선택의 법칙에 지배되는 "유전자 기계"라고 하면서도 인간은 독특해서 이러한 자연법칙에 저항할 수 있다고 주장한다. "우리는 이기적 복제라는 독재에 반기를 들 수 있는 지상에서 유일한 존재다." 도킨스는 기독교 세계관에 기대어 인간의 독특성을 확신한다. 과학적 유물론과 자유의지론을 화해시킬 방법을 찾는 일에 경력의 대부분을 쏟은 데닛도 마찬가지다. 데닛이 기독교의 영향을 받지 않은 문화권에서 성장했다면 그런 연구는 하지 않았을 것이다.

에피쿠로스 학파 같은 기독교 이전의 철학자들도 자유의지에 대해 숙고했다. 그러나 자유의지는 기독교가 등장한 뒤에야 비로소 서양 사상의 중심 쟁점이 되었다. 인간과 그 밖의 동물을 엄격하게 분리하지 않는 서양 바깥의 철학들은 자유의지를 비중있게 다루지 않았다. 세속 사상가들만이 자유의지와 의식을 인간에게 국한된 속성으로 파악했다. 그러나 무슨 근거로 그 속성이 인간에게 고유한 것이라고 가정하는가? 합리주의자들은 인간과 그 밖의 동물 사이의 범주적 차이를 당연하게 받아들임으로써 자신들의 세계관이 신념에 의해 형성되었다는 사실을 드러낸다. 인본주의는 종교를 믿지 않는다고 단호하게 선언했지만, 그 불신이 실은 기독교에 뿌리를 두고 있다는 점에서 우습지 않을 수 없다.

인본주의 신념의 근원이 기독교임을 밝힌다고 해서 인본주의 신념의 오류가 입증되는 것은 아니라고 생각할 수도 있다. 그러나 신념을 넘어 인본주의 사상의 토대 자체가 기독교에서 파생되었다고 한다면 그 생각도 달라질 것이다. 인간이 그 밖의 동물과 전혀 다르다는 주장이 신학적 뿌리에서 갈라져 나왔다면 그 주장은 방어할 수도 없고 사실상 이해할 수도 없게 된다. 근대 인본주의자들은 자신들이 인간을 비롯한 모든 형태의 생명을 물리적 우주의 일부로 여기는 자연주의자라고 생각했지만 진정한 자연주의 철학이라면 인간이 그 밖의 동물은 가지지 못한 속성을 가지고 있다는 가정에서 출발하는 것이 아니라 인간도 그 밖의 동물을 지배하는 진화의 법칙의 지배를 받을 것이라는 가정에서 출발할 것이다. 그러니 계시종교가 아닌 그 무엇이 인본주의 사상의 토대일 수 있는가?

현대 무신론은 지적으로 조잡하다는 점에서 과거의 기독교 이단과 차별화된다.[6] 이것은 종교에 대한 현대 무신론자들의 견해에서 가장 명백하게 드러난다. 마르크스는 종교가 억압의 부산물이라는 환원적 견해를 가졌지만 종교가 인간의 가장 깊은 열망을 표현한다는 점을 분명하게 인식하고 있었다. 종교는 민중의 아편이자 "마음 없는 세계의 마음"이었다. 프랑스 실증주의자들은 기독교를 "인류 숭배의 종교"라는 우스꽝스러운 제도로 대체하려 했지만 종교가 인간의 보편적 욕구에 대한 해답이라는 사실도 이해하고 있었다. 종교가 환상이라는 사실만 입증하면 종교가 사라질 것이라고 생각하는 사람은 어리석은 철학자들뿐이다. 그들은 인간 정신을 진리에 주파수를 맞추는 기관으로 이해하지만 그런 개념은 다윈주의에는 부합하지 않는 유사 플라톤주의적 개념이며 과학보다는 종교에 더 가깝다. 그러나 그것이 현대 무신론자들의 견해인 것 같다.

복음주의적 무신론은 세속화의 비현실성을 드러내기 때문에 중요하다. 세속주의가 전통 종교의 신념에 약점이 있다는 의미거나 교회 및 다른 종교 기관의 세력이 약화되고 있다는 의미라면 세속주의에 대한 논의는 의미가 있다. 이러한 차원에서 우리는 영국이 미국보다 더 세속적이라고 말할 수 있고 이 때의 세속주의는 달성할 수 있는 조건이다. 그러나 세속주의가 종교가 없는 사회를 의미한다면 그것은 모순이다. 세속주의는 자신이 배제하는 바로 그 종교에 의해 규정되기 때문이다. 기독교 이후의 세속 사회는 자신들이 거부하는 신념을 바탕으로 형성되었다. 반면 진정으로 기독교가 소멸된 사회라면 세속 사상을 형성하는 개념 자체가 없을 것이다.

다른 사고들과 마찬가지로 세속성에도 역사가 있다. 기독교 이전의 유럽은 다른 다신교 문화와 마찬가지로 성聖과 속俗을 구분하지 않았다. 세계는 그 자체로 성스러웠고 종교를 개인 영역에 국한시키는 것이 지극히 당연했다. 종교가 종교 이외의 삶과 다른 차원의 문제라는 사고는 없었다. 아우구스티누스가 인간의 도시와 신의 도시를 구분한 뒤에야 비로소 성스러운 영역과 그렇지 않은 영역에 대한 인식이 생겨났다. 이러한 의미에서 세속 사상은 기독교의 유산이다. 일신교라는 맥락이 없다면 세속 사상도 의미가 없다. 동아시아에서 다신교는 신비주의 철학과 공존했고 기독교 이전의 유럽에서도 이 두 가지가 공존했다. 서양 사회를 두 극단으로 나누는 과학과 종교의 충돌은 없었다. 다원주의가 중국이나 일본에서 문화 전쟁을 촉발하지 않았다는 사실은 지극히 당연하다.

세속주의를 옹호하는 현대 사상가 대부분은 세속주의를 세계관이 아닌 정치적 신조로 생각하는데 여기서 세속 국가는 공적 삶에서 종교를 배제한 국가다. 세속 국가에서 사람들은 자신이 좋아하는 것을 믿을 자유를 누린다. 이러한 세속주의는 종교적 신념과 공존한다. 그러나 오늘날 세속주의는 주로 정치 안에 종교의 힘이 되살아났다고 한탄하는 합리주의자들의 지지를 받는다. 그들은 20세기의 정치 종교를 잊어버린 것 같고 세속 체제의 귀감을 자처하는 미국에서야말로 종교와 정치가 그 어떤 선진 나라보다 더 밀접하게 얽혀 있다는 사실을 성찰하지 못하는 것 같다. 이러한 세속주의의 비현실성은 역사에 대한 무지에서 비롯된 것만은 아니다. 정치에서 종교를 분리하라고 요구하는 사람들은 공공 제도에서 전통 신념만 배제하면 그렇게 될 수 있다고 생각한다. 그러나 세속 신조는 종교 개념에서 형성된 것이다. 게다가 종교를 억압한다고 종교가 사람들의 사고와 행동을 통제하지 못하는 것도 아니다. 성적 욕구를 억압하는 경우와 마찬가지로 신념은 그것을 부인하는 사람들의 삶을 지배하기 위해 기괴한 모습으로 되돌아온다.

억압당한 종교가 정치를 왜곡하는 것은 전체주의 체제에서나 일어나는 일이라고 생각하는 편이 마음이 편할 것이다. 그러나 민주주의에서도 아주 유사한 경향이 나타난다. 자신이 자행하는 폭력이 도덕적으로 바람직하다고 생각하는 경향은 전제주의 체제보다 자유주의 국가에서 오히려 더 두드러졌다. 스탈린 치하의 불가리아에서 성장했고 나치와 소비에트 집단 수용소에 대한 계몽적인 글을 발표한 프랑스 역사가 츠베탕 토도로프Tzvetan Todorov는 히로시마와 나가

사키 폭격을 예로 들며 이러한 민주주의의 경향을 보여 주었다.

> 우크라이나에서 기아로 죽어 간 사람들과 나치가 우크라이나와 폴란드에서 살육한 사람이 원자폭탄의 희생자보다 더 많았다. 그러나 폭탄 투하와 살육에 가담한 가해자들은 모두 자신들이 선을 달성하고 있다고 생각했다. 한편 폭탄에는 또 다른 특징이 있다. 폭탄은 그것을 만들고 투하한 사람들의 자랑이었다. (…) 반면 전체주의 범죄를 저지른 가해자들은 자신들의 행위를 유용하고 칭찬받을 만한 정치적 행동으로 여기면서도 자신들의 범죄를 비밀에 부쳤다. (…) 소비에트 지도부와 나치 지도부는 자신들이 저지른 일의 진상이 알려지면 세계가 자신들을 비난할 것이라고 생각했고 그 생각은 옳았다. 그들의 범죄가 드러나자마자 그들은 절대악의 상징이 되었기 때문이다. 그런데 원자폭탄의 경우는 상당히 다르다. 그리고 바로 그 때문에 원자폭탄의 희생자가 더 적더라도 민주주의의 이름으로 살인을 자행한 사람들의 도덕적 오류가 더 큰 것이다.[7)]

히로시마와 나가사키의 희생자는 제2차 세계대전에서 발생한 인명 피해 중 최대 규모는 아니었다. 도쿄 폭격으로 사망한 민간인이 원자폭탄이 투하된 히로시마와 나가사키에서 희생된 사람보다 더 많았다. 그러나 그러한 사실은 토도로프의 논점을 잘 드러낸다. 자유민주주의는 전제주의 체제가 저지른 범죄를 야만의 징표라고 비난하지만 정작 자신은 자신이 비난하는 바로 그 일을 저지르고도 그런 행동을 영웅적인 행동이라고 칭찬할 태세다. 전쟁 기간을 단축하고 자신들이 혐오하는 체제를 파괴하는 데 기여한다면 민간인 공격 같은 일도 정당화될 수 있다. 민간인 공격의 효과에 대한 역사가들의 의견이 분분하기 때문에 이 문제는 아직도 논란거리다. 그러나 끔찍하지만 불가피했다는 논리라면 모를까 더 높은 가치를 보여 주는 업적이었다는 논리로는 이러한 공격을 방어할 수 없다.

자유주의는 회의적인 사상으로 묘사되곤 하지만 자유주의가 선교사적 열망을 촉진했음을 감안하면 이 표현은 정당하지 않다. 자유주의는 기독교의 직계 자손이고 기독교 신념과 공격성을 공유한다. 자유주의 사회가 적을 대할 때 보여 준 흉포함은 자기방어라는 차원으로 설명될 수 없다. 자유주의 사회는 경쟁하는 신념들이 평화롭게 공존할 수 있는 문명화된 삶을 구현하기 때문에 방어할 가치가 있다. 그러나 자유주의 사회가 선교사적 체제로 변모하면 자유주의 사회가 성취해 온 모든 것이 위험에 빠진다. 자유주의 사회의 가치를 고취하기 위해 전쟁을 수행하면 기존의 자유주의 사회는 오염된다. 고문은 18세기가 시작될 무렵 계몽주의 사상에 힘입어 금지되었지만 21세기를 시작하는 오늘날 보편적 민주주의를 명분으로 내걸고 싸우는 계몽주의 십자군 전쟁에서 무기로 사용되고 있다. 어렵게 얻은 문명의 제약을 보존하는 일보다 불가능한 꿈을 실현하기 위해 그 제약을 던져 버리는 일이 더 흥미진진한 법이다. 야만에는 매력적인 구석이 있으며 선이라는 가치를 둘렀을 때 특히 더 그렇다.

2.
까다로운 세계에서 살아가기: 잃어버린 현실주의 전통

이 상황에서 직면할 수 있는 최악의 위험을 피하기 위해 우리가 해야 할 일은 임시 방편이라도 꾸준히 시도하는 것이다. 우리가 직면한 문제는 어려움을 단번에 쓸어버리는 극적인 한 걸음을 내딛어서 해결될 문제가 아니라 하나의 위기를 극복하면 다시 새로운 어려움에 직면하게 되는, 끊임없이 되풀이되는 문제일 뿐이다.

– 헤들리 불Hedley Bull[8)]

지난 20년 동안 미국을 필두로 서양 정부는 자유주의 가치를 전 세계에 수출하려고 애썼다. 이 정책은 막연하게 웅장한 목적을 지향한다는 점에서 독특했지만 민주주의를 보편화시켜 전쟁과 권력의 본질을 바꿔 버리는 것이 전반적인 목적이었다. 국제 체계를 재구성하려고 시도한 결과는 이전의 유토피아가 초래한 효과와 유사했다. 이라크에서 펼쳐지고 있는 재앙은 순전히 사고방식 때문에 생긴 결과다. 그리고 그 사고방식은 반드시 폐기되어야 한다.

과거의 전통을 이 시대에 맞게 수정한 새로운 사상이 필요하다. 우리는 유토피아를 추구하는 대신 현실에 대처하며 살아가야 한다. 그렇다고 우리가 안고 있는 모든 문제를 해결해 줄 것이라는 기대를 품고 과거의 현실주의 사상가들의 저술을 찾아 읽어서는 안 된다.[9] 현실주의 사상은 현존하는 정부들은 전쟁 상태와 같은 끝없는 갈등 속에서 자신들의 목표를 달성해야 한다고 본 마키아벨리의 통찰에 뿌리를 두고 있다. 마키아벨리의 통찰은 르네상스 시대의 이탈리아와 오늘날 사이에 놓여 있는 시대의 간극을 뛰어넘어 여전히 유효하지만 거기에 담겨 있는 의미는 환경에 따라 변한다. 심지어 당대의 최신 현실주의 이론도 심각한 결함을 안고 있었다. 그러나 현재의 갈등을 어떻게 다뤄야 할 것인지 가르쳐 줄 수 있는 사상은 다름 아닌 현실주의다.

현실주의는 신념을 전제하지 않은 상태에서 독재와 자유, 전쟁과 평화를 사유할 수 있는 유일한 사고방식이다. 현실주의는 도덕관념이 없다는 점에서 악명이 높지만 윤리적으로 진지한 유일한 사고방식이고 그렇기 때문에 의심을 받는다. 현실주의는 정신적 위안을 앞세우는 문화에는 지나치게 금욕적일 수 있는 사상적 훈련을 요구하기 때문에 당연하게도 서양의 자유주의 사회에 그 사회가 과연 세계를 변형하겠다는 희망을 버릴 만한 도덕적 역량을 갖췄는지 묻는다. 이것은 합당한 질문이다. 기독교와 기독교를 대신한 세속 사상의 영향 바깥에서 형성된 문화는 항상 현실주의 사상의 전통에 몸담아 왔고 과거와 마찬가지로 앞으로도 그 전통이 강력하게 작용할 가능성이 높다. 중국의 손자孫子가 지은 『손자병법*Art of War*』은 현실주의 전략을 담은 고전이고 도교 철학과 법가 철학도 강력한 현실주의 사상 중 하나다. 인도의 카우틸랴■가 지은 전쟁과 외교에 관한 저술도 비슷한 위상을 차지한다. 서양에서 마키아벨리의 저술은 기독교 도덕률을 뒤집었기 때문에 물의를 일으켰지만 현실주의 사상을 무리 없이 받아들이는 기독교 바깥의 문화권에서는 별다른 반향을 일으키지 못했다. 기독교 이후의 자유민주주의에서 세계를 개선하는 수단으로 전쟁을 선호한 집단은 유권자들이 아니라 정치인들과 지식인들이었다. 그럼에도 대중은 여전히 현실주의 사상을 불쾌하게 여긴다. 실현할 수 없는 꿈에 영향을 받은 세대가 영원히 지속되는 악을 회피하는 수준에서 만족할 수 있을까? 아마 그 세대는 결코 극복할 수 없는 어려움에 대처하려는 의미없는 모험담을 선호할 것이다. 그러나 항상 그런 것은 아니었다. 가깝게는 두 세대 전, 서양 정부는 현실주의 사상의 도움을 받아 오늘날 직면하고 있는 갈등보다 훨씬 위험한 갈등을 극복할 수 있었다.

자유민주주의가 나치즘을 물리치고 공산주의를 봉쇄할 수 있었던 원동력은 세속적 신념이 아니라 현실주의에서 나왔다. 1946년 조지 프로스트 케넌George F. Kennan은 장문의 비밀 전보를 워싱턴에 보냈다. 특정 이데올로기에 경도되지 않은 냉정한 시각으로 작성된 이 전보가 냉전기 동안 소비에트의 권력 확장을 저지하는 동시에 핵 재앙도 피하는 정책■■의 바탕이 되었다. 그 전보에서 케

■ Kautilya(생몰년도 미상). 마우리아 왕조의 창시자인 찬드라굽타의 재상. 제국을 만들기 위해 힘썼다. 『카우틸랴 실리론』은 무력을 통한 전제국가 건설이라는 그의 핵심 정치 사상을 담고 있다.

■■ 봉쇄정책(封鎖政策, containment policy). 냉전기에 미국이 공산주의권에 대해 취한 외교정책. 조지 프로스트 케넌이 『국제 관계 *Foreign Affairs*』 1947년 7월호에 익명으로 발표한 논문이 이 정책의 기초가 되었다. 케넌은 군사력이 아니라 그 주위에 있는 서방 국가의 경제 발전을 도모해 소련의 세력 확장을 방지하자고 제안했고 반공 군사 경제 원조 원칙을 정한 트루먼 독트린Truman Doctrine의 근간이 되었다.

넌은 워싱턴이 "감정을 앞세우거나 동요하지 말고 용기, 냉철함, 객관성, 결단력을 가지고" 소비에트 체제를 연구해야 한다고 주장했다. 그러한 태도는 종잡을 수 없고 비합리적인 환자를 진찰하는 의사가 지녀야 할 태도와 같다. 그 전보에서 케넌은 소비에트 지배층이 이데올로기의 지배를 받는다거나 항상 합리적이라고 전제하지 않는 대신 그들의 비합리성에 영향을 받지 않도록 조심하라고 경고한다. "우리가 처할 수 있는 가장 큰 위험은 (…) 우리가 대처해야 할 상대를 닮는 것이다."[10] 그때와 지금의 위험은 다르지만 케넌의 사고방식은 오늘날 절실히 필요하다. 테러리즘과 그 확산에 대처하는 일은 선교사나 십자군이 할 일이 아니다. 위기를 맞을 때마다 그 위기를 인류를 구원하기 위해 하늘이 내린 기회라고 생각하는 확고한 신념은 절대로 제거할 수 없는 위험을 다루기에 부적합하다. 위험에 처했을 때는 냉정한 결단력과 지적인 냉철함이 더 유용하다. 최상의 현실주의는 이러한 특성을 지녔다.

현실주의 사고도 오류를 피할 수 없다. 목적을 달성하지 못했거나 아무 소득도 없이 막대한 고통만 야기한 현실주의 정책도 허다하다. 헨리 키신저가 미 국무 장관이었을 때 이루어진 캄보디아 폭격은 명백히 두 번째에 속한다. 국제 문제에 현실주의적으로 접근한다고 해서 반드시 성공하는 것은 아니며 현실주의 정치도 지극히 비현실적이고 괴상한 모습으로 나타날 수 있다. 앨버트 월스테터가 생각한 소비에트 연방의 실상은 사실이 아니었고 그의 제자인 폴 울포위츠가 이라크에 대해 생각한 내용도 마찬가지였다. 월스테터의 전략적 계산은 이라크에 자유민주주의를 심겠다는 망상에 가까운 울포위츠의 기획과 다르게 보일지도 모르지만 전쟁과 평화를 결정하는 일이 게임 이론에 입각한 계산으로 환원될 수 있다는 사고를 공유한다. 이 사고에는 합리주의와 마술이 공생하며 그것이 바로 미신이다.

현실주의자들은 인간의 삶에 해결할 수 없는 문제가 있는 것처럼 국제 관계도 그렇다고 생각한다. 미국의 이라크 개입이 초래한 상황처럼 세상에는 무엇을 해도 잘 안 풀리는 일이 있지만 그런 일을 최소화하는 것은 가능하다. 히틀러를 굴복시키기 위해 많은 희생을 치러야 했지만 세계의 민주화를 위해 피칠갑을 할 필요는 없다. 현실주의는 최악의 선택을 최소화하는 오컴의 면도날■이다. 인간은 선택을 피할 수 없는 존재이므로, 현실주의라고 해도 선택 자체를 피하게 만들지는 못한다.

과거 현실주의 사상가들은 도덕성을 논하던 정치학을 권력과 이해관계에 대한 분석으로 대체하고자 했다. 이러한 분석은 엄밀한 사실적 용어로 규정될 수 있다고 여겼기 때문이다. 국가는 자신의 권력을 극대화하는 일에 전념하는 실체로 규정되었고 국가 사이의 관계에 대한 이론은 자연과학에서 빌려온 용어를 활용해 확립되었다. 그러나 이러한 정치학의 발전 과정은 보편 법칙이 존재할 수 없는 경험의 영역에 과학적 방법을 잘못 적용하는 일종의 과학주의기 때문에 현실주의 사상의 신빙성을 떨어뜨리는 데 기여했다. 역사 연구를 통해 국가의 행위에서 규칙성을 찾을 수는 있지만 그러한 규칙성을 보편 법칙으로 정식화할 수는 없다. 또한 폭력, 정당성, 독재같이 정치를 이해하기 위해 활용되는 모든 개념은 가치를 내포하기 때문에 국제 관계에 대한 사고는 도덕적 기획이 될 가능성을 피할 수 없다.

현실주의자들은 세계가 돌아가는 방식에 관한 사실들을 기정사실로 받아들

■ Occanm' s Razor, 어떤 현상을 설명할 때 불필요한 가정을 배제해야 한다는 주장. 14세기 영국 논리학자 오컴의 윌리엄William of Ockham의 이름에서 유래했다. 오컴의 면도날로 선택된 가설이 반드시 옳거나 그른 것은 아니다. 오컴의 면도날은 여러 가설이 있을 경우 그중 하나를 고를 때 적용되는 태도에 관한 것이지 진위를 가르는 잣대가 아니기 때문이다.

인다. 베스트팔렌 시대의 종말을 이야기하는 공허한 외침이 아무리 많아도 주권국가는 여전히 세계의 현안에서 중심 행위자로 기능한다. 유엔 같은 초국적 기관이 주권국가들 사이에서 벌어지는 경쟁을 조정하기도 하지만 유엔이 전 지구를 통치하는 기구의 초기 형태는 아니다. 주권국가의 세계는 앞으로도 무정부 상태로 남을 것이다. 물론 각국은 제네바 협약처럼 문명적인 행동 규범을 규정한 국제 조약이 부과하는 많은 제약을 수용한다. 상호호혜적인 무역이나 시민 전통은 파괴적인 갈등을 경쟁과 협력으로 대체할 수 있다. 그러나 그러한 제도와 실천은 무너지기 쉽기 때문에 결국에는 전쟁이 평화만큼 흔해질 것이다.

현실주의자들은 목적론적 역사관을 거부해야 한다. 정부의 본질을 둘러싼 갈등이 사라질 날이 가까웠다는 믿음은 착각일 뿐더러 위험하다. 인류가 신비로운 진화를 거쳐 약속의 땅에 도착할 것이라고 가정하고 그 가정에 근거한 정책을 펼친다면 우리는 까다로운 갈등에 대처할 수 없을 것이다. 진화 과정에 속도를 더하려는 목적을 표방하는 기획이야말로 가장 극단적인 형태의 역사적 목적론인데 한동안 미국의 대외 정책을 기형으로 만든 "전 지구적 민주 혁명"이라는 신보수주의자들의 주장이 여기에 속한다. 그러나 진화의 속도에 어떠한 영향도 미치지 않으려 하는 "수동적 목적론" 또한 정책의 근간으로 삼기에는 불안하다. 모든 국가나 대부분의 국가가 근대화된다고 해도 똑같은 체제를 도입하게 되지는 않을 것이다. 근대 국가는 좋든 나쁘든, 견딜 수 없든 그저 그렇든, 다양한 모습으로 나타난다. 히틀러의 독일은 사회민주주의 국가인 스웨덴만큼 근대적인 체제였고 이란을 지배하는 대중적 신권정치는 오늘날 스위스의 근대적 정부 체계만큼 근대적인 체제다. 세계가 근대화된다고 해서 더 획일적이 되는 것은 아니다. 근대 국가는 저마다 서로 다른 목적을 달성하기 위해 지식의 힘을 활용하며 다른 국가들과 갈등하는 경향이 있다.

현실주의자들은 도덕적 조화라는 유혹에 저항하기 때문에 역사가 궁극적으로 수렴한다는 신념을 거부한다. 국가 사이의 관계에서는 완전히 해결될 수 없는 도덕적 갈등이 있고 앞으로도 그럴 것이다. 도덕 철학은 대부분 도덕성의 요건들이 양립할 수 있다고 전제한다. 정의의 요구 같은 일부 요건들은 반드시 양립 가능하며 적어도 원칙적으로 서로 충돌하는 도덕 명령은 없다고 말한다. 이러한 신념이 다양한 유토피아주의의 저변에 깔려 있고 이 신념의 특정 형태가 이라크에 대한 선제 공격을 정당화하는 데 사용된 인권 이론을 뒷받침한다. 이사야 벌린이 언급한 대로 도덕적 조화라는 신념은 경험에 바탕하고 있지 않다. 그러나 계몽주의 사상가들은 이 신념을 받아들여 종교에서 빌려온 완전함이라는 사고를 표현한다. 벌린은 이렇게 기록했다.

> 계몽주의 사상가들에게는 공통된 가정이 있다. 모든 커다란 문제들에 대한 해답은 조화로운 전체인 현실에 부합해야 하므로 반드시 일치해야 한다. 만일 그렇지 않다면 사물의 중심에는 혼돈이 자리 잡게 될 것인데 그런 상황은 상상할 수도 없다. 자유, 평등, 소유, 지식, 안전, 실질적인 지혜, 인간 기질의 순수성, 성실, 친절, 합리적 자기애 같은 모든 이상들은 (…) 진정으로 바람직하므로 서로 갈등할 수 없다. 이 이상들이 갈등하는 것처럼 보이는 이유는 그 이상들의 속성을 오해하기 때문이다. 진정으로 선한 것은 다른 선한 것과 불합치할 수 없다. 물론 인간이 정당한 대접을 받지 못하거나 행복하지 않다면 자유로울 수 없고, 자유롭지 않다면 현명할 수 없다는 식으로 하나가 다른 하나를 이끌어 내는 경우는 있다.
>
> 여기에서 우리는 궁극적인 이상들이 명백히 갈등한다고 말하는 경험의 목소리를 저버리게 된다. 그리고 더 오래된 신학적 뿌리에서 나온 교리와 마주치게 된다. 그것은 모든 궁

정적인 가치들이 다른 가치들과 조화를 이루지 않거나 양립하지 않는다면 자연, 신, 또는 궁극적 현실이라고도 불리는 완전한 실체Perfect Entity라는 개념도 있을 수 없다는 교리다.[11]

궁극적인 조화를 달성 가능한 목표로 생각하는 다른 철학과 마찬가지로 자유주의는 유토피아주의였다. 인권이 보편적으로 존중받는 세계라는 이상은 오직 인간에게 봉사하기 위해 존재하는 "말처럼 빠른 사자", "배를 끄는 고래"를 상상한 푸리에의 사고와 동일한 범주에 속한다. 그러한 이상은 권리들 사이에 빚어지는 갈등과 인간 폭력의 다양한 원천을 희석시키는 백일몽이다.

현실주의는 국가가 보편적인 관심보다 실질적인 이익을 추구한다는 사실을 받아들인다. 국가는 정당한 제도로 인정받기 위한 노력을 게을리 할 수 없기 때문에 자기 시민들을 앞세우게 된다. 국가는 사회를 안정적으로 유지하고 타국의 정복에서 자국 시민들을 보호하며 시민들에게 품위 있는 생활을 보장하고 시민들의 가치와 정체성을 구현한다. 국가는 반드시 통치받는 사람들의 이익에 최우선으로 봉사해야 하기 때문에 도덕성의 본질로 여겨지곤 하는 불편부당한 관점을 채택할 수 없다. 그렇다고 해서 도덕이라는 잣대로 국가의 정책을 판단할 수 없다는 말은 아니다. 현실주의 대외 정책은 가장 나쁜 악을 궁지에 몰아 넣는 것을 윤리적 목적으로 삼는다. 독재와 무정부 상태, 전쟁과 내전은 홉스가 말한 안락한 생활을 위협한다. 이러한 해악을 제거할 수 있는 권력은 없겠지만 절대로 달성될 수 없을 걸음마 단계의 이상을 달성하겠다고 나서서 그 해악의 총합을 늘리는 일은 피할 수 있다. 고문을 없애려는 국가는 고문을 시행하는 국가보다 보편적 인권을 추구한다는 차원에서 더 문명화된 국가고, 그러한 국가는 자신의 목표를 달성할 가능성도 더 크다.

현실주의에는 폭력의 사용을 제한하는 문명화된 조치가 필수적이다. 탈근대 사상가들은 인간의 모든 가치가 문화적으로 구성되었다고 믿으면서 인간 본성이라는 생각을 거부하지만 분명 인간의 보편적인 욕구를 반영하는 가치도 있다. 그러나 인간의 욕구는 다양하기에 조화를 이룰 수 없고 보편적 가치들은 다른 방식으로 구현될 수 있다. 다양한 형태의 정부가 정당성을 인정받고 있다면 그것은 인류가 특정 지역에 국한된 대서양 민주주의가 전 세계에도 적용될 수 있을 만큼 유용한 것이라는 생각을 받아들이지 않았기 때문이 아니라 보편적 가치들 사이에서 빚어지는 갈등을 해결할 올바른 방법이 단 한가지만 있는 것이 아니기 때문이다. 나치즘에 맞서 문명을 수호하는 투쟁에서 민간인 공습 문제를 두고 합리적인 사람들끼리도 의견이 엇갈렸던 것처럼 거대한 악을 방지하는 일은 합리만으로는 답을 낼 수 없는 문제와 연관될 수 있다. 합리주의 철학자들은 문명을 규정하지 못하면 문명을 방어할 수 없다는 태도로 문명의 의미를 물을 것이고 자유주의적 인본주의자들은 인권을 수호하기 위해 제약이 불가피하다고 말하겠지만 도덕적 쟁점에 대한 합의에 이르지 못했다거나 인권을 강화하지 못했다는 것은 문제가 아니다. 문제는 종종 경험하는 것처럼 해결책이 없는 도덕적 갈등도 있다는 것이다. 자유주의 사상가들은 인권이 최소한의 보편적 도덕을 구현하고 있다고 생각하기 때문에 인권을 다른 목적에 우선해 보호하려고 한다. 물론 인권도 의미 있는 개념이지만 자유주의자들은 그 최소한의 인권을 구성하는 요소가 서로 상충하는 일이 많다는 사실을 간과한다. 독재 정권을 무너뜨리면 무정부주의가 찾아올 수 있지만 독재 정권을 지지하면 권력의 남용이 심화될 수 있다. 종교의 자유는 바람직하지만 종교가 분파주의로 치달으면 자기 파괴적이 된다. 사적 영역은 문명화된 삶의 일부로 침해되어서는 안 되지만 다른 자유를 보호하기 위해서는 사적 영역도 침범할 수 있다. 인권 이론을 내세워 전쟁과 안정이라는 상충하는 가치를 해결하려 한 자유주의자들은 이러한 갈등을 부정하지만 차라리 그러한 갈등을 인정하고 해결 방안을 찾는 편이 낫다.

인류가 태생적으로 선하다는 지배적인 시각은 인류에게 폭력과 억압의 역사라는 이루 말할 수 없는 부담을 지웠다. 이 시각을 바꾸는 일이 무엇보다 시급하다. 인류가 날 때부터 결함을 안고 태어났다는 주장은 현실주의의 핵심이자 현실주의가 지배적인 견해가 되지 못한 주요 이유다. 근대 이전의 거의 모든 사상가들은 인간의 본성이 결함을 지닌 상태로 고정되어 있다고 생각한다는 점에서 진리에 가까웠다. 인간의 충동이 본래 평화롭고 유순하며 합리적이라고 가정하는 정치 이론은 신뢰할 수 없으며 조화를 추구하는 삶은 인간의 삶이 아니다. 그래서 조너선 스위프트Jonathan Swift는 말馬의 왕국을 유토피아로 그렸던 것이다.

현실주의가 반드시 보수적 입장을 취해야 하는 것은 아니다. 버크와 다른 보수주의 사상가들은 제도가 느리게 발전하는 것이 바람직하다고 생각했지만 그럴 수 없는 경우가 많고 혁명 역시 막을 수 있는 것이 아닌데다가 바람직한 혁명도 있다. 사회와 삶의 방식이 갑작스레 파괴되는 일은 역사에 반복적으로 나타난 일이고 오늘날에는 정상이 되었다. 보수주의자들은 유기적 통일체였다는 이전 사회를 그리워하지만 그것도 일종의 유토피아주의다. 또한 현실주의는 "바람직한 삶", "전통적 가치" 같은 터무니없는 말을 유포하는 도덕적 근본주의와도 아무런 연관이 없다. 그럼에도 현실주의는 보수주의 철학과 공통점을 지닌다. 한때 보수주의는 제도를 변화시키는 것만으로 인간의 모순된 욕구를 충족시킬 수 없다고 생각했다. 인류는 자유를 원하지만 일반적으로 인간의 다른 욕구들이 충족될 때 그럴 뿐 항상 자유를 원하지는 않는다. 독재자는 두려움의 대상이지만 사랑받기도 한다. 국가들은 자신들의 이익을 보호하기 위해 행동하지만 때로는 신화, 환상, 집단 정신착란을 이행하는 도구가 되기도 한다. 신보수주의자들과 자유주의적 국제주의자들은 자유를 전파시킬 수 있다고 말하기를 즐기지만 독재 또한 전파될 수 있다. 지난 세기의 대부분은 독재를 숭배했다. 이러한 일이 다시는 없으리라고 말할 용감한 예언자는 없을 것이다.

대부분의 현실주의자들은 국가들로 이루어진 세계가 갈등의 장으로 남을 것이라는 사실을 받아들이면서도 합리적 선택의 원칙에 의존하는 여러 사회과학 학파에서 활동한다. 계몽주의 전통은 자살 폭탄 공격 같은 행동을 설명하는 데 기여할 수 있지만 한계도 명백하다. 합리적 선택 이론은 인간이 합리적 목적을 추구한다고 가정하고 인간이 비합리적으로 행동하는 이유는 그들이 좌절했기 때문이라고 설명한다. 이 점잖은 환원주의적 분석은 좌절의 원인을 제거한다면 조화를 이룰 수 있다고 말한다. 그러나 모든 합리적인 목적이 조화를 이루지는 않기 때문에 합리적 선택이 끔찍하고 파괴적인 갈등을 유발할 수도 있다. 주로 비대칭전戰이 그렇다. 보통은 반란군이 승리하지만 점령 권력 또한 싸워야 할 이유가 있다. 양 측 모두 서로에게 피해를 입히는 갈등에 뛰어들 이유가 있는 것이다.

무엇보다 인간에게는 합리적인 수단으로는 충족될 수 없는 욕구가 있다. 에볼라 바이러스를 입수하려 한 옴진리교가 내세운 목표 중 달성 가능한 목표는 없었다. 그들의 활동을 규정한 것은 세상의 끝에 낙원이 찾아 온다는 고전적 천년왕국주의의 환상이었다. 〈알카에다〉의 테러 공격도 대부분 유사한 양상을 띤다. 이러한 테러리즘의 원인을 해결되지 않는 정치적 갈등에서 찾는 것은 부질없는 짓이다. 의미를 염원하는 인간의 욕구가 혼란에 빠지면서 오늘날의 무질서가 나타났고, 바로 그 욕구가 천년왕국 운동과 전체주의 체제에 생명을 불어넣었다. 이것은 다른 어느 집단보다 주변부에 있는 집단에 더 큰 영향을 미치는 질병이지만 근대 후기 사회에 고유한 병폐이기도 하다. 대량 파괴 수단이 소규모 집단이나 개인의 손에 들어갈 가능성이 높아진 오늘날에는 비대칭전을 수행해 온 테러리즘보다 무질서한 테러리즘이 훨씬 더 큰 위협이 된다.

현실주의적 사고가 테러리즘이라는 복잡한 현상을 이해하려면 국가 이외의 영역에도 관심을 가져야 한다. 국가는 여전히 핵심적인 존재지만 전쟁을 할 수 있는 유일한 행위자도, 가장 중요한 영역도 아니다. 19세기 초 프로이센의 군사 전략가 칼 폰 클라우제비츠Carl von Clausewitz가 등장한 이후 클라우제비츠적 전쟁으로 불리기도 하는 고전적 전쟁은 국가의 통제를 받는 세력 간의 무력 갈등이었다. 20세기에 그 전쟁은 공격 대상을 민간인으로 확대하면서 막대한 희생자를 냈다. 이제 거대 권력 사이의 무력 갈등은 과거의 유물로 여겨지지만 재발할 가능성이 전혀 없는 것은 아니다. 고전적 전쟁은 여전히 인간 사회가 직면할 수 있는 주요한 악이다. 그러나 전면전이라고 해도 고전적 전쟁은 외교관들이 만나 협상하고 합의를 통해 평화를 선언함으로써 종결될 수 있지만 전 지구적 테러리즘 연계망은 내부적으로 분열되었을 수 있고 협상 가능한 목표가 없을 수도 있기 때문에 합의를 통해 문제를 해결할 수 없다. 오늘날 무력 갈등은 정부의 통제를 받지 않고 활동하는 고도로 분산된 집단이나 사회 전체와 관련된다. 현실주의가 결실을 맺으려면 전쟁이 국가의 전유물이라는 사고에서 벗어나 "누구나" 전쟁을 벌일 특권을 누리게 되었음을 반드시 인정해야 한다.

현실주의 사상은 생태 위기가 부과하는 위협을 피할 수 없다. 석유 정점과 지구온난화는 세계화의 또 다른 얼굴이다. 지난 2세기 동안 화석연료에 기반한 산업 생산 양식이 전 세계로 확산되면서 경제성장과 인구 성장을 이끌었는데 이제 화석연료는 정치적인 면보다는 생태적인 면에서 거의 한계에 다다랐다. 산업의 확장으로 전 지구적 기후가 생각보다 더 빠르고 큰 규모로 변해 이제는 돌이킬 수 없게 되었다. 게다가 산업 연료로 사용되는 재생 불가능한 에너지에 대한 수요는 꾸준히 증가하는 반면 그 부존량은 오히려 더 희소해져 간다.[12] 앞서 잠시 언급한 대로 이러한 현실은 전쟁과 평화에 직결된다. 그러나 생태 위기의 군사 전략적 함의를 검토하는 일은 금기시되어 거의 이루어지지 않았다. 2003년 10월 미 국방부 정책 집단에서 「갑작스러운 기후변화 시나리오와 미국 안보의 관련성An Abrupt Climate Change Scenario and Its Implications for US National Security」이라는 보고서를 출간했지만 보고서의 분석과 제언을 탐탁지 않게 여긴 부시 정부는 이 보고서를 사장했다.

갑작스러운 기후변화가 초래할 지정학적 결과를 검토한 이 보고서는 전 지구적 농업의 순純생산량 감소, 핵심 지역에서의 담수 활용성 저하 및 담수의 질 하락, 에너지 공급원에 대한 접근 불안으로 식량 부족 사태가 초래될 것임을 규명했다. 이러한 변화는 "지구 환경의 수용 능력을 순식간에 떨어뜨릴" 것이다. 다시 말해 지구가 감당할 수 있는 인구가 적어진다. 보고서는 이렇게 기록했다.

> 전 지구적으로 그리고 국지적으로 수용 능력이 감소할수록 세계의 긴장은 고조된다. 이 문제에 대처하기 위한 근본적인 전략은 공격과 방어 두 가지다. 자원을 가진 나라가 자원을 독점하기 위해 국경선에 실제로 요새를 구축할 날이 올 수 있다. 그보다 운이 나쁜 나라, 그중에서도 이웃 나라와 오래 전부터 갈등하고 있는 나라는 먹을거리, 깨끗한 물, 에너지를 얻기 위해 투쟁해야 할지도 모른다. 방어 가능성을 높이기 위해서라면 불가능할 것 같았던 동맹이 형성될 수도 있을 것이다. 앞으로는 종교, 이데올로기, 국가의 명예가 아니라 생존을 위한 자원 확보가 국가의 목표가 될 것이다.[13]

미 국방부 보고서는 갑작스러운 기후변화가 인간의 삶을 지탱하는 지구의 수용 능력을 저하시킬 수 있음을 인정한 선구적인 보고서였다. 갑작스러운 기후 변화에 뒤따를 수 있는 갈등 양상에 대한 논의는 갈등의 강도를 저평가했다는 점을 제외하면 전적으로 타당하다. 이 보고서는 종교가 아무런 역할을 하지 않는 합리적인 전략적 갈등을 전제했지만, 석유를 유산으로 물려받은 지역이 대부분 이슬람교 지역임을 감안하면 "테러와의 전쟁"을 둘러싼 적대감은 자원 갈등의 강도를 높일 수 있다. 자원 전쟁이 종교 전쟁과 뒤섞일 위험이 있다. 그렇지 않으면 억지에 가까운 문명 충돌론이 설득력을 얻게 될 것이다.

석유를 대체할 에너지를 찾아내지 못한다면 머지않아 산업국가는 갈등에 빠질 것이다. 에너지원을 다각화하는 과정은 대부분의 환경주의자들이 생각하는 것보다 훨씬 더 험난한 여정이 될 것이다. 세계의 석유 생산이 정점에 다다랐다면, 그리고 실제로 그렇게 보이는 상황에서 다른 종류의 에너지로 전환하는 일이 매우 시급하다. 그러나 현재의 세계 인구를 지탱할 만한 대안 에너지가 쉽게 발견되지는 않을 것이다. 기본적인 환경문제는 절대 인구수가 아니라 1인당 소비하는 자원의 양이라는 사실은 이미 상식이 되었다. 다시 말해 인간의 삶의 방식이 문제다. 사실 인류는 이미 지구의 수용 능력을 초과했다. 현재 우리는 석유를 바탕으로 한 농업에 기대어 살아가는데 바로 그 농업이 지구온난화를 재촉하고 있다. 한편 개발도상국에서만 인구가 빠르게 증가하는 것은 아니다. 미국의 인구는 중국에 비해 두 배 빨리 증가한다. 세계의 인구는 전체적으로 너무 많아서 이들을 모두 지탱할 현실적인 대안 기술이 없다. 태양력, 풍력, 유기농법을 병행한다고 해도 60억에서 90억의 인구를 모두 지탱할 수는 없다.

이 난제를 극복할 해결책이 있다면 그것은 십중팔구 최첨단 기술과 연관된다. 현재로서는 핵 에너지, 유전자 조작 작물같이 녹색주의자들이 가장 혐오하는 기술이 최선의 대안이다. 그 기술들은 위험하지만 그 기술들을 도입하면 생물권을 더 이상 파괴하지 않아도 될 것이다.[14] 대부분의 녹색주의자들은 저기술 사회가 대안이라고 생각하지만 저기술 사회는 유토피아지 대안이 아니다. 제임스 러브록James Lovelock이 말한 대로 저기술 사회는 "지구를 파괴하는 잔혹한 전쟁 군주가 통치하는 혼돈의 세상으로 가는 지름길"이다.[15]

위기의 규모를 이해하는 많은 사람들은 이 문제를 극복하기 위해 인간 행동이 변해야 한다고 생각한다. 제레드 다이아몬드Jared Diamond는 현대 사회가 환경의 한계를 무시한다면 자멸할 것이라고 힘주어 말했다. 그러나 다이아몬드는 협력을 강화하면 파국을 피할 수 있다고 주장하면서 네덜란드의 폴더 모델을 전 세계가 채택할 수 있는 귀감으로 제시한다. 폴더는 네덜란드에서 바다보다 낮은 지대를 간척해 새로 조성한 땅을 말한다. 다이아몬드는 이렇게 기록했다.

> 우리가 사는 세계는 이제 하나의 폴더가 되었다. (…) 멀리 떨어진 소말리아가 붕괴하면 미군이 그곳으로 간다. 과거 유고슬라비아나 소비에트 연방이 무너졌을 때 그곳을 빠져나온 피난민들이 유럽과 나머지 세계 전역을 휩쓸었다. 사회 조건, 거주 조건, 생활 조건의 변화가 아프리카와 아시아에 새로운 질병을 퍼뜨리면 이 질병들은 다시 전 세계를 떠돌아다닌다. 오늘날 세계 전체는 고립적이면서 자족적인 하나의 단위가 되었다.[16]

세계가 과거보다 더 상호의존적이라는 다이아몬드의 논의는 옳지만 세계가 더 협력적이라고 생각할 근거는 없다. 오히려 미 국방부 보고서가 제시한 전망이 더 그럴싸하다. 강하고 효과적으로 운영되는 국가는 자신이 통제하는 자원을 보호하기 위해 행동할 것이다. 약하거나 붕괴된 국가의 경우 그 투쟁은 다른 집단의 몫이 될 것이다. 그 결과 우리는 협력이 사라지고 갈등이 심화된 세계에 살게 될 것이다. 교토 의정서는 우리가 직면한 어려움이 무엇인지 보여 준다.

교토 의정서는 설정한 목표를 개발도상국에는 적용하지 않았다는 점에서 애초부터 문제가 있었고, 목표를 이행하도록 강제할 수단이 전혀 없다는 기본적인 약점도 안고 있었다. 저마다의 결정에 따라 서명할 수도 하지 않을 수도 있었기 때문에 미국을 비롯한 몇 나라들은 서명을 거부했다. 이러한 어려움에서 빠져나갈 방법은 없다. 무정부 상태의 세계에서 전 지구적 환경문제를 정치적으로 해결할 수는 없다.

인간이 생태 위기를 누그러뜨릴 수는 있겠지만 극복할 수는 없다. 그것이 인간의 운명이다. 인간은 다른 동물과 다르게 지식을 쌓는 능력을 지녔다. 지식의 진전으로 인구가 증가했고 수명이 늘어났으며 유례없는 부가 창출되었다. 그러나 과학적 진보의 부산물인 산업주의가 발전하면서 지구온난화와 에너지 고갈을 초래했다. 대량 파괴 수단이 국가뿐 아니라 국가가 통제하지 않은 세력에게까지 확산된 것도 과학적 진보의 또다른 효과다. 오늘은 테러리스트들의 손에 핵물질이 넘어갈까 봐 우려하지만 내일은 생물학무기가 넘어갈까 봐 노심초사하게 될 것이다. 유전 과학은 인간에게 생명 창조에 개입할 힘을 주었지만 그 힘은 또한 대량 살상에도 사용될 것이다. 머지않아 유전자 선택 기기가 개발되어 집단 학살의 도구로 사용될 것이고 일단 그렇게 되면 전 세계로 확산되는 것을 막을 수 없을 것이다. 장차 안전을 위협하는 것은 전통적인 개념의 테러리즘이 아니라 출처를 알 수 없는 질병의 확산일 수도 있다. 미래의 테러는 나날의 삶의 구조를 알 수 없게 하는 파괴적인 양상으로 나타날 것이다.

지식의 증가는 인간의 힘을 크게 증대시키지만 해결할 수 없는 문제도 초래한다. 가장 심각한 것은 인간의 무질서다. 우리는 이 무질서에 오직 하루하루 대처해 나갈 뿐 완전히 해결할 수 없다는 점을 인정해야 한다. 그러나 이 사실을 인정하면서 살 수 있을까? 역사적 목적론과 궁극적인 조화라는 신화를 버리는 것이 가장 바람직하지만 그것은 지극히 어려운 일이다. 역사 속에서 구원받을 수 있다는 서양의 신화는 여러 차례 모습을 바꿔 왔다. 유토피아주의가 좌파에서 우파로 이동했다는 사실이 유토피아주의의 생명력을 입증한다. 미래에 대한 비합리적인 신념은 오늘날의 삶에 암호로 새겨져 있다. 이러한 상황에서는 현실주의로 전환하려는 시도조차 유토피아적 이상일지 모른다.

3.
다시, 종말

종말은 근대적 부조리의 일부다.

– 프랭크 커모드Frank Kermode[17)]

서양의 신화를 지배한 것은 역사 담론이었고 이야기가 인간의 기본적인 욕구 중 하나라는 생각은 유행이 되었다. 인간을 이야기꾼으로 여기는 우리는 세계를 이야기로 파악할 수 있을 때 비로소 행복할 수 있다고 생각하게 되었다. 지난 2세기를 지배한 이야기의 줄거리는 인간 진보였지만 그 이야기에는 세계가 어둠의 세력에 포위되어 파괴될 운명이라는 내용도 들어 있었고 이 두 가지 내용은 서로 얽혀 있다. 마르크스와 마르크스의 추종자들은 인류가 일련의 파국적인 혁명을 통해 발전한다고 믿었고 나치는 민족에 맞서는 악마적 힘이 꾸민 음모 때문에 민족이 신성에 가까운 불멸의 조화에 이르지 못한다고 믿었다. 자유주의적 인본주의자들은 점진적인 향상을 통한 인류 진보를 이야기했다. 그들이 말한 이야기에서 역사는 일관된 담론으로 제시된다. 이들에게 역사가 아무런 목적이나 방향성 없이 변한다는 사고만큼 위협적인 사고는 없다.

역사를 관통하는 줄거리가 있다는 신념은 이 책에서 검토한 세속적, 종교적 천년왕국 운동의 핵심이다. 이러한 운동에 속한 사람들은 모두 자신들이 이미 부분적으로 작성되어 있는 문서에 쓰여진 일들을 수행한다고 믿었다. 명백히 종교적인 종말론 신념은 그 문서를 신이 작성한다고 믿는다. 악마와 갖가지 악령 역시 저마다의 이야기를 쓰지만 결국 신성한 서술자의 권위에 굴복한다. 세속적 종말론에서는 있을 법하지 않은 인물이 무지나 미신의 세력에 맞서 싸우면서 그 문서를 기록한다. 어느 쪽이든 의미를 염원하는 인간의 욕구는 저마다의 삶이 모든 것을 포괄하는 이야기의 한 부분을 이루는 담론을 통해 충족된다.

의미심장한 인간 담론을 염원하는 욕구는 명백히 위험하다. 자신이 전 지구적인 음모의 목표물이 되었다고 느낀 나치의 정신 상태는 결코 온전하지 않았지만 그보다 더 위협적인 의미 결여의 상태를 벗어나게 한다. 편집증은 대체로 무의미함에 대한 저항이고 박해받고 있다는 집단적 환상은 깨지기 쉬운 소속감을 강화한다. 문제는 이러한 이득을 얻기 위해 지불하는 비용이 너무 크다는 것이다. 그 대가는 사람들의 목숨이다. 사람들은 자기가 아직 읽어 보지도 못한 미완의 문서에 나와 있는 역할을 수행하도록 강요당한 뒤 죽는다. 인간을 한 차원 끌어올리는 과정에서 다치거나 죽은 사람들, 어마어마한 폭력으로 상해를 입거나 살해당한 사람들, 보편적 자유를 성취하기 위한 전쟁에서 유린당한 사람들은 공연 중인 연극에서 자신이 맡은 배역이 세계 속에서의 자신의 위치와 다르다고 생각할 수 있다. 보편적 담론은 그것에 의존하는 사람들의 삶에 의미를 부여하지만 타인의 삶의 의미는 파괴한다

물론 자신이 그런 이야기의 일부라고 느끼는 것은 망상이다. 보켈슨은 자신이 새 예루살렘을 통치하라는 신의 부름을 받았다고 믿었고, 레닌은 자신이 역사의 법칙이 실현되는 시기를 앞당기고 있다고 확신했으며, 히틀러는 자유민주

주의라는 타락한 세계가 파멸할 것이라고 자신했다. 진심으로 자유 시장을 신봉하는 사람들은 공산주의 붕괴를 거스를 수 없는 흐름으로 해석했고 신보수주의자들은 그 뒤 불과 몇 년 간 이어진 미국의 패권을 역사에 새 시대가 열린 신호로 받아들이며 환호했다. 이 예언자들은 모두 자신들이 역사의 줄거리를 이해하고 있고 미리 정해진 일들을 완성시켜 가는 중이라고 생각했지만 사실 그들이 권력을 잡은 것은 우연의 일치였다. 오직 천년왕국이 도래하지 않는다는 사실만이 미리 정해져 있었다. 천년왕국 운동들은 무작위적인 사건이 조합된 결과 등장하고 자신들이 부인하는 영속성이라는 인간의 특성 때문에 몰락한다. 천년왕국 운동의 역사가 비극적인 경우는 없다. 그 운동에 가담한 사람들이 자신의 삶을 지배하는 운명적 우연을 인식하지 못하기 때문이다. 그들조차 부조리극에서 우연히 맡은 배역을 수행하는 배우일 뿐이다.

누군가의 인생이 보편 담론 속에 들어 있는 하나의 사건이라는 생각은 환상이다. 서양을 지배해 온 강력한 전통이 그 환상을 뒷받침했지만 그것이 항상 긍정적으로 받아들여진 것은 아니었다. 세계의 많은 신비주의자들은 일련의 사건이 우리 삶의 이야기를 구성한다는 생각을 떨치려고 노력했다. 플라톤과 그의 제자들은 사건이 없는 영원을 변화보다 더 높이 평가했다는 점에서 힌두교 사상가들과 불교 사상가들에 가까웠다. 또 다른 전통인 도교는 개인적 담론을 죽음과 부활이라는 우주적 과정과 동일시했고 개인적 담론에서 자신을 해방시키는 것이 자유라고 가르쳤다. 유독 기독교만이 역사의 우연에서 담론을 구성하려는 유혹에 쉽게 빠졌다. 그러나 아우구스티누스가 창조한 정통 기독교는 의미의 모사품이 시간 속에 모습을 드러낼 수는 있지만 진정한 의미는 영원의 영역에서만 찾을 수 있다는 사고를 도입해 이 유혹을 제어했다.

신비주의자들만 담론에서 자유로워지려 한 것은 아니다. 시인들과 에피쿠로스주의자들도 모든 상황을 그 자체로 즐길 수 있는 즉흥성을 추구했다. 미래를 바라보면서 인생을 소모하는 것은 기억이 빚어낸 세계에 산다는 의미다. 그러나 기억은 담론에서 자유로워지는 수단으로도 사용되었다. 마르셀 프루스트 Marcel Proust는 그의 어머니가 그에게 준 조그만 프티트 마들렌 몇 개를 곁들여 홍차를 마시는 순간의 느낌을 이렇게 기록한다. "그 순간 삶의 우여곡절은 중요하지 않은 것이 되었다. 삶의 재앙은 무해한 것이 되었고 삶의 덧없음도 착각처럼 여겨졌다. 귀중한 정수精髓가 마치 사랑이 다가오듯 나를 채웠다. 아니 그 정수는 내 몸 속에 있는 것이 아니라 아예 나 자신이었다. 나는 내가 죽음을 면치 못하는 평범하고 우연한 존재라고 여기지 않게 되었다."[18] 프루스트는 시간을 초월하는 방법을 모색하기 위해 과거에 의존하지만 그러한 노력은 부분적으로만 성공할 수 있다. 불멸의 모사품을 담은 기억은 인간의 의지대로 불러 낼 수 없기 때문이다.

담론을 필요로 하는 욕구는 우리에게 부담을 지운다. 담론을 없애려면 유토피아를 꿈꾸는 망상가들보다는 신비주의자, 시인, 쾌락주의자와 동행할 방법을 모색해야 한다. 유토피아를 꿈꾸는 망상가들은 미래를 지향한다고 하지만 십중팔구 이상적인 순수의 시대를 회상하기 마련이다. 마르크스는 원시 공산주의 사회를, 신보수주의자들은 부르주아적 가치가 살아 숨쉬는 잃어버린 세계를 꿈꿨다. 작가이자 정신분석학자 애덤 필립스Adam Philips는 이렇게 기록했다. "최악의 종말론적 사고는 틀림없이 과거에 대한 향수다."[19] 상상 속에 존재하는 미래의 조화에서 안식을 찾으려는 노력은 우리를 과거의 갈등에 묶어 놓을 뿐이다.

과학 이론은 참과 거짓을 가릴 수 있지만 신화는 참도 거짓도 아니다. 그러나 오래 지속되어 온 인간 삶의 현실을 반영한다는 점에서 신화에도 일말의 진실은 있다. 인간이 의존하는 대부분의 신화는 기독교와 기독교 이후의 문화를 지배한 역사 담론이 아니었다. 플라톤과 동양 종교도 시간에서 해방된다는 신화적인 약속을 했지만 적어도 근대 서양에 해로운 영향을 미친, 선善이 최종적으로 승리하리라는 희망은 품지 않았다.

기독교 종말 담론의 형식을 이어 받은 세속 신화는 선善이 최종적으로 승리한다는 희망을 재생산한다. 그러므로 신념의 폭력성을 누그러뜨리려면 먼저 이러한 신화에 의문을 품어야 한다. 세속 사상에서 과학은 이해하고 통제하려는 인간 욕구에 부합하는 상징 체계라기보다는 지식의 보고寶庫이자 계시의 도구로 이해되었다. 탈근대 철학자들은 과학을 여러 신념 체계 중 하나로 치부하는데, 이는 논의할 가치조차 없는 어리석은 생각이다. 인간의 힘이 증대된 사실이 입증하듯이 과학 지식의 유용성은 외면할 수 없는 사실이다. 과학은 세계에 대한 믿을 만한 신념을 형성하는 도구고 종교 또한 그렇다. 단 과학과 종교는 목적하는 바가 다를 뿐이다. 이상적인 과학 탐구의 목적은 모든 것을 아우르는 이론 속에서 인간의 신념들이 세계를 반영하게 되는 종착점을 찾는 것일 수 있다. 그리고 (그것 또한 환상이더라도) 과학이라는 테두리 안에서는 이러한 이상이 유용할 수 있다. 그러나 종교들이 굳이 합일을 지향할 필요가 있을까? 일상 생활에는 진정한 신념이 유용할 수 있지만 영혼의 삶에는 의심이 더 중요하다. 종교는 지식이 아니라 알 수 없는 것과 더불어 살아가는 삶의 방식이다.

과학과 종교의 충돌은 이 두 실체를 신념에 관한 것으로 오해하기 때문에 발생한다. 기독교와 이슬람교의 일부 분파에서만 신념이 종교의 핵심에 자리 잡았을 뿐 다른 종교 전통은 교리 문답서보다는 신비를 수용하는 일에 관심을 갖는다. 과학과 종교는 인간을 서로 다른 방향으로 이끌어 가지만 모두 인간 욕구에 부합한다. 현대 세계에서 과학의 권위는 스스로 부여한 힘에서 나온다. 그렇기 때문에 근본주의자들은 천지창조론을 과학인 양 묘사하는 만화를 그려 자신의 주장을 문자적 진리인 양 꾸며내는 것이다. 그러나 사회적 다원주의, 변증법적 유물론, 사회가 근대화될수록 더 자유로워지거나 평화로워진다는 이론도 천지창조론만큼 우스꽝스럽다. 이러한 세속적 신조는 정교하게 포장되어 합리적인 것처럼 보이지만 사실 그 어떤 전통적인 신념보다 더 비합리적이다.

오늘날 가장 시급한 과제는 종교가 환원될 수 없는 실체라는 사실을 받아들이는 것이다. 지난 2세기를 형성한 계몽주의 철학은 앞으로 종교가 명분을 잃고 쓸모 없어지거나 인간 삶의 부차적인 것이나 파생적인 것으로 전락해 사라지게 될 것이라고 생각했다. 일단 빈곤이 사라지고, 보편 교육이 보급되며, 사회 불평등이 극복되고, 정치적 억압이 과거의 유물이 되면 종교는 개인의 취미에 그치게 될 것이다. 이러한 생각은 종교가 인간의 일반적인 욕구임을 부인하지만 사실 종교는 매우 다양하며 사회 복지를 비롯해 많은 사회적 기능을 담당함과 동시에 권력의 필요에도 부합한다. 무엇보다 종교는 이러한 사회적, 정치적 목적을 넘어서 어떤 사회적 변화로도 제거할 수 없는 인간의 욕구를 표현한다. 거기에는 해결할 수 없는 일을 받아들이고 삶의 우연 속에서 의미를 찾으려는 욕구가 포함된다. 인간은 성적 욕구, 쾌락의 욕구, 폭력의 욕구를 버릴 수 없는 것과 마찬가지로 종교도 버릴 수 없다.

종교가 인간의 기본적인 욕구라면 종교를 개인적 삶의 하부에 존재하는 것으로 치부하거나 억압해서는 안 된다. 종교는 공적 영역에 완전히 통합되어야 한다. 물론 어느 한 종교를 공식 종교로 삼자는 말은 아니다. 근대 후기 사회는 다양한 세계관을 품는다. 인간의 삶의 가치, 성적 취향, 인간이 아닌 동물의 권리나 자연 환경의 가치 등에 대한 합의도 아직 이루어지지 않았다. 근대 후기 사회는 세속적 단일 문화로 통일된 사회가 아니라 다양한 가치가 뒤섞인 사회가 되었고 균일하지 않은 근대 후기 사회가 도덕적으로 균일한 사회가 될 전망도 희박하다. 과거와 마찬가지로 앞으로도 권위주의 국가와 자유주의 공화국, 신권神權 민주주의와 세속적 독재, 제국, 도시국가 등 다양한 형태의 체제가 공존할 것이다. 전 세계가 단 하나의 정부나 경제체제를 받아들이는 일은 없을 것이고 모든 인류가 단 하나의 문명을 받아들이는 일도 없을 것이다.

이제 우리는 종교적 다양성을 수용해야 하고 세속적 단일체를 구축하려는 노력을 포기해야 한다. 그러나 탈脫세속 시대로 들어섰다는 사실을 인정한다고 해서 종교가 문명화된 사회와 공존하는 데 필요한 제약에서 자유로워질 수 있는 것은 아니다. 이때 정부는 종교와 문명이 공존할 수 있는 틀을 짜고 강화해야 한다. 그 틀은 모든 사회에 동일할 수 없으며 영원할 수도 없지만 적어도 진리가 아니라 평화를 추구하는 관용을 구현할 것이다. 그러나 관용의 목적이 진리라면 그 틀조차 조화를 추구하는 전략으로 전락하고 말 것이다. 그보다는 차라리 조화에 이를 수 없다는 사실을 받아들이는 편이 나을 것이고 더 나은 것은 조화되기를 포기하고 인간의 다양한 경험을 기꺼이 받아들이는 것이다. 그렇게 되면 과거에 간헐적으로 이루어진 종교 간의 잠정 협정▪이 되살아날 것이다.[20]

종교들을 공존하기 어렵게 만드는 주요한 지적 장애물은 서로에 대한 이해 부족이 아니라 자신에 대한 지식 부족이다. 한때 유명했던 "도버 해협Dover Beach"(1867)에서 매튜 아널드Matthew Arnold는 기독교의 "우울하고 유구하며 침잠하는 함성"이라는 표현을 사용해 마치 종교가 끝장났다는 듯 노래했다. 그러나 이 빅토리아시대의 시인 아널드는 신화를 염원하는 인간의 절실한 욕구를

▪ modus vivendi, 국제법상 분쟁을 해결하기 위해 당사자 간에 편의적으로 체결되는 잠정 협정. 잠정적이기 때문에 형식이 자유롭고 비준이 필요 없다. 과거에 어업이나 통상 관계의 문제가 종종 이러한 종류의 협정으로 처리되었다.

저평가했다. 지난 2세기를 풍미한 유토피아는 자기가 부정한 바로 그 신화의 또 다른 모습이었다. 그러니 최후의 유토피아가 이라크 사막에서 스러졌다 해도 애석해하지 말자. 유토피아에 대한 희망이 전통적인 신조가 따라잡을 수 없을 만큼 많은 피를 뿌린 덕분에 세계는 유토피아의 희망에서 벗어나게 되었으니.

오히려 세속적 희망이 사라진 자리에 세속 시대 이전에 나타난 신념을 바탕으로 한 전쟁 같은 것이 재등장할 위험이 생겨났다. 종말론 신념은 지금도 되살아나고 있는데 그 모습은 근본주의처럼 우리에게 익숙한 것이 아닐 수도 있다. 복음주의가 부활하고 과학과 과학 소설, 공갈과 심리학 용어를 뒤섞은 형태의 신흥 종교가 여럿 생겨나 마치 인터넷 바이러스처럼 퍼질 것이다. 대부분은 무해하겠지만 생태 위기가 심화되면 존스타운 대학살을 일으키고 도쿄 지하철에 독가스를 살포한 이들처럼 최후 심판의 날을 신봉하는 분파가 급증할 것이다.

과학적 합의가 정확하다면 머지않아 지구는 인간이 등장한 이래 수백만 년 동안 걸어온 길과 다른 길을 걷게 될 것이다. 어떤 의미에서 이것은 진정한 종말론적 전망이다. 인간이 멸종할 가능성이 적다 해도 인간이 진화해 왔던 세계가 사라지고 있기 때문이다. 또 다른 의미에서 본다면 이 전망은 종말과 아무 상관이 없을 수도 있다. 지구 환경이 파괴되어 가고 있지만 인간은 국지적 수준에서 골백 번도 더 해 온 일을 꿋꿋이 하는 수밖에 없기 때문이다. 진행 중인 지구온난화는 역사상 지구가 여러 차례 극복해 온 열병 중 하나일 뿐이지만 인간은 자기가 초래한 지구온난화를 멈출 능력이 없다. 다시 말해 지구온난화는 인간과 다른 생물종에게 재앙일 수 있지만 지구적인 차원에서는 정상적인 현상이다. 그러나 대부분의 사람들은 이 가혹한 현실을 감당할 수 없을 것이다. 그러므로 기후변화가 지금과 같은 수준으로 진행된다면 지구온난화를 파국과 구원이라는 인간의 담론으로 해석하는 종교 분파가 많이 등장할 것이다. 결국 종말론은 인간 중심적 신화다.

다행히 인류에게는 인간을 더 명확하게 이해하는 데 도움을 줄 수 있는 다른 신화들이 있다. 창세기에서 인간은 지식의 나무에서 열매를 따먹고 나서 낙원에서 쫓겨났고 그 뒤로 영원히 노동해야만 생존할 수 있는 존재가 되었다. 아주 먼 옛날에 간직했던 순수한 상태로 돌아갈 수 있다는 약속은 없다. 열매를 따먹은 이상 되돌아갈 수 없는 것이다. 그리스 신화의 프로메테우스 이야기와 다른 여러 전통도 이와 같은 진리를 담고 있다. 오늘날에는 이러한 고대의 전설이 진보와 유토피아를 꿈꾸는 근대의 신화보다 더 나은 길잡이다.

종말 신화는 과거 인간에게 이루 말할 수 없는 고통을 안겼고 오늘날에도 여전히 위험하다. 세계를 변혁하려는 기획이 자리 잡으면서 정치 영역은 전쟁터가 되었다. 지난 2세기를 풍미한 세속 종교는 자신들이 무정부주의와 독재 체제의 순환을 끊을 수 있다고 생각했지만 그 순환을 더 폭력적으로 만들고 말았다. 최상의 정치는 보편 기획을 실어 나르는 도구가 아니라 상황의 변화에 요령껏 대처하는 기술이다. 인간 진보를 이야기하는 거창한 이상은 필요없다. 우연히 휘말린 이해할 수 없는 전쟁처럼 반복되는 악에 대처할 용기가 필요하다.

근대는 중세 시대 못지 않게 미신이 횡행한 시대였고 어떤 면에서는 더 심했던 시대였다. 초월 종교는 많은 결점이 있고 기독교의 경우 야만적인 폭력을 낳기도 했다. 최상의 종교라면 신비를 벗겨 낼 수 있다는 희망을 품는 대신 신비와 더불어 살아가야 한다. 그러나 근본주의가 충돌하는 가운데 이러한 수준 높은 인식은 사라져 버렸다. 오늘날 우리는 늘어난 지식과 힘을 바탕으로 근대 초기에 벌어진 전쟁만큼 맹렬한 전쟁을 치르고 있다. 다가오는 세기는 신념을 바탕으로 한 폭력이 자연 자원을 둘러싼 투쟁과 맞물리면서 전개될 것이다.

참고 문헌

5쪽

1. Joseph de Maistre, *St Petersburg Dialogues, or Conversations on the Temporal Government of Providence*, translated by Richard A. Lebrun, Montreal and Kingston, London and Buffalo, Mc Gill-Queen's University Press, 1993, p. 145.

1장 유토피아의 최후

1. 종말론의 정치

1. E. M. Cioran, *History and Utopia*, London, Quartet Books, 1996, p. 81.
2. Noman Cohn, *The Pursuit of the Millennium: Revolutionary Millenarians and Mystical Anarchists of the Middle Ages*, London, Seeker and Warburg, 1957; completely revised edition, London, Paladin, 1970. 데이비드 니렌버그David Nirenberg는 다음 책에서 중세 천년왕국론에 대한 콘의 해석을 비판했다. *Communities of Violence: Persecution of Minorities in the Middle Ages*, Princeton NJ, Princeton University Press, 1996, pp. 3~4.
3. R. H. Crossman (ed.), *The God that Failed*, New York and Chichester, Sussex, Columbia University Press, 2001; first published by Hamish Hamilton, London, 1950. 이 책에는 아르투어 케스틀러Arthur Koestler, 이그나지오 실로네Ignazio Silone, 리처드 라이트Richard Wright, 앙드레 지드Andre Gide, 루이스 피셔Louis Fischer의 글이 실려 있다.
4. 다음의 뛰어난 연구를 참고하라. Jonathan Spence, God' s Chinese Son: The Taiping Heavenly Kingdom of Hong Xiuquan, London, HarperCollins, 1996, p. xix.
5. 같은 책, p. xxi.
6. 천년왕국 운동을 정상적인 인식 과정이 붕괴하며 나타난 반응으로 파악하는 견해를 살펴보려면 다음을 참고하라. Michael Barkun, *Disaster and Millennium*, New Haven, Yale University Press, 1974.
7. 기독교의 기원을 다룬 문헌은 방대하며, 이 문제는 여전히 논란이 분분하다. 배운 것이 많고 권위 있는 유대교 선생 예수에 대해서는 다음 책을 참고하라. Geza Vermes, *Jesus the Jew: A Historian' s Reading of the Gospels*, London, William Collins, 1973, republished by the Fortress Press, Philadelphia, 1981. 예수의 탄생에 대해서는 다음을 참고하라. Vermes, *The Nativity: History and Legend*, London, Penguin, 2006. A. N 윌슨A. N. Wilson은 다음 책에서 베르메스Vermes와 비슷한 견해를 피력한다. *Jesus*, London, Pimlico, 2003. 종말 신학 신념

이 예수의 가르침의 핵심이라는 내용은 다음 책에 제시되어 있다. Norman Cohn, *Cosmos, Chaos and World to Come: The Ancient Roots of Apocalyptic Faith*, 2nd edn, New Haven and London, Yale University Press, 1995, Chapter 11.

8. Albert Schweitzer, The Quest for the Historical Jesus, New York, Dover, 2006, p. 369. 인용문은 필립 리프Philip Rieff의 빛나는 유작에서 재인용했다. Philip Rieff, *Charisma: The Gift of Grace, and How it Has Been Taken Away from Us*, New York, Pantheon Books, 2007, p. 69.
9. 조로아스터가 빛과 어둠의 투쟁의 결과가 확실치 않다고 믿었을 가능성에 대해서는 다음 책을 참고하라. R. C. Zaehner, *The Teachings of the Magi*, Oxford, Oxford University Press, 1976.
10. Hans Jonas, *The Gnostic Religion*, 2nd edn, Boston, Beacon Press, 1963, Chapter 13, pp. 320~340. 영지주의에 대한 다른 견해를 살펴보려면 다음 책을 참고하라. Kurt Rudolph, *Gnosis: The Nature and History of Gnosticism*, San Francisco: HarperCollins, 1987 ; Elaine Pagels, *The Gnostic Gospels*, New York, Random House, 1989.
11. 〈자유 성령 형제단〉을 개관하려면 다음 책을 보라. Cohn, *The Pursuit of the Millennium*, 특히 8장과 9장에 잘 설명되어 있다. 로버트 E. 러너Robert E. Lerner는 〈자유 성령 형제단〉에 대한 콘의 논의를 다음 책에서 비판했다. *The Heresy of the Free Spirit in the Later Middle Ages*, Notre Dame, University of Not re Dame Press, 1991.
12. Cohn, *The Pursuit of the Millennium*, p. 13.

2. 유토피아의 탄생

13. F. Dostoyevsky, "The Dream of a Ridiculous Man", in *A Gentle Creature and Other Stories*, trans. Alan Myers, Oxford, Oxford University Press World' s Classics, 1995, p. 125.
14. I. Berlin, "The Apotheosis of the Romantic Will", in *The Crooked Timber of Humanity: Chapters in the History of Ideas*, London, John Murray, 1990, pp. 211~212.
15. David Hume, "The Idea of a Perfect Commonwealth", in Henry D. Aitken (ed.), *Hume' s Moral and Political Philosophy*, London and New York, Macmillan, 1948, p. 374.
16. Gustavo Goritti, *The Shining Path: A History of the Millenarian War in Peru*, Chapel Hill NC, University of North Carolina Press, 1999.
17. Ernest Lee Tuveson, *Redeemer Nation: The Idea of Amerim' s Millennial Role*, Chicago and London, University of Chicago Press, 1968, pp. 6~7.
18. Christopher Hill, *The World Turned Upside Down*, London, Temple Smith, 1972, p. 77.
19. Cohn, *The Pursuit of the Millennium*, p. 150.
20. David S. Katz and Richard H. Popkin, *Messianic Revolution, Radical Religious Politics to the End of the Second Millennium*, London, Alien Lane, 1999, p. 71.
21. 영국 시민 전쟁을 비롯한 서양의 종교 반란 전통의 연속선상에서 러시아혁명을 파악하는 입장이 있다. 이에 대해 더 자세히 알아보려면 다음 책을 참고하라. Martin Malia,

History's Locomotives: Revolution and the Making of the Modern World, ed. Terence Emmons, New Jersey, Yale University Press, 2006. 이와 관련해 특히 6장과 11장이 중요하다.
22. E. J. Hobsbawm, *Primitive Rebels: Studies in Archaic Forms of Social Movement in the 19th and 20th Centuries*, Manchester, Manchester University Press, 1959.
23. E. P. Thompson, *The Making of the English Working Class*, rev. edn, London, Penguin, 1968, p. 52. [『영국 노동계급의 형성 상, 하』, 나종일 옮김, 창작과비평사, 2000.]
24. 같은 책, pp. 419, 423~424.
25. Carl L. Becker, *The Heavenly City of the Eighteenth-Century Philosophers*, New Haven and London, Yale University Press, 1932, p. 123.
26. 천년왕국주의와 유토피아주의에 대한 체계적인 설명은 다음을 참고하라. Ernest Lee Tuveson, *Millennium and Utopia*, New York, Harper and Row, 1964.
27. S. N. Eisenstadt, *Fundamentalism, Sectarianism and Revolution: The Jacobin Dimension of Modernity*, Cambridge, Cambridge University Press, 2000. 여기서 저자는 근대 정치에서 자코뱅당이 중심에 위치해 있음을 설득력 있게 제시한다.
28. Michael Burleigh, *Earthly Powers: Religion and Politics in Europe from the French Revolution to the Great War*, Harper Collins, London, 2005, p. 101.

3. 유토피아 우파: 근대 천년왕국 운동

29. Paul Wood, "Hunting 'Satan' in Falluja hell", BBC News, 23 November 2004를 참고하라.
30. Claes G. Ryn, *America the Virtuous: The Crisis of Democracy and the Quest for Empire*, Somerset NJ, Transaction Publishers, 2003. 이 책에서 저자는 자코뱅당과 신보수주의의 유사성을 밝혀 냈다.
31. George W. Bush, Presidential remarks, National Cathedral, 14 September 2002.

2장. 20세기의 계몽과 폭력

1. Edmund Stillman and William Pfaff, *The Politics of Hysteria: The Sources of Twentieth-Century Conflict*, London, Victor Gollancz, 1964, p. 29.
2. 벨기에령 콩고에서 벌어진 집단 학살에 대해서는 다음 책을 참고하라. Adam Hochschild, *King Leopold's Ghost*, New York, Houghton Mifflin, 1998.
3. 전체주의에 대한 아렌트의 분석은 다음 책을 참고하라. *The Origins of Totalitarianism* (1951), new edition published by Harcourt, New York, 1973. 아이히만에 대한 아렌트의 견해는 다음 책에 나온다. *Eichmann in Jerusalem: A Report on the Banality of Evil*, New York, Penguin, 1963. [『전체주의의 기원 1, 2』, 박미애 옮김, 한길사, 2006, 『예루살렘의 아이히

만』, 김선욱 옮김, 한길사, 2006.]

4. 홀로코스트에서 아이히만이 수행한 역할에 대해서는 다음 책을 참고하라. David Cesarani, *Adolf Eichmann: His Life and Crimes*, London, Heinemann, 2004.

1. 소비에트 공산주의: 근대 천년왕국 혁명

5. Bertrand Russell, *The Practice and Theory of Bolshevism*, London, Unwin Books, 1920, p. 55.
6. [『문학과 혁명』, 김정겸 옮김, 과학과 사상, 1990.에서 내용 일부를 PDF로 다운받을 수 있다.] http://www.laborsbook.org/book.php?uid=67&no=474, Leon Trotsky, 'Literature and Revolution', http://www.marxists.org/archive/trotsky/1924/lit_revo/ch08.htm.
7. 트랜스휴머니즘 같은 오늘날의 계몽사상에 대한 논의를 살펴보려면 다음 책을 참고하라. Bryan Appleyard, *How to Live Forever or Die Trying: On the New Immortality*, London and New York, Simon and Schuster, 2007, Chapter 8.
8. 소비에트 사회주의 연방 공화국이 과학을 침해한 일과 인간에 대한 생체 실험을 자행한 일에 대한 권위 있는 논평은 다음을 참고하라. Vadim J. Birstein, *The Perversion of Knowledge: The True Story of Soviet Science*, Cambridge MA, Westview Press, 2001, pp. 127~131.
9. 이바노프의 역할에 대한 논의는 다음을 참고하라. Kirill Rossiianov, "Beyond Species: Ilya Ivanov and his Experiments on Cross-Breeding Humans with Anthropoid Apes", Science in Context, Cambridge, Cambridge University Press, 2002, Issue 15, pp. 277~316.
10. "계몽주의 기획"이라는 표현을 누가 처음 썼는지 확실치 않지만, 이 용어는 알라스데어 매킨타이어Alasdair MacIntyre의 연구를 통해 널리 알려지게 되었다. 그 정의 및 관련 논의는 다음 책을 참고하라. *After Virtue: A Study in Moral Theory*, London, Duckworth, 1981, Chapters 4~6.
11. *Journey of Our Time: The Journal of the Marquis de Custine*, London, Weidenfeld and Nicolson, 2001.
12. Karl Wittfogel, *Oriental Despotism: A Comparative Study of Total Power*, New York, Random House, 1981. [『동양적 전제주의』, 구종서 옮김, 법문사, 1991.]
13. A. Nekrich and M. Heller, *Utopia in Power: A History of the Soviet Union from 1917 to the Present*, London, Hutchinson, 1986, p. 10. [『권력의 유토피아 I : 소비에트 러시아사 1917~1940』, 김영식 옮김, 청계연구소, 1988.]
14. N. Berdyaev, *The Origin of Communism*, London, Geoffrey Bles: The Centenary Press, 1937, p. 228.
15. 루나차르스키와 러시아의 구세주 전통에 대해서는 다음을 참고하라. David G. Rowley, "Redeemer Empire: Russian Millenarianism", *The American Historical Review*, vol. 104, no. 5, 1999.
16. 레닌의 언급은 다음 책에서 재인용했다. Thomas P. Hughes, *American Genesis: A Study of Invention and Technological Enthusiasm 1870~1970*, Chicago, Chicago University Press, 2004,

p. 251.
17. http://www.marxists.org/archive/lenin/works/1920/oct/20.htm. V. I. Lenin, *A Contribution to the History of the Question of Dictatorship*.
18. Karl Marx and Friedrich Engels, *Address of the Central Committee to the Communist League*, http://www.marxists.org/archive/marx/works/1847/communist-league/1850-ad1.htm.
19. http://www.marxists.org/archive/trotsky/1938/morals/morals.htm, L. Trotsky, *Their Morals and Ours*.
20. http://www.marxists.org/archive/trotsky/1938/01/kronstadt.htm, L. Trotsky, *Hue and Cry Over Kronstadt*.
21. George Leggett, *The Cheka: Lenin's Political Police*, Oxford, Oxford University Press, 1981, p. 178.
22. Anne Applebaum, Gulag: A History of the Soviet Camps, London and New York, Allen Lane, 2003, p. 17.
23. 러시아 제국과 소비에트 안보 기구의 규모 차이에 대해서는 다음을 참고하라. John J. Dziak, *Chekisty: A History of the KGB*, New York, Ivy Books, 1988, pp. 35~36. 러시아 제국 말기와 소비에트 초기의 사형 건수에 대해서는 같은 책, pp. 191~193을 참고하라.
24. 독일의 서남 아프리카 식민지와 나치의 관계에 대해서는 다음을 참고하라. Applebaum, *Gulag*, pp. 18~20.
25. Lesley Chamberlain, *The Philosophy Steamer: Lenin and the Exile of the Intelligentsia*, London, Atlantic Books, 2006, pp. 1~2, 4.
26. Dziak, *Chekisty*, p. 3.
27. 해럴드 래스키와 에드먼드 윌슨의 언급은 다음 책에서 재인용했다. Nekrich and Heller, *Utopia in Power*, p. 257.
28. 대약진 운동 당시의 희생자에 대해서는 다음 책을 참고하라. Jung Chang and Jon Halliday, *Mao: The Unknown Story*, London, Jonathan Cape, 2005, Chapter 40, 특히 pp. 456~457이 중요하다. [『마오: 알려지지 않은 이야기들 상, 하』, 황의방 외 옮김, 까치, 2006.] Jasper Becker, *Hungry Ghosts: China's Secret Famine*, London, John Murray, 1996, pp. 266~274.
29. 참새에 대한 마오의 선전전에 대해서는 다음 책을 참고하라. Chang and Halliday, *Mao*, p. 449.
30. Christopher Clark, *Iron Kingdom: The Rise and Downfall of Prussia, 1600~1947*, London, Alien Lane, 2006. 프로이센의 역사가 자세히 기술되어 있다.
31. Nekrich and Heller, *Utopia in Power*, p. 661.
32. Leszek Kolakowski, *Main Currents of Marxism*, London and New York, W. W. Norton, 2005, p. 962.
33. K. R. Popper, *The Open Society and Its Enemies*, London, Routledge and Kegan Paul, 1945, Volume I, Chapter 9. [『열린사회와 그 적들 I』, 이한구 옮김, 민음사, 2006.]
34. Varlam Shalamov, "Lend-Lease", in *Kolyma Tales*, trans. John Glad, London and New York,

Penguin, 1994, pp. 281~282. 콜리마에 대한 체계적인 논의는 다음 책을 참고하라. Robert Conquest, *Kolyma: The Arctic Death Camps*, Oxford and New York, Oxford University, Press, 1979.

35. Robert Conquest, *The Great Terror: A Reassessment*, Oxford and New York, Oxford University Press, 1990.

36. 소비에트의 생태적 재앙에 대해서는 다음 책을 참고하라. Murray Fesbach and Alfred Friendly Jr, *Ecocide in the USSR: Health and Nature Under Siege*, London, Aurum Press, 1992.

2. 나치즘과 계몽

37. Lewis Namier, *Vanished Supremacies*, London, Hamish Hamilton, 1958.

38. Isaiah Berlin, "The Counter-Enlightenment", in Henry Hardy and Roger Hausheer (eds.) *The Proper Study of Mankind*, London, Chatto and Windus, 1997, pp. 243~268.

39. Theodor Adorno and Max Horkheimer, *Dialectic of Enlightenment*, trans. John Cumming, London, Verso, 1979. [『계몽의 변증법』, 김유동 옮김, 문학과 지성사, 2001.]

40. 나는 낭만주의의 정치적 위험성을 다음 책에서 지적한 바 있다. *Two Faces of Liberalism*, Cambridge and New York, Polity Press andthe New Press, 2000, pp. 119~122.

41. 니체의 계몽주의 비판에 대한 심도 깊은 논의를 살펴보려면 나의 다음 책을 참고하라. *Enlightenment's Wake: Politics and Culture at the Close of the Modern Age*, London, Routledge Classics, 2007, pp. 161~166.

42. Karl Kraus, *Half Truths & One-and-a-Half Truths*, ed. HarryZohn, Montreal, Engendra Press, 1976, p. 107.

43. 볼테르의 정치적 상대주의에 대한 논의를 살펴보려면 나의 다음 책을 참고하라. *Voltaire and Enlightenment*, London, Phoenix, 1998, pp. 36~47.

44. 나는 다음 책에서 실증주의자에 대해 상세하게 다룬 바 있다. *Al Qaeda and What it Means to be Modern*, 2nd edn, London, Faber and Faber, 2007, Chapter 3.

45. Michael Burleigh, *Earthly Powers: Religion and Politics in Europe from the French Revolution to the Great War*, London, HarperCollins, 2005, pp. 226~227.

46. Richard Popkin, "The Philosophical Bases of Modern Racism", in Richard A. Wilson and James E. Force (eds.), *The High Road to Pyrrhonism*, Indianapolis and Cambridge, Hackett Publishing Company, 1980, p. 85.

47. http://www.public.asu.edu/~jacquies/kant-observations.htm, Immanuel Kant, "Of National Characteristics, So Far as They Depend upon the Distinct Feeling of the Beautiful and Sublime".

48. John Stuart Mill, *On Liberty and Other Essays*, ed. John Gray, Oxford and New York, Oxford University Press. 1998, p. 80.

49. Popkin, "Philosophical Bases of Modem Racism", p. 89.

50. Michael Coren, *The Invisible Man: The Life and Liberties of H. G. Wells*, London, Bloomsbury, 1993, p. 66. 인용문은 다음 책에서 인용했다. *Wells' s Anticipations* (1901).
51. John Toland, *Adolf Hitler*, New York, Doubleday, 1976, p.702.
52. Richard J. Evans, *The Third Reich in Power*, London and New York, Allen Lane, 2005, pp. 506~507.
53. Pierre Drieu La Rochelle, *Chronique Politique, 1934~1942*, Paris, Gallimard, 1943을 참고하라.
54. Evans, *The Third Reich in Power*, p. 534.
55. Norman Cohn, *Warrant for Genocide: The Myth of the Jewish World Conspiracy and the Protocols of the Elders of Zion*, London, Serif, 1996, p. xii. 중세 기독교가 마녀나 이단자를 악마로 둔갑시킨 일에 대한 논의를 살펴보려면 콘의 다음 책을 참고하라. *Europe' s Inner Demons: The Demonization of Christians in Medieval Christendom*, London, Pimlico, 2005.
56. Michael Burleigh, *The Third Reich: A New History*, London, Pan Books, 2000, p. 7.
57. 클렘페러와 렉-말렉체벤이 히틀러를 보켈슨에 비유한 내용에 대해서는 다음 책을 참고하라. Burleigh, *The Third Reich*, pp. 4~5.
58. F. A. Voigt, *Unto Caesar*, London, Constable, 1938, pp. 49~50. 노먼 콘과의 대화 중에 보이트의 저술에 대해 알게 되었다.
59. James R. Rhodes, *The Hitler Movement: A Modern Millenarian Revolution*, Stanford, Hoover Institution Press, 1980, pp. 29~30.
60. Joseph Goebbels, *Michael: Ein deutsches Schicksal in Tagebuchblättern*, 6th edn, Munich, Franz Eher Nachf, 1935, pp. 96~97. 이 구절은 다음 책에서 재인용했다. Rhodes, *The Hitler Movement*, p. 115.
61. Dmitri Merezhkovsky, *The Secret of the West*, trans. John Cournos, London, Jonathan Cape, 1931.
62. Aurel Kolnai, *The War Against the West*, London, Victor Gollancz, 1938.
63. Eric Voegelin, *The New Science of Politics*, Chicago and London, University of Chicago Press, 1952, pp. 113, 125~126.

3. 폭력과 서양의 전통

64. Olivier Roy, *Globalised Islam: The Search for a New Ummah*, London, Hurst, 2004, p. 44.
65. 샤리아티의 역할과 그의 사상에 미친 하이데거의 영향에 대해 살펴보려면 다음 책을 참고하라. Janet Nary and Kevin B. Anderson, *Foucault and the Iranian Revolution: Gender and the Seductions of Islamism*, Chicago, Chicago University Press, 2005.
66. 〈알카에다〉와 마흐디즘에 대해서는 다음의 논문을 참고하라. Timothy R. Furnish, "Bin Laden: The Man who would be Mahdi", *The Middle East Review*, vol. IX, no. 2, spring 2002.
67. www.payvand.com/news/03/nov/1126.html, Kaveh L. Afrasiabi, "Shiism as Mahdism: Reflections on a Doctrine of Hope".

68. Ahmed Rashid, *Taliban: Militant Islam, Oil, and Fundamentalism in Central Asia*, New Haven, Yale University Press, 2000, pp. 176~177. 라시드의 언급은 로버트 드레이퍼스Robert Dreyfuss의 탁월한 시선이 돋보이는 다음 책에서 재인용했다. *Devil' s Game: How the United States Helped Unleash Fundamentalist Islam*, New York, Metropol itan Books, 2005, p. 326.
69. 나는 급진 이슬람의 근대적 성격과 세계화의 관계에 대해 다음 책에서 논의한 바 있다. *Al Qaeda and What it Means to be Modern*.
70. 이안 부루마Ian Buruma와 아비샤이 마갈리트Avishai Margalit는 다음 책에서 자유민주주의가 "서양의 사고"라고 주장한 바 있다. *Occidentalism: A Short History of Anti-Westernism*, London, Atlantic Books, 2004.

3장. 주류로 부상한 유토피아

1. Reinhold Niebuhr, *Faith and History*, New York, Scribner' s, 1949. 다음 책에서 재인용했다. Edmund Stillman and William Pfaff, *The Politics of Hysteria*, London, Victor Gollancz, 1964, p. 10.

1. 마거릿 대처 영국 총리와 보수주의의 종말

2. 대처 총리의 언급은 다음 글에서 재인용했다. Jason Burke in "The history man: a profile of Franc is Fukuyama", *Observer*, 27 June 2004.
3. 빅토리아 시대 초기에 자유방임이라는 개념이 형성된 과정에 대해서는 나의 책을 참고하라. *False Dawn: The Delusions of Global Capitalism*, London and New York, Granta Books, 1999, pp. 7~17.
4. 호스킨스는 이 문건을 1977년 후반 개인적인 저녁식사 자리에서 대처에게 건넸다. 이 문건은 출판되지 않았으며 현재 <마거릿 대처 재단Margaret Thatcher Foundation> 기록 보관소에 보관되어 있는 것으로 알고 있다.
5. Hugo Young, *One of Us: A Biography of Margaret Thatcher*, London, Pan Books, 1993, p. 113.
6. 대처주의의 부상과 지배에 대한 통찰력 있는 설명은 다음 책을 참고하라. Simon Jenkins, *Thatcher and Sons: A Revolution in Three Acts*, London, Allen Lane, 2006.

2. 신자유주의의 흥망성쇠

7. Jacob Viner, *The Role of Providence in the Social Order: An Essay in Intellectual History*, Philadelphia, American Philosophical Society, 1972, p. 81.
8. 스미스의 사상은 최근 이루어지고 있는 가치 있는 연구의 단골 주제였다. 특히 다음 책들에 주목하라. Charles L. Griswold Jr, *Adam Smith and the Virtues of Enlightenment*,

Cambridge, Cambridge University Press, 1999; Emma Rothschild, *Economic Sentiments: Adam Smith, Condorcet and the Enlightenment*, Cambridge MA, Harvard University Press, 2001.

9. Griswold Jr, *Adam Smith and the Virtues of Enlightenment*, p.302.
10. Viner, The Role of Providence in the Social Order, pp. 78~79.
11. 다음 책은 현대 종교로서 경제학의 역할을 검토했다. Robert H. Nelson, *Economics as Religion: From Samuelson to Chicago and Beyond*, University Park PA, Pennsylvania State University Press, 2001.
12. 나는 스펜서 사상에 대한 일반적인 오해에 대해 다음 책에서 설명한 바 있다. *Liberalisms: Essays in Political Philosophy*, London and New York, Routledge, 1989, Chapter 6, pp. 89~l02.
13. 나는 자유주의 이론가로서의 하이에크를 다음 책에서 비판적으로 평가한 바 있다. *Hayek on Liberty*, 3rd edn, London and New York, Routledge, 1998, pp. 146~161.
14. Karl Polanyi, *The Great Traniformation*, Boston, Beacon Press, 1944, p. 140. [『거대한 전환』, 홍기빈 옮김, 길, 2009.]
15. F. A. Hayek, *The Constitution of Liberty*, London, Routledge, 1960, p. 57. [『자유헌정론 I, II』, 김균 옮김, 자유기업센터, 1998]
16. 같은 책, p. 61.

3. 다우닝가 10번지의 미국화된 신보수주의자

17. 2004년 9월 열린 노동당 컨퍼런스에서 블레어 총리는 자신이 이라크 전쟁에서 담당한 역할을 변호하려는 취지의 연설을 했다. 다음 기사를 참고하라. *Guardian*, 29 September 2004.
18. 블레어 총리가 가진 신보수주의 사고를 보여 주는 사례로 블레어 총리의 글이 수록된 다음 책을 참고하라. Irwin Stelzer (ed.), *Neoconservatism*, London, Atlantic Books, 2005. 다른 책도 참고하라. Irving Kristol, *Neoconservatism: The Autobiography of an Idea*, New York, Free Press, 1995.
19. John Kampfner, *Blair's Wars*, London and New York, Free Press, 2004, p. 173.
20. Tony Blair, *prime minister's speeches*, http://www.pbs.org/newshour/bb/international/jan-june99/blair_doctrine4-23.html.
21. 같은 책.
22. Tony Blair, speech to the World Affairs Council in Los Angeles, 1 August 2006.
23. http://www.pm.gov.uk/output/Page10735.asp, Tony Blair, "Defence - Our Nation's Future", 12 January 2007.
24. Dilip Hiro, *Secrets and Lies: The True Story of the Iraq War*, London, Politico's, 2005, pp. 62~66, 131~133. 이와 더불어 다음 기사도 참고하라. Brian Jones, "What they didn't tell US about WMD", *New Statesman*, 11 December 2006.

25. http://news.bbc.co.uk/2/hi/uk_news/2727471.stm, BBC News World Edition, 5 February 2003, "Leaked report rejects Iraqi al-Qaeda link".
26. "Iraq Options" paper is cited by Henry Porter, "It's clear. The case for war was cooked up", *Observer*, 5 November 2006.
27. Gary Leupp, "Faith-based intelligence", *Counterpunch*, 26 July 2003.
28. (2002년 3월 25일 잭 스트로우 외무장관이 블레어 총리에게 전달한 전언을 비롯해) 쪽지의 전체 내용과 함께 유출된 다른 문건의 내용은 다음 사이트에서 볼 수 있다. www.downingstreetmemo.com.
29. 부시 대통령과 블레어 총리가 유엔의 결정과 상관없이 전쟁을 벌이기로 합의한 회의에 대해서는 다음 책을 참고하라. Philippe Sands, *Lawless World: Making and Breaking Global Rules*, 2nd edn, London, Penguin, 2006 .
30. 다음 책은 부시 대통령이 블레어 총리에게 제시한 제안의 세부 내용을 다루고 있다. Bob Woodward, *Plan of Attack*, New York, Simon and SchuSter, 2004. 워싱턴포스트닷컴(http://www.washingtonpost.com/wp-dyn/articles/A28710-2004Apr20.html)은 2004년 4월 24일 "블레어 총리는 여전히 지원 중Blair steady in support"이라는 제하의 기사에 우드워드Woodward의 책에서 부시 대통령과 블레어 총리 사이에 오간 대화만을 발췌해 수록했다.
31. 블레어 총리 집권기에 이루어진 정치적 거짓말을 날카로운 시선으로 접근한 분석으로는 다음 책이 있다. Peter Oborne, *The Rise of Political Lying*, London and New York, Free Press, 2005.
32. Raymond Aron, Foreword to Alain BesanÇon, *The Soviet Syndrome*, trans. Patricia Ranum, New York, Harcourt Brace Jovanovich, 1978, pp. xvii~xviii.

4장. 종말론의 미국화

1. www.ushistory.org/paine/commonsense/sense6.htm, Thomas Paine, *Common Sense*, Appendix to the Third Edition.

1. 청교도 식민지에서 구원의 국가로

2. Herman Melville, *White Jacket*, London and New York, Oxford University Press World's Classics, 1924, p. 142.
3. http://history.hanover.edu/texts/winthmod.html.
4. Paul Boyer, *When Time Shall Be No More: Prophecy and Belief in Modern American Culture*, Cambridge MA, Harvard University Press, 1992, pp. 68~70.
5. John Galt, *The Lift and Studies of Benjamin West*, London, 1819, p. 92; 다음 책에서 재인용했다. Ernest Lee Tuveson, *Redeemer Natioll: The Idea of America's Millennial Role*, Chicago and London, University of Chicago Press, 1968, pp. 95~96.

6. 로크의 사상의 신학적 맥락 및 내용에 대해서는 존 던John Dunn의 선구적 저서를 참고하라. *The Political Thought of John Locke*, Cambridge, Cambridge University Press, 1969 and 1982.
7. Anatol Lieven, *America Right or Wrong: An Anatomy of American Nationalism*, London, HarperCollins, 2004, p. 51.
8. 미국의 예외성에 대한 토크빌의 논의에 대해서는 휴 브로건Hugh Brogan이 지은 전기를 참고하라. *Alexis de Tocqueville*, London, Profile, 2006, p. 270.
9. www.americanrhetoric.com/speeches/wilsonleagueofnations.htm, 우드로 윌슨 미국 대통령의 푸에블로Pueblo 연설, 1919년 9월 25일.
10. Edmund Stillman and William Pfaff, *Power and Impotence: The Futility of American Foreign Policy*, London, Victor Gollancz, 1966, p. 15.
11. 다음 책들이 많은 참고가 되었다. Conrad Cherry (ed.), *God's New Israel: Religious Interpretations of American Destiny*, Chapel Hill NC, University of North Carolina Press, 1998, p. 11.; Kevin Phillips, *American Theocracy: The Peril and Politics of Radical Religion, Oil and Borrowed Money in the 21st Century*, New York, Viking, 2006. 위 인용문은 케빈 필립스Kevin Phillips의 책 129쪽에서 재인용했다.
12. 신성한 계약이라는 사고가 근대 민족주의에서 수행한 역할에 대한 논의를 살펴보려면 다음 책을 참고하라. Anthony Smith, Chosen Peoples: Sacred Sources of National Identity, Oxford and New York, Oxford University Press, 2002.
13. Lisa Myers and NBC team, "Top Terrorist Hunter's Divisive Views", NBC Nightly News, 15 October 2003. 부시 정부에서 보이킨이 수행한 역할과 근본주의자들의 전쟁 지지에 대한 분석은 다음 책을 참고하라. Paul Vallely, 'The fifth crusade: George Bush and the Christianisation of the war in Iraq', in *Re-Imagining Security*, London, British Council, 2004, pp. 42~68.
14. Bruce Lincoln, *Holy Terrors: Thinking about Religion After 9.11*, Chicago, University of Chicago Press, 2006. 이 책에서 미국 신학자 브루스 링컨은 부시 대통령이 연설에서 활용한 성경 구절을 분석했다.
15. *Haaretz*, 26 June 2003.
16. 다음 책에서 인용되었다. Boyer, *When Time Shall Be No More*, p. 305.
17. David Kuo, *Tempted by Faith: An Insider Story of Political Seduction*, New York, Free Press, 2006.
18. "Bush: Intelligent Design should be taught", *SF Gate*, 2 August 2005.
19. "Bush tells group he sees a 'Third Awakening'", *WashingtonPost*, 13 September 2006. http://www.washingtonpost.com/wp-dyn/content/article/2006/09/12/AR2006091201594.html.
20. 『뉴스위크*Newsweek*』 여론조사 내용을 더 세부적으로 살펴보려면 다음 책을 참고하라. Michael Lind, *Made in Texas: George W. Bush and the Southern Takeover of American Politics*, New York, Basic Books, 2003, p. 108을 참고하라.
21. 국내 안보 문서는 다음 사이트에서 볼 수 있다.
http://www.globalsecurity.org/security/library/report/2004/hsc-planning-scenarios-jul04.htm.

22. Richard A. Clarke, *Against All Enemies: Inside America's War on Terror*, New York and London, Free Press/Simon and Schuster, 2004, p. 264.
23. Lind, *Made in Texas*, p. 144.
24. Time/CNN poll, *Time*, July 2002. 다음 책에서 재인용했다. Phillips, *American Theocracy*, p. 96.
25. Lind, *Made in Texas*, p. 112.
26. 신념에 기반한 부시 대통령 정부가 몰고 온 지대한 영향에 대한 논의는 다음 기사를 참고하라. Gary Wills, "A country ruled by faith", *New York Review of Books*, vol. 53, no. 16, November 2006.
27. Karl Mannheim, *Ideology and Utopia*, London, Routledge, 1960, p. 192. [『이데올로기와 유토피아』, 임석진 옮김, 지학사, 1975.]

2. 신보수주의의 기원

28. Jeane J. Kirkpatrick, *Dictatorships and Double Standard: Rationalism and Reason in Politics*, New York, American Enterprise Institute/Simon and Schuster, 1982, p. 18.
29. Michael Novak, "Neocon: some memories", www.michaelnovak.net. [http://article.nationalreview.com/268879/neocons/michael-novak에서 확인할 수 있다.]
30. See Irving Kristol, "Memoirs of a Trotskyist", *New York Times Magazine*, 23 January 1977, reprinted in Irving Kristol, *Reflections of a Neoconservative: Looking Back, Looking Forward*, New York, Basic Books, 1986.
31. Francis Fukuyama, "The End of History?", *National Interest*, summer 1989. 후쿠야마는 이 논문에서 제기한 관점을 발전시켜 다음 책을 저술했다. *The End of History and the Last Man*, New York, Free Press, 1992 . [『역사의 종말』, 이상훈 옮김, 한마음사, 1992.]
32. 나는 후쿠야마가 1989년 10월 저술한 원래의 논문을 비판하면서 "우리 시대에는 자유주의, 마르크스주의 같은 정치 이데올로기가 정치 현안에 미치는 영향력이 줄어들고 더 오래된 고대의 세력 즉 민족주의와 종교, 근본주의와 맬더스주의가 서로 경합하고 있다. (…) 소비에트 연방이 해체된다면 역사가 끝나고 조화가 찾아오기보다는 거대 권력이 경합하고 비밀 외교가 횡행하며 민족 통일주의와 전쟁이 난무하는 고전 시대로 회귀할 것"이라고 쓴 바 있다. John Gray, "The End of History - or of Liberalism?", in *National Review*, 27 October 1989, pp. 33~35. 이 논문은 다음 책에 재수록되었다. *Post-Liberalism: Studies in Political Thought*, London and New York, Routledge, 1993, pp. 245~250.
33. 다음 기사를 참고하라. "Neo-cons turn on Bush for incompetence over Iraq war", *Guardian*, 4 November 2006; David Rose, "Neo Culpa" *Vanity Fair*, 3 November 2006.
34. Francis Fukuyama, *After the Neocons: America at the Crossroads*, London, Profile, 2006, p. 55. 후쿠야마의 사상을 "수동적 '마르크스주의' 사회 목적론"이라고 규정한 학자 켄 조위트Ken Jowitt는 다음과 같은 흥미로운 책을 썼다. *New World Disorder: The Leninist Extinction*,

Berkeley and Oxford, University of California Press, 1992.
35. Kirkpatrick, *Dictatorships and Double Standards*, pp. 11, 17~18.
36. M. Oakeshott, *Rationalism in Politics and Other Essays*, ed. Tim Fuller, Indianapolis, Liberty Press, 1991. 오크쇼트의 철학에 대해서는 다음 글에서 비판한 바 있다. "Reply to Critics", in John Horton and Glen Newey (eds.), *The Political Theory of John Gray*, London, Routledge, 2006.
37. 코제브와 슈미트에 대한 논의는 다음 책을 참고하라. Mark Lilla, *The Reckless Mind: Intellectuals in Politics*, New York, New York Review of Books, 2003.
38. Leo Strauss, *Natural Right and History*, Chicago and London, University of Chicago Press, 1953, pp. 181~182.
39. 같은 책, p. 164.
40. 스트라우스의 사상이 정치적 속임수를 용인한다는 주장에 대해서는 다음 책을 참고하라. Shadia B. Drury, *Leo Strauss and the American Right*, London, Palgrave Macmillan, 1999.
41. Leo Strauss, What is Political Philosophy?, New York, Free Press, 1959, pp. 115~116.
42. 스트라우스와 신보수주의에 대한 상세한 논의는 다음 책을 참고하라. Stephen B. Smith, *Reading Leo Strauss: Politics, Philosophy, Judaism*, Chicago, University of Chicago Press, 2006.
43. 다음 기사를 참고하라. M. F. Burnyeat, "Sphinx without a secret", *New York Review of Books*, 30 May 1985.

3. 귀신 들린 사람들

44. F. Dostoyevsky, *The Devils*, London, Penguin, 2004, p. 404. [『악령 상, 중, 하』, 김연경 옮김, 열린책들, 2007.]
45. 시카고의 대학생이던 할릴자드의 풋내기 시절에 대해서는 앤 노튼Anne Norton의 훌륭한 책에 잘 소개되어 있다. *Leo Strauss and the Politics of American Empire*, New Haven and London, Yale University Press, 2004, pp. 185~186.
46. Albert Wohlstetter, "Is there a strategic arms race?", *Foreign Policy*, no. 15, summer 1974, pp. 3~20.
47. 앵글턴의 생애와 경력에 대해서는 다음 책을 참고하라. *Tom Mangold, Cold Warrior: James Jesus Angleton, the CIA's Master Spy Hunter*, London and New York, Simon and Schuster, 1991.
48. B팀이 사용한 방법론과 B팀이 저지른 오류에 대한 권위 있는 분석으로는 다음과 같은 글들이 있다. Anne H. Cahn, Killing *Détente: The Right Attacks the CIA*, University Park P A, Pennsylvania State University Press, 1998; "Team B: the trillion dollar experiment", *Bulletin of Atomic Scientists*, vol. 49, no. 3, April 1993.
49. Gary Schmitt and Abram Shulsky, "Leo Strauss and the World of Intelligence (By Which We Do Not Mean Nous)", in Kenneth L. Deutsch and John A. Murley (eds.), *Leo Strauss, the*

Straussians and the American Regime, New York, Rowman and Littlefield, 1999, p. 410.

50. 슈미트와 슐스키는 다음 책에서 정보 방법론에 대한 견해를 더 체계적으로 발전시킨다. *Silent Warfare: Understanding the World of Intelligence*, 3rd edn, Washington DC, Brassey's, 2002.

51. 여기에 인용한 부시 대통령 보좌관의 발언에 대해서는 다음 기사를 참고하라. Ron Suskind, "Without a doubt", *New York Times*, 17 October 2004.
[http://query.nytimes.com/gst/fullpage.html?res=9C05EFD8113BF934A25753C1A9629C8B63&sec=&spon=&pagewanted=1에서 글을 확인할 수 있다.]

52. 밥 우드워드Bob Woodward는 전쟁을 둘러싸고 백악관에서 이루어진 기만과 착각에 대해 언급한다. 그는 자신의 책에서 충격적인 비밀을 폭로한 바 있다. *State of Denial: Bush at War, Part III,* New York, Simon and Schuster, 2006.

53. George Packer, *The Assassins' Gate: America in Iraq*, New York, Farrar, Straus and Giroux, 2005, p. 105.

54. 〈이란실〉에 대한 내용은 다음 기사를 참고하라. Laura Rozen, "US moves to weaken Iran", *Los Angeles Times*, 19 May 2006. [http://articles.latimes.com/2006/may/19/world/fg-usiran19에서 글을 확인할 수 있다.]

55. 〈특수 작전국〉의 구성과 활동에 대한 내용은 다음 책을 참고하라. Seymour M. Hersh, *Chain of Command*, London and New York, Allen Lane and HarperCollins, 2004, pp. 207~224를 참고하라.

56. Joan Didion, "Cheney: the fatal touch", *New York Review of Books*, 5 October 2006, p. 54.

57. Schmitt and Shulsky, *Silent Warfare*, p. 176.

58. 이라크가 대량 살상 무기를 보유하고 있다는 망명자들의 정보가 허위 정보일 수 있음을 정보 분석가들이 우려했다는 내용은 다음 기사를 참고하라. Bob Drogin, 'US suspects it received false Iraq arms tips', *Los Angeles Times*, 28 August 2003.
[http://articles.latimes.com/2003/aug/28/world/fg-wmd28에서 글을 확인할 수 있다.]

59. "Bush and Putin: best of friends", BBC News, 16 June 2001.
[http://news.bbc.co.uk/2/hi/1392791.stm에서 글을 확인할 수 있다.]

60. David Brooks, "The CIA: method or madness?", *New York Times*, 3 February 2004.
[http://nytimes.com/2004/02/03/opinion/03BROO.html에서 글을 확인할 수 있다.]

61. Michael Ledeen, "Creative destruction", National Review Online, 20 September 2001.
[http://old.nationalreview.com/contributors/ledeen092001.shtml에서 글을 확인할 수 있다.]

62. Czesław Miłosz, "Dostoyevsky", in *To Begin Where I Am: Selected Essays*, New York, Farrar, Straus and Giroux, 2002, pp. 281~282.

5장. 무장한 선교사

1. 로베스피에르라는 인물과 공포 정치에서 그가 수행한 역할에 대한 훌륭한 논거는 다음 책을 참고하라. Ruth Scurr, *Fatal Purity: Robespierre and the French Revolution*, London, Chatto and Windus, 2006. 로베스피에르의 연설은 다음에서 확인할 수 있다. http://faculty.washington.edu/jonas/Text/ParisRomeProgram/Readings.

1. 이라크: 21세기 유토피아의 실험

2. David Rieff, *At the Point of a Gun: Democratic Dreams and Armed Intervention*, London and New York, Simon and Schuster, 2005, p. 180.
3. Robert L. Hirsch *et al., Peaking of World Oil Production: Impacts, Mitigation and Risk Management,* p. 64. 이 보고서는 다음 사이트에서 볼 수 있다. http://www.netl.doe.gov/publications/others/pdf/oil_peaking_netl.pdf .
4. 석유의 지정학을 다룬 문헌이 증가하고 있다. Michael T. Klare, *Blood and Oil: The Dangers and Consequences of America's Growing Petroleum Dependency*, London, Penguin, 2004. 위 책은 내가 본 내용 중 가장 훌륭한 연구였다.
5. 이 연설의 전문은 에너지 게시판(http://www.energybulletin.net/node/559)에서 확인할 수 있다.
6. 국무부 보고서와 그 운명에 대한 설명은 다음을 참고하라. M. W. Shervington, "Lessons of Iraq: Invasion and Occupation", *Small Wars Journal*, vol. 5, July 2006, pp. 15~29. 이 학술지의 웹사이트는 www.smallwarsjournal.com이다.
7. 나는 미국이 이라크를 침략하기 열흘 전에 "전쟁이 끝나면 [부시 정부는] 최악의 혼란을 겪을 것이다. (…) 영국인들이 떠난 뒤 급조되어 허술한 이라크의 국가 구조는 유고슬라비아나 체첸 공화국 같이 산산조각날 위험을 안고 있다"고 기록한 바 있다. "America is no longer invincible", *New Statesman*, 10 March 2003, 이 논문은 "전쟁 전야: 미국의 권력과 무능력On the Eve of War: American Power and Impotence"이라는 제목으로 다음의 내 책에 재수록되었다. *Heresies: Against Progress and Other Illusions*, London, Granta Books, 2004, p. 140.
8. 럼즈펠드의 발언은 다음을 참고하라. *The Nation*, 14 April 2003.
9. 벨의 업적과 일생에 대한 권위 있는 설명으로는 다음 책을 참고하라. Georgina Howell, *Daughter of the Desert: The Remarkable Life of Gertrude Bell*, London, Macmillan, 2006.
10. James Mann, *Rise of the Vulcans: The History of Bush's War Cabinet*, New York, Viking, 2004, p. 367.
11. Thomas E. Ricks, *Fiasco: The American Military Adventure in Iraq*, London, Penguin, 2006, p. 162.
12. 의학잡지 『랜싯*Lancet*』의 분석은 다음 기사에 잘 요약되어 있다. "655,000 Iraqis killed

since invasion", *Guardian*, 11 October 2006. 더 자세한 요약은 조사를 진행한 존스 홉킨스 블룸버그 보건의료 학교Johns Hopkins Bloomberg School of Public Health의 웹사이트(http://www.jhsph.edu/publichealthnews/press_releases/2006/burnham_iraq_2006.html)에서 볼 수 있다. 사담 대통령이 물러난 이후의 이라크에 대한 유엔 보고서의 세부 사항은 다음 기사를 참고하라. "New terror stalks Iraq's republic of fear", *Independent*, 24 September 2006.

13. Rupert Smith, *The Utility of Force: The Art of War in the Modem World*, London, Allen Lane, 2005. [『전쟁의 패러다임 : 무력의 유용성에 대하여』, 황보영조 옮김, 까치, 2008.]
14. 팔루자에서 미군이 화학무기를 사용했다는 것은 다음 기사에서 확인할 수 있다. US Army's *Field Artillery Magazine*, March/April 2005. 다음 글도 참고하라. http://www.scoop.co.nz/stories/HL0511/S00173.htm, "US Army article on Fallujah white phosphorus use", *Scoop*, 11 November 2005.
15. "US tactics condemned by British officers", *Daily Telegraph*, 10 April 2004.
16. "CIA chief sacked for opposing torture", *Sunday Times*, 12 February 2006.
17. 부시 정부가 고문을 승인한 데 대해 미군이 반대했다는 보고서와 분석은 다음 기사를 참고하라. Sidney Blumenthal, "The torture battle royal", *Guardian*, 21 September 2006.
18. 미국 대외 정책의 문화적 측면에 대한 논의는 다음 책을 참고하라. George Walden, *God Won't Save America: Psychosis of a Nation*, London, Gibson Square, 2006.

2. 선교사적 자유주의, 자유주의적 제국주의

19. George Santayana, *The Birth of Reason and Other Essays*, New York, Columbia University Press, 1968, p. 87.
20. Michael Ignatieff, "The burden", *New York Times Magazine*, 5 January 2003.
21. Paul Berman, *Terror and Liberalism*, New York and London, Norton, 2004, pp. 189~190.
22. "Campaign in Iraq has increased terror threat, says American intelligence report", *Guardian*, 25 September 2006.
23. Emmanuel Todd, *After the Empire: The Breakdown of the American Order,* London, Constable, 2003, p. 197.
24. "Cheney condemned for backing water torture", *Guardian*, 28 October 2006.
25. Walter Pincus, "Waterboarding historically controversial", *Washington Post*, 5 October 2006.
26. 스탈린 치하의 러시아와 관타나모 만에서 잠을 재우지 않는 고문 기법을 활용했다는 내용은 다음 기사를 참고하라. Vladimir Bukovsky, "Torture's long shadow", *Washington Post*, 18 December 2005. 이와 관련된 논문에서 부코프스키Bukovsky 자신도 소비에트의 반체제 인사로 분류되어 고문을 당했다고 밝히고 있다. 관타나모 수용소에서 잠을 재우지 않는 고문이 자행되었다는 내용은 다음 기사를 참고하라. "The real victims of sleep deprivation", BBC News, 8 January 2004.

27. Deborah Sontag, "A videotape offers a window into a terror suspect' s isolation", *New York Times*, 4 December 2006.
28. 나는 자유주의적 법치주의에 대해 다음 책에서 상세히 다룬 바 있다. *Two Faces of Liberalism*, Cambridge, Polity Press, 2000.
29. S. M. Lipset and J. M. Lakin, *The Democratic Century*, Norman OK, University of Oklahoma Press, 2004.
30. "Security firms abusing Iraqis", BBC World News, 30 October 2006.
[http://news.bbc.co.uk/2/hi/uk_news/6097372.stm에서 글을 확인할 수 있다.]

3. "테러와의 전쟁"이 승리할 수 없는 이유

31. Martin van Creveld, *The Changing Face of War: Lessons of Combat, from the Marne to Iraq*, New York, Ballantine Books, 2006, p. 229.
32. "Campaign in Iraq has increased terror threat, says American intelligence report", *Guardian*, 25 September 2006.
33. 도널드 럼즈펠드가 장기전을 어떻게 인식했는지에 대한 내용은 다음 기사를 참고하라. "Rumsfeld offers strategy for current war: Pentagon to release 20-year plan today", *Washington Post*, 3 February 2006. 2006년 12월 발간된 미군과 미 해병대의 『목동 대응 실무 지침*Counter-insurgency Field Manual*』에는 더 정교한 분석이 담겨 있다. 다음 기사를 참고하라. www.military.com. 16 December 2006, "New counter-insurgency manual".
34. David Frum and Richard Perle, *An End to Evil: How to Win the War on Terror*, New York, Random House, 2003.
35. 새뮤얼 필립스 헌팅턴은 자신의 책에서 "문명 충돌론"을 제기했다. *The Clash of Civilizations and the Remaking of World Order*, New York and London, Simon and Schuster, 1996. [『문명의 충돌』, 이희재 옮김, 김영사, 1997.] 나는 다음 글에서 헌팅턴의 문명 충돌론을 자세히 검토한 바 있다. Global utopias and clashing civilisations, *International Affairs*, vol. 74, no. I, January 1998, pp. 149~163.
36. Robert A. Pape, *Dying to Win: The Strategic Logic of Suicide Terrorism*, New York, Random House, 2005.
37. 〈알카에다〉의 진화에 대해 다음 책 제2판 서문에서 다룬 바 있다. *Al Qaeda and What it Means to be Modern*, 2nd edn, London, Faber, 2007.
38. 〈알카에다〉의 발전상에 대한 최상의 담론과 분석은 다음 책을 참고하라. Lawrence Wright, *The Looming Tower: Al-Qaeda and the Road to 9.11*, New York, Knopf, 2006.
39. Olivier Roy, *Globalised Islam: The Search for a New Ummah*, London, Hurst, 2004, p. 44.
40. 북아일랜드에 대한 영국의 전략에 대해서는 다음 책을 참고하라. Martin van Creveld, *The Changing Face of War*, pp. 229~236.
41. Philip Bobbitt, *The Shield of Achilles: War, Peace and the Course of History*, London, Alien

Lane, 2002.

42. Bernard-Henri Léyy, *American vertigo: On the Road from Newport to Guantanamo (in the Footsteps of Alexis de Tocqueville)*, London, Gibson Square, 2006, p. 328.
43. 국제 체계에 대한 현실적인 평가를 보려면 고故 폴 허스트Paul Hirst가 쓴 다음의 짧지만 명쾌한 책을 참고하라. War and Power in the 21st Century, Cambridge, Polity Press, 2001.
44. 미국 핵 원칙의 변화에 대한 내용은 다음 기사를 참고하라. William Arkin, "Not just a last resort", *Washington Post*, 15 May 2005.
45. Paul Rogers, "Iran: Consequences of a War", Briefing Paper, Oxford Research Group, 2006, http://www.oxfordresearchgroup.org.uk/publications/briefing_papers/iran_consequences_a_war.
46. Fred Charles Ikle, *Annihilation from Within: The Ultimate Threat to Nations*, New York, Columbia University Press, 2006, p. xiii.

6장. 종말론 이후

1. Thomas Hobbes, *Leviathan*, London, J. M. Dent, 1914, Chapter 5, p. 20. [『리바이어던 1, 2』, 진석용 옮김, 나남, 2008.]

1. 세속주의 이후

2. Leo Strauss, *Natural Right and History*, Chicago and London, University of Chicago Press, 1953, p. 317.
3. 스피노자를 근대 초기 계몽주의 사상의 핵심 사상가라고 본 분석은 다음 책을 참고하라. Jonathan I. Israel, *Radical Enlightenment: Philosophy and the Making of Modernity*, 1650～1750, Oxford, Oxford University Press, 2001.
4. 나는 스피노자에 대해 다음 글에서 다룬 바 있다. "Reply to Critics", in John Horton and Glen Newey (eds.), *The Political Theory of John Gray*, London, Routledge, 2006. 스피노자 철학에 대한 두드러진 해석은 다음을 참고하라. Stuart Hampshire, *Spinoza and Spinozism*, Oxford, Clarendon Press, 2005.
5. Richard Dawkins, *The God Delusion*, London, Bantam, 2006; and Daniel C. Dennett, *Breaking the Spell: Religion as a Natural Phenomenon*, London, Alien Lane, 2006.
6. 동일한 분석이 적용되지만, 여기에서 이슬람 문화의 무신론은 논외로 한다.
7. Tzvetan Todorov, *Hope and Memory: Lessons from the Twentieth Century*, Princeton NJ, Princeton University Press, 2003, pp. 236~237.

2. 까다로운 세계에서 살아가기: 잃어버린 현실주의 전통

8. Hedley Bull, *The Control of the Arms Race*, London, Weidenfeld and Nicolson, 1961, p. 212.
9. 현실주의 입장을 기술한 고전적 저술로는 다음 책이 있다. Hans J. Morgenthau, *Scientific Man versus Power Politics*, Chicago, University of Chicago Press, 1974; Reinhold Niebuhr, *Moral Man and Immoral Society*, London, Continuum, 2005 [『도덕적 인간과 비도덕적 사회』, 남정우 옮김, 대한기독교서회, 2003.]; Hedley Bull, *The Anarchical Society: A Study of Order in World Politics*, London, Palgrave Macmillan, 2002; and Martin Wright, Power Politics, London, Continuum, 1995.
10. http://www.learner.org/workshops/primarysources/coldwar/docs/tele.html. 봉쇄 정책의 근간이 된 이 전보의 전문을 볼 수 있다.
11. Isaiah Berlin, *Political Ideas in the Romantic Age*, Princeton NJ, Princeton University Press, 2006, pp. 54~55.
12. 기후변화의 규모와 속도에 대한 권위 있는 분석으로는 다음 책을 참고하라. James Lovelock, *The Revenge of Gaia*, London, Allen Lane, 2006 [『가이아의 복수 : 가이아 이론의 창시자가 경고하는 인류 최악의 위기와 그 처방전』, 이한음 옮김, 세종서적, 2008.]; Fred Pearce, *The Last Generation: How Nature Will Take Her Revenge for Climate Change*, London, Transworld Publishers, 2006; Jim Hansen, "The threat to the planet", *New York Review of Books*, vol. 53, no. 12, 13 July 2006. 전 지구적 석유 정점에 대한 영향력 있는 논의로는 다음 책을 참고하라. C. J. Campbell, *The Coming Oil Crisis*, Brentwood, Essex, Multi-Science Publishing Company, 1997. 사우디아라비아의 석유 정점에 대한 권위 있는 분석으로는 다음 책을 참고하라. Matthew R. Simmons, *Twilight in the Desert: The Coming Saudi Oil Shock and the Global Economy*, London, Wiley, 2005.
13. http://www.edf.org/documents/3566_AbruptClimateChange.pdf 피터 슈월츠Peter Schwartz와 더그 랜달Doug Randall이 쓴 보고서를 내려 받을 수 있다.
14. 배출량 제로인 화석연료를 지속 가능한 대안으로 지지하는 주장은 다음 책을 참고하라. Mark Jaccard, *Sustainable Fossil Fuels: The Unusual Suspect in the Search for Clean and Enduring Energy*, Cambridge, Cambridge University Press, 2005.
15. Lovelock, *The Revenge of Gaia*, p. 154.
16. Jared Diamond, *Collapse: How Societies Choose to Fail or Survive*, London, Allen Lane, 2005, p. 521. [『문명의 붕괴 : 과거의 위대했던 문명은 왜 몰락했는가?』, 강주헌 옮김, 김영사, 2005.]

3. 다시, 종말

17. Frank Kermode, *The Sense of an Ending: Studies in the Theory of Fiction*, New York and Oxford, Oxford University Press, 1967, P.123.
18. Marcel Proust, *The Way by Swann's*, London, Allen Lane, 2002, p. 47. [『잃어버린 시간을 찾

아서 : 스완네 집 쪽으로 1』, 김창석 옮김, 국일미디어,1998.]

19. Adam Phillips, *Side Effects*, London, Hamish Hamilton, 2006, p. 99.

20. 나는 다음 책에서 잠정 협정이라는 사고를 충분히 발전시킨 바 있다. *Two Faces of Liberalism*, Cambridge, Polity Press, 2000, Chapter 4.

찾아보기

〔ㄹ〕

〔ㅁ〕

〔ㅂ〕

〔ㅅ〕

〔ㅇ〕

〔ㅌ〕

〔ㅍ〕

〔ㅎ〕

옮긴이의 글

폭력으로 얼룩진 서양 근대사의 기원을 찾아서

2001년 9월 11일, 비행기 네 대가 동시에 납치되어 그 중 세 대가 뉴욕의 세계 무역 센터 건물과 워싱턴의 국방부 건물에 부딪혔다. 미국은 이 사건을 미국에 대한 명백한 테러로 규정하고 9.11 테러의 주범으로 지목된 〈알카에다〉 제거를 명분으로 내세워 아프가니스탄을 공격했다. 뒤이어 이라크를 공격한 미국은 이번에는 이라크의 대량 살상 무기를 제거한다는 명분을 내세웠는데, 사람들은 미국이 전쟁을 벌인 진짜 목적은 이라크의 석유에 있다고 생각했다. 이 책 『추악한 동맹』의 저자 존 그레이도 9.11 사건과 뒤따른 전쟁을 중심으로 서양 역사에서 발생한 커다란 정치적 사건들을 검토한다. 그러나 존 그레이는 표면적으로 드러나는 현상을 해석하는 데 그치지 않고 그 이면에 흐르는 철학적 기반을 파헤친다.

존 그레이는 전작 『하찮은 인간, 호모 라피엔스』에서 인간의 폭력성을 탐구하고 인본주의와 그것을 반영한 진보에 대한 신념을 비판한 바 있다. 이 책에서 그는 전작의 단상들을 현실 정치에 적용한다. 전작이 수상록이었다면 정치 평론에 가까운 『추악한 동맹』에서 그레이는 인간의 삶을 빛과 어둠의 전쟁으로 파악한 조로아스터의 사상에서 시작해 기독교, 마니교, 중세와 종교개혁을 거쳐 20세기 초의 공산주의와 나치주의, 1980년대의 신자유주의를 통과해 이라크 전쟁에 이르는 기나 긴 서양의 정치사를 넘나들면서 서양 정치사에 면면히 이어져 온 사상적 원류를 탐구하고 그것이 불러온 폭력에 대해 성찰한다.

유토피아, 역사적 목적론, 폭력

유토피아는 토머스 모어가 처음으로 사용한 용어로 "훌륭한 곳"과 "어디에도 없는 곳"이라는 이중적인 의미를 지닌다. 그레이는 "갈등은 인간 삶의 보편적 특성"이기 때문에 "유토피아 기획은 그 속성상 실현 불가능하다"고 말한다. 그러면서 "무력이나 강압이 영원히 제거된 사회를 염원하는 마르크스주의자나 무정부주의자, 자유주의자나, 과학 기술 전문가"나 "공산주의를 벗어난 러시아에 서양식 시장경제를 심으려는 기획이나 사담 후세인 대통령이 물러난 이라크에 자유민주주의를 심으려는 기획"처럼 양립할 수 없는 갈등을 단 하나의 이상 아래 통합하려는 모든 기획을 유토피아주의로 규정한다.

유토피아주의로 규정된 거대 기획들은 모두 그레이가 전작에서 날카롭게 비판한 바 있는 진보를 신봉하는 인본주의적 계몽주의의 자식이다. 이 책에서도 그레이는 현대 유토피아의 뿌리를 먼 과거에서 찾는다. 즉, 예수가 지상에 재림해 새로운 왕국을 세우고 천년 동안 다스릴 것을 믿은 기독교의 천년왕국주의, 조로아스터에서 기원한 선과 악의 대립이라는 관념, 역사에는 목적이 있고 그 종착점에서 선이 최종적으로 승리하고 구원받는다는 기독교의 역사적 목적론과 종말 신학이 그 뿌리다. "기독교의 쇠퇴와 혁명적 유토피아주의의 등장은 동시에 일어난 사건"이라고 선언한 그레이는 기독교가 쇠퇴했음에도 기독교적 신념들은 사라지지 않고 세속화되어 진보에 대한 계몽주의적 신념으로 변모했다고 본다. 즉, 종교를 통한 구원이 정치를 통한 구원으로 변모한 것이다. 전작에서와 마찬가지로 그레이는 이러한 신념을 서양에 고유한 것으로 파악한다. "'서양'을 규정하는 개념은 역사 속에서의 구원 추구다. 서양 문명을 다른 문명과 구분 짓는 특성은 민주주의나 관용의 전통이 아니라 역사에는 내재된 목적이 있다는 역사적 목적론이다."

그레이는 『영국사』를 통해 우연한 사건들이 역사에서 핵심적인 역할을 한다고 주장한 흄의 회의주의 정신을 높이 평가한다. 같은 맥락에서 그레이는 볼셰비키가 권력을 장악하거나 대처가 총리가 될 필연적인 이유는 없었다는 것을 보여 주면서 역사적 목적론을 비판한다. 이렇듯 우연에 불과한 역사에서 "바람직한 삶", "신성에 가까운 불멸의 조화"라는 목적을 추구한 공산주의, 나치즘 같은 20세기 초의 거대 정치 기획은 물론이고 "전 지구적 자유 시장", "전 지구적 자유민주주의"라는 목적을 추구하는 신자유주의, 신보수주의 같은 거대 정치 기획은 모두 실현 불가능한 목적을 달성하려는 유토피아주의기 때문에 필연적으로 폭력이라는 비극을 낳을 수 밖에 없다고 비판한다.

미래

"신념에 근거한 폭력"의 위험성과 그것을 "제어할 필요성"을 주장하는 그레이는 그 방안으로 "현실주의 정치"를 제안한다. 그레이는 이라크에서 미국의 패배를 마지막으로 당분간 유토피아를 추구하는 신념이 다시 등장해 우리를 괴롭힐 가능성은 낮다고 하면서도 과학 기술의 발전, 자원 고갈과 지구 온난화 같은 생태 위기라는 변수를 고려한다. 전작에서 "지식에는 발전이 있지만 윤리에는 없다"고 주장한 그레이는 이 책에서도 "집합적 실체는 의도나 목적을 지닐 수 없다. 오직 투쟁하는 동물 개체만이 열정과 환상을 지닌다. 과학 지식의 발전도 이러한 사실을 바꾸지 못한다"고 주장하면서 "지식의 성장은 인간의 물적 조건을 향상시키지만 인간 사이에 빚어지는 갈등의 야만성 또한 증폭시킨다"고 역설한다. 한편 그레이는 고갈되어 가는 자원을 둘러싼 갈등이 계속 커질 것이라고 경고한다. "석유를 대체할 에너지를 찾아내지 못한다면 머지않아 산업국가는 갈등에 빠질 것이다" 그러나 생태 위기를 극복할 해결책은 대부분의 녹색주의자들이 내세우는 "저기술 사회라는 유토피아"가 아니다. "이 난제를 극복할 해결책이 있다면 그것은 십중팔구 최첨단 기술과 연관된다. 최상의 전망은 핵 에너지, 유전자 조작 작물같이 녹색주의자들이 가장 혐오하는 기술에 있을 것이다." 그레이는 인간 욕구의 다양성을 인정하고 종교의 힘을 적절히 제어하면서 다원화된 세계에 현실적으로 접근하는 정치만이 폭력의 발생을 제어할 수 있을 것이라고 제언한다.

이단자의 길 찾기

그레이는 공산주의와 신자유주의, 신보수주의를 모두 비판한다는 점에서 좌우의 잣대로는 분류할 수 없는 사상가며 좌파나 우파 모두가 공유하는 진보라는 근대적 신념을 거부한다는 점에서 이 시대의 이단자다. 『하찮은 인간, 호모라피엔스』에 대한 서평에서 테리 이글턴은 그레이를 "열렬한 종말론적 허무주의자"라고 표현하면서 그레이의 말을 들으면 "침대 밖으로 나갈 의욕이 꺾인다"고 이죽거렸다. 그러나 이글턴의 말을 전적으로 인정한다고 해도 지금까지 수천 년 동안 서양이 당연하게 여겨 온 선악의 대립, 이른바 천국으로 대변되는 온갖 좋은 것만 가득한 세상, 그곳을 향해 달려가는 역사라는 관념이 유례 없는 폭력을 불러왔다는 점을 지적한 그레이의 독창성이 가치를 잃는 것은 아니다. 더불어 최근 북아프리카와 중동 지역에 부는 민주화 바람은 앞으로 권위주의 체제가 대세일 것이라는 그레이의 전망을 무참히 짓밟지만 한편으로는 역사의 우연성을 강조한 그의 주장을 되새기게 하며 민주화 과정에서 자행되는 폭력은 유토피아주의에 따른 폭력이든 다른 이유로 나타난 폭력이든, 인간의 폭력성을 전제하는 그레이의 논점을 부각시킨다. 또한 최근 내전으로 비화되고 있는 리비아 사태에 대한 국제 사회의 대응은 세계가 탈베스트팔렌 시대로 접어들었다는 담론을 비판하면서 국제 무대는 여전히 국가들이 서로 경쟁하는 무정부 상태임을 강변한 그레이의 입장을 입증한다.

진보라는 단 하나의 목표를 향해 부단히 달려온 근대인으로서는 그 목표가 한낱 꿈이라는 그레이의 말이 허무하게 들리겠지만 그레이는 끝내 그 허무를 채워줄 장밋빛 미래를 제시하지 않는다. 그레이가 제시하는 미래는 주권국들이 서로서로 경쟁하는 무정부 상태의 국제 질서, 늘어만 가는 자원 갈등, 인류를 멸종에 이르게 할지도 모르는 생태 위기, 과학 기술의 발전으로 그 어느 때보다 커진 대량 살상의 가능성 등, 여전히 잿빛이다. 그레이는 이 암담한 현실을 극복하고 나아가야 할 어떠한 목표도 제시하지 않은 채 "현실주의 정치"를 펼침으로써 나날이 제기되는 문제에 성실히 대처해 나가라는 소박한 조언만 남길 뿐이다.

그레이는 사람들이 "현실주의 정치"에 만족하지 못할 것이라고 말한다. "실현할 수 없는 꿈에 영향을 받은 세대가 영원히 지속되는 악을 회피하는 수준에서 만족할 수 있을까? 아마 그 세대는 결코 극복할 수 없는 어려움에 대처하려는 의미 없는 모험담을 선호할 것이다." 그레이는 완전한 세계를 꿈꾸며 그 꿈을 이루기 위해 매진하는 과정에서 폭력도 마다 않는 인간의 폭력성을 제어하라고 주장하면서도 그것이 가능할지에 대해서는 회의적으로 답한다. 그런 태도야말로 역사의 우연성을 강조하는 그레이의 입장에 가장 부합하는 태도다.

다행히 역사에는 정해진 목적이 없다는 그레이의 주장대로 미래는 열려 있다. 그러니 너무 허무해하지는 말자. 결국 실현할 수 없는 허황된 꿈을 이루기 위해 폭력도 불사하면서 인류를 불행으로 몰고 갈 것인지 아니면 현실을 냉정하게 판단하면서 주어진 과제에 성실하게 대처해 인간의 삶을 최적의 상태로 유지해나가려고 노력할 것인지의 문제조차 여전히 "열정과 환상을 지닌" 독자들의 몫이니까.

2011년 5월

추선영

『추악한 동맹』에 쏟아진 찬사들

"지혜로 가득한, 도전적이며 유용한 책" 안토니아 수전 바이어트A. S. Byatt

"그레이는 경이로운 저술가다. 언제나 독창적인 내용으로 흥미를 불러모으는 그의 책은 급진적이고 예측 불가능하다." 앤드루 마르Andrew Marr

"꼼꼼하고 설득력 있는 글 (…) 역설이라는 수술용 칼로 대상을 해부하는 그레이의 글에서 도저히 눈을 뗄 수 없다."『인디펜던트*Independent*』

"활기 넘치는 통쾌한 책 (…)『추악한 동맹』을 다 읽고 난 독자는 (…) 근심에 빠지게 된다."『리터러리 리뷰*Literary Review*』

"분야를 넘나드는 책 (…) 이 책이 제시하는 세계관에 격분하거나 아니면 현기증을 느끼게 될 것이다. 그렇더라도 일독을 권한다." 브라이언 애플야드Bryan Appleyard,『선데이 타임스*Sunday Times*』

"더 나은 세계를 구현할 결정적인 변화를 꿈꾸는 정치인과 사상가들에 대한 거침없는 공격. 많은 독자를 거느린 그레이의 책은 독창적이며 도발적이지만 또한 설득력이 있다. 그레이는 근대 역사를 '구성'하는 관습적 입장에 심오하면서도 합당한 의문을 제기한다."『파이낸셜 타임스*Financial Times*』

"열정적이고 맹렬한 비판 (…) 종교사史와 현대 정치를 한데 엮은 탁월한 분석"『스펙테이터*Spectator*』

"진지한 사상가라면 꼭 읽어야 할 책 (…) 근대 세계를 다룬 책 중 단연 으뜸이다. 많은 논쟁을 불러올 것이고 그래야 한다."『스코츠맨*Scotsman*』

"마음 편하게 읽을 수 있는 것은 아니지만 올해 읽었던 책 중에서 가장 주목할만한 책이다. (…) 멋지고 (…) 명쾌한 주장과 깔끔한 문체를 자랑한다." 존 밴빌John Banville

"(그레이는) 날카로운 시선과 발랄한 문체로 지성사史를 꿰뚫는다. 정당, 이데올로기, 신앙, 분파를 망라해 그들의 독실함을 해부한다는 점은 가장 큰 장점이다."『오타와 시티즌*The Ottawa Citizen*』

"이 책은 작은 화염병이다. (…) (그레이가) 서양 문명의 기원으로 거슬러 올라가는 더 너른 틀 속에 오늘날의 정치적 경향을 위치시키는 방식은 정말 인상적이다. (…) 도전적이고 격론을 유발하는 책이다. 아마 대부분의 독자들은 자신들이 몰랐던 이야기를 듣고 있다는 사실을 깨닫게 될 것이다."『휴스턴 크로니클*Houston Chronicle*』

"경이로운 책. 읽는 내내 즐겁다. 그레이는 자신의 심오한 사상을 시처럼 짧은 구절로 명료하게 전달한다 (…) 멋지다." 『핼리팩스 데일리 뉴스*Halifax Daily News*』

"날카롭고 명료하다. (…) 진 커크패트릭, 프랜시스 후쿠야마, 폴 울포위츠 같은 주류 신보수주의자들이 "테러와의 전쟁"의 이데올로기적 기초를 놓은 과정을 규명하는 방식은 특히 놀랍다. (…) 『추악한 동맹』은 근대 신보수주의 운동의 기원과 본질을 예리하게 개관한 책 중 하나다." 『가제트*The Gazette*』(몬트리올)

"중세 야만주의, 천년왕국주의, 전체주의, 최악이었던 파시즘의 역사. 이라크 침략으로 몰고 간 거짓말과 자기기만적 희망에 대한 정밀한 분석. 신나기도 하고 때로는 뼈를 에기도 한다." 『뉴 스테이츠먼*New Statesman*』

"눈부실 정도로 불꽃 튀는 비판 (…) 지금까지 그레이가 내세운 주장 중 가장 강력한 주장" 제임스 그레이엄 밸러드J. G. Ballard, 『가디언*Guardian*』, 올해의 책 선정평

"맹렬한 비판. 그레이는 근대 역사가 제시해온 관습적인 '줄거리'에 심원하고도 합당한 의문을 제기한다." 『파이낸셜 타임스*Financial Times*』

"살아 있는 철학자 중 가장 중요한 인물" 윌 셀프Will Self